MEDIAÇÃO FAMILIAR

LISA PARKINSON

M.A. (University of Oxford), C.Q.S.W. (London and Bristol Universities).
Accredited Family Mediator, Trainer, Professional Practice Consultant.
Vice-President, Family Mediators Association.

MEDIAÇÃO FAMILIAR

Belo Horizonte
2016

Copyright © 2016 Editora Del Rey Ltda.

Nenhuma parte deste livro poderá ser reproduzida, sejam quais forem os meios empregados, sem a permissão, por escrito, da Editora.
Impresso no Brasil | Printed in Brazil

EDITORA DEL REY LTDA.
www.livrariadelrey.com.br

Editor: Arnaldo Oliveira

Editor Adjunto: Ricardo A. Malheiros Fiuza

Editora Assistente: Waneska Diniz

Coordenação Editorial: Wendell Campos Borges

Diagramação: Lucila Pangracio Azevedo

Revisão: Cybele Maria de Souza

Tradução: Erica de Paula Salgado

Capa: CYB Comunicação

Editora / MG
Rua dos Goitacazes, 71 – Sala 709-C – Centro
Belo Horizonte – MG – CEP 30190-050
Tel: (31) 3284-5845
editora@delreyonline.com.br

Conselho Editorial:
Alice de Souza Birchal
Antônio Augusto Cançado Trindade
Antonio Augusto Junho Anastasia
Antônio Pereira Gaio Júnior
Aroldo Plínio Gonçalves
Carlos Alberto Penna R. de Carvalho
Celso de Magalhães Pinto
Dalmar Pimenta
Edelberto Augusto Gomes Lima
Edésio Fernandes
Felipe Martins Pinto
Fernando Gonzaga Jayme
Hermes Vilchez Guerrero
José Adércio Leite Sampaio
José Edgard Penna Amorim Pereira
Luiz Guilherme da Costa Wagner Junior
Misabel Abreu Machado Derzi
Plínio Salgado
Rénan Kfuri Lopes
Rodrigo da Cunha Pereira
Sérgio Lellis Santiago

'This edition is based on an earlier English edition by the same author, 'Family Mediation – Appropriate Dispute Resolution in a new family justice system' (Family Law, Bristol, England, 2011, copyright Lisa Parkinson).'

P247m	Parkinson, Lisa
	Mediação familiar. / Lisa Parkinson. Belo Horizonte: Del Rey, 2016.
	xxii + 426 p.
	ISBN: 978-85-384-0381-4
	1. Mediação familiar. 2. Mediação e conciliação. I. Título.
	CDU: 347.6

Nilcéia Lage de Medeiros
Bibliotecária – CRB6: 1545

To family mediators in Brazil, and throughout the world.

SUMÁRIO

PREFÁCIO xv

INTRODUÇÃO E AGRADECIMENTO xix

MEDIAÇÃO NO BRASIL
Anna de Moraes Salles Beraldo
Helena Gurfinkel Mandelbaum 1

1 CAPÍTULO – MEDIAÇÃO E RESOLUÇÃO DE CONFLITOS 31
1. Resolução de conflitos 32
2. Mediação – origens e desenvolvimento 33
3. Recomendação do Conselho da Europa de 21 de janeiro de 1998 36
4. A Diretiva Europeia de Mediação de 2008 (2008/52/CE, de 21 de maio de 2008) 37
5. Mediação familiar – definição 38
6. Diferenças entre a mediação realizada fora do tribunais e a conciliação realizada nos tribunais 40
7. Diferenças entre mediação familiar, aconselhamento e terapia 42
8. A mediação como uma alternativa ao litígio 45
9. A mediação como substituto do aconselhamento jurídico 47
10. ADR – Adequada resolução de disputas 48
11. Princípios e requisitos para formação e prática da mediação familiar   49
12. A evolução da mediação familiar como uma nova disciplina profissional 60

2 CAPÍTULO – MODELOS TEÓRICOS DA MEDIAÇÃO 63
1. Diferentes modelos teóricos da mediação 63
2. Mediação Estruturada 64
3. Mediação Transformadora 68

4. Mediação Narrativa 72
5. Mediação Ecossistêmica 75
6. Ecogramas 81
7. Princípios da mediação ecossistêmica 84
8. Conexões entre sistemas familiares e outros sistemas 85
9. Apego e perda 87
10. Mediação intercultural 91
11. Mediação – Ciência ou arte? 92
12. Uma estrutura teórica coerente para a mediação familiar 95
13. Turbulência e mudanças – na mediação e nas famílias 96
14. Teoria do caos 98

3 CAPÍTULO – CONSIDERANDO A MEDIAÇÃO FAMILIAR 101
1. O paradoxo da mediação familiar 101
2. A mediação na fase inicial da separação ou divórcio 103
3. Mediação em situações de crise 104
4. Ambivalência sobre o término dos relacionamentos 106
5. Triangulação 107
6. Mediação familiar e diversidade cultural 109
7. Informação sobre a Mediação e avaliação de encontros 110
8. Avaliando a adequação da mediação 114
9. Conexões entre a violência doméstica e o abuso de crianças ... 116
10. Triagem de abuso e de proteção à criança – questões domésticas 117
11. Outras circunstâncias que necessitam de análise para verificar sua
    adequação à mediação 122
12. Mediação a pedido do Tribunal 123

4 CAPÍTULO – PROJETANDO O PROCESSO DA MEDIAÇÃO 127
1. Projetando o processo da mediação 128
2. Configuração e espaço 128
3. Questões de gênero 129
4. Comediação 130
5. Comediação interdisciplinar 135
6. Diferentes modelos de comediação 136

7. Prerequisitos para o sucesso da comediação 138
8. A sinergia da comediação 140
9. Mediação indireta e caucusing 141
10. Mediação envolvendo famílias recompostas 149
11. Mediação intergeracional 150
12. Mediação envolvendo disputas por herança 151
13. Mediação envolvendo casos de proteção à criança 152
14. Mediação entre sistemas familiares privados e sistemas públicos de cuidado e proteção 153
15. Mediação envolvendo casos de adoção e pós-adoção 154
16. Mediação envolvendo pessoas com necessidades especiais 155
17. Advogados e mediação 156
18. Família híbrida / Mediação Civil 158

5 CAPÍTULO – FASES DA MEDIAÇÃO E HABILIDADES DO MEDIADOR 159

1. Transições e dimensões em separação e divórcio 159
2. Fases da mediação familiar 160
3. Gestão de conflitos 165
4. Casais em vias de separação e divórcio: padrões de comunicação e conflito 167
5. Gestão do tempo 180
6. Tarefas e habilidades nas fases iniciais da mediação 181
7. Limitações de modelos encenados 183
8. Movimento circular na mediação 183
9. Combinando gestão de processos, gestão interpessoal e habilidades de resolução de conflitos 185
10. Diferentes facetas do papel do mediador 186

6 CAPÍTULO – LINGUAGEM E COMUNICAÇÃO 191

1. Comunicação 192
2. Escuta ativa e postura centrada 193
3. Comunicação não verbal 193

4. Silêncio 194
5. Tensão, estresse, raiva reprimida 194
6. Casais que argumentam sem ouvir 195
7. Versões conflitantes "da verdade" 196
8. Como fazer perguntas 197
9. Diferentes tipos de perguntas 200
10. A finalidade dos diferentes tipos de perguntas 204
11. Filtrar a negatividade 205
12. Usar uma linguagem simples 206
13. Dificuldades – Língua ou audição 207
14. O uso da linguagem condicionado aos gêneros masculino/feminino 208
15. Superioridade 209
16. Encorajar as partes a falar por si próprias 209
17. Atuar como árbitro, mantendo as regras básicas 210
18. Repetir e resumir 210
19. O mediador como intérprete 211
20. Enquadrar e reenquadrar 211
21. Como funciona a reformulação positiva? 212
22. Mensagens e metamensagens 214
23. Pontuação 214
24. Imagens e metáforas 215

7 CAPÍTULO – MEDIAÇÃO FOCADA NA CRIANÇA 223
1. Crianças e separação 224
2. Conflito parental e adaptação das crianças 226
3. Reações comuns em diferentes fases de desenvolvimento 227
4. A separação dos pais e os ajustes das crianças 230
5. A guarda dos filhos e a responsabilidade parental 232
6. Crianças em risco 233
7. Parentalidade compartilhada pós-separação 234
8. Manter os laços afetivos com as crianças 238
9. Disputas e acordos dos pais 239
10. Ajudar os pais a elaborar planos de parentalidade na mediação 240

11. Ajudar os pais a passar do conflito à cooperação 243
12. Técnicas e habilidades da mediação envolvendo crianças 245
13. Os papéis das crianças nos conflitos parentais 248

8 CAPÍTULO – MEDIAÇÃO FAMILIAR COM CRIANÇAS 255
1. A necessidade de ouvir as crianças 256
2. A opinião das crianças 257
3. Os juízes devem ouvir as crianças? 259
4. Mediação focada na criança 260
5. Garantias que os pais precisam dar às crianças 260
6. Mediação que inclui crianças 262
7. Possíveis desvantagens da inclusão das crianças na mediação 263
8. Potenciais benefícios da inclusão das crianças no processo de
   mediação 264
9. Pré-requisitos para inclusão de crianças 266
10. Acordos entre pais e mediadores antes de incluir as crianças 268
11. A abordagem à criança e o consentimento da criança 269
12. Experiência infantil – a criança incluída no processo de mediação 271
13. Aptidão, conhecimento e competências para a mediação que inclui
    crianças 274
14. Mediação entre pais e crianças 276
15. Mediação com crianças, pais e professores 276
16. Grupo de estudos com as crianças de pais separados 277
17. Crianças treinadas como mediadores de pares 277
18. Uma abordagem holística 278

9 CAPÍTULO – MEDIAR SOBRE QUESTÕES QUE ENVOLVEM DINHEIRO 281
1. Separação, divórcio e pobreza 281
2. A importância do dinheiro e dos bens imobiliários 282
3. Questões inter-relacionadas – questões financeiras ou crianças e finanças 283
4. Agrupar informações financeiras 284
5. Receitas e despesas 285

6. Exemplo de mediação sobre questões financeiras 286
7. O uso do quadro branco 288
8. Habilidades da mediação para lidar com questões financeiras 291
9. Valor emocional e simbólico dos bens emocionais 295
10. Parceria civil e disputas 296

10 CAPÍTULO – DESEQUILÍBRIOS DE PODER NA MEDIAÇÃO 297
1. A definição de poder em diversos contextos 297
2. O poder e as diferenças de gênero 298
3. Casais que compartilham o comando 300
4. Desequilíbrios de poder na mediação familiar 302
5. Capacitar os participantes na mediação 310
6. Até que ponto os mediadores podem intervir? 311
7. Gerir os desequilíbrios de poder na mediação 312
8. Aceitar as regras básicas da mediação 314
9. Uso do poder pelo mediador 315
10. Equilíbrio flexível na mediação 319

11 CAPÍTULO – LIDANDO COM IMPASSES 323
1. Ciclos de conflito e armadilhas 323
2. Técnicas de PNL e mediação 325
3. Estrutura e ritmo 327
4. Técnicas e habilidades 328
5. Tipologia de impasses 333
6. Onde está o bloqueio/obstáculo? 333
7. Diferentes tipos de bloqueios interpessoais 335
8. Os conflitos na mediação 342
9. Bloqueios internos 345
10. Bloqueios do mediador 354
11. MAAN, PAAN, AMPAN 354
12. Impasses que permanecem num impasse 356
13. A teoria do nó e a mediação 357

12 CAPÍTULO – PESQUISA SOBRE MEDIAÇÃO FAMILIAR......359
1. Pertinência da mediação 360
2. Pesquisa sobre a Mediação Familiar: Projeto Piloto 1996-2000 362
3. As questões de gênero e a comediação 363
4. Mediação x negociações com advogados – sob o ponto de vista dos "clientes" 366
5. Custos da mediação x custos legais 367
6. Será que os mediadores resolvem apenas os casos "fáceis"? 369
7. Taxa de sucesso e resultados a longo prazo 371
8. O processo de mediação 372
9. O que torna um mediador mais eficaz do que outro?.......................... 373
10. Os resultados positivos da mediação 375
11. Que conclusões podemos tirar?... 376

13 CAPÍTULO – MEDIAÇÃO FAMILIAR INTERNACIONAL E PERSPECTIVAS FUTURAS... 379
1. Mediação familiar na Europa – uma visão geral 379
2. O Fórum Europeu de Formação e Pesquisa de Mediação Familiar..... 397
3. Harmonização dos sistemas jurídicos na Europa 398
4. Conferência da Haia de Direito Internacional Privado 399
5. cooperação judiciária em casos internacionais transfronteiriços 400
6. Mediação familiar internacional 402
7. Diferentes modelos de mediação familiar internacional 406
8. Referência à mediação transfronteiriça 408
9. Formação em mediação familiar internacional 408
10. Mediação *on-line* 411
11. A evolução contínua da mediação familiar 412

BIBLIOGRAPHY...415

BIBLIOGRAFIA BRASILEIRA 424

PREFÁCIO

Prefaciar uma obra é uma honraria sem precedente, afinal, decorre do ato de entrega, pelo autor, de sua sagrada produção intelectual e literária para que o prefaciador faça um prelúdio da obra. É com esta reverência que passo a apresentar a obra de Lisa Parkinson.

Trata-se de importante iniciativa, esta de promover a tradução, para o português, da segunda edição da obra de Elizabeth Manners Parkinson, que se apresenta, mais frequentemente, como Lisa Parkinson, intitulada *Mediação Familiar*, merecendo todos os aplausos da comunidade brasileira, que passa a ter acesso à experiência de quase quatro décadas dedicadas ao desenvolvimento da mediação familiar na Inglaterra e País de Gales.

Dada a importância da obra, esta já foi traduzida em vários países da Europa, a saber, Itália – com a segunda edição publicada em 2013 – Espanha, Portugal, Eslovênia e Rússia – com a segunda edição já em curso.

Tive o privilégio de conhecer a autora em fevereiro de 1998, quando ela ministrava um curso de mediação familiar em Paris, sob coordenação da mediadora francesa Annie Babu. Tendo o domínio do idioma, era convidada, com frequência, para dar cursos de formação de mediador, naquele país, influenciando, sobremodo, o desenvolvimento da mediação na França.

A contribuição de Lisa Parkinson para o desenvolvimento da mediação familiar representa um marco, seja pela construção teórica, seja pelo pioneirismo, visto que teve a iniciativa de fundar o primeiro serviço de mediação da Inglaterra e País de Gales em 1978, sendo este, também, o primeiro da Europa.

A construção teórica da mediação familiar, representada por intermédio da obra em comento, deve levar em consideração que nasceu em um país regido pelo sistema jurídico do *Common Law,* que valoriza os costumes, por meio dos precedentes, afetando, assim, os casos futuros. Enfim, a cultura inglesa parte do fato, da prática, da experiência para chegar ao direito a ser aplicado, à valoração da norma.

Esta estrutura do pensamento corresponde, exatamente, ao conhecimento da mediação familiar, daí a importância da obra de Lisa Parkinson, que desenvolve o tema a partir de quadros comparativos, por exemplo, entre mediação e conciliação, entre litígio e mediação etc.

Outro aspecto a ser realçado é que a autora enfrenta a difícil tarefa de conceituar imparcialidade e neutralidade, como valores preponderantes da mediação, apresentando uma conclusão inovadora, qual seja, a de que a discussão dos teóricos busca incorporar o conceito de equidistância. Tal posição corresponde a um norte para a formação do mediador.

Ademais, a autora dedica um capítulo à formação do mediador, que deve ser contínua, com organização de sistemas de análise da prática (equivalente à supervisão em psicanálise), porém, a novidade está na previsão de renovação anual da capacitação para atuar como mediador.

Em síntese, a obra ora prefaciada contém muitas preciosidades, porém, a que precisa ser exaltada consiste em uma resposta à indagação: Mediação é ciência ou arte?

A autora dá uma resposta assertiva, refletindo a orientação de toda a obra, qual seja, *mediação é ciência e arte*, porque, enquanto arte, a atividade humana trabalha com o lado direito do cérebro, e, enquanto ciência, a atividade humana trabalha com o lado esquerdo do cérebro.

O que se depreende da obra de Lisa Parkinson é que ela vem suprir uma lacuna na construção dos marcos teóricos da mediação familiar no Brasil, para encontrar um lugar que possa refletir a diversidade cultural brasileira.

Destarte, recomendo a leitura de *Mediação Familiar* aos profissionais que têm interesse na implantação da mediação familiar, principalmente aos profissionais do Direito, visto que sejam estes os primeiros a ser procurados, e que podem fazer toda a diferença na construção de uma nova mentalidade, que se afasta da litigiosidade.

Lisa Parkinson trabalha com a narrativa de muitos casos de mediação que já atendeu, ensinando *ciência e arte* da mediação familiar.

A obra vale por si mesma, com vasta abordagem teórica e prática da mediação familiar, em todas as suas vertentes.

Agradeço a oportunidade de tecer estas considerações à importante obra, que vem enriquecer a literatura brasileira especializada em mediação familiar.

São Paulo, 15 de agosto de 2014

ÁGUIDA ARRUDA BARBOSA
Doutora e Mestre pela USP
Advogada especialista em Direito de Família
Mediadora Familiar Interdisciplinar
Antigo Membro da *Fédération Internationale des Femmes des Carrières Juridiques*

INTRODUÇÃO E AGRADECIMENTOS

Deixa-me muito feliz e orgulhosa dizer que eu tenho um vínculo pessoal com o Brasil por meio da minha nora e dos meus dois netos brasileiros! Eu tive o imenso prazer, em várias ocasiões, de visitar o Brasil com meu marido e conhecer diferentes regiões. Eu amo o Brasil e sinto-me especialmente honrada por ter o meu livro publicado neste país rico em diversidade cultural, com pessoas incríveis e paisagens deslumbrantes.

Gostaria de expressar os meus sinceros agradecimentos aos editores da Editora Del Rey pelo apoio profissional e assistência na publicação desta edição. Agradeço, em particular, Waneska Diniz. Espero que este livro desperte o interesse não somente dos meus colegas mediadores brasileiros, mas também de outros leitores. Uma edição anterior deste livro já havia sido publicada pelo Ministério de Justiça de Portugal em 2008. No entanto, desde então, pudemos constatar uma grande evolução do Direito de Família e da Mediação no Brasil, no Reino Unido, e em outras partes do mundo. A mundialização e a instauração de novas práticas de mediação no mundo tornaram necessárias as trocas de conhecimento e experiências entre mediadores e profissionais que trabalham com famílias afetadas pela separação e/ou divórcio.

Expresso ainda a minha gratidão especial a minha amiga e colega, Anna MS Beraldo, que merece todo o crédito deste trabalho, por ter feito desta edição brasileira não apenas uma ideia, mas uma realidade. Anna propôs a publicação do livro ao Grupo Del Rey e a tradutora Erica de Paula Salgado a sua tradução. Sem a sua iniciativa esta edição não teria visto a luz do dia. Meu segundo agradecimento vai para Erica, que se comprometeu à desafiadora tarefa de traduzir o livro em Português (brasileiro). Erica, com toda sua habilidade e competência, colocou seu coração e sua alma nesta tradução, transmitindo com suas próprias palavras, não apenas os componentes significativos do texto original, mas também o espírito da mediação.

Em terceiro lugar, gostaria de agradecer a minha amiga, Helena Mandelbaum, por ter colocado a Anna Beraldo em contato comigo quando ela veio para a Inglaterra e, também, por ter escrito em coautoria com esta um interessante capítulo informativo sobre o Direito de Família brasileiro. Neste capítulo, elas mostram as semelhanças entre a filosofia e a abordagem da mediação familiar no Brasil e no Reino Unido. Vale lembrar, que os problemas provocados pela ruptura do casamento e separação são similares em todo o mundo, independentemente das diferenças culturais, sociais e jurídicas existentes.

Isso é o que eu chamo de "unidade de toda a humanidade" (veja o último capítulo), que foi muito bem tratada no prefácio escrito pela Dra. Águida Arruda Barbosa. Eu tive o grande prazer de conhecê-la em Paris, em fevereiro de 1998, quando ela veio com duas colegas, Dra. Eliana Nazareth e Dra. Giselle Groeninga, participar de um dia de treinamento realizado por mim e Annie Babu no *Institut Européen de Médiation Familiale*. Quando nos conhecemos há 16 anos, percebi, já naquela época, o quanto nossa abordagem teórica e prática da mediação se assemelhavam. Assim, o generoso e atencioso prefácio redigido pela Dra. Águida Arruda Barbosa é para mim uma grande honra.

Os meus agradecimentos também vão aos meus colegas mediadores que responderam tão prontamente ao meu pedido de "atualização das práticas de mediação e de suas respectivas jurisdições". Entre eles: Sabine Walsh, da Irlanda; Pia Deleuran, da Dinamarca; Marianne Souquet, da França; Paola Farinacci, da Itália; Manuela Plizga-Jonarska, da Polónia; o professor Juan Carlos Vezzulla, de Portugal; Daniel Bustelo, da Espanha; Bernt Wahlsten, da Suécia; e Stephan Auerbach, do Serviço Social Internacional (ISS), da Suíça. Agradeço igualmente Verena Schlubach, do ISS de Berlim, que gentilmente me concedeu o "ecograma" da mediação familiar transfronteiriça presente no capítulo 13. Gostaria de salientar, que quaisquer erros e omissões são de minha inteira responsabilidade.

Sendo uma "avó" em mediação familiar, tenho beneficiado de experiências maravilhosas ao participar de conferências, formações e seminários em muitos países ao longo da minha carreira. Nos dias de hoje, a chamada mediação familiar transcultural e transfronteiriça é cada vez mais procurada para atender a grande demanda de disputas de guarda de filhos entre pais de diferentes nacionalidades, especialmente nos casos em que um dos pais resolve levar a criança para um outro país sem o consentimento do outro.

Em resposta a tais exigências, inúmeras iniciativas foram criadas, entre elas podemos citar: a iniciativa do Secretariado Permanente da Conferência da Haia de Direito Privado Internacional, que convidou os membros da comunidade internacional de mediadores familiares a se pronunciarem sobre o Guia de Boas Práticas da Mediação Familiar internacional no casos de rapto de crianças, publicado em 2012. E, mais recentemente, a iniciativa do Serviço Social Internacional de Genebra, que publicou um Guia de Mediação Familiar Internacional para pais e profissionais. Nele, encontramos as perguntas e dúvidas mais frequentes sobre a disponibilidade, a organização e os resultados da mediação nos processos de remoção e rapto de crianças. Este guia, bastante didático, ilustra as repostas por meio de gráficos coloridos e testemunhos de pais. O guia pode ser baixado gratuitamente no site do ISS (International Social Service), em francês ou inglês (em breve estará disponível em outros idiomas). Devemos ter em mente que longas batalhas pela guarda dos filhos são extremamente prejudiciais à criança, além de apresentarem altos custos emocionais e financeiros, ao passo que a mediação incentiva uma melhor comunicação e cooperação entre os pais, podendo trazer benefícios duradouros para a família como um todo. Precisamos encorajar os pais a recorrer à mediação o mais cedo possível e ajudá-los a encontrar mediadores qualificados.

Espero que este livro possa interessar aos mediadores familiares brasileiros e membros de outras profissões que trabalham com adultos, crianças e famílias que vivem as transições da separação ou outros tipos de conflito familiar. Há muitas áreas teóricas e práticas que estão além do escopo deste livro, mas eu espero que ele contribua para a resolução pacífica das diferenças e conflitos familiares criando uma maior harmonia em nossas comunidades distantes apenas no plano geográfico

LISA PARKINSON,
Bristol, agosto 2014

MEDIAÇÃO NO BRASIL

Anna de Moraes Salles Beraldo[1]
Helena Gurfinkel Mandelbaum[2]

O cenário contemporâneo brasileiro contribui, fortemente, para a dificuldade das pessoas, no trato com o surgimento e, principalmente, com o gerenciamento dos conflitos, em qualquer contexto. De forma geral, a sociedade brasileira está diante: a) de um mundo globalizado, com a rapidez e a socialização do conhecimento científico; b) do imediatismo, que acarreta muitas perdas, de toda ordem, pela falta de reflexão dos indivíduos; c) da coisificação das pessoas e do empobrecimento das relações humanas, gerando isolamento, solidão, depressão, tristeza; d) de uma multiplicidade cultural, econômica e social, proporcionando diversas visões de mundo; e) da terceirização de responsabilidades; f) do confronto com as diferenças; g) de um tempo

---

[1] Doutora em Direito Civil pela Pontifícia Universidade Católica de São Paulo em 2015 – doutorado sanduíche com bolsa da CAPES na Inglaterra; mestra em Direito Civil pela Universidade Estadual do Rio de Janeiro em 2010; bolsita CNPQ; pós-graduada em Direito Civil e Processual Civil pela Escola Paulista de Direito; aperfeiçoamento em mediação de conflitos pela Pontifícia Universidade Católica de São Paulo, mediadora e advogada.

[2] Advogada; Sócia da empresa Open Mediação (www.openmediacao.com.br); mediadora extrajudicial; consultora, docente e palestrante; mestra pela IUKB – Institut Universitaire Kurt Bosh – Maestría Latinoamericana Europea en Mediación – sede em Buenos Aires; certificada pela ICFML (Instituto de Certificação e Formação de Mediadores Lusófonos); coautora de diversos artigos, projetos, cartilhas, livros; supervisora privada de conciliadores e mediadores judiciais e extrajudiciais; coordenadora executiva do Fórum Nacional de Mediação – FONAME.

diferente, no qual o indivíduo precisa se adequar ao novo ritmo, à nova velocidade do dia a dia.

De uma forma específica, observando-se o contexto familiar, nota-se que, nas últimas décadas, a mulher passou a integrar, cada vez mais, o mercado de trabalho. Ademais, houve um acentuado aumento das novas formas de organização da família brasileira. Entre elas, podem-se citar: i) Família monoparental, chefiada por apenas um dos pais; ii) Família recomposta ou reconstituída, em que o pai e/ou a mãe se casam novamente; iii) Família homoafetiva, sendo os genitores do mesmo sexo; iv) Família ampliada, na qual outros parentes e/ou amigos vivem com a família nuclear, formada de pais e filhos; v) Família com filhos naturais, com filhos adotados, com filhos de reprodução assistida; vi) Família com casais sem filhos ou com filhos agregados; vii) Família de dupla carreira, assim denominada nos casos em que pai e mãe exercem suas respectivas atividades profissionais etc. Nota-se, também, em certas circunstâncias, até mesmo inversão de papéis e funções, nas quais, por exemplo, o filho assume o lugar do pai, no caso de pós-divórcio.

Esses são alguns exemplos da conjuntura brasileira que facilitam o surgimento de conflitos, demonstrando a necessidade de se compreender que as diferenças podem ser legitimadas e incluídas, ampliando a reflexão, os questionamentos, os conhecimentos, os processos de aprendizagem, para a construção de novos entendimentos entre as pessoas.

O conflito é inerente ao ser humano e se for abordado por meio da lógica colaborativa, servindo como agente de crescimento e mudança, poderá fortalecer novos paradigmas na sociedade brasileira. Esses modelos contemporâneos, que incluem a mediação, utilizam o diálogo, facilitando a coconstrução do entendimento, pois contemplam todos os envolvidos no conflito, já que focam na relação e na qualidade de vida das pessoas. Nesse sentido, a mediação de conflitos está fortemente relacionada à cidadania.

No entanto, no Brasil, ainda está bastante enraizado o tradicional padrão da judicialização dos conflitos, que, na prática, pode não satisfazer as partes, já que mesmo com a sentença judicial resolvendo a lide, os interesses internos nem sempre são atendidos, conforme mais adiante será tratado.

Um exemplo clássico é a disputa, pelos genitores, sobre a guarda dos filhos. Somente a título de elucidação, cabe fazer alguns esclarecimentos, antes de se entrar na questão da discussão sobre esse tema.

Diferente do Reino Unido, no Brasil, existem dois institutos que visam a proteção dos menores, dentro do seio familiar: o poder familiar e a guarda dos filhos. O poder familiar pode ser definido como um complexo de direitos e deveres, pelos quais os pais exercem sua autoridade, visando o melhor interesse e necessidade de seus filhos menores. Ele compreende tanto o aspecto material como também o existencial, abrangendo a criação, a educação, o afeto.

A guarda é somente um dos atributos do poder familiar, mas não sua essência. Ela deve ser exercida sempre em benefício da criança. A regra é que mesmo com a ruptura da relação do casal, o poder familiar se mantém irrenunciável e indelegável. Desse modo, a guarda deveria ter um peso menor do que, na realidade prática, ela tem.

De fato, há uma linha muito tênue entre os dois institutos, uma vez que, ao longo do tempo, foi-se atribuindo cada vez mais importância à guarda, relegando o poder familiar a um instituto secundário, quando, na verdade, a guarda é somente um dos atributos da autoridade parental.[3]

O que se verificava, até alguns anos atrás, é que quem detinha a guarda, possuía, praticamente, todos os direitos decisórios sobre a criança, e o outro genitor era um mero "visitante", com o dever de arcar com as despesas alimentares. Esse genitor tinha muita dificuldade em estar presente no dia a dia e nas decisões mais relevantes da vida dos filhos. O próprio termo "visita" já demonstra uma função secundária desse progenitor, em detrimento do guardião.

Até a última década, havia um conceito bastante arraigado na sociedade brasileira, identificada como patriarcal, em que cabia à mãe a responsabilidade de cuidar do filho e ao pai, com mais ênfase, o dever de sustento e o direito de "visita". O IBGE apurou que, em 2011,

---

[3] BERALDO, Anna de Moraes Salles. *Guarda dos filhos e mediação familiar*: a experiência inglesa contribuindo para uma mudança sistêmica no Brasil. Tese de Doutorado na Pontifícia Universidade Católica de São Paulo, São Paulo, 2015.

a guarda única, nas decisões judiciais, era deferida à mãe em 87,6% dos casos, enquanto ao pai, em apenas 5,3%.[4]

Diante desse quadro, somado ao fato das mudanças sociais dos últimos tempos, no Brasil, verificou-se o esforço do genitor masculino ser um pai mais participativo e consciente dos seus direitos, deveres e das necessidades dos seus filhos.

Nesse sentido, na tentativa de alterar esse panorama, algumas associações de pais e mães separados[5] mobilizaram-se para reivindicar uma tutela mais efetiva dos seus direitos. Seguindo o modelo padronizado de visitas, os genitores "visitantes" consideravam insuficiente o tempo de convivência com seus filhos, prejudicando a qualidade do vínculo paterno-filial. Assim, em razão do fortalecimento deste movimento de pais, somado à busca de atender e contemplar, a contento, o princípio constitucional da convivência familiar, por ambos os genitores, promulgou-se a Lei n. 11.698/2008, sobre a guarda compartilhada, dispondo que "quando não houver acordo entre os pais, será aplicada, sempre que possível, a guarda compartilhada."

Embora tenha havido a aprovação dessa lei em 2008, ela encontra, ainda, muitas resistências dos operadores do Direito e de muitas mães, que trazem consigo a ideia de que são elas as únicas e melhores guardiãs e cuidadoras das crianças. O número de casos em que foi atribuída a guarda compartilhada a ambos os genitores dobrou nos últimos anos, no entanto, em 2013, o IBGE apurou que esse tipo de guarda ainda representava menos de 6% do total dos casos.[6]

No cenário contemporâneo brasileiro, constata-se a presença de pais mais afetuosos, presentes e envolvidos na vida diária da família e na criação dos filhos, razão pela qual não há porque manter

---

[4] IBGE. Instituto Brasileiro de Geografia e Estatística. Sala de imprensa. Notícias. 17. dez. 2012. Registro Civil 2011: taxa de divórcios cresce 45,6% em um ano. Disponível em: http://saladeimprensa.ibge.gov.br/noticias?view=noticia&id=1&busca=1&idnoticia=2294. Acesso em: 14.abr.2013.

[5] Entre as associações cita-se a APASE: "Associação de Pais e Mães Separados". Disponível em: http://www.apase.org.br.

[6] IBGE. Instituto Brasileiro de Geografia e Estatística. *Estatística de Registro Civil 2013*. Disponível em: http://www.ibge.gov.br/home/estatistica/populacao/registrocivil/2013/default.shtm. Acesso em: 15. dez. 2014.

paradigmas de séculos anteriores. As alterações sociais demonstram que certas mudanças são positivas, atuais e necessárias.

A guarda compartilhada reequilibra as funções parentais, pois não há aquela figura de genitor-visitante, relegado a um plano secundário na formação dos filhos, com direito a visitas apenas quinzenais, aos finais de semana e datas comemorativas intercaladas. Por outro lado, também beneficia a prole, pois com o tempo de convivência maior com cada genitor, a criança reconhece que tem dois pais envolvidos em sua criação e educação, o que eleva a sua autoestima, a sensação de pertencimento e de segurança, e possibilita o estreitamento do relacionamento.

Trata-se de um plano de guarda que busca a participação mais ativa dos pais, no cotidiano dos filhos, na medida em que ambos os genitores estarão mais presentes no dia a dia dos menores e poderão participar, conjunta e igualitariamente, da tomada de decisões relevantes, relativas aos filhos. É muito importante que essas crianças sintam que há lugar para elas na vida do pai e da mãe, após o divórcio, o que aumenta sua sensação de inclusão naquele núcleo familiar e de continuidade dos vínculos afetivos, amenizando os efeitos do rompimento da relação conjugal, na família.

O legislador, visando reforçar ainda mais a importância da guarda compartilhada, elaborou a Lei de n. 13.058/2014[7], a qual determina que o juiz deverá aplicar a guarda compartilhada, mesmo em casos de desacordo entre os pais. A única exceção será quando um dos genitores declarar que não deseja a guarda do filho. Apesar da boa intenção da norma, ela impõe a guarda compartilhada como regra e dispõe sobre a "divisão equilibrada de tempo", termo esse tão criticado em ordenamentos estrangeiros, como da Inglaterra, pois pode acirrar ainda mais a disputa, além de causar confusão com a guarda alternada.

É preciso deixar claro que guarda compartilhada não é guarda alternada, em que há revezamento de casas. Por essa razão, o recomendável é que seja fixada a residência da criança, na casa de um dos genitores, a ser escolhida por ambos ou, em caso de discordância, a ser determinada pelo juiz. Ademais, não se trata de divisão de tempo

---

[7] Disponível em: http://www.planalto.gov.br/ccivil_03/_ato2011-2014/2014/Lei/L13058.htm. Acesso em: 06. fev. 2015.

com cada genitor, mas, sim, de qualidade de convivência e da corresponsabilidade parental.

Portanto, é imprescindível esclarecer à população que a guarda é estipulada em favor dos filhos e não dos pais. Dessa forma, a escolha do tipo de guarda, envolvendo a rotina da criança, deve ser razoável, prática e com bom senso, principalmente para a necessidade do menor, sem sobrecarregá-lo, pois é ele, e não os pais, quem tem absoluta prioridade, por estar em fase de desenvolvimento.

Apesar dos aspectos benéficos, a guarda compartilhada não pode ser idealizada, conforme será analisado ao longo dessa obra, pois ela pode funcionar muito bem para algumas crianças, mas pode ser um fardo para outras, mesmo entre irmãos da mesma família (vide capítulo 7, item 7.1). Por isso, nada melhor do que analisar cada caso individualmente, levando-se em conta as especificidades de cada família e, principalmente, de cada filho.

O essencial é que ambos os genitores construam uma parceria de parentalidade, em que, juntos, vão exercer os respectivos papéis e funções, com foco no desenvolvimento saudável dos menores. A Constituição Federal do Brasil, em seus artigos 226, § 7º, e 227, trata do exercício da autoridade parental e da paternidade responsável, que compete a ambos os genitores, ainda que não tenham relacionamento conjugal, por qualquer razão.

O ideal é que a guarda não seja imposta pelo juiz, mas, sim, decidida pelas partes, considerando-se o bom senso e respeitando-se as nuances e particularidades de cada núcleo familiar. No entanto, muitas vezes, os pais não conseguem mais dialogar, e acabam deixando para o Judiciário decidir sobre a questão. Assim, as partes colocam nas mãos de terceiros seus conflitos, que são "resolvidos" por meio de decisões impostas por sentenças judiciais, em geral com um plano de guarda padrão, com visitas quinzenais de um genitor, que pode não atender aos interesses da criança.

Nos casos em que o litígio judicial envolve o Direito de Família, a situação é extremamente delicada, pois abarca questões subjetivas, com uma forte carga emocional que, normalmente, vem adicionada de rancor, mágoa, frustração e tristeza, pelo fim do relacionamento. Além disso, há uma grande ansiedade proveniente da incerteza, da insegurança e do medo, principalmente pela decisão estar nas mãos de um terceiro, no caso, o juiz.

Quando isso acontece, é comum verificar ex-casais partindo para a disputa, cada um utilizando de seu arsenal bélico, não importando, nesse momento, o que e quem vão atingir. Nesse cenário, muitas vezes os filhos são utilizados como forma de punir ou de se vingar do ex-cônjuge, sendo eles os mais afetados. Essa situação pode ser tão grave, que prejudica, sobremaneira, o desenvolvimento mental, espiritual, emocional, psicológico e social da criança ou do adolescente, podendo caracterizar-se como alienação parental.

A alienação parental se caracteriza quando há uma campanha para desqualificação do outro genitor, dificultando a convivência e o exercício da autoridade parental. Trata-se de um jogo de manipulações, em que o menor acaba repudiando o ascendente, em razão das falsas acusações e do abuso emocional implantado pelo outro genitor. Vale enfatizar que, normalmente, o que desencadeia essa ação é o sentimento de abandono, o desejo de vingança, a repetição do modelo da família de origem, ou a dificuldade de o adulto lidar com o rompimento da relação, o que, de maneira alguma, justifica essa atitude egoísta e irresponsável.

Diante desse grave quadro, que tem se tornado comum no cenário brasileiro, somado ao fortalecimento das reivindicações do genitor alienado e a estudos mais aprofundados dos profissionais das mais diversas áreas, a jurisprudência passou a se manifestar diante dos casos concretos. Por consequência, em 2010, foi promulgada a Lei n. 12.318/10, dispondo sobre a alienação parental.

Essa lei brasileira é expressa ao mencionar que a prática da alienação parental fere direito fundamental do menor, de convivência familiar saudável com o genitor e seus familiares, constituindo abuso moral contra a criança. Desse modo, uma vez constatadas tais atitudes, o juiz poderá determinar o acompanhamento psicológico das partes, para elaboração de perícia, além de estabelecer medidas que vão desde a advertência, até a aplicação de multa, ou mesmo a perda da guarda da criança, sem prejuízo de eventual responsabilidade civil ou criminal do alienador.

Retomando a questão da judicialização das divergências, nota-se que neste cenário de disputa entre os genitores, é de se questionar se as decisões judiciais, no âmbito do Direito de Família, serão capazes de romper essa dinâmica de conflito, na qual os interesses dos menores acabam sendo colocados, pelos pais, num plano secundário.

Na realidade, faz-se necessário buscar meios que favoreçam o diálogo, facilitem a transformação do conflito e foquem nas necessidades dos filhos, atenuando, assim, as consequências traumáticas para os envolvidos.

Nesse sentido, a mediação de conflitos familiares pode ser um método adequado para tornar a comunicação entre os pais mais efetiva, evitando tanto a escalada do conflito, que pode acarretar a alienação parental, como, por outro lado, as falsas denúncias, sendo que ambas são extremamente prejudiciais aos filhos.

Contudo, antes de se analisar as nuances da mediação no Brasil, cabe elucidar que em casos de conflito, principalmente no âmbito familiar, a sociedade brasileira ainda tem a tendência de terceirizar suas responsabilidades, não havendo, até então, uma cultura de paz efetiva.

Nesse passo, nota-se que o Judiciário ainda é o meio mais conhecido pelos cidadãos brasileiros, como forma de acesso à Justiça. Por isso, faz-se, agora, uma rápida análise do cenário atual do Sistema Judiciário brasileiro.

O direito fundamental ao acesso à Justiça é assegurado pelo artigo 5º, XXXV, da Constituição Federal de 1988. Desse modo, é um dos deveres do Estado prestar assistência jurídica integral e gratuita à população hipossuficiente, que não tenha condições de arcar com tais despesas. Outro aspecto é a possibilidade de isenção do pagamento das custas, para aqueles cidadãos que ingressam no Judiciário, mas declaram não ter condições de suportar as despesas processuais, sem prejuízo de seu próprio sustento, conforme a Lei n. 1.060/50.

A assistência judiciária gratuita é realizada pela Defensoria Pública, conforme dispõe o artigo 5º, LXXIV, da Carta Magna, tendo um papel essencial no sentido de buscar preservar os direitos fundamentais dos cidadãos, democratizando a Justiça e propiciando efetividade à Constituição. No entanto, não obstante esse trabalho primordial, a Defensoria Pública não consegue atender a todos os cidadãos, principalmente em áreas mais remotas e carentes do país, onde há um elevado déficit de defensores públicos.

Importante destacar que, embora haja tais iniciativas, o Sistema Judiciário brasileiro não funciona de maneira satisfatória, a exemplo da demora na análise do processo judicial, diante da sobrecarga de trabalho dos magistrados e servidores públicos. Ademais, os múltiplos recursos e incidentes processuais, alguns meramente protelatórios, acabam contribuindo, sobremaneira, para a morosidade da prestação jurisdicional.

Outro fator relevante sobre o tema é que, para aqueles menos favorecidos economicamente e que não se encaixam no perfil da assistência gratuita, o dispêndio para pagamento das custas processuais e para a contratação de advogados dificulta, ainda mais, o efetivo acesso à Justiça.

Além desse contexto, a sociedade brasileira ainda possui uma mentalidade voltada para o litígio e para a disputa judicial, até mesmo por falta de informação sobre outros meios adequados de transformação do conflito.

O relatório "Justiça em números 2013" do Conselho Nacional de Justiça (CNJ) revela um aumento de 10,6% de processos em trâmite no Judiciário brasileiro, nos últimos quatro anos, chegando à marca de 92,2 milhões de ações, em 2012. Apesar da produtividade dos magistrados e servidores ter melhorado e o número de processos solucionados ter crescido 7,5%, o estoque de casos pendentes de julgamento vem crescendo ano a ano. A taxa de congestionamento, ou seja, a taxa que mede o percentual de processos que não foram baixados durante um ano foi de 69,9%.[8]

Desse modo, nota-se que a estrutura do Poder Judiciário brasileiro não consegue atender a contento as demandas sociais, acarretando morosidade da prestação jurisdicional, insatisfação dos envolvidos e descrença no Sistema.

No âmbito do Direito de Família, essa conjuntura é ainda mais complexa, pois o processo envolve pessoas de uma mesma família e, em geral, lida com as subjetividades de seus membros e com relacionamentos

---

[8] Disponível em: http://www.cnj.jus.br/component/acymailing/archive/view/listid-4-boletim-do-magistrado/mailid-4650-boletim-do-magistrado. Acesso em: 10. abr. 2015.

desfeitos. Cabe ao operador do Direito analisar os conflitos familiares e as suas complexidades, a partir de uma ótica interdisciplinar, que também inclua o conhecimento dos vínculos e dos sentimentos que permeiam suas questões.

O que se observa, lamentavelmente, é que a falta de estrutura do Judiciário brasileiro, diante da crescente demanda de ações, desfavorece uma análise mais aprofundada e cuidadosa do profissional, na apreciação do caso concreto. Além disso, não há espaço e tempo para questões afetivas serem trabalhadas e, por consequência, muitas vezes a decisão judicial não satisfaz quaisquer das partes, favorecendo que as mesmas retornem, posteriormente, ao Judiciário.

Diante desse cenário, verifica-se a necessidade de esclarecer à população que o acesso à Justiça não necessariamente precisa ocorrer pela via judicial. Apesar de alguns esforços no sentido de mudança de paradigmas, boa parte da sociedade brasileira ainda desconhece outros meios, que não o judicial, para resolução de conflitos.

No Brasil, entre os meios apropriados de resolução de controvérsias, a conciliação é o método mais conhecido e utilizado pela população, já que, há anos, a semana da conciliação é veiculada em todos os meios de comunicação. Tanto o Código de Processo Civil[9], em vigor, (CPC)[10] como a Consolidação das Leis do Trabalho (CLT)[11] e a Lei n. 9.099/95, que dispõe sobre os Juizados Especiais Cíveis e Criminais[12] incentivam a conciliação.

No que tange à arbitragem, o antigo Código Civil brasileiro de 1916 já a permitia, conforme seus artigos 1.037 a 1.048, mas foi a Lei n. 9.307/96 que trouxe a devida regulamentação. A arbitragem internacional é bastante utilizada entre os países latino-americanos, em questões comerciais. No entanto, no âmbito interno, ainda que

---

[9] Lei n. 5.869/73. O novo Código de Processo Civil (Lei n. 13.105/15) entrará em vigor somente em março de 2016.
[10] Em seu artigo 448, o CPC determina que antes de iniciar a instrução, o juiz tentará conciliar as partes.
[11] Criada pelo Decreto Lei n. 5.452/43.
[12] A antiga Lei n. 7.244/94 sobre os Juizados de Pequenas Causas, substituída pela Lei n. 9.099/95 dos Juizados Especiais Cíveis e Criminais, também tinha por objetivo estimular a conciliação.

seja conhecida pelos operadores brasileiros do Direito, sua aplicação é tímida.[13]

Já no que se refere à mediação, apesar de estar ganhando espaço, ainda está longe de alcançar a expressividade que deveria ter, diferente de outros países como Inglaterra, França, Canadá, Argentina, Estados Unidos, e tantos outros, onde essa forma de se abordar conflitos, já é bastante difundida e regulamentada. Esse espaço pode ser conquistado, nacionalmente, com maior notoriedade e prestígio, mediante a entrada em vigor do novo Código de Processo Civil, em 2016, já que esta lei, em seus diversos artigos[14], estimula a utilização da mediação e outros métodos de solução consensual de conflitos.

Em 1998, surgiu o primeiro projeto de lei de mediação, que previa apenas 7 artigos, mas, posteriormente, foi "engavetado". Esse projeto tratava da mediação judicial e extrajudicial. De lá para cá, mais de 16 anos se passaram e muitos projetos de lei dispuseram sobre a mediação, nas modalidades judicial e extrajudicial, prévia e incidental, pública e on *line*[15]. Em 26 de junho de 2015, o PL n. 7.169/14, que tratava da mediação como meio de solução de controvérsias entre particulares e sobre a autocomposição de conflitos no âmbito da administração pública, tornou-se a Lei de Mediação de n. 13.140/15, que entrará em vigor em dezembro de 2015. É bem possível que, com a aplicação dessa lei, a mediação deixe de ser um tema considerado polêmico para uma pequena fatia da sociedade, que tem uma noção

---

[13] CAHALI, Francisco José. *Curso de arbitragem, mediação*, conciliação. 3. ed. rev. atual., ampl. São Paulo: Revista dos Tribunais, 2013, p. 26.

[14] Artigos que mencionam a mediação no novo Código de Processo Civil: 3; 139; 149; 165; 166; 167; 168; 169; 170; 171; 172; 173; 174; 175; 250; 303; 308; 319; 334; 335; 340; 359; 565; 694; 695; 696; 784.

[15] Essas são as várias modalidades de mediação: **Extrajudicial** (quando a mediação for realizada fora do Judiciário e/ou quando o mediador for privado); **Judicial** (quando a mediação for realizada em quaisquer das unidades e dependências do Judiciário e/ou quando o mediador for cadastrado como tal, nos Tribunais de Justiça da Federação); **Prévia** (quando a mediação for realizada antes do processo judicial e independente dele); **Incidental** (quando a mediação for realizada no curso do processo judicial, sendo encaminhada pelo juiz ao mediador judicial ou extrajudicial); **Pública** (quando um dos mediandos for um ente público) e ***On line*** (quando a mediação for realizada pela internet, ou quando pelo menos um ou alguns dos mediandos não estão presentes).

distorcida sobre a mesma, com receio de perda de atuação profissional, e se torne mais utilizada, pela sociedade civil, já que, atualmente, pouco conhece sobre esse método.

A lacuna legislativa, que existia até início de 2015, somada à existência de projetos de lei contraditórios e sem suficiente embasamento, acarretaram incertezas quanto ao rumo da mediação no Brasil. Verificou-se uma falta de harmonização por parte dos centros de formação, bem como dos métodos e técnicas aplicadas pelos profissionais.

Diante disso, o Conselho Nacional de Justiça (CNJ), observando a necessidade de implantação de uma política pública nacional de tratamento adequado de conflitos de interesses, no âmbito do Poder Judiciário, promulgou a Resolução n. 125, em 29 de novembro de 2010[16]. O objetivo da Resolução é oferecer mecanismos consensuais de solução de controvérsias, em especial a mediação e a conciliação no Judiciário; disseminar a cultura da pacificação social e dar orientação aos cidadãos. Entre as determinações da Resolução, destacam-se a instituição de um Código de Ética do Mediador; o estabelecimento de um conteúdo programático mínimo para os cursos de qualificação do mediador; a criação de núcleos com o fim de promover e fiscalizar a capacitação e atualização dos profissionais; a estimulação de programas de mediação comunitária, penal ou outro processo restaurativo.

Na realidade, a Resolução teve impactos positivos na sociedade brasileira, sendo um deles o de ter pavimentado o caminho que vinha sendo construído, por muitos mediadores, desde 1998, mas que não estava regulamentado. Por meio dela, abriram-se portas para outros projetos eclodirem, tornando a mediação mais visível e reconhecida. Além disso, a referida Resolução n. 125 facilitou a utilização da mediação em todo o território nacional, pela população mais carente; criou um manual de boas práticas do mediador; propiciou publicidade sobre outros meios de se abordar o conflito, entre outras repercussões. No entanto, também trouxe muitas discussões e aspectos controversos sobre alguns temas que serão comentados ao longo dessa introdução.

---

[16] Disponível em: http://www.cnj.jus.br/atos-administrativos/atos-da-presidencia/323-resolucoes/12243-resolucao-no-125-de-29-de-novembro-de-2010. Acesso em: 06. jul. 2014.

Um dos pontos polêmicos da Resolução n. 125 e que teve forte discussão entre os especialistas, dizia respeito ao insuficiente conteúdo e à carga horária, para a capacitação do mediador e sua educação continuada e reciclagem. Muitas instituições de mediação, que ministram cursos de capacitação há muitos anos, ainda têm, como parâmetro mínimo, a carga horária de 80 horas teóricas e 80 horas de prática supervisionada. Carga horária inferior a essas serviria como base de sensibilização, a respeito das noções introdutórias sobre mediação e a cultura de paz.

Para agravar a situação, a Resolução n. 125 foi alterada pela Emenda n. 1/13[17], no seu Anexo I, determinando que os treinamentos para conciliadores e para mediadores deveriam seguir as diretrizes indicadas no Portal da Conciliação[18], inclusive com sugestões de *slides* e exemplos de exercícios simulados a serem utilizados.

Essa Emenda colocou profissionais de renome, com vasta experiência prática e mediadores capacitados há anos por instituições de grande projeção, em situação irregular e fora do modelo contemplado pelo Conselho Nacional de Justiça (CNJ). Isso porque, para continuar ministrando cursos, no âmbito do Judiciário, os profissionais precisavam se capacitar instrutores pelo CNJ. Muitos mediadores sentiram-se engessados na sua docência, uma vez que a Emenda n. 1/13 "recomendava", além de *slides* específicos, um programa centralizado, que não contemplava toda a prática necessária para a capacitação.

Quando essa Emenda n. 1/13 entrou em vigor, já havia sido criada, em novembro de 2012, a Escola Nacional de Mediação e Conciliação (ENAM),[19] que, desde então, vem ministrando vários cursos presenciais, semipresenciais e à distância, para a capacitação de mediadores e conciliadores judiciais.

A grande polêmica, em torno da ENAM, é a capacitação em "massa", já que tinha por objetivo, até o final do ano de 2014, formar mais

---

[17] Disponível em: http://www.cnj.jus.br/images/emenda_gp_1_2013.pdf. Acesso em: 06. jul. 2014.
[18] Disponível em: http://www.cnj.jus.br/programas-de-a-a-z/acesso-a-justica/conciliacao. Acesso em: 06.jul.2014.
[19] Disponível em: http://moodle.cead.unb.br/enam/mod/book/view.php?id=78. Acesso em: 06. jul. 2014.

de 20 mil instrutores, entre conciliadores e mediadores, para a resolução de conflitos de maneira consensual e autocompositiva.[20] Além do mais, os cursos de mediação da ENAM têm carga horária bem inferior a 80 horas teóricas e 80 horas de práticas supervisionadas.

O novo Código de Processo Civil, Lei n. 13.105/15, em seu artigo 167, § 1º, estabelece que o mediador e o conciliador, para requererem sua inscrição no cadastro nacional e no cadastro dos Tribunais Estaduais e Federais, devem preencher o requisito de capacitação mínima, por meio de curso realizado por entidade credenciada, conforme parâmetro curricular definido pelo Conselho Nacional de Justiça, em conjunto com o Ministério da Justiça.

A Lei de Mediação de n. 13.140/15, no seu artigo 11, que trata do mediador judicial, foi mais rigorosa. Além de capacitação mínima, definida pelo Conselho Nacional de Justiça, em conjunto com o Ministério da Justiça, estabeleceu que o mediador deverá ser graduado, há pelo menos dois anos, em curso reconhecido pelo Ministério da Educação. Adicionalmente, o mediador deverá ser capacitado em escola ou instituição de formação de mediadores, reconhecida pela Escola Nacional de Formação e Aperfeiçoamento de Magistrados – ENFAM ou pelos Tribunais. Já, para o mediador privado, o seu artigo 9º prevê que pode ser qualquer pessoa capaz que tenha a confiança das partes e seja apta para fazer mediação. Apesar das divergências legislativas, seria recomendável que tais órgãos, ao elaborarem o referido parâmetro curricular de capacitação, levassem em consideração maior número de horas, tanto de teoria quanto de prática, para o favorecimento de melhor qualidade de atuação dos profissionais.

Mais uma novidade introduzida pelo novo Código de Processo Civil é que o Tribunal poderá preencher o quadro próprio de conciliadores e mediadores, mediante concurso público de provas e títulos (artigo 167, § 6º). Essa situação já existe em alguns Estados da Federação, com relatos de experiências exitosas, no entanto, o tema é polêmico entre os especialistas, com argumentos a favor e contra, sobre

---

[20] Disponível em: http://www.cnj.jus.br/noticias/cnj/24541:enam-abre-inscricoes-para-mediacao-com-2000-vagas. Acesso em: 06. jul. 2014.

a função do mediador concursado. A Lei de Mediação n. 13.140/15 silencia a esse respeito.

Outro ponto altamente controvertido é quanto à remuneração do mediador. No Brasil, desde há muitos anos, o mediador privado exerce suas funções pela demanda do mercado. O valor dos honorários varia de acordo com sua área de atuação, sendo raros os casos em que ele trabalha voluntariamente. Já o mediador, no âmbito do Judiciário, exerce sua atividade de forma voluntária, entre outras motivações, pelo aprendizado e prática da mediação; pela expectativa de ganho; por doação; ou por esse trabalho computar pontos de títulos para o ingresso na carreira pública.

Nos vários Estados da Federação, apuraram-se experiências isoladas de remuneração dos mediadores judiciais, seja porque, como retro mencionado, foram concursados, seja porque são servidores públicos alocados no Setor de Mediação do Tribunal, em que prestam seus serviços, seja porque os juízes indicam casos para mediadores de sua confiança. Diante de várias realidades, cuidou a Resolução n. 125 de uniformizar as experiências, determinando a remuneração do mediador, através da criação de legislação específica, conforme artigo 7º, inciso VIII.

Entretanto, a referida Emenda n. 1/2013, entre outras alterações, retirou o inciso que fazia menção expressa sobre a remuneração do mediador. Isso levou, naquela época, a uma lacuna sobre esse ponto tão relevante e criou enorme discussão, já que o mediador é profissional capacitado, sujeito a reciclagem periódica e deve receber o mesmo reconhecimento que qualquer outro profissional no desenvolvimento de sua função. Esse tema será objeto de comentários adicionais, mais adiante, quando forem abordados o novo Código de Processo Civil, a Lei Estadual de São Paulo, que trata da remuneração dos mediadores e conciliadores judiciais e a Lei de Mediação.

Na sequência cronológica da legislação sobre a mediação, em 2010, uma Comissão de Juristas de renome, criada pelo Senado Federal, iniciou a elaboração do novo Código de Processo Civil, Projeto de Lei n. 8.046/10, ocasião em que especialistas em mediação e em conciliação solicitaram a inclusão dessas matérias no referido Projeto. Aprovado pelo Senado Federal, no final de 2014, o novo Código de

Processo Civil, Lei n. 13.105/15, foi sancionado em 16 de março de 2015, e entrará em vigor em 1 (um) ano da sua publicação oficial, de acordo com o seu artigo 1.045[21].

O novo Código de Processo Civil estabelece que os Tribunais deverão criar centros de solução consensual de conflitos, que realizarão encontros de mediação e audiências de conciliação, além de promover a orientação e estimulação da autocomposição. A Lei de Mediação n. 13.140/15 seguiu tal orientação, em seu artigo 24 e seu parágrafo único.

O § 3º do artigo 165 do Novo Código de Processo Civil dispõe o seguinte:

> Artigo 165, § 3º: "O mediador, que atuará preferencialmente nos casos em que houver vínculo anterior entre as partes, auxiliará aos interessados a compreender as questões e os interesses em conflito, de modo que eles possam, pelo restabelecimento da comunicação, identificar, por si próprios, soluções consensuais que gerem benefícios mútuos."

Já o artigo 334 menciona:

> Art. 334: "Se a petição inicial preencher os requisitos essenciais e não for o caso de improcedência liminar do pedido, o juiz designará audiência de conciliação ou de mediação com antecedência mínima de 30 (trinta) dias, devendo ser citado o réu com pelo menos 20 (vinte) dias de antecedência.
>
> § 1º O conciliador ou mediador, onde houver, atuará necessariamente na audiência de conciliação ou de mediação, observando o disposto neste Código, bem como as disposições da lei de organização judiciária.
>
> § 2º Poderá haver mais de uma sessão destinada à conciliação e à mediação, não podendo exceder a 2 (dois) meses da data de realização da primeira sessão, desde que necessárias à composição das partes.
>
> § 3º A intimação do autor para a audiência será feita na pessoa de seu advogado.

---

[21] O novo CPC trata dos mediadores e dos conciliadores judiciais nos artigos 165 a 175 e são equiparados a auxiliares da justiça (artigo 149).

§ 4º A audiência não será realizada:

I – se ambas as partes manifestarem, expressamente, desinteresse na composição consensual;

II – quando não se admitir a autocomposição.

(...)".

É fundamental a utilização da mediação judicial logo no início do processo, antes mesmo da apresentação da contestação. Nessa fase processual, o conflito, normalmente, ainda não está na sua escala máxima, criando maiores possibilidades das partes chegarem ao consenso.

No que tange aos Projetos de Lei específicos sobre mediação, destacou-se aquele de n. 7.169/14, formado pela junção das ideias contidas nos textos do Projeto de Lei do Senado de n. 517/11 (Senador Ricardo Ferraço), 434/13 (Ministro José Eduardo Cardoso) e 405/13 (Ministro Luiz Felipe Salomão). No entanto, o PL n. 7.169/14 recebeu muitos pareceres de especialistas, representando várias entidades de renome, ligadas ao tema, justificando a reforma de seus artigos, bem como a sua total rejeição. Depois de várias discussões, culminando em Substitutivos e respectivas Emendas, inclusive muitas delas para adaptação ao novo Código de Processo Civil[22], o PL n. 7.169/14 foi sancionado em 26 de junho de 2015, tornando-se a Lei de Mediação de n. 13.140/15.

Felizmente, o novo Código de Processo Civil, no seu artigo 694, prevê a utilização da mediação e da conciliação, para as questões familiares, no esforço de se buscar um consenso entre os envolvidos. Esse entendimento encontra-se reforçado no mesmo diploma legal, no seu artigo 165, § 3º, cabendo a mediação nos casos em que houver vínculo anterior entre as partes. Por força desse dispositivo, cabe ao mediador a tarefa de facilitar o diálogo entre elas, a ponto das mesmas compreenderem as questões em pauta e os interesses em conflito, e identificarem, elas próprias, as possibilidades de se chegar ao entendimento, com ganhos para todas.

A Lei de Mediação de n. 13.140/15, após vários debates, acabou admitindo a utilização da mediação nos conflitos envolvendo questões

---

[22] Disponível em: http://www.camara.gov.br/proposicoesWeb/fichadetramitacao?idProposicao=606627. Acesso em: 05. abr. 2015.

de família, consideradas direitos indisponíveis, que admitam transação, conforme dispõe o artigo 3º, § 2º, exigindo, para tanto, que, se os mediandos chegarem ao consenso, este deverá ser levado para homologação do magistrado, que só prolatará a decisão, após a oitiva do Ministério Público. Trata-se de uma verdadeira demonstração que considera, valoriza e reconhece experiências de mediação já existentes há muito tempo e bem-sucedidas em relação às referidas matérias. Os mediandos, ao participarem da mediação, assumem a autoria das suas vidas, esforçam-se para a coconstrução do entendimento, compartilham as responsabilidades e afastam a litigiosidade, demonstrando a sua preferência pela tomada da decisão conjunta e pacífica.

Outro aspecto controverso, conforme mencionado anteriormente, é a questão da remuneração dos mediadores judiciais. Infelizmente, demorou muitos anos até que se legitimassem as funções do conciliador e do mediador, quer pelo Judiciário, quer pelo Executivo. Como resultado, ano após ano, o tema faz parte das pautas de trabalho, sem qualquer resultado eficiente, já que, até os dias de hoje, a maioria dos mediadores judiciais trabalha de forma voluntária.

Como forma de legitimar e valorizar as funções de conciliador e de mediador judiciais, em 2013, o Presidente do Tribunal de Justiça do Estado de São Paulo enviou à Assembleia Legislativa, o Projeto de Lei n. 1.005/13[23], que dispõe sobre o abono variável e jornada dos Conciliadores e Mediadores inscritos nos Centros Judiciários de Solução de Conflitos e Cidadania, cadastrados no Núcleo Permanente de Métodos Consensuais de Solução de Conflitos. Referido Projeto foi sancionado pelo Governador do Estado, em 22 de abril de 2015, tornando-se a Lei de n. 15.804/15. Por essa norma, os mediadores judiciais podem trabalhar, diariamente, 2, 4, 6 e 8 horas, no horário do expediente forense, limitado ao máximo de 16 horas semanais. O valor da remuneração, de natureza indenizatória, é de 02 UFESPs[24] por hora. Embora essa Lei do Estado de São Paulo tivesse aplicação a partir

---

[23] Disponível em: http://www.al.sp.gov.br/propositura/?id=1187661. Acesso em: 09. jul. 2014.
[24] UFESP: Unidade Fiscal do Estado de São Paulo. Em 2015, o valor de cada UFESP é R$ 21,25.

da sua publicação, o seu artigo 4º, que previa a forma do respectivo pagamento ao profissional, foi vetado, quando da sanção presidencial.

O novo Código de Processo Civil trata a remuneração do mediador e do conciliador em seu artigo 169, prevendo que tais profissionais receberão pelo seu trabalho, de acordo com tabela fixada pelo Tribunal, mediante os parâmetros dispostos pelo Conselho Nacional de Justiça.

Já a Lei de Mediação n. 13.140/15, no artigo 13, menciona que a remuneração do mediador será fixada pelos Tribunais e custeada pelas partes, observado o seu § 2º, do artigo 4º, em que a mediação será gratuita. Portanto, os mediandos, em regra, arcariam com o pagamento dos honorários do mediador. A questão se apresenta quando os mediandos não tiverem recursos para efetuar o referido pagamento.

Assim, são várias as disposições que tratam sobre o tema, com pontos obscuros, sujeitos a interpretações diversas, e formas diferentes de se remunerar o mediador e o conciliador, com aplicação quer no âmbito estatual, quer no âmbito nacional, podendo comprometer o cumprimento de alguma dessas normas, em curto espaço de tempo, até que se estabeleça, claramente, qual delas será utilizada.

Outro tema bastante relevante e controverso refere-se à presença do advogado na mediação. Na mediação extrajudicial, os mediandos poderão estar assistidos por seus causídicos de confiança ou defensor público. No caso de só um deles estar com seu patrono, o mediador, como guardião do processo de mediação, suspenderá os trabalhos, até que todos estejam representados (artigo 10 e seu parágrafo único da Lei de Mediação n. 13.140/15), para garantir o princípio da isonomia e respeitar o disposto no artigo 34, inciso VIII da Lei n. 8.906/94, Estatuto da Advocacia e a Ordem dos Advogados do Brasil (OAB).[25]

Já no âmbito do Judiciário, o controverso § 4º do artigo 695 do novo Código de Processo Civil determina que as partes deverão estar acompanhadas de seus respectivos procuradores, tornando obrigatório o comparecimento desses profissionais nas sessões.

---

[25] O artigo 34, inciso VIII da Lei n. 8.906/94, do Estatuto da Advocacia e a Ordem dos Advogados do Brasil (OAB), dispõe que constitui infração disciplinar: "VIII – estabelecer entendimento com a parte adversa sem autorização do cliente ou ciência do advogado contrário;" Disponível em: http://www.planalto.gov.br/ccivil_03/leis/l8906.htm. Acesso em: 03. abr. 2015.

Nesse aspecto, a Lei de Mediação n. 13.140/15 seguiu tal entendimento, conforme preceituou o seu artigo 26.

A experiência mostra que durante a mediação, recomenda-se a não participação dos advogados, principalmente na área da família, para o desenvolvimento do protagonismo dos mediandos e a tomada de decisões que melhor atenda às necessidades dos mesmos. Ressalta-se que a presença de seus patronos é fundamental nos encontros de pré-mediação, para o incentivo à adesão, bem como ao final dos trabalhos, para a redação do eventual acordo que, em muitos casos, deverá ser homologado judicialmente. Se no curso da mediação, aparecerem questões jurídicas que precisem ser investigadas, para tomada de decisões, suspende-se o encontro, para que as partes possam consultar seus patronos a respeito e, assim, dar seguimento aos trabalhos.

Outro aspecto importante que o novo Código de Processo Civil dispôs no seu artigo 166 e parágrafos, diz respeito ao sigilo e à confidencialidade, princípios basilares da mediação. Nesse sentido, todas as informações verbais e não verbais trazidas pelos mediandos, nos encontros de mediação, são sigilosas. A experiência mostra que a aplicação desses princípios é fundamental para que se estabeleça um ambiente de confiança e de segurança para os mediandos, a menos que eles próprios deliberem, expressamente, de outra forma, estabelecendo os limites do sigilo e da confidencialidade.

Por essa razão, muitos especialistas já vinham conversando sobre esse controvertido tema, por conta do Substitutivo do PL n. 7.169/14, que se tornou a Lei de Mediação n. 13.140/15, Assim, conforme o disposto no seu artigo 30, inciso IV, §§ 3º e 4º, tais princípios não serão aplicáveis em casos de crime de ação pública, e as pessoas, indicadas no referido artigo, terão o dever de prestar informações à Administração Tributária, no final dos trabalhos. Mais uma divergência ao novo Código de Processo Civil, artigo 166, correndo-se grande risco da mediação vir a ser pouco utilizada pela sociedade civil, impactando, sobremaneira, na sustentabilidade da mudança de cultura, através da pacificação e inclusão social.

Além disso, mais uma inovação significativa, trazida pelo novo Código de Processo Civil, refere-se à intimação das partes para o encontro inicial de mediação, conforme determinam o seu § 3º do artigo

308 e do artigo 334. De acordo com tais dispositivos, as partes devem comparecer, obrigatoriamente, a essa reunião informativa, para que possam decidir, livremente, se desejam ou não dar continuidade aos futuros encontros de mediação. É imprescindível esclarecer que, assim como ocorre na Inglaterra, a mediação é sempre voluntária. Ou seja, esse encontro serve para informação sobre o procedimento, esclarecimento de dúvidas e início do processo, se assim os envolvidos desejarem. Trata-se de uma essencial inovação, pois possibilita a criação de um espaço seguro, para a passagem, pelos mediandos, da posição adversarial à colaborativa, favorecendo o diálogo entre eles e o eventual consenso, antes do oferecimento da contestação. Com isso, previne-se a escalada do conflito, que, certamente, aumenta o grau de animosidade e distância entre as pessoas nele envolvidas.

A Lei de Mediação n. 13.140/15, em seu artigo 2º § 1º, determina que se houver previsão contratual de cláusula de mediação, será obrigatória a presença dos contratantes no primeiro encontro de mediação. E, em seu artigo 27, estabelece, de forma abrangente, que se o autor da ação preencheu todos os requisitos essenciais para a sua propositura, o juiz designará o primeiro encontro de mediação.

A inovação da Lei de Mediação n. 13.140/15 se dá em relação à mediação extrajudicial, quando estabelece que a previsão contratual de mediação deverá conter os tópicos dos incisos do seu artigo 22, inclusive penalidade em caso de não comparecimento do contratante convidado para participar do primeiro encontro de mediação (inciso IV). E, se não constar tal penalidade na previsão contratual de mediação, a própria lei a estabelece, no mesmo artigo, § 2º, inciso IV: ele arcará com cinquenta por cento das custas e honorários sucumbenciais, caso venha a ser vencedor em procedimento arbitral ou judicial posterior e que envolva o objeto da mediação, para o qual foi convidado.

É válido também mencionar um relevante passo na trilha para a consolidação de uma política pública brasileira, que verse sobre métodos apropriados de resolução de conflito, qual seja, a Recomendação n. 50 de 8 de maio de 2014 do Conselho Nacional de Justiça. Essa recomendação atesta a importância da mediação para a abordagem de conflitos de qualquer natureza e orienta os magistrados a encaminharem casos para a mediação, em demandas nas quais haja "necessidade de preservação ou recomposição de vínculo interpessoal ou social, não apenas decorrentes de relações familiares, mas todos os afetos a direitos disponíveis." (art. 1º, inciso II da Recomendação n. 50).

Tal recomendação, sem dúvida, é o reconhecimento da relevância da mediação no cenário jurídico brasileiro, bem como no setor privado da sociedade, após muitos anos de trabalho de mediadores judiciais e extrajudiciais, capacitados e atualizados, e que, muitas vezes, não eram devidamente legitimados. No entanto, esse é somente mais um precioso passo para a consolidação da mediação no Brasil e para que o caminho já percorrido, até então, seja validado pelos membros do Judiciário e da sociedade em geral.

Essa mesma Recomendação adotou, dentro dos Tribunais da Federação, Oficinas de Parentalidade, "como política pública, na resolução e prevenção de conflitos familiares, nos termos dos vídeos e das apresentações disponibilizados no portal da Conciliação do CNJ." (art. 1º, inciso I da Recomendação n. 50).

Estas Oficinas foram criadas, em 2013, em algumas unidades dos Tribunais de Justiça, para que os genitores compreendam todos os efeitos e impactos que o Divórcio[26] causa em cada um deles e, principalmente, nos filhos do ex-casal. Servem de espaço para reflexão e para melhor lidarem com essa nova experiência de vida, formando uma parceria parental, que protegerá os filhos de eventuais inseguranças. São oferecidas as Cartilhas do Divórcio para os Pais e para Filhos Adolescentes[27]; resumo do material abordado nas "Oficinas dos Pais e Filhos", esclarecendo à população, sobre as questões que envolvem o tema, tanto em relação aos genitores, quanto aos filhos.

Depois que os pais e filhos participam da Oficina, sensibilizados com as questões que norteiam a ruptura do vínculo conjugal e a manutenção do vínculo parental, o facilitador oferece a mediação aos genitores, cujo serviço é realizado dentro de um dos Centros Judiciários de Solução de Conflitos e Cidadania (Cejusc), para a continuidade

---

[26] Utiliza-se o termo "divórcio", mas esse termo também se aplica ao término de qualquer relacionamento amoroso, que tenha resultado no nascimento de filhos, independentemente de ter havido casamento civil.
[27] Disponível em: http://www.cnj.jus.br/noticias/cnj/25746-cnj-e-mj-lancam-cartilhas-para-auxiliar-familias-sobre-divorcio. Acesso em: 09. jul. 2014.

do trabalho com os pais. Na maioria dos casos, a mediação tem sido muito bem-vinda e os resultados são extremamente positivos, com o entendimento entre os integrantes das famílias.

Nesse sentido, a mediação pode ser um método eficaz, já que não é invasiva e respeita os sentimentos e visões dos envolvidos. Águida Arruda Barbosa afirma que "a Mediação Familiar é o instrumento para a compreensão dos litígios de família, inserindo-se, definitivamente, no novo Código, como expressão da principiologia norteadora das relações jurídicas privadas, com ênfase no Direito de Família".[28]

A mediação extrajudicial ganhou crédito e mais notoriedade, quando, em 11 de novembro de 2014, entidades representativas de vários segmentos econômicos, como indústria, comércio, prestação de serviços, setor bancário/financeiro, instituições de ensino, escritórios de advocacia, empresas prestadoras de serviços de mediação etc., assinaram o "Pacto de Mediação".[29]-[30] Trata-se de mudança de paradigma, com o acolhimento dos métodos consensuais de solução de controvérsias e a sua utilização pela sociedade civil, antes de se socorrer do Poder Judiciário.

A Lei de Mediação n. 13.140/15 dispõe, em seu artigo 4º, que o mediador extrajudicial ou judicial será designado pelo tribunal ou escolhido pelas partes. Assim, os interessados poderão se valer de referências ou da internet para pesquisar os vários mediadores que atuam no mercado e/ou que são cadastrados pelos Tribunais da Federação (artigo 12), e eleger aquele que melhor poderá atender aos interesses e às necessidades dos indivíduos ou organizações.

Mesmo com todas essas práticas, ainda é elevado o índice de desconhecimento da população sobre esse método de tratamento apropriado de controvérsias. Há, também, uma equivocada noção de que mediação e conciliação são sinônimos. Até mesmo no âmbito jurídico, por vezes, nota-se que profissionais do Direito, como advogados, promotores, defensores públicos e juízes, utilizam as expressões

---

[28] BARBOSA, Águida Arruda. Questão de princípio. *Boletim IBDFAM*, p. 9, jul./ago. 2004.
[29] Disponível em: http://www.fiesp.com.br/noticias/fiesp-ciesp-entidades-e-empresas-assinam-pacto-pela-mediacao/. Acesso em: 25. jan. 2015.
[30] Disponível em: http://www.conima.org.br/arquivos/4015. Acesso em: 25. jan. 2015.

como equivalentes. Esse panorama acaba prejudicando o conhecimento adequado dessa abordagem dos conflitos, mais humanista e afinada com as necessidades sociais.

Sob essa perspectiva, não obstante o enorme passo que se deu com a sanção do novo Código de Processo Civil (que aborda, em vários de seus artigos, a mediação) e com a promulgação da Lei de Mediação, nota-se que só essas medidas não bastam, pois elas, isoladamente, não trarão uma mudança estrutural, na sociedade brasileira. É necessária uma alteração sistêmica dos Poderes Executivo e Judiciário, com o intuito de informar e deixar à disposição da sociedade outros meios apropriados de transformação de conflitos, em especial a mediação.

Tem-se observado, no Brasil, uma tendência, em geral, por parte dos leigos, de reduzir o conceito de mediação, para uma das formas pacíficas de se resolver conflitos. No entanto, essa definição simplória não abrange todos os seus âmbitos.

Um dos objetivos da mediação é colaborar, por meio de uma comunicação funcional, para que os envolvidos sejam coprotagonistas na desconstrução do conflito; na coconstrução de novas relações que visem o presente e futuro, e na cocriação de possibilidades de entendimento e autocomposição.

No âmbito do poder familiar, é benéfica, pois proporciona uma mudança de mentalidade e comportamento, em que se deixa de procurar culpados para encontrar interesses comuns, promovendo um diálogo qualificado, que leva os envolvidos a serem os protagonistas das suas vidas. Ademais, quando há menores envolvidos, ela facilita a construção de alianças entre os pais, para que a guarda seja exercida de forma flexível, possibilitando arranjos e rearranjos rotineiros, de acordo com mudanças de circunstâncias. Assim, os filhos têm mais liberdade, seus desejos são escutados, e não ignorados, como ocorre na moldura rígida de convivência.

Pesquisas demonstram que o primeiro ano após a separação é crucial para a manutenção do relacionamento pai e filho, a longo termo.[31]

---

[31] McINTOSH, Jennifer. Enduring conflict in parental separation: pathways of impact on child development. *Journal of Family Studies*, v. 9, n. 1, p. 74, abril de 2003.

Dessa forma, diante de um momento de natural desgaste, que é o término do relacionamento conjugal, é preciso buscar o melhor caminho para se chegar a uma organização de convivência, que beneficie tanto os menores – cujo interesse deve ser priorizado – quanto os pais, que desejam ter a presença dos filhos em suas vidas, de forma respeitosa e responsável.

Assim, os mediandos percebem que, em vez de serem adversários, podem ser aliados, criando um ambiente de colaboração e compreensão das necessidades mútuas e das soluções para os problemas.

É forçoso também trazer à reflexão sobre a profissionalização do mediador. Tentou-se, tempos atrás, que fosse regulamentada a profissão de mediador, sem sucesso. A regulamentação foi proposta pelo Projeto de Lei n. 4.891/05 do Deputado Nelson Marquezelli, que foi rejeitado, por considerar que uma das características que favorece o exercício da mediação é a possibilidade de as partes contratarem um profissional de confiança dos envolvidos. Entendeu-se que o mediador se constitui em profissional especializado nas mais diversas áreas do conhecimento (advogados, médicos, assistentes sociais, psicólogos, engenheiros, etc.) ou quaisquer outras pessoas que gozem da confiança e respeito das partes, que optam por esse método, em detrimento do Judiciário. Alega-se que criar conselhos reguladores da profissão é inconstitucional, porque viola a reserva da administração, segundo a qual apenas o Executivo pode iniciar a lei que trate sobre a criação e a extinção de órgãos da administração. Enfim, mediadores que, eventualmente, abandonaram suas profissões de origem, para seguir essa função, tem como desejo a profissionalização, como reconhecimento das suas atividades.

Para bem realizar a função do mediador, é necessária uma profunda e contínua formação, que envolve o conhecimento da teoria, das técnicas e da experiência. O profissional precisa estar desprovido dos seus pressupostos e preconceitos, para que esses não afetem sua imparcialidade, imprescindível no processo de mediação. Portanto, a profissionalização dos mediadores é medida que se impõe e deverá ser reexaminada pelo legislador ou quem esse determinar.

CONSIDERAÇÕES FINAIS

De uma maneira geral, os conflitos, que são inerentes às relações sociais, são mal gerenciados, provocando a sua escalada, com alto nível de violência. Em 2011, foi noticiado que o "Brasil ocupa o primeiro lugar no *ranking* da prevalência da depressão"[32] e que a "Depressão avança no Brasil e no mundo"[33]. Isso significa que há uma incapacitação no gerenciamento da vida de cada indivíduo, causando sérios impactos familiares, sociais, educacionais e na saúde. A própria Organização Mundial de Saúde (OMS) projetou que a depressão, no ano de 2030, estará à frente do câncer e de algumas doenças infecciosas.

Portanto, é necessário que a mediação, enquanto espaço de conversa e forma de se fazer educação no Brasil, seja implantada de maneira adequada e efetiva na cultura brasileira. Por meio do restabelecimento do diálogo, é possível lidar de maneira mais saudável com os problemas e conflitos, que são inerentes à vida. Tais atitudes proporcionarão melhor qualidade de vida, com sentimentos de solidariedade, compaixão e generosidade, traduzidas em atitudes que beneficiem o próximo e a si mesmo.

No que diz respeito à família, base da sociedade, esses sentimentos devem prevalecer entre os seus membros, pois a briga, a disputa, o litígio não colaboram para uma sociedade que busca a cultura, a educação, a paz, a saúde e, fundamentalmente, o gerenciamento colaborativo das diferenças individuais, diferenças essas, que caracterizam a humanidade.

Quando há questões familiares em disputa, muitas vezes existem menores envolvidos, que merecem viver em ambiente saudável e respeitoso, e que seja um espaço de exemplo de valores e princípios, até porque, futuramente, serão os reprodutores de comportamentos que presenciaram na sua vida, principalmente na familiar!

Nesse sentido, são imprescindíveis o incentivo e apoio à mediação no Brasil, como retratado na Resolução n. 125 do Conselho Nacional de Justiça; no novo Código de Processo Civil; na Lei Estadual de São Paulo – remuneração para mediadores e conciliadores judiciais; na Lei de Mediação; no Pacto de Mediação e na Recomendação n. 50/2014 do Conselho Nacional de Justiça. Eles atestam a importância

---

[32] Disponível em: http://www.ipan.med.br/blog.php?ver=64. Acesso em: 25.jun.2014.
[33] Disponível em: http://www.brasilwiki.com.br/noticia.php?id_noticia=44563. Acesso em: 25. jun. 2014.

desse trabalho para a abordagem de conflitos de qualquer natureza e orienta os magistrados a encaminharem casos para a mediação. Trata-se de um significativo reconhecimento que facilitará o fortalecimento desse método no Brasil.

Condutas como essas, que estão em consonância com os paradigmas da colaboração, da conversa, do diálogo, estão ganhando espaço e deixando claro que a mediação veio para ficar, no Brasil. Contudo, ainda é preciso traçar um longo caminho para, de fato, consolidá-la como uma cultura de paz na sociedade brasileira.

O paradigma tradicional ficou obsoleto, servindo o Judiciário brasileiro para questões patrimoniais e não emocionais. É a mediação que permite a criação, recriação ou renovação dos laços interpessoais, com base no diálogo afetivo e respeitoso, e na coconstrução de novos combinados, que garantam a satisfação de todos os envolvidos, com a assunção da responsabilidade pelas suas próprias escolhas e decisões, dando-lhes dignidade e qualidade de vida.

Assim, a Lei de Mediação observou a realidade e o contexto brasileiros, para que a sua aplicação não sirva, simplesmente, para desafogar o Judiciário, com a produção de acordos, mas, sim, de tratá-la como uma das formas de se fazer educação no Brasil e de fomentar o diálogo entre as pessoas que estão vivenciando uma situação difícil. A mediação, no Brasil, deve ser entendida como um dos caminhos para o respeito às diferenças, para a responsabilidade compartilhada e para a evolução da distribuição de justiça.

Referida lei, em seu artigo 42, incluiu a sua aplicação, também como forma consensual de resolução de conflitos, nas comunidades, nas escolas e nas serventias extrajudiciais. Teria sido recomendável que tal norma contemplasse a obrigatoriedade da sua utilização nos contextos acima, principalmente nas escolas, públicas e privadas, desde a mais tenra idade, bem como nas universidades. Esta sugestão é de ser levada em consideração, para que todos os indivíduos tenham acesso ao aprimoramento da convivência em sociedade, de maneira colaborativa e possam multiplicar vozes e mobilizar corações, para promover a qualidade nas relações e a cultura da paz!

Não se pode olvidar de mencionar que a Lei de Mediação também estabeleceu os parâmetros de autocomposição de conflitos em que, pelo menos um dos mediandos, seja pessoa jurídica de direito público, em seus artigos 32 a 40.

Apesar de o Brasil estar caminhando rumo ao reconhecimento efetivo da mediação, há ainda uma longa jornada pela frente. Por isso, é bastante positiva a análise de experiências bem-sucedidas de outros ordenamentos jurídicos como o inglês, que, além de estar preocupado em aperfeiçoar, cada vez mais, o Direito de Família, já possui o devido reconhecimento governamental sobre a mediação de conflitos.

Nesse sentido, a Inglaterra, após consultas públicas, debates entre especialistas e discussões entre o Governo e a sociedade, realizou uma relevante reforma no Direito de Família com a aprovação da "Children and Families Act 2014"[34] Essa lei promoveu mudanças significativas, como a determinação de que a parte, antes de ingressar com uma ação judicial no âmbito familiar, deve participar do Mediation Information Assessment Meeting (MIAM). Trata-se de reunião esclarecedora sobre a mediação, realizada por um mediador, para que a parte, devidamente informada, possa expressar a sua decisão de eleger ou não esse método de resolução para o seu conflito. A presente obra irá abordar profundamente o tema.

No âmbito das questões familiares, muitas situações difíceis são similares em qualquer parte do mundo, mas é interessante conhecer como um país de outro continente, com um sistema jurídico de tradição da *Common-law*[35], lida com esses conflitos.

Conforme se verificará ao longo desse livro, nota-se que tanto na Inglaterra, como no Brasil, as reivindicações dos genitores masculinos são semelhantes, já que muitos ainda se sentem excluídos do dia a dia das crianças, por não exercerem a parentalidade, na proporção de 50% do tempo, para cada um. Lisa Parkinson aborda esse tema e demonstra que isso nem sempre é viável e prático para a criança, como revelam os estudos, pesquisas e debates mais contemporâneos, realizados no Reino Unido e citados nesse manuscrito.

---

[34] Disponível em: http://www.legislation.gov.uk/ukpga/2014/6/contents/enacted. Acesso em: 10. ago. 2014.
[35] *Common law* (do inglês "direito comum") é o sistema jurídico baseado por decisões judiciais e não por atos do Poder Legislativo ou Executivo.

De todo modo, em qualquer circunstância, seja diante de um divórcio consensual ou litigioso, a mediação de conflitos pode ser bastante benéfica para lidar com essas questões e ajudar a focar, em primeiro lugar, nas necessidades dos filhos. Tanto é assim, que o próprio Governo inglês incentiva, apoia e coloca à disposição da população, esse método de resolução de controvérsia.

Essa obra é completa, abrangendo os principais aspectos relacionados à mediação familiar, como a gestão de conflitos; os princípios e as diferentes abordagens da mediação; a linguagem para uma comunicação apropriada; as pesquisas relacionadas à mediação familiar; a mediação familiar internacional; entre outros temas essenciais.

Lisa Parkinson, mediadora inglesa, possui décadas de experiência em mediação, sendo uma das maiores especialistas na área, não só na Inglaterra, como também no mundo. A terceira edição de seu livro acaba de ser lançada no Reino Unido, além de ter sido editado em países como Itália, Espanha, Portugal, Eslovênia e Rússia.

A publicação desse exemplar, no Brasil, é uma excelente oportunidade para enriquecer a nossa literatura, demonstrando a importância da utilização da mediação nos conflitos familiares. Ela coincide com um momento histórico brasileiro bastante significativo: o marco legal da mediação! No primeiro semestre de 2015, diversos projetos de lei, que abordavam a matéria, tornaram-se leis, como o novo Código de Processo Civil – Lei n. 13.105/15, a Lei Estadual de São Paulo (remuneração para mediadores e conciliadores judiciais) – n. 15.804/15 e a Lei de Mediação – n. 13.140/15. Tais fatos evidenciam a atualidade e relevância do tema para a solidificação desses novos paradigmas, polinizando conceitos de cultura de paz, em prol da qualidade de vida, do equilíbrio e do respeito à diversidade, de cada integrante da humanidade.

CAPÍTULO 1

MEDIAÇÃO E RESOLUÇÃO DE CONFLITOS

"Todos nós compartilhamos este mundo apenas por um breve período de tempo. A questão é se vamos passar nosso tempo nos focando naquilo que nos divide, ou se vamos nos engajar num esforço – esforço sustentado – para encontrar um terreno comum, para nos focar no futuro que buscamos para nossos filhos e para respeitar a dignidade de todos os seres humanos."
(Discurso de Barack Obama em 4 de junho de 2009)

SUMÁRIO: 1. Resolução de conflitos. 2. Mediação – origens e desenvolvimento. 3. Recomendação do Conselho da Europa de 21 de janeiro de 1998). 4. A Diretiva Europeia de Mediação de 2008 (2008/52/CE, de 21 de maio de 2008). 5. Mediação familiar – definição. 6. Diferenças entre a mediação realizada fora dos tribunais e a conciliação realizada nos tribunais. 7. Diferenças entre mediação familiar, aconselhamento e terapia. 8. A mediação como uma alternativa ao litígio. 9. A mediação como substituto do aconselhamento jurídico. 10. ADR[1] – Adequada Resolução de Disputas. 11. Princípios e requisitos para formação e prática da mediação familiar. 12. A evolução da mediação familiar como uma nova disciplina profissional.

---

[1] NT: do inglês ADR – *Adequate Dispute Resolution*.

1. RESOLUÇÃO DE CONFLITOS

Conflitos são intrínsecos à condição humana: uma vida desprovida de conflitos seria uma vida estática. "Os conflitos estão presentes em todo lugar, não apenas nas relações entre os seres humanos, mas também na natureza, em pequenas partículas da física quântica e até mesmo no espaço." Não existe nenhuma relação imune ao conflito. Conflitos resultam, muitas vezes, em destruição e violência física de indivíduos ou de grupos de indivíduos, colocando em risco a sua própria sobrevivência. Conflitos violentos são capazes de despertar os medos mais profundos, causando enorme sofrimento. Conflitos são tão nocivos que provocam reações instintivas e biológicas em todos os seres vivos. Na maioria das vezes, estas reações podem provocar comportamentos antagônicos do gênero "lutar ou morrer". Lorenz (1963) e colegas estudaram a função da agressão nos animais e o modo pelo qual diferentes espécies de vertebrados se comportam diante dela. Muitos animais evitam instintivamente o conflito direto, submetendo-se ao animal ou ao grupo de animais que consideram como o mais apto à sobrevivência. Não podemos dizer que o mesmo ocorre com os seres humanos, já que as sociedades humanas foram capazes de elaborar formas mais sofisticadas para tentar resolver os conflitos, entre elas a negociação e a mediação. Embora sua utilização ainda deixe a desejar, sendo de certa forma ainda primitiva e causadora de resultados desastrosos.

Conforme descreve Deutsh (1973) um conflito nem sempre é aberto e direto, pois ele pode estar "disfarçado" ou canalizado em outras áreas. Ainda que os vocábulos "conflito" e "disputa" sejam utilizados como sinônimos, eles não têm o mesmo significado. A disputa é sempre aberta, o que não é o caso do conflito. De acordo com Felstiner (1980-1981) a evolução de uma disputa é composta por três fases distintas: 1) a fase da "nomeação", quando a mágoa é percebida e identificada; 2) a fase da "culpa", quando a responsabilidade é atribuída a uma outra pessoa ou grupo; e 3) a fase da "reivindicação", quando uma solução é procurada para consertar ou compensar a mágoa criada.

O conflito em si não é nem positivo nem negativo: é uma força natural necessária ao crescimento e transformação das relações humanas. O que importa é a forma como ele é tratado, se bem-resolvido, por exemplo, o conflito não provoca mal algum, pois a energia por ele produzida é canalizada construtivamente e não destrutivamente. "Resolver conflitos" não significa identificar quem está certo ou errado, mas reconhecer e valorizar as diferenças de cada uma das partes envolvidas" (CRUM 1987, p. 49). Uma simples melhora na comunicação por meio do diálogo é capaz de gerar mudanças nas percepções e atitudes de cada um dos envolvidos, resolvendo, assim, o conflito. Quando o diálogo entre as partes ocorre numa atmosfera de maior abertura, escuta e cooperação, então mudanças irradiam para outros membros, sejam eles da família ou da comunidade, facilitando assim, a resolução do conflito.

Existe um ensinamento Budista, que diz "passamos a maior parte do nosso tempo analisando diferenças em vez de nos concentrarmos em semelhanças, no entanto, mesmo entre indivíduos, aparentemente antagônicos, existem semelhanças [...] Devemos procurar o que nos une em vez de procurar o que nos separa [...] só assim, estabeleceremos relações mais toleráveis uns com os outros" (HUMPHREYS, 1984, p. 158). A mediação oferece meios positivos para a resolução de conflitos. O mediador assume uma posição central e equilibrado entre os participantes e, a partir desta posição central, auxiliando as partes a canalizarem e a combinarem suas energias para elaboração de soluções consensuais.

2. MEDIAÇÃO – ORIGENS E DESENVOLVIMENTO

A mediação é vista muitas vezes como algo novo, embora sua prática seja bastante antiga e presente em diferentes tipos de civilizações e culturas. A mediação já era amplamente utilizada no século V a.C. Confúcio dizia que recorrer à mediação seria uma excelente alternativa aos tribunais, pois litígios jurídicos tendem a aumentar a não cooperação entre as partes, além de serem susceptíveis de deixar mágoas. Confúcio sugeria que as partes em conflito deveriam se reunir com uma terceira pessoa neutra – mediador – para ajudá-los a chegar num acordo. Em muitas tribos africanas, antropólogos descrevem o uso da mediação como parte das tradições tribais, nas quais o chefe da tribo seria o responsável pela resolução das disputas entre indivíduos, famílias ou aldeias. Nos Estados Unidos, um chefe indígena

Cheyenne,[2] por exemplo, tinha como dever atuar como pacificador de disputas da sua tribo. Em comunidades muçulmanas, a resolução pacífica de conflitos está profundamente enraizada nas tradições e rituais religiosos islâmicos. Em países de todo o mundo, desde o Canadá ao Cazaquistão, comunidades muçulmanas ismaelitas[3] criaram Conselhos de Conciliação com a ajuda de mediadores treinados para incentivar a resolução de disputas. Estes serviços são cada vez mais usados por não ismaelitas (KESHAVJEE 2013). Encontramos, igualmente, inúmeros exemplos remotos da prática da mediação na Europa e na América do Norte. Nas primeiras sociedades industriais, os antigos *Quakers*[4] também usavam a mediação para resolver disputas conjugais e comerciais. Em 1860, foram criados na Inglaterra os primeiros Conselhos de Conciliação para ajudar a resolver disputas em certas indústrias (empresarias intraorganizacionais). As comunidades judaicas são também detentoras de uma longa tradição de mediação. Uma comunidade judaica de Nova Iorque fundou, em 1920, o Conselho Judaico de Conciliação para promover a resolução consensual de disputas entre os membros de sua comunidade.

Em quase todas as esferas da sociedade e ao longo de muitos séculos, diferentes formas de mediação têm sido utilizadas para facilitar a comunicação e ajudar as partes em conflito a chegarem num acordo. Cabe enfatizar que a mediação é usada informalmente todos os dias, embora, atualmente, tenha sido legislada e formalizada em vários campos da justiça, como em disputas civis e comerciais, em disputas trabalhistas e ainda na justiça penal, por meio da prática restaurativa (em que se procura um consenso entre ofensor e vítima). A mediação comunitária é usada para resolver disputas entre vizinhos em questões sobre os limites de propriedade, ruídos, utilização de bens comuns e problemas entre locadores e locatários. Em âmbito internacional, mediadores podem ser chamados para ajudar a resolver disputas entre

---

[2] NT: *cheyenne* ou *cheienne* é uma tribo indígena americana, são os nativos norte-americanos (EUA).
[3] NT: comunidades muçulmanas ismaelitas – a segunda maior comunidade muçulmana xiita, tais comunidades estão espalhadas em várias partes do mundo.
[4] NT: *quakers* – é o nome dado a vários grupos religiosos, com origem comum num movimento protestante britânico do século XVII.

diversos países ou comunidades. Foram mediadores que ajudaram a conseguir o acordo negociado entre Israel e a Palestina, em janeiro de 1997, sobre a retirada das forças israelitas da Cisjordânia na cidade de Hebron. A mediação não trouxe paz para o Oriente Médio, mas promoveu o diálogo entre Israel e o mundo árabe, mostrando que é preciso de muita energia e determinação para encontrar soluções pacíficas e consensuais.

Nelson Mandela, ex-presidente da África do Sul, talvez tenha sido o mediador internacional mais aclamado. Em julho de 2000, Mandela usou suas qualidades de mediador para resolver as disputas no interior da África do Sul sobre as causas da AIDS, mostrando a cientistas e políticos a importância de trabalhar em conjunto para lutar contra uma doença que estava devastando o país. O Prêmio Nobel da Paz de 2008 foi concedido ao ex-presidente da Finlândia Martti Ahtisaari pelo seu incansável trabalho e inúmeras conquistas na resolução de conflitos internacionais. Segundo o Comitê norueguês do prêmio Nobel:"Ele é um dos pacificadores mais inovadores que jamais existiu. O mundo precisa de mais pessoas como ele. Priorizamos pacificadores de sucesso, porque este mundo precisa de pacificadores."

Em alguns países, a mediação é o caminho normal para se resolver conflitos. Na China atual, por exemplo, um país com uma população de mais de um bilhão de pessoas, existe cerca de um milhão de mediadores. Há mediadores em praticamente todo território chinês, e as disputas sejam elas presentes no seio das família, nas comunidades ou nos locais de trabalho, são resolvidas por meio da mediação. Mediadores chineses e japoneses são bastante respeitados e vistos como uma autoridade da mais alta importância. A eles é designado o papel de transmitir e defender os valores morais da sociedade, censurar as transgressões e incentivar aqueles que agem corretamente. As partes em conflito devem tentar resolver suas diferenças de maneira responsável e pacífica, para o bem da família e da sociedade como um todo. Esta abordagem paternalista é utilizada tanto na China quanto no Japão, países que enfatizam preceitos morais e a persuasão. Em contrapartida, a mediação é vista em outros países como um meio de ajudar as partes a tomar suas próprias decisões e estabelecer seus próprios acordos.

3. RECOMENDAÇÃO DO CONSELHO DA EUROPA DE 21 DE JANEIRO DE 1998

Um estudo da década de 1990 do Comitê de especialistas em Direito de Família da Europa atesta que "pesquisas na Europa, América do Norte, Austrália e Nova Zelândia consideram a mediação familiar como o mecanismo mais adequado para resolução de questões sensíveis e emocionais envolvendo disputas familiares.

Acordos alcançados em mediação têm-se revelado vitais na manutenção das relações de cooperação entre pais divorciados: "reduzindo conflitos e incentivando o contato permanente entre pais e filhos". As recomendações do Comitê foram formalmente aprovadas pelo Conselho da Europa, pela da Recomendação 98, de 21 de janeiro de 1998: "Ao perceber que alguns Estados estavam considerando a introdução da mediação familiar e convencido da necessidade de uma maior utilização deste modo de resolução de conflitos, [o Conselho da Europa] passou a recomendar as seguintes diretivas aos Governos dos Estados-Membros:

i. Promover o uso da mediação familiar, ou, se necessário, fortalecer a prática já existente da mediação familiar:
ii. Retirar ou reforçar todas as medidas consideradas imprescindíveis à aplicação dos princípios que promovem a utilização da mediação familiar como meio adequado para a resolução de conflitos familiares.

Os objetivos declarados da mediação são:

i. promover abordagens consensuais, reduzindo assim o conflito de interesse existente entre os membros da família;
ii. proteger os interesses e o bem-estar das crianças, especificamente quanto aos acordos sobre custódia e visita;
iii. minimizar as consequências nocivas da ruptura familiar e da dissolução conjugal;
iv. oferecer suporte para os membros da família, especialmente entre pais e filhos;
v. reduzir os custos econômicos e sociais da separação e do divórcio.

A recomendação cita ainda algumas características específicas que devem ser levadas em consideração na mediação nos casos de disputas familiares:

1. Relações familiares são, na maioria das vezes, contínuas e interdependentes. O processo da mediação deve não somente possibilitar a resolução de conflitos atuais, mas estabelecer relações construtivas para o futuro;
2. Disputas familiares, geralmente, contêm relações emocionais e pessoais nas quais os sentimentos envolvidos podem dificultar, ou dissimular a natureza dos conflitos e dos desentendimentos. Estar ciente da presença destes sentimentos é importante tanto para as partes quanto para o mediador.
3. As questões que emergem no processo de separação e/ou divórcio, podem provocar impacto em outros membros da família, principalmente em crianças, que mesmo se não incluídas no processo de mediação, são considerados primordiais ao processo.

4. A DIRETIVA EUROPEIA DE MEDIAÇÃO DE 2008 (2008/52/CE, DE 21 DE MAIO DE 2008)

Dez anos após a Recomendação do Conselho da Europa sobre o incentivo do uso da mediação, o Parlamento Europeu e o Conselho da União Europeia emitiram uma diretiva sobre determinados aspectos da mediação em matéria civil e comercial. Tal resolução reconhece que "acordos resultantes em mediação são mais propensos a serem cumpridos de forma voluntária e têm mais chances de preservar uma relação amigável e estável entre as partes. Os benefícios da mediação se tornam ainda mais evidentes em situações envolvendo conflitos transfronteiriços (Art. 6º). A diretiva é aplicável "apenas em mediações transfronteiriças, mas nada impediria que fosse também aplicada em mediações internas (Art. 8). A diretiva vincula todos os Estados membros signatários da União Europeia, incluindo a Dinamarca.

A mediação é definida pela diretiva como o "procedimento no qual duas ou mais partes em conflito tentam por si próprias, voluntariamente, chegar a um acordo com a ajuda de um mediador. A mediação pode ser iniciada pelas partes, sugerida ou ordenada pelo Tribunal ou ainda prescrita por um dos Estados-Membros" (Art. 3º). De acordo com a diretiva, o mediador é definido como "qualquer terceira pessoa chamada para conduzir uma mediação de forma eficaz, imparcial e competente, independentemente de sua profissão no Estado-Membro em que faz parte ou, da maneira pela qual ela foi nomeada ou requisitada ou para conduzir a mediação" (artigo 3 º B). Segundo o Conselho da União Europeia, o objetivo desta diretiva é "promover a resolução amigável de litígios através do incentivo do recurso à mediação, assegurando uma relação equilibrada entre a mediação e os processos judiciais" (Art. 1º).

O papel dos mediadores é auxiliar os participantes a explorar formas de avançar e de alcançar acordos, sem que sejam pressionados. Os Conselhos de Mediação Familiar da Inglaterra e do País de Gales, órgão regulador composto por representantes da associação de profissionais de mediadores familiares, definem os objetivos da mediação da seguinte forma:

– auxiliar as partes a tomarem decisões consideradas apropriadas a cada uma delas;
– auxiliar os participantes a se comunicarem uns com os outros, agora e no futuro, reduzindo o alvo ou a intensidade das disputas na família;
– quando um casamento ou relacionamento chega irremediavelmente ao fim, a mediação acredita que ambos devem ser trazidos ao fim de forma a: a) minimizar a angústia dos participantes e das crianças envolvidas ; b) promover um bom relacionamento entre os participantes e as crianças envolvidas ; c) eliminar ou diminuir o risco de abuso de qualquer um dos participantes ou das crianças por outros participantes; e d) evitar qualquer custo desnecessário para os participantes (Conselho de Mediação Familiar, Código de Prática da Mediação Familiar, 2010).

5. MEDIAÇÃO FAMILIAR – DEFINIÇÃO

O termo "mediação" deriva do latim *medius, medium*, que significa *"no meio"*. A palavra *mediation* é usada em diferentes idiomas como inglês, francês, alemão, italiano, espanhol e português com apenas pequenas variações na ortografia e pronúncia. Atualmente, a mediação é conhecida como um processo de resolução de conflitos, embora ainda utilizada, impropriamente, como sinônimo de conciliação e arbitragem. Veremos as diferenças entre elas mais adiante.

O crescente número de divórcios e rupturas conjugais na última quinzena do século XX está diretamente relacionado ao aumento da procura de meios alternativos de resolução de conflitos. Acredita-se que litígios jurídicos apresentam custos emocionais, sociais e financeiros mais elevados que os da mediação. Na Europa,[5] utiliza-se o termo mediação familiar. Enquanto que, nos Estados Unidos, dois termos são utilizados para se referir a mediação: mediação familiar e mediação do divórcio. Há preferência pelo primeiro termo por duas razões distintas: o objetivo da mediação é preservar o melhor interesse da família (pais e filhos) e a mediação também pode ser utilizada por casais que vivem em concubinato e que, portanto, não precisam se divorciar.

A ênfase dada à família é particularmente importante, pois famílias incluem igualmente crianças, cujos interesses também precisam ser considerados. Além disso, questões como: adoção, cuidado do idoso e herança, não são exclusivas da separação ou do divórcio, mas da família como um todo.

A mediação familiar é usada, basicamente, para ajudar casais em vias de separação, a chegarem a um acordo mutualmente aceitável. Todos os membros da família devem ser levados em consideração – crianças, adolescentes, avôs, avós e, ainda, padrastos e madrastas. A mediação ajuda os membros da família tanto nos momentos de crise quanto nos momentos de transição, melhorando a comunicação entre eles e fazendo com que os acordos sejam estabelecidos e as relações mantidas, especialmente entre pais e filhos.

Em muitos países, os tribunais encaminham as partes em litígio para a mediação. O primeiro serviço de mediação familiar da Inglaterra e, possivelmente, da Europa, foi criado em Bristol, em 1978. Tratava-se de uma organização independente que dispunha de serviços

---

[5] NT: bem como no Brasil e nos países da América Latina.

comunitários para casais em vias de separação ou divórcio (PARKINSON 1978, 1980).

A mediação fora dos tribunais ou precedente à fase inicial do processo facilita a resolução do conflito. O objetivo não é simplesmente tentar obter rapidamente um acordo, mas facilitar a comunicação entre as partes durante as estressantes fases de transição da separação e do divórcio. O mediador ajuda os pais a ouvir uns aos outros para que possam chegar a um acordo mútuo que leve em conta as necessidades e sentimentos dos filhos. Nas décadas de 1980 e 1990, serviços de mediação familiar voluntários, financiados por doações de caridade ou executados pelo serviço do bem-estar do Tribunal de Justiça se espalharam por toda a Inglaterra e País de Gales. Inicialmente, os mediadores eram assistentes sociais qualificados ou conselheiros familiares com formação adicional em mediação. A maioria dos serviços contava com o apoio de juízes locais e advogados de Família, embora existissem advogados que temessem perder seus trabalhos para mediadores. É imperativo ressaltar que a mediação não é um substituto para aconselhamento jurídico. O aconselhamento jurídico pode ser necessário durante a realização do procedimento da mediação, bem como no final desta, para elaborar acordos juridicamente vinculativos.

6. DIFERENÇAS ENTRE A MEDIAÇÃO REALIZADA FORA DO TRIBUNAIS E A CONCILIAÇÃO REALIZADA NOS TRIBUNAIS

A mediação realizada fora dos tribunais, na Inglaterra e País de Gales (Irlanda do Norte e Escócia – com jurisdições e regras distintas), desenvolveu-se paralelamente à conciliação conduzida por juízes, na qual as disputas pela guarda dos filhos são efetuadas por assistentes sociais. Muitas vezes utilizadas como sinônimos, a conciliação e a mediação são, na verdade, dois processos intrinsecamente diferentes. A conciliação é realizada no tribunal, sob a direção deste. Já a mediação é um processo independente e realizada fora do tribunal.[6] Ambos os processos têm como objetivo facilitar a resolução de conflitos e aumentar a cooperação entre as partes (incluindo crianças),

---

[6] NT: no Brasil, a mediação também pode ser realizada dentro dos tribunais.

embora apresentem diferenças significativas quanto ao desenrolar do processo e resultados esperados. O processo de conciliação é marcado pela presença da autoridade do tribunal, tudo é documentado, já os encontros de mediação geralmente acontecem num centro de mediação familiar independente ou no escritório do mediador. Tudo o que é dito durante a mediação é confidencial, não podendo ser usado no Tribunal.

Em alguns países, a lei exige a presença de um funcionário do tribunal para que a mediação seja validada. Cabe igualmente aos juízes requisitar a presença de um mediador qualificado. Entretanto, na maioria das jurisdições, a participação no processo de mediação é voluntária. As principais diferenças entre os dois procedimentos estão elencadas na tabela a seguir:

Mediação familiar	**Conciliação**
Pré-tribunais, principalmente	Os tribunais podem encaminhar as partes para o processo de conciliação para resolver questões envolvendo crianças.
A presença numa reunião de informação/pré-mediação é exigida em alguns países antes que as partes possam recorrer ao tribunal, embora a própria mediação seja normalmente voluntária. Não vinculada aos deveres estatutários e ao tribunal.	Possui autoridade do tribunal. Partes em litígio sobre questões envolvendo crianças podem ser encaminhadas para a audiência de conciliação realizada por um juiz (se necessário poderá contar com a presença de um assistente social vinculado ao tribunal ou perito).
Privada e independente, fora dos tribunais.	Pode ocorrer no contexto de uma audiência no tribunal.
Financiamento público possível em alguns países para pessoas selecionadas. Aos clientes privados são cobrados honorários.	Financiada pelo Estado.

Pode cobrir qualquer tipo de questão – crianças, propriedade, finanças e outros assuntos de família.	Questões envolvendo crianças.
Mediadores qualificados na prática privada são regulados por uma associação profissional.	Os juízes e assistentes sociais são oficiais do tribunal, responsáveis dentro do sistema de justiça.

Não-assertiva: os participantes são encorajados a explorar opções e considerar as necessidades dos filhos antes de tomar uma decisão.	Bem-estar da criança é fundamental. Conciliadores podem dar conselhos sobre os melhores interesses das crianças.
Confidencial, "sem prejuízo" a não ser que uma das partes (criança ou adulto) esteja correndo risco ou dano ou caso uma ordem judicial requisite sua divulgação.	Não há o princípio da confidencialidade. As reuniões são registradas.
Muitas vezes, consiste numa série de reuniões espaçadas ao longo de várias semanas ou meses, depende do caso.	Normalmente, uma única reunião, com duração média de 1 hora. Tende a produzir acordos padronizados.
Trata de diversos tipos de conflito.	Trata, na maioria dos casos, de questões envolvendo crianças.
Pode mudar as atitudes e melhorar as relações entre os pais e entre pais e filhos, a longo prazo.	Não muda atitudes ou relacionamentos (TRINDER *et al*, 2002, p. 7).
Acordos decididos pelas próprias partes são mais propensos a durar.	Acordos feitos pelo tribunais são mais susceptíveis a não funcionar: muitos pais renegociam acordos.

7. DIFERENÇAS ENTRE MEDIAÇÃO FAMILIAR, ACONSELHAMENTO E TERAPIA

Muitas pessoas acreditam, erroneamente, que a mediação fornece algum tipo de aconselhamento para reconciliação do casal ou mesmo terapia. Embora mediadores familiares sejam, muitas vezes, experientes e qualificados assistentes sociais, psicólogos ou terapeutas familiares, o papel dos mediadores é essencialmente diferente destas outras funções com que eles poderiam ser confundidos. Cabe ressaltar que o conhecimento e a experiência adquiridos na sua profissão de origem são extremamente válidos. O quadro abaixo ajuda a identificar as diferenças entre estas profissões:

Diferenças entre conselheiros e mediadores familiares

Conselheiros, terapeutas	Mediadores familiares
Podem aconselhar apenas uma das partes.	Comprometem-se com ambas as partes desde o início.
A reconciliação pode ser um objetivo.	Decisão de separar os fatos das especulações.
Sem ligação ao processo legal.	Complementam processos legais.
São muitas vezes iniciados sem contratos escritos.	São normalmente iniciados com contrato escrito.
Podem ser a longo prazo.	São, normalmente, a curto prazo.
Exploram a história pessoal e familiar e a experiência passada como uma chave para o presente.	Concentram-se mais no presente e no futuro do que no passado.
Concentram-se em sentimentos, percepções e relações complicadas.	Concentram-se mais em aspectos práticos, incluindo finanças, bem como a tomada de decisões.
As perspectivas e as necessidades dos adultos constituem, muitas vezes, o principal foco.	As relações pais-filhos e os planos parentais constituem muitas vezes o foco principal.
Fornecem informação sobre o aconselhamento.	Fornecem informação sobre a mediação.
Procuram aumentar o esclarecimento pessoal.	Procuram ajudar as partes a atingir um acordo.
Podem usar teorias psicanalíticas.	Teoria de conflitos e teoria de mediação.

Facilitam a reflexão.	Estruturam discussões e exploram opções.
A relação entre cliente-conselheiro pode envolver dependência durante algum tempo.	Procuram capacitar as partes e aumentar a sua autonomia.
Terminam muitas vezes sem um acordo escrito.	Preparam um memorando.

Diferenças entre terapeutas familiares e mediadores familiares

Terapeutas familiares	Mediadores familiares
Orientados para o tratamento.	Não orientados para o tratamento.
Trabalham frequentemente com "famílias intactas".	Trabalham em processos de separação e divórcio.
Incluem crianças desde o início.	Raramente há crianças implicadas desde o início.
Trabalham, normalmente, sem qualquer contrato escrito.	Começam com um contrato de mediação assinado.
Nenhuma ligação com o processo legal.	Ligados ao processo legal.
A comunicação não está estruturada, observam como comunicam os membros da família.	Facilitam e estruturam a comunicação para garantir uma participação equilibrada.
Foco nos processos familiares.	Foco em soluções e acordos familiares.
Levam em consideração os problemas subjacentes.	Foco nos problemas e tarefas manifestados pelas partes.
Transmitem mais mensagens do que informações.	Transmitem informações neutras e imparciais.
Desenvolvem hipóteses para explicar o funcionamento familiar.	Procura ajudar as partes a negociar eficazmente.
Em diálogos pessoais, a comunicação com os conselheiros não deve ser ouvida pela família.	Se houver comediação, os mediadores trabalham em conjunto e a comunicação é aberta.

Podem dar instruções paradoxais sem explicar as razões.	Analisam e combinam tarefas com as partes.
Trabalham estrategicamente em matérias que envolvem membros da família.	Fundamentalmente ajudam os pais a conversar e ouvir os seus filhos.
Terminam muitas vezes sem um acordo escrito.	Preparam um memorando de entendimento.

8. A MEDIAÇÃO COMO UMA ALTERNATIVA AO LITÍGIO

"Os tribunais ensinam aos casais a "arte de brigar", os casais aprendem a discutir e pleitear questões a curto prazo [...] por outro lado, a mediação oferece a oportunidade para os pais agirem em cooperação e, positivamente, a longo prazo." (HARTE e HOWARD, 2004). Comparações entre a mediação e o litígio jurídico tendem a retratar a mediação como algo "bom" e o litígio como algo "ruim", no entanto, tais comparações acabam deturpando as representações de ambos os sistemas. A mediação nem sempre é adequada a todos os casos e, independentemente do que se acredita, não produz invariavelmente um acordo. Algumas situações precisam de decisões judiciais. Casais que decidem iniciar um processo judicial precisam estar cientes da existência de diferentes formas de resolução de conflito para que possam fazer uma escolha adequada ao caso deles, reconhecendo os custos emocionais e financeiros de ir ao tribunal.

Um estudo realizado pelo Centro de Investigação da Criança e da Família (TRINDER *et al.*, 2002) constatou que "os tribunais têm capacidade limitada para facilitar o contato entre as partes ou reverter uma relação que entrou numa espiral negativa...Os tribunais deveriam tentar melhorar as relações entre os pais e entre pais e filhos, em vez de impor uma solução". Em estudo posterior Trinder (2006) constatou que apenas a metade dos parentes se mostraram satisfeitos com o processo judicial. Mesmo nos casos em que se chegou a um acordo consensual, apenas 60% das pessoas ficaram completamente satisfeitas com o resultado. Menos da metade declarou que a solução tomada respeitou o melhor interesse da criança. Hunt (2009, p. 122) constatou que "processos judiciais podem até promover algum tipo de contato entre as partes, mas não parecem melhorar a relação entre elas ou a capacidade de gerir a relação após a separação". A mediação familiar, por outro lado, é um processo criativo que ajuda as partes a resolver suas disputas, incentivando a cooperação entre os pais e fortalecendo o relacionamento entre pais e filhos.

Processos litigiosos	Mediação
As partes são tratadas como adversárias.	Há uma procura por interesses mútuos.
As partes são representadas por seus advogados.	As partes resolvem elas mesmas os conflitos.
Os advogados atuam como defensores do seu cliente.	Os participantes falam e escutam uns aos outros.
Afasta ainda mais os casais.	Reduz as diferenças, estabelecendo pontes.
O processo está sujeito a regras legais formais.	Processo informal, privado e flexível.
Processo longo.	Os acordos podem ser atingidos rapidamente.
As partes confiam em seus advogados para que negociem por elas.	Os participantes explicam as suas necessidades e a responsabilidade da decisão cabe às partes.
Atenção centrada em danos e ofensas do passado.	Concentra-se no presente e em soluções futuras aceitáveis.
Prolonga os conflitos e a tensão.	Elimina o conflito e reduz a tensão.
Dificuldade em considerar eventuais alternativas.	Considera todas as opções disponíveis.
Custos elevados para os litigantes e para o Estado.	Os custos legais podem ser evitados ou reduzidos.
Ordens impostas pela autoridade judicial.	Tomada de decisão pelas partes.
Decisões impostas têm menos probabilidades de subsistir.	Decisões consensuais têm maiores probabilidades de perdurar.

9. A MEDIAÇÃO COMO SUBSTITUTO DO ACONSELHAMENTO JURÍDICO

Mediadores podem explicar as leis, as terminologias jurídicas, o funcionamento do processo judicial em termos gerais, mas eles não podem aconselhar os participantes sobre os seus direitos legais ou em como os princípios legais deveriam ser aplicados no caso deles. O que eles podem fazer é incentivar os participantes a buscar um aconselhamento jurídico e/ou financeiro com especialistas antes que eles façam qualquer acordo que possa gerar consequências jurídicas e financeiras.

Conselheiros jurídicos/advogados	Mediadores familiares
Trabalham dentro da disciplina da lei.	Multidisciplinares.
Aconselham o seu próprio cliente individualmente.	Imparciais, não tomam partido, ajuda equilibrada a ambas as partes.
Foco no conflito.	Foco nas necessidades e interesses comuns.
Aconselham dentro do quadro dos direitos legais.	Concentram-se em interesses e preocupações mútuas.
Informação financeira é recolhida e permutada formalmente entre advogados.	Informação financeira obtida e compartilhada entre as partes.
Usam terminologia jurídica.	Usam linguagem corrente.
Concentram-se nas ofensas sofridas pelos clientes.	Concentram-se nas soluções presentes e futuras.
Não treinados para gerir conflitos de ordem emocional.	Treinados para gerir conflitos.
Baseiam sua defesa nos relatos dos acontecimentos descritos pelos clientes.	Analisam com ambos os pais as questões que envolvem seus filhos. Os filhos podem participar da mediação.
Aconselham os clientes sobre o melhor caminho a seguir.	Exploram opções, não são assertivos.

Negociam com "o outro lado" por correspondência.	Os participantes negociam face a face, na maioria dos casos.
Audiência registrada pelo tribunal.	Normalmente não se registram as reuniões.

10. ADR – ADEQUADA RESOLUÇÃO DE DISPUTAS

Os processos de resolução de conflitos, incluindo arbitragem, conciliação, leis colaborativas, mediação e negociação são, tradicionalmente, conhecidas como ADR (*Alternative Dispute Resolution* = forma alternativa de resolução de conflitos). No entanto, preferimos o termo Adequada Resolução de Conflitos, pois tal procedimento pode ser usado em conjunto com processos judiciais, e não como substituto deste. Tendo em vista a confusão causada entre os diferentes processos de resolução de conflitos, cabe uma pergunta: Como podemos diferenciar a mediação da negociação direta, das leis colaborativas e da arbitragem?

A negociação direta

É um processo bilateral no qual as partes negociam diretamente entre si, sem a presença de terceiros (para conduzir ou acompanhar suas negociações). Em casos de separação e divórcio, alguns casais preferem negociar seus próprios acordos. Embora possam necessitar, posteriormente, da homologação destes por um tribunal ou autoridade competente.

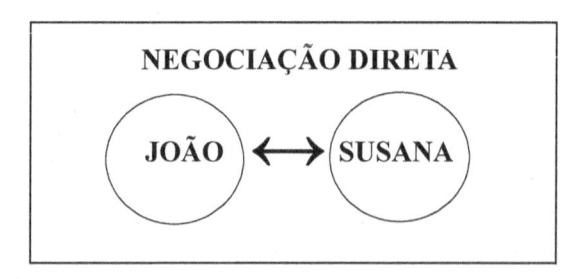

NEGOCIAÇÃO DIRETA

JOÃO ⟵⟶ SUSANA

Negociação indireta por meio de advogados

É muito difícil para casais separados negociarem diretamente um com o outro. Quando o relacionamento termina, geralmente a comunicação também termina e eles tendem a recorrer aos serviços de um advogado. Advogados experientes dotados de habilidades em negociação, raramente recorrem às vias judiciais. No entanto, se as negociações falharem, eles estarão prontos para representar seu cliente no tribunal, defendendo com unhas e dentes seus interesses.

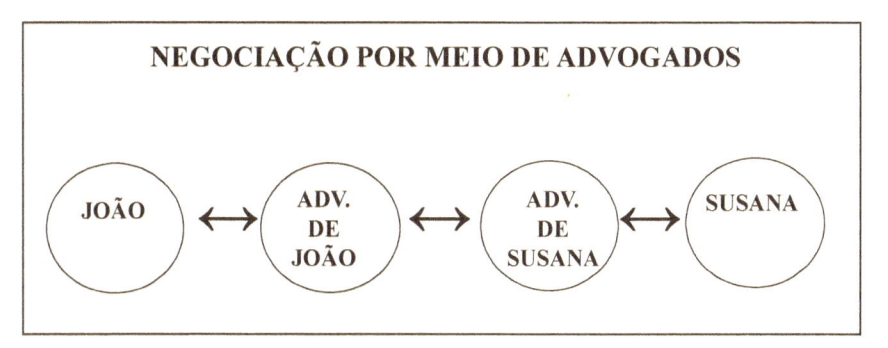

NEGOCIAÇÃO POR MEIO DE ADVOGADOS

JOÃO ↔ ADV. DE JOÃO ↔ ADV. DE SUSANA ↔ SUSANA

Arbitragem

Quando as partes envolvidas numa disputa decidem recorrer à arbitragem, elas escolhem um especialista ou um grupo de especialistas independentes para recomendar ou impor uma solução a elas. A decisão do árbitro tem força executiva, embora também possa ser considerada apenas como uma recomendação. A audiência de arbitragem é privativa, sendo facultativo às partes decidir certos aspectos formais como, por exemplo, a gravação dos debates. As partes, geralmente, vêm acompanhadas de seus respectivos representantes legais.

11. PRINCÍPIOS E REQUISITOS PARA FORMAÇÃO E PRÁTICA DA MEDIAÇÃO FAMILIAR

Os princípios e limites da mediação têm como objetivo preservar sua integridade e proteger aqueles que a utilizam. Tais princípios e limites diferenciam a mediação conduzida por mediadores qualificados das práticas informais de mediação conduzidas por amigos ou parentes. Mediadores profissionalmente qualificados procuram trabalhar dentro um determinado limite de tempo, espaço e privacidade:

- espaço neutro – as reuniões ocorrem em território neutro, isto é, que não pertence a nenhum dos participantes;
- limites de tempo – normalmente a mediação tem um prazo limitado para cada sessão. Limites de tempo ajudam os participantes a se concentrarem em questões prioritárias. O uso do tempo em cada sessão deve ser planejado e bem-organizado;
- garantias – princípios e regras básicas devem ser estabelecidos para fornecer segurança a todos os participantes, inclusive filhos.

A confidencialidade e privacidade do processo de mediação serão explicadas mais adiante.

Os princípios fundamentais da mediação podem ser sumariamente indicados como se segue:

– Participação voluntária (obrigatória em alguns países).
– Confidencialidade sujeita a certas limitações.
– Imparcialidade do mediador (neutralidade ou multiparcialidade).
– Controle do resultado (mediadores não determinam o resultado da mediação).

i. Participação voluntária

A Diretiva Europeia sobre Mediação, de 21 de maio de 2008 afirma que a mediação é um processo voluntário no qual "as próprias partes são responsáveis pelo processo, sendo concedido a elas a possibilidade de conduzir a mediação como quiserem e de terminá-la a qualquer momento. No entanto, tribunais podem definir prazos para um processo de mediação. Neste contexto, os tribunais podem aconselhar as partes a recorrer a mediação, sempre que tal procedimento parecer o mais apropriado" (§ 13).

Na Inglaterra e no País de Gales, a participação na mediação é voluntária, sendo permitidos aos participantes e aos mediadores interrompê-la quando quiserem. Caso o mediador considere que um dos participantes não tem capacidade para conduzir o processo de forma livre e plena, ele poderá conversar com a partes a respeito e, eventualmente suspender ou encerrar a mediação. (Conselho de Mediação Familiar. *Código de Boas Práticas*, 2010, 5.2).

Em termos gerais, a obrigatoriedade da mediação pode parecer um pouco contraditória, já que um dos seus princípios básicos é o principio da voluntariedade. Os mediadores devem estar atentos à presença de qualquer indício que mostre que uma das partes foi obrigada a participar (veja o capítulo 3). Cabe ressaltar que os participantes podem se retirar da mediação em qualquer fase do procedimento. O mesmo vale para os mediadores que podem encerrar o processo, se considerada sua não adequação ou se verificado que nenhum progresso poderá ser feito. Questões têm sido levantadas quanto à obrigatoriedade da mediação antes da instauração do processo judicial, pois tal exigência violaria o artigo 6.º da Convenção Europeia de Proteção dos Direitos do Homem e das Liberdades Fundamentais 1950 sobre o direito de acesso à Justiça. Pode-se argumentar que as pessoas também têm o direito à informação. Por isso, antes de iniciarem um processo cujos custos são potencialmente elevados, elas precisam estar cientes que existem outras formas de se chegar a uma solução. Há quem diga que a obrigatoriedade desta reunião de informação (também chamada de pré-mediação) atrasaria os processos judiciais, embora determinados serviços de mediação bem organizados ofereçam reuniões de informação, geralmente, com um prazo de espera de uma semana.

ii. Confidencialidade e negociações "sem prejuízo" da mediação

A Diretiva Europeia de 2008 dispõe no seu artigo 7º: "Levando em consideração que a mediação deve respeitar o princípio da confidencialidade, os Estados-Membros devem assegurar que, a menos que as partes decidam de outro modo, nem os mediadores, nem as partes envolvidas devem ser obrigados a depor sobre fatos decorrentes ou conexos ao processo da mediação, salvo:

a) se existirem razões de ordem pública de um dos Estados-Membros envolvidos, particularmente, no que se refere a assegurar a proteção dos interesses das crianças ou evitar danos à integridade física ou psíquica de uma pessoa; ou

b) caso seja necessária a divulgação do conteúdo do acordo resultante da mediação, para que este possa ser implementado ou executado".

A confidencialidade na mediação é protegida pela regra das negociações "sem prejuízo" para as partes. Tal regra aconselha as partes em conflito a não revelar ao tribunal ou quaisquer processos subsequentes o conteúdo das discussões ocorridas na mediação. A não divulgação destas informações está baseada na política pública que determina que as partes devem ser encorajadas a resolver os conflitos sem medo de serem prejudicadas, posteriormente no tribunal. O privilégio do "sem prejuízo" pertence às partes e, somente estas podem, em conjunto, dispensar tal regra. Em circunstâncias excepcionais, o tribunal poderá obrigar o mediador a depor e ordenar a divulgação de informações consideradas "imperativas para ordem pública". (exemplo da Farm Assist Ltd x Secretário de Estado de Meio Ambiente, Alimentação e Assuntos Rurais (nº 2) [2009] EWHC 1102 (TCC), Ramsey J).

De acordo com o Código de Prática da Mediação Familiar da Inglaterra e País de Gales (código este que deve ser seguido por todos os mediadores familiares inscritos em âmbito nacional), o princípio da confidencialidade é descrito da seguinte forma:

"5.5.1 Mediadores sujeitos aos parágrafos 5.5.3, 5.5.4 e 5.5.5 não deverão revelar qualquer tipo de informação obtida durante a mediação para qualquer pessoa, inclusive oficial judicial ou para o tribunal, a não ser que haja o expresso consentimento das partes, uma ordem do tribunal ou alguma lei que exija a divulgação desta.

5.5.2 Mediadores não devem falar com os advogados das partes sem o consentimentos destas. Não sendo permitido o envio de anotações por escrito de uma das partes envolvidas no conflito ao advogado da outra.

5.5.3 Diante de uma suposta acusação de abuso de criança, os mediadores devem investigar a veracidade dos fatos e, em caso afirmativo, comunicar o serviço social apropriado.

5.5.4 Mediadores devem comunicar ao órgão público apropriado no caso de suspeita de ameaça ou violência contra uma das partes.

5.5.5 Caso os mediadores suspeitem que poderão ser requisitados a divulgar informações a autoridades governamentais competentes (sob prisma da lei *Proceeds of crime* de 2002)[7] nos casos de lavagem de dinheiro, eles devem interromper a mediação imediatamente, sem informar os clientes a razão de sua interrupção".

O princípio da confidencialidade da mediação não é absoluto. Embora as partes assinem um acordo antes do inicio da mediação garantindo a confidencialidade das informações, esta pode ser quebrada se houver risco de dano a qualquer pessoa (adulto ou criança) envolvida no conflito. Sendo assim, o mediador deverá informar o quanto antes a autoridade competente (ver Capítulo 3).

As partes poderão renunciar, conjuntamente, à confidencialidade do acordo efetuado na mediação, caso decidam, posteriormente, ir ao tribunal. Um aconselhamento jurídico é sugerido as partes que desejam renunciar à confidencialidade das informações, lembrando que o consentimento deverá ser efetuado por escrito e entregue ao tribunal.

iii. Imparcialidade e neutralidade

Costumamos descrever os mediadores como pessoas neutras e imparciais. No entanto, imparcialidade – não tomar partido – e neutralidade não possuem o mesmo significado. Um mediador é neutro no sentido de ser apartidário e não assertivo, não sentido de que não tem qualquer interesse no resultado da mediação. Mediadores não devem impor a solução que eles consideram a mais adequada, muito menos influenciar as partes a adotá-la, mesmo se eles já prevendo um determinado resultado considerem que se as partes forem para o tribunal, este decidirá de outra forma.

No entanto, se houver consentimento das partes, os mediadores podem informar-lhes que a solução por eles escolhida não se encaixa nos parâmetros da lei. Mediadores podem sugerir aos participantes da existência de outros caminhos possíveis, das implicações legais e das consequências do acordo escolhido por eles e, ainda, ajudá-los a

---

[7] NT: *Proceeds of crime Act*: trata de uma ampla gama de questões relacionadas a criminalidade no Reino Unido, sobretudo no que diz respeito lucros gerados a partir de crime, lavagem de dinheiro, produtos suspeitos de infrações criminais, etc.

explorar melhor tal acordo, deixando claro que não se trata de sugestões" (*Código de Conduta,* 5.3).

O Código de Conduta, do Conselho de Mediação Familiar (FMC) também afirma que os "mediadores não devem ter qualquer interesse pessoal no resultado da mediação, não devendo mediar, caso tenham adquirido informações relevantes ou atuar ou continuar a atuando, se eles ou algum dos membros do escritório em que trabalham tenham atuado a favor de uma das partes mesmo em casos não relacionados com a mediação"(5.1). É importante salientar, que, mesmo que não exista nenhuma objeção contra um mediador ou colega deste, os mediadores devem se recusar a mediar. O Código também afirma que, "todas as informações ou correspondências fornecidas pelas partes devem ser compartilhadas e não retidas, com exceção de endereços ou números de telefone ou caso as partes decidam de outra forma" (*Código de Boa Conduta,* 5.6.3). Os mediadores devem ter cuidado para não se envolver em discussões por telefone, *e-mails* ou correspondências com uma ou ambas as partes, a menos que já tenha sido acordado o conteúdo da discussão com a outra parte.

Na mediação, os conceitos de neutralidade e imparcialidade são incorporados ao conceito de "equidistância", que significa que o mediador deve dar igual atenção a todos os participantes conduzindo o processo de forma equilibrada e imparcial. Há aqueles que preferam o termo "multiparcial", pois acreditam que os mediadores não podem ser neutros – já que seus valores profissionais e experiências pessoais vão inevitavelmente influenciar a forma como eles conduzem a mediação.

Alguns mediadores atuam igualmente como educadores, ajudando os pais a compreender e atender às necessidades de seus filhos. Um mediador que exerça pressão ou expressa suas opiniões estaria violando os princípios da mediação. No entanto, não podemos esquecer que existe uma sútil diferença entre a facilitação passiva e intervenção ativa. Manter uma estrita imparcialidade na mediação não é uma tarefa tão simples (ver Capítulo 10 sobre como contrabalancear os equilíbrios de poder na mediação).

iv. Controle do resultado

O resultado da mediação é controlado diretamente pelas partes. O papel dos mediadores é ajudá-las a tomar decisões e chegar a acordos consensuais, sem pressão ou influência. No jargão da mediação, este princípio é chamado de "empoderamento" ou descentralização de poderes. Assim como neutralidade, o conceito de empoderamento apresenta inúmeros significados.

Há, por exemplo, o "empoderamento" por meio do compartilhamento de informações. Mediadores explicam às partes a necessidade de se divulgar todas as informações pessoais e financeiras, incluindo documentos de suporte para comprovar os dados fornecidos (as partes se comprometem a fornecer tais informações completas e documentos de suporte por meio da assinatura do acordo de consentimento da mediação). Se necessário, elas são incentivadas pelo mediador a procurar aconselhamento jurídico para divulgar informações financeiras na mediação. A mediação deve ser encerrada caso uma das partes se recuse a fornecer informações ou forneça, deliberadamente, informações incompletas ou incorretas.

Outro aspecto do "empoderamento" é a proteção contra atos de intimidação ou qualquer forma de pressão. Os mediadores não devem exercer pressão sobre qualquer participante e não devem aconselhar ou orientar os participantes para um resultado específico.

O Acordo de Mediar assinado pelas partes deixa claro que o resultado da mediação não é vinculativo se houver consequências jurídicas e financeiras. Se for este o caso, mediadores devem aconselhá-las a buscar aconselhamento jurídico independente, antes de assinarem um acordo juridicamente vinculativo. Os mediadores devem também alertá-las dos prejuízos decorrentes de um acordo prematuro. Se, por outro lado, as partes chegarem a um acordo sobre questões que não necessitam de aconselhamento jurídico independente, tais como detalhes da visita de um dos pais aos filhos, os participantes podem confirmar seus acordos entre si.

Aos quatro princípios fundamentais da mediação: participação voluntária, confidencialidade, imparcialidade e controle da tomada de decisão podem ser acrescentados os seguintes princípios:

- Garantia da segurança pessoal.
- Respeito dos indivíduos e da diversidade cultural.
- Foco no presente e no futuro e não no passado.
- Considerar os pontos de vista e as necessidades de todos os envolvidos, incluindo crianças.
- Competência do mediador.

i. Segurança pessoal e adequação da mediação

"Os mediadores devem, em todos os casos, ter certeza de que as partes aceitaram em participar da mediação de boa vontade e sem medo de qualquer tipo de violência ou dano. Um procedimento de triagem deve ser feito para verificar se a vontade de participação é voluntária. Os mediadores devem questionar se o desejo de participar da mediação é voluntário. Caso verificado abuso ou suspeita de abuso, os mediadores deverão informar as partes dos serviços de apoio e proteção disponíveis" (*Código de Conduta*, 5.8.2).

Indivíduos que sofreram violência doméstica, abuso ou temem algum tipo de abuso, podem se mostrar avessos à mediação e não devem ser pressionados a participar. Eles podem ter medo de revelar, numa reunião de informação inicial, a violência doméstica sofrida, pois não conhecem e não confiam no mediador ou, simplesmente, temem as consequências adversas. Na Inglaterra e no País de Gales, mediadores familiares são obrigados a considerar a adequação da mediação e, em particular, no que diz respeito à triagem de abuso doméstico e questões relacionadas à proteção da criança. Os mediadores devem ser capazes de reconhecer que a mediação pode não ser adequada a todos, às vezes uma outra forma de assistência ou um processo judicial são mais adequados.

O mediador deve receber cada participante separadamente antes do início da mediação, mesmo se eles optem por uma reunião de informação conjunta, isto porque o rastreio eficaz não pode ser feito na presença de um parceiro ou ex-parceiro violento ou potencialmente violento. Existem ao menos cinco diferentes categorias de violência doméstica, com indicações ou contraindicações para a mediação (ver Capítulo 3). A triagem realizada separadamente com cada participante é essencial. Caso exista qualquer suspeita ou risco de violência ou dano, o mediador deve considerar com muito cuidado se a mediação deve ocorrer e, em caso afirmativo, determinar as garantias e condições. Medidas adequadas devem ser tomadas, caso as partes escolham a chamada, mediação *shuttle*[8] / (vai e vem/indireta) (Capítulo 5). Se uma das partes teme violência ou novos conflitos, elas devem chegar e sair do escritório de mediação em momentos diferentes, para reduzir medos ou risco de agressão após uma reunião, ou, evitar de ser seguida após o encontro. Mediadores devem ser capazes de reconhecer os diferentes tipos de desequilíbrio que podem afetar o processo de mediação. Durante a mediação, os mediadores devem tomar todas as medidas necessárias para controlar os desequilíbrios, estabelecendo regras básicas, estruturando o processo e identificando as necessidades de aconselhamento jurídico ou de outra forma de apoio. Se houver alguma dúvida quanto aos riscos pela segurança pessoal de uma ou ambas as partes, é dever do mediador encerrar a mediação. Se, no curso da mediação, os desequilíbrios de poder não puderem ser controlados de forma adequada ou caso exista intimidação de uma das partes pelo uso de linguagem ou comportamento, o mediador deve suspender ou encerrar a mediação (ver Capítulos 3 e 10).

ii. O respeito aos indivíduos e a diversidade cultural

Mediadores devem garantir que todos os participantes sejam tratados da mesma maneira. Indivíduos de todas as raças e cultura devem ser tratados com igual respeito. Os mediadores devem mostrar respeito pela diversidade cultural e demonstrar abertura a diferentes tradições e valores. Muitas vezes, são requisitados mediadores especialmente treinados para conduzir mediações interculturais (ver Capítulo 2, s . 10 mediação intercultural e o Capítulo 13 sobre a mediação familiar internacional).

---

[8] NT: segundo a autora, o significado de *shuttle* na mediação corresponde ao movimento dos fios de uma máquina de tecelagem que se movem para trás e para a frente, em outras palavras seria o movimento de "vai e vem", exatamente como faz o mediador neste tipo de mediação (ele vai falar com uma das partes e volta, depois vai falar com a outra parte e volta e assim sucessivamente)

De acordo com a política de igualdade de oportunidades da mediação, ela deve ser acessível a todos. Necessidades especiais devem ser respeitadas, garantindo o acesso adequado para deficientes físicos e assistência especial para aqueles que apresentam dificuldades de fala ou audição.

iii. Foco no presente e no futuro

Litígios jurídicos tendem a se concentrar em erros e mágoas passadas, enquanto a mediação incide principalmente sobre o presente e o futuro, geralmente, sem explorar profundamente as histórias do passado. Muitos dos participantes acham importante olhar para a frente em vez de olhar para trás. No entanto, talvez seja necessário abordar o passado, para compreender melhor o presente e considerar possibilidades futuras. Os mediadores devem compreender, pelo menos até certo ponto, as forças que impulsionam as fortes emoções e os obstáculos que estão por trás de determinados comportamentos.

iv. Considerando as necessidades, sentimentos e opiniões das crianças

O Código de Conduta do FMC 2010 (s. 5.7.1 -3) mostra a importância de se considerar com os pais (e / ou outros membros da família) as necessidades, sentimentos e opiniões das crianças:

"5.7.1 Em todos os momentos os mediadores devem levar em consideração o bem-estar das crianças. Eles devem encorajar os participantes a se concentrarem nas necessidades e interesses deles próprios e também das crianças.

5.7.2 Os mediadores devem encorajar os participantes a considerarem as vontades e sentimentos dos filhos. Se necessário, eles poderão discutir com os pais se a presença deles seria adequada.

5.7.3 Caso os mediadores e ambas as partes decidam que as crianças deverão ser ouvidas, é importante obter o consentimento prévio destas. Somente os mediadores que receberam treinamento poderão se reunir diretamente com as crianças, uma declaração de antecedentes criminais também é exigida. Além disso, exigem-se instalações adequadas para receber as crianças".

A preocupação do mediador com o bem-estar das crianças e o reconhecimento de que estas têm o direito de ser ouvidas, não significa que o mediador atua em prol das crianças ou que tenha responsabilidade absoluta pelo bem-estar destas.

Os mediadores não devem aconselhar os pais sobre o que constitui o melhor interesse de uma criança com necessidades especiais, mas eles podem oferecer informações gerais, sugerir livros e outros recursos, caso os pais estejam dispostos a ouvi-lo.

Os pais devem ser encorajados a considerar a posição individual de cada criança, bem como a solução mais adequada para a família como um todo.

De modo geral – em alguns países mais presentes do que em outros – os mediadores familiares possuem um papel também educativo para ajudar os pais separados a se conscientizarem de que as necessidades e vontades das crianças devem ser incorporadas ao acordo escolhido pelos pais.

Mediadores familiares não são assistentes sociais, o papel dos mediadores não é de dar respostas prontas, mas, sim, ajudá-los a pensar em todas as possibilidades, lembrando que a escolha que eles fizerem vai gerar consequências para toda a família (Capítulo 8).

v. *Formação e regulação de mediadores familiares*

A parte III da Lei da Família de 1996 instituiu normas e requisitos para mediadores, oferecendo a mediação familiar financiada pelo Estado (na Inglaterra e no País de Gales). Tais normas e requisitos foram modificados deste então. O Código de Boa Conduta de 2010 do FMC incluiu os seguintes requisitos para mediadores:

"3.1 Os mediadores devem ter concluído com êxito uma formação que seja aprovada por uma organização credenciada pelo Conselho para qualificá-los como mediadores.

3.2 Os mediadores devem ser membros de uma organização e devem, portanto, ter demonstrado sucesso e aptidão para mediar.

3.3 Os mediadores devem apresentar acordos satisfatórios para um membro-consultor de sua organização para que seja realizada uma avaliação prática profissional.

3.4 Os mediadores devem concordar em manter e melhorar suas habilidades através de cursos de desenvolvimento profissional contínuos aprovados por uma organização membro e/ ou do Conselho".

Na Inglaterra e no País de Gales, um mediador familiar somente é qualificado e reconhecido pelo Conselho de Mediação Familiar do Estado em que faz parte, após aprovação em exame de avaliação de competência profissional em Mediação Familiar.

Tal avaliação inclui a apresentação de três mediações concluídas bem como uma análise reflexiva dos casos. Os mediadores devem renovar anualmente a sua inscrição, indicando o número de horas de prática de mediação e de formação contínua, contra-assinada pelo supervisor /consultor de prática professional.

Em 2010, o Ministério da Justiça efetuou uma importante avaliação do sistema de justiça familiar da Inglaterra e do País de Gales, reconhecendo que "os processos judiciais longos e complicados são emocionalmente e financeiramente desgastantes para os pais e para os filhos".

No lugar do litígio, o sistema judicial deve "permitir as famílias que elas próprias cheguem a acordos eficientes buscando o melhor interesse das crianças, devendo, ao mesmo tempo, proteger crianças e adultos vulneráveis de qualquer tipo de risco ou dano".

Os acordos consensuais da mediação devem ser privilegiados àqueles impostos pelos tribunais (*Family Justice Review*, 2010).

O Relatório Final da Justiça da Família (Novembro de 2011) recomendou, ainda, a regulação da formação da mediação familiar, com padrões nacionais de mediadores tanto na prática privada quanto pública. Um relatório independente foi encomendado pelo Conselho de Mediação Familiar (MCELDOWNEY 2012) e novas regulamentações estão sendo implementadas.

12. A EVOLUÇÃO DA MEDIAÇÃO FAMILIAR COMO UMA NOVA DISCIPLINA PROFISSIONAL

Mediadores familiares trabalham com às famílias que estão passando por mudanças importantes em suas vidas. A evolução da mediação familiar pode ser vista como um processo que passou por uma série de transformações até se tornar a disciplina profissional única e independente que é hoje.

O *Australian National Alternative Dispute Advisory Council* (Conselho Consultivo australiano de modo alternativo de resolução de conflitos) identificou quatro fases no processo de desenvolvimento da mediação e ADRs (NADRAC 2001):

i. Um período de trabalho pioneiro.
ii. O aumento do uso de ADRs e da formação de mediadores
iii. Rivalidade e batalhas de poder entre profissionais e organizações de mediação.
iv. Aumento da coordenação e colaboração.

As fases de evolução da mediação familiar podem ser vistas em muitos países. Inevitavelmente, tensões e lutas ocorreram, mas também muitos sinais positivos de crescimento interdisciplinar e cooperação internacional. Os movimentos ocorridos nestas quatro fases de desenvolvimento é mais cíclico do que linear, fazendo parte da natureza dinâmica e criativa da mediação que passou por períodos de mudança e, possivelmente, caos e turbulência! A "dinâmica das mudanças" que conduz a mediação para a frente precisa de mentes abertas e de uma confluência de energia para dar certo. Políticos e profissionais precisam ouvir uns aos outros e trabalhar conjuntamente no desenvolvimento da mediação como um meio de ajudar os membros da família a resolver suas diferenças e conduzir as mudanças de forma cooperativa.

CAPÍTULO 2

MODELOS TEÓRICOS DA MEDIAÇÃO

"É muita coisa para uma palavra significar – Alice disse pensativa – Quando faço uma palavra trabalhar tanto, – disse Humpty Dumpty – sempre lhe pago hora extra"
(Lewis Carroll, *Através do espelho*)

SUMÁRIO: 1. Diferentes modelos teóricos da mediação.2. Mediação estruturada.3. Mediação transformadora. 4. Mediação narrativa.5. Mediação ecossistêmica. 6. Ecogramas.7. Princípios da mediação ecossistêmica. 8. Conexões entre sistemas familiares e outros sistemas. 9. Apego e perda.10. Mediação intercultural. 11. Mediação – Ciência ou arte?. 12. Uma estrutura teórica coerente para a mediação familiar. 13. Turbulência e mudanças – na mediação e nas famílias. 14. Teoria do caos.

1. DIFERENTES MODELOS TEÓRICOS DA MEDIAÇÃO

Ao estudarmos os processos da "mediação" encontramos grandes variações em sua abordagem, modelos teóricos e técnicas (IRVING e BENJAMIN 1995, ver também o Capítulo 12).

Existem três abordagens bastante diferentes que aparecem constantemente como modelos básicos da mediação, são elas: mediação estruturada, mediação transformadora e mediação narrativa. Encontramos ainda uma abordagem mais ampla, não muito conhecida, mas particularmente apropriada para os assuntos de família chamada de mediação ecossistêmica (PARKINSON 1997, 2011).

A "mediação familiar terapêutica" e a "mediação avaliativa" são também utilizadas como referência, embora sejam bastante questionadas, pois um mediador que fornece terapia ou avaliação estaria ferindo os princípios fundamentais da mediação. Costuma-se dizer que o conflito na separação ou no divórcio não é uma condição que necessita de tratamento. Como diz Robey (2009, p. 69): "As pessoas em conflito não querem terapia. Na maior parte das vezes elas acreditam que o problema não existiria se o outro fosse mais razoável e entendesse o seu ponto de vista". Fazer julgamentos avaliativos que podem, posteriormente, influenciar a decisão do tribunal não faz parte do papel do mediador.

2. MEDIAÇÃO ESTRUTURADA

"Os interesses mais poderosos são as necessidades humanas básicas" (FISHER; URY 1983, 49)

A mediação estruturada ou orientada para o acordo é baseada no sistema de negociação desenvolvido pelo Projeto de Negociação de Harvard (FISHER; URY, 1983). Tal abordagem foi desenvolvida por Fisher e Ury com base no trabalho pioneiro de Mary Parker Follett (1942) no campo das relações de trabalho. Mary Parker Follett defende o sistema dos "ganhos mútuos" em vez do tradicional sistema de "negociação distributiva" que, geralmente, resulta em demandas iniciais exageradas e em concessões forçadas.

A aplicação da mediação estruturada ou orientada para o acordo nos casos de divórcio foi levada adiante por Coogler (1978) e Haynes (1981), cujos trabalhos se tornaram uma das maiores influências no desenvolvimento da mediação familiar em muitos países. A mediação estruturada é um modelo que visa assegurar a participação equilibrada das partes por meio de regras e diretrizes previamente acordadas entre elas e o mediador. Este modelo estabelece limites físicos e psicológicos que ajudam a conter as emoções das partes envolvidas, canalizando as energias para negociação e resolução dos problemas. Neste modelo de resolução de conflitos, podem ser acordadas reuniões separadas com cada um dos participantes antes ou durante o processo de mediação. O papel do mediador é claramente definido e distinto de outras funções.

Uma das principais características da mediação orientada para o acordo é o seu foco em *interesses* e não em *posições*. Uma *posição* nada mais é do que a declaração de uma determinada solução. Na maioria dos conflitos, as partes tendem a se focar nas posições para chegar ao resultado desejado. No entanto, posições geralmente envolvem elementos estratégicos não negociáveis como acusações, xingamentos e insistência sobre os direitos de um e negação dos direitos do outro. Por outro lado, *interesses* são necessidades ou objetivos subjacentes que podem ser cumpridos e que são, portanto, negociáveis. Exigir uma soma fixa de pensão alimentícia é exemplo de uma posição, enquanto pedir uma quantia que seja suficiente para fornecer uma moradia adequada é exemplo de um interesse. Por exemplo, um casal pode estar discutindo sobre a quantidade de dinheiro que cada um deles tem direito a receber. Como pais, eles podem ter um interesse mútuo: dar estabilidade aos seus filhos e evitar uma mudança de escola, se possível.

Na mediação estruturada, as partes são solicitadas, num primeiro momento, a apresentarem suas posições respectivas. O mediador procura identificar os interesses que servem de suporte a tais posições e, assim, ajudar as partes a reconhecerem que mesmo em conflito é possível que ambas tenham interesses e necessidades comuns. Os interesses podem ser concretos, por exemplo, a necessidade de encontrar uma outra casa para morar, como também psicológicos, por exemplo a busca de respeito e de amor-próprio. O mediador ajuda as partes a procurar soluções chamadas "ganha-ganha" que satisfaçam o maior número possível das necessidades de cada um. Os mediadores costumam "pegar mais leve com as pessoas e pegar pesado com os problemas".

A abordagem estruturada permite às partes trabalhar em conjunto para chegar a um acordo, em vez de desperdiçarem tempo e energia numa competição destrutiva. A mediação estruturada depende muito das técnicas de negociação e barganha utilizadas. Neste modelo, o mediador utiliza o lado esquerdo do cérebro, caracterizado como sendo linear, lógico, analítico, racional e orientado para uma determinada tarefa.

Ao usar as técnicas de negociação, o mediador procura:
- Separar as pessoas dos problemas.
- Focar nos interesses e não nas posições.
- Criar opções de ganhos mútuos.

A mediação estruturada ou orientada para o acordo inclui uma série de fases. Um modelo simples é composto por quatro fases:

1. Definição das questões	– Os participantes explicam as suas posições
2. Análise dos fatos	– Levantamento e compartilhamento de informações
3. Exploração das opções	– Análise das necessidades, preocupações e consequências
4. Obtenção de acordos	– Negociação para um resultado mutuamente aceitável

Esse modelo pode ser expandido para a chamada 12 etapas da mediação familiar (ver Capítulo 5).

Haynes define a fase final do modelo de mediação estruturada como aquela em que "uma vez que propostas e contrapropostas foram feitas, posições modificadas e opções negociadas, um acordo pode surgir" (HAYNES 1993, p. 4). Quando o foco está nos interesses e não nas posições, diferentes formas de satisfazer esses interesses podem ser exploradas criando áreas de entendimento. Onde há interesses mútuos e motivação para se alcançar um acordo por meio de soluções concretas um acordo poderá ser facilmente alcançado.

Fisher e Ury (1983) desenvolveram dois conceitos que são usados como referência nos processos de resolução de conflitos. O primeiro chamado MAAN – melhor alternativa para um acordo negociado e o segundo chamado PAAN – pior alternativa para um acordo negociado.

Os mediadores podem também encorajar as partes a considerarem um outro conceito chamado de AMPAN – alternativa mais provável para um acordo negociado, este modelo parte do princípio de que os participantes estão/são:

- Motivados para chegar a um acordo.
- Capazes de pensar racionalmente.
- Conhecem as questões que precisam ser resolvidas.
- Capazes de explicar e defender as suas posições.
- Capazes de negociar.
- Capazes de reconhecer ou aceitar uma solução mutuamente satisfatória.

Muitos mediadores preferem a mediação estruturada a outros modelos porque esta é baseada em resultados concretos e, geralmente, mediadores advogados se sentem mais à vontade, pois podem exercem um papel ativo mais próximo do papel de conselheiro jurídico.

Na mediação estruturada, o mediador tem a liberdade de exercer um poder considerável. No entanto, uma participação ativa do mediador pode desencorajar as partes envolvidas, pois, ao perceberem que o mediador encoraja o participante mais fraco a imparcialidade do mediador seria prejudicada. Existe também o risco de o mediador tentar orientar as partes a chegar à decisão por ele escolhida, em vez de tentar construir uma solução mutuamente satisfatória para ambas as partes.

O objetivo da mediação estruturada é alcançar resultados concretos e soluções práticas no mínimo de tempo possível, enquanto que melhorar as relações entre os participantes não é visto, necessariamente, como algo importante. Uma abordagem estruturada tende a ignorar as emoções que aparecem ao longo da mediação, principalmente emoções negativas e fatos que ocorreram no passado.

Suprimir emoções ou colocá-las de lado pode não ser a melhor solução nos casos de separação e divórcio. Vale lembrar que tal modelo não foi desenvolvido especificamente para disputas familiares, mas, sim, para os casos de disputas civis e comerciais que não envolvem a família. No entanto, se os sentimentos não são levados em consideração e se o tempo dado às famílias para considerar e renegociar as relações familiares é demasiado curto, corre-se o risco de que um acordo seja alcançado sem que este tenha melhorado a comunicação entre os pais ou, levado em conta as necessidades dos filhos e as suas próprias.

3. MEDIAÇÃO TRANSFORMADORA

"O ponto central da abordagem é o crescimento humano em duas dimensões específicas: o conhecimento de si e a relação com o outro." (BUSH; FOLGER, 1994, p. 230)

Nos casos de separação, divórcio ou outros intensos conflitos familiares, a partes podem não estar preparadas para negociar de maneira calma e racional. Elas estão, muitas vezes, submergidas por fortes emoções e podem não conseguir pensar com clareza. Muitos mediadores familiares, especialmente aqueles formados em aconselhamento e terapia, acreditam que na mediação estruturada os mediadores controlam execessivamente o desenrolar do processo focando-se apenas na busca de resultados.

A metodologia desenvolvida por Bush e Folger (1994), chamada de *mediação transformadora*, encoraja as partes a conduzirem a mediação em vez de se deixarem levar pela orientação do mediador. A mediação transformadora busca por meio do diálogo e da escuta obter novas visões sobre o problema em questão. Visões novas são capazes de transformar as percepções mais conservadoras.

Ao escrever sobre a integração das técnicas de meditação no processo de mediação, Cloke (2009) diz que "o caminho mais profundo e transformador pode ser acessado através de meios hábeis, que incluem não somente as técnicas de meditação (que nos ajudam a nos tornarmos mais centrados e conscientes de nós mesmos), mas tambem através das técnicas de mediação que nos ajudam a escutar o outro e a nós mesmos, aprender a dialogar com o coração aberto, resolver os problemas de modo criativo, negociar de forma a colaborar com o outro, a perdoar o outro e a si próprio e, para que possamos enfim, nos reconciliarmos com o mundo".

A primeira premissa da abordagem de Bush e Folger consiste em dizer que a mediação é capaz de provocar efeitos transformadores altamente benéficos para as partes e para a sociedade. A segunda premissa diz que a mediação só tem potencial para gerar tais efeitos transformadores se o mediador introduz um sistema mental e métodos práticos favoráveis à realização de dois objetivos-chave: *capacitação* e *sensibilização*. A *capacitação* incita à autodeterminação e autonomia, aumentando a capacidade de as pessoas verem com clareza a sua situação e de tomar decisões por si próprias. A *sensibilização* envolve a capacidade das partes de reconhecerem os sentimentos e perspectivas recíprocos tornando-as mais sensíveis às necessidades do outro. A *capacitação* e a *sensibilização* são dois elementos intrínsecos à mediação transformadora, embora também possam fazer parte de outros modelos de mediação.

Tais elementos ajudam as partes a se compreenderem mutuamente, fazendo com que elas reconheçam as necessidades de cada delas com com mais empatia, isto é, fazer com que elas "se coloquem no lugar do outro".

Folger e Bush (1996) identificaram dez pontos fundamentais da mediação transformadora:

1. Compromisso para a capacitação e sensibilização como o principal objetivo do processo de mediação e um dos aspectos mais importantes do papel do mediador.
2. Deixar a responsabilidade do resultado para as partes – "é a decisão deles".
3. Não criticar as opiniões e decisões das partes – "as partes sabem o que é melhor para elas".
4. Ter um olhar optimista sobre a competência e a motivação das partes. Os mediadores transformadores devem ter uma atitude positiva com a boa-fé e a integridade das partes, quaisquer que sejam suas aparências. Em vez de rotular as pessoas como intrinsecamente insensíveis, fracas ou manipuladoras, o mediador deve perceber que elas, nos seus piores momentos, podem estar apenas temporariamente enfraquecidas, numa postura defensiva ou egoísta.
5. Permitir que as emoções sejam manifestadas. Os mediadores transformadores estimulam as partes a descrever e dividir com o outro as suas emoções e os acontecimentos que as causaram, a fim de promover a sua compreensão.

6. Permitir e explorar a incerteza das partes: a falta de clareza deveria ser vista positivamente e não negativamente. Se os mediadores assumirem, numa fase inicial da mediação, que compreendem a situação e as necessidades de cada uma das partes, eles correm o risco de bloquear a fase importante de fluidez e ambivalência da mediação. Em vez de desenvolver uma hipótese que se orienta numa determinada direção, é preferível que os mediadores tenham em mente que outros caminhos são possíveis, a incerteza da direção a ser tomada ajuda os mediadores a formular mais perguntas em vez de estabelecer conclusões precipitadas.
7. Manter-se concentrado no aqui e agora da interação conflitual: "a ação está na sala". Em vez de tentar resolver problemas, o mediador deve concentrar-se nas afirmações feitas pelas partes à medida em que forem sendo feitas, tentando identificar e esclarecer os seguintes pontos: participantes confusos, participantes que se sentem não compreendidos, ou participantes que não compreendem um ao outro. Quando os mediadores se dão conta de que há um problema, eles moderam a discussão e usam o restante do tempo para esclarecer os maus-entendidos.
8. Reagir às declarações das partes sobre acontecimentos passados: "discutir o passado pode ser importante para o presente". Normalmente, os mediadores incitam as partes a se concentrarem no futuro e não no passado. Mas Folger e Bush, pelo contrário, sustentam que se a história do conflito for encarada como um mal que deve ser esquecido, perder-se-ão oportunidades importantes para conferir capacitação e sensibilização às partes. Rever o passado pode revelar escolhas que foram feitas, soluções que estavam disponíveis e possíveis pontos-chave para se chegar a um acordo. Rever o passado pode conduzir a uma reavaliação do presente.
9. Considerar a interrupção do processo de mediação como parte da interação conflitual e não como o fim da mediação. Conflitos são muitas vezes, cíclicos, eles mudam de direção à medida que as partes discutem suas dúvidas e incertezas. Se os mediadores considerarem que mesmo que haja um movimento favorável ao

acordo, este poderá seguir um caminho contrário, os riscos de entrarem em pânico em caso de desvio de direção serão menores. Os mediadores transformadores acreditam que tais ciclos fazem parte dos fluxos e influxos naturais do processo de mediação.
10. Ter a sensação de sucesso quando verificada a presença de reponsabilidade e sensibilização, mesmo em doses pequenas: "Os passos pequenos contam". A mediação é sempre um desafio e, muitas vezes, difícil. Permitir a nós mesmos de reconhecer e desfrutar dos pequenos sucessos é muito importante para manter a energia e a motivação. Em vez de definir sucesso apenas em termos de obtenção de acordo, os mediadores transformadores valorizam cada pequeno passo que contribua para fortalecimento pessoal e para compreensão e compaixão de cada um.

Folger e Bush acreditam que a mediação transformadora deveria ser usada preferencialmente em relação àquela em que se procura o acordo. Contudo, as pessoas recorrem à mediação para resolver seus problemas e não para serem "transformadas". O termo "mediação transformadora" talvez não seja o mais adequado, na medida em que sugere que os mediadores são aqueles que fazem milagres transformando as pessoas ou os conflitos num período de tempo relativamente rápido. Mesmo a terapia a longo prazo pode não produzir uma transformação tão grande. Folger e Bush não explicam de forma suficientemente clara se o objetivo da mediação transformadora é transformar as próprias pessoas, o relacionamento delas umas com as outras ou ainda as maneiras com que cada uma vê o conflito. Um conflito tem potencial para ser transformado se for percebido e conduzido de maneira diferente. Por outro lado, a transformação de indivíduos não faz parte da prerrogativa do mediador e é potencialmente perigosa. As pessoas não recorrem à mediação para ser transformadas e os mediadores não deveriam impor tal objetivo – mesmo que criativo e visionário – às pessoas que não o desejam. Se as partes quiserem ajuda para atingir um acordo concreto sem serem forçadas a mudar suas opiniões negativas sobre o outro, elas devem ser respeitadas. Mediadores que acreditam que eles têm como missão transformar os seus clientes podem estar transcendendo as fronteiras éticas da mediação. Existem evidências de que a participação na mediação pode ser uma experiência catártica para algumas pessoas, provocando mudanças no seu relacionamento e e até mesmo em sua autopercepção, se esta catarse acontecer sem ser provocada pelo mediador, podemos dizer que o mediador exerceu um papel transformador. A mediação pode ter efeitos terapêuticos sem que, por isso, seja considerada uma terapia. Folger e Bush procuram enfatizar a empatia e os aspectos visionários e humanos da mediação, em contraste com o modelo utilizado pela mediação estruturada que pode ser visto como um processo desumano, lógico e limitado quando se trata de relações interpessoais. Cabe ressaltar, no entanto, que os elementos-chave de empatia e de reconhecimento do outro não foram introduzidos na mediação por Bush e Folger, pois ja eram usados por muitos mediadores, desde o início, especialmente por aqueles com conhecimentos técnicos em terapia.

4. MEDIAÇÃO NARRATIVA

"Tem o potencial de despertar a curiosidade de cada indivíduo para ouvir a narrativa do outro e dar a coragem necessária para escutar aquilo que preferiria não ter ouvido." (BARENBOIM, 2008, p. 73)

A mediação narrativa é baseada na ideia de que mediadores e litigantes exercem uma influência recíproca e contínua uns nos outros por meio do diálogo. Ela pode ser conceituada como um processo de contar histórias na qual as partes são convidadas a contar histórias com um duplo propósito: implicá-las no processo e ajudá-las a se compreender mutuamente. Reconhecer a influência contínua e recíproca que os mediadores e os mediandos exercem uns sobre os outros, é vista por Cobb e outros (1994) como um desafio ao modelo de mediação estruturada, no qual os mediandos são guiados pelo mediador por uma série de fases ou etapas. Tais fases fornecem uma estrutura útil para o processo de mediação, mas não explicam como funciona a sua dinâmica nem quais estratégias de comunicação são utilizadas.

O conceito de *enquadramento* de Bateson (1972) é a base do modelo de mediação narrativa e pode ser definido como sendo um meio psicológico de delimitar ou controlar o que é dito (ver no Capítulo 6 e 11 sobre os conceitos de PNL). Enquadramentos acontecem quando incluímos certas mensagens e excluímos outras, tal como a moldura de um quadro que mostra as imagens que estão dentro da moldura excluindo aquelas que ficaram fora dela. As molduras também sugerem como devem ser interpretadas as mensagem em seu interior. O mesmo ocorre com o que é dito durante a mediação, por exemplo, um mensagem negativa pode assumir um forma positiva, ou vice-versa (ver Cap. 11, s.2). Cabe ressaltar que, embora a noção de enquadramento seja estática, na mediação utilizamos o termo de "reenquadramento", mais aproriado para o processo interativo de troca de mensagens.

O *reenquadramento* é uma das principais ferramentas do mediador para ajudar os mediandos a chegar a um acordo. Na maior parte da literatura sobre mediação, o reenquadramento é visto como uma função unilateral do mediador ou como uma estratégia planejada por ele. Em contrapartida, os modelos de comunicação realçam a influência conjunta ou a "coconstrução" de estruturas (BODTKER; JAMESON, 1997) nas quais, as partes envolvidas e os mediadores enquadram e reenquadram continuamente imagens uns para os outros. A influência tradicionalmente exercida pelo mediador é fundamentalmente alterada por esta percepção, com implicações sobre como os mediadores esculpem o processo de mediação em resposta aos movimentos e reações de cada participante.

Bodtker e Jameson (1997) sugerem a metáfora do caleidoscópio para descrever a complexidade dos enquadramentos interativos que ocorrem durante o processo da mediação. Cada participante (pelo menos três, se houver duas partes e um mediador) traz consigo um cenário para a mediação, tal cenário poderia ser comparado ao disco de vidro transparente que se encaixa em uma das extremidades do caleidoscópio. Para entender melhor tais interações, precisamos utilizar uma ferramenta conceitual que nos ajudará a compreender a relação existente entre os três caleidoscópios e a influência deles em cada um dos participantes. Quais elementos da interação entre os diferentes cenários o mediador deve considerar como sendo mais significativo e por qual razão?

Greatbatch e Dingwall (1994) identificaram três diferentes tipos de respostas possíveis dos mediadores com relação à apresentação dos diferentes cenários pelos participantes, são elas: resistência verbal, condescendência verbal e silêncio.

O estudo deles ilustra as influências recíprocas que ocorrem durante o processo de mediação.

Cobb e Rifkin (1991), numa análise narrativa das sessões de mediação, sugerem que a ordem em que são apresentados os diferentes cenários influencia o desenrolar da mediação. De acordo com eles, a parte que conta a sua história em primeiro lugar tem uma grande vantagem em relação a outra, isto porque a segunda versão da historia, geralmente é vista como uma resposta ou como uma provocação à primeira versão.

Sendo assim, o mediador deve tomar bastante cuidado para que a segunda versão da história não se transforme num enredo acessório. Isto levantaria outras questões como por exemplo: como é decidido quem vai falar em primeiro lugar? Segundo o modelo de Coogler, na mediação ou o mediador deixa a critério das partes a escolha de quem começa a falar ou ele mesmo faz a escolha baseado nas suas próprias hipóteses a relação das partes em termos de desiquilíbrio ou outros fatores de desigualdade.

Cobb (1994, p. 54) descreve as histórias dos conflitos como "notoriamente rígidas, facilmente repetitivas e avessas a mudanças". Os papéis de cada uma das partes são contestados e reformulados na versão apresentada pela parte adversa e, os pontos defendidos por cada uma delas são postos em evidência e denegridos pela outra parte. A imagem do caleidoscópio é desta forma fixada. Cobb argumenta que as três características da perspectiva pós-estrutural presentes em uma narrativa – coerência da narrativa, desfecho da narrativa e interdependência da narrativa – funcionam conjuntamente para desafiar os caminhos tradicionais da mediação. A arte de contar histórias na mediação é, portanto, mais do que uma metáfora. É importante perceber que a influência recíproca dos enquadramentos e reenquadramentos efetuados por todos os participantes no processo da mediação fornece um novo quadro analítico único dos mediadores. Além disso, ela também conduz ao desenvolvimento de novas técnicas para os mediadores quer eles estejam à espera de transformar as histórias dos mediandos ou simplesmente de encorajar uma maior congruência.

Nos EUA e talvez também na América do Sul, mediadores tendem a ser treinados com base num modelo de mediação: ou o estruturado ou o narrativo ou o transformador. No Reino Unido e outras partes da Europa, mediadores familiares são mais propensos a combinar diferentes elementos dos diferentes modelos existentes para atender às necessidades dos participantes em vez de esperar que estes se encaixem no modelo padrão estabelecido pelo mediador.

5. MEDIAÇÃO ECOSSISTÊMICA

"O sistema de justiça da família é uma rede de organizações e de indivíduos vindos de profissões diferentes, todos cooperando e colaborando para que o sistema atinja os seus fins." (Ministério da Justiça. *Family Justice Review*, Londres 2010).

A mediação sistêmica ou ecossistêmica (BERUBE, 2002; PARKINSON, 1997) fornece um quadro amplamente capaz de incorporar diferentes teorias e modelos. De maneira geral, podemos dizer que os mediadores trabalham com dois sistemas diferentes: o privado, voltado para a tomada de decisão pela família e o público voltado para a aplicação da lei e a de proteção da criança. Mediadores auxiliam o bom funcionamento dos sistemas familiares privados evitando assim o envolvimento desnecessário dos sistemas públicos. No entanto, quando um sistema público precisa ser envolvido – por exemplo, quando uma ordem judicial é necessária para dar força legal a um acordo firmado ou para garantir o bem-estar da criança (ver Capítulo 4) – o mediador pode facilitar a cooperação destes dois sistemas, de modo que as engrenagens das diferentes rodas possam girar simultaneamente sem que um sistema impeça o bom funcionamento do outro. Todos aqueles que trabalham no sistema de justiça familiar, sejam eles advogados, juízes, assistentes sociais e mediadores precisam compreender que todos possuem papéis complementares e responsabilidades diferentes. E os mediadores precisam entender que os papéis diferentes interagem entre si para o bom funcionamento do sistema como um todo.

A mediação ecossistêmica não opera no vácuo: ela estabelece conexões com outros sistemas. Para que possamos entender melhor o seu funcionamento e a diferença entre ela e os outros tipos de mediação, vamos explicá-la por meio de uma metáfora. A mediação estruturada e a transformadora se realizam numa cápsula espacial imaginária, na qual mediadores e participantes são isolados de outros sistemas e influências. Em contraste, a mediação ecossistêmica tem em sua cápsula espacial janelas que dão vista para uma paisagem circundante (ou seja, outros sistemas), permitindo que a luz penetre (ou seja, que seja influenciada por outros sistemas e elementos).

O principal referencial teórico da mediação ecossistêmica é a teoria dos sistemas. Na teoria geral dos sistemas, os conceitos de primeira e segunda ordem nos ensinam as diferentes maneiras possíveis de se enxergar as mudanças dos sistemas sociais. "Uma transformação ordenada e criativa dos sistemas sociais [...] depende da capacidade de aprendizagem que requer vontade e capacidade para criar pressupostos desafiadores" (RAMSBOTHAM et al., 2005, p. 46) . Rapoport, um teórico da teoria dos sistemas, considera que "a questão crítica da paz e da necessidade de converter o conflito em cooperação demanda a aprendizagem de diferentes sistemas sociais, *sendo que a maneira mais eficaz de adquirir tal aprendizado é através de um processo participativo"* (Rapoport, 1989, 442, grifo nosso). A teoria dos sistemas familiares nada mais é do que um meio de conceituar e explicar as experiências individuais e eventos da vida no contexto dos processos sociais e familiares. Tal teoria oferece maneiras úteis de entender as estruturas familiares, os relacionamentos e os padrões de comportamento. Por exemplo, as comunicações fragmentadas ou disfuncionais entre os membros de uma família podem se tornar coerentes e serem vistas positivamente, dependendo do contexto em que ocorrem. Olhar para as interações e os padrões de comunicação ajuda os mediadores a afastarem as explicações lineares de causa e efeito que incentivam a culpa e visões limitadas sobre o problema. Quando os casais, durante a mediação, estabelecem relações entre si e interagem, as dificuldades que eles trazem são mais facilmente compreendidas.

O reconhecimento de diferentes sistemas por parte dos mediadores facilita a identificação de fatores sociais e legais relevantes para a solução do problema. Segundo Roberts (1997, p. 16): "A compreensão do impacto das questões jurídicas, econômicas, políticas, sociais, de gênero, culturais, étnicas, familiares e psicológicas de qualquer conflito entre particulares, principalmente aqueles que envolvem crianças, é fundamental para as discussões que ocorrem na mediação".

Se as negociações ocorrem sem levar em conta os fatores externos à mediação, os desequilíbrios de poder podem ser acentuados. Os modelos de mediação estruturada e transformadora tendem a se focar nas preocupações e perspectivas que os adultos apresentam na mediação. As crianças são raramente mencionadas. Elas são vistas ou como objetos de cuidado ou como objeto de negociação, e não como indivíduos com direitos e necessidades próprias merecedores de consideração. O modelo ecossistêmico é bastante adequado para a mediação familiar, pois neste modelo os pais são encorajados a considerar o ponto de vista das crianças como se fossem seus próprios e incentivados a levar em conta o melhor interesse das crianças, preservando, assim, as relações entre pais e filhos. Este modelo funciona muito bem nos conflitos transfonteiriços que envolvem diferentes culturas e países e também nos conflitos intergeracionais. Diferentemente de outros modelos, o modelo ecossitêmico é multidisciplinar e interdisciplinar. O que traz implicações importantes no treinamento e prática dos mediadores familiares. Ao contrário de outros modelos que podem ser realizados por mediadores advogados ou por mediadores psicólogos ou assistentes sociais, a abordagem ecossistêmica é essencialmente multidisciplinar e interdisciplinar, gerando implicações importantes para a formação e prática dos mediadores familiares.

Antes de olharmos para uma abordagem ecossistêmica como uma abordagem voltada para os assuntos de família, devemos nos perguntar: "Nos dias atuais o que é família? Quem faz parte dela?" A tradicional definição de "família" que consiste num grupo biologicamente relacionado no qual existem: um pai, uma mãe e seu(s) filho(s) não é mais a única definição possível. Famílias na Europa, bem como em outras partes do mundo, são hoje uma mistura de muitas culturas e tradições diferentes. Existem infinitas variedades de padrões de vida e estruturas possíveis para se estabelecer uma família. Para muitos, "família" é, atualmente, um padrão de relacionamentos, e não mais um padrão biológico.

Crianças que foram questionados sobre o conceito de "família" definiram família como um grupo de pessoas que estão relacionadas entre si, mas que não possuem necessariamente laços de sangue. Outro grupo composto de crianças mais novas incluiu vizinhos e amigos próximos como parte da família, ainda que elas sejam capazes a partir dos seis anos de identificar a presença ou não de laços biológicos. A extensão da família para avós, tias, tios e amigos próximos é crucial para o bem-estar e segurança psicológica das crianças, especialmente quando os pais estão se separando/divorciando e elas se veem divididas entre eles em meio a uma guerra. Um estudo realizado com diversas crianças entre oito e quatorze anos (não considerando as diferenças de sexo, origem étnica e lugar onde viviam) revelou que, do ponto de vista das crianças, as principais características encontradas na "família" são amor, carinho, apoio e respeito mútuos (MORROW, 1998). Cabe ressaltar que crianças mais velhas são mais propensas a definir a família em termos da qualidade das relações estabelecidas entre seus membros, enquanto as mais novas tendem a definir a família em termos de parentesco formal. Tara, uma garota de 13 anos, definiu família como "um grupo de pessoas que se preocupam uns com todos os outros. Eles podem chorar juntos, rir juntos, discutir juntos, e passar por todas as emoções juntos. Alguns vivem juntos também. As famílias servem para ajudar uns aos outros na vida" (citado por MORROW, 1998, p. 2). A mediação ecossistêmica visa ajudar os casais, especialmente os pais e, se necessário, outros membros da família (filhos, avós, padrastos, filhos adultos) – a trabalhar juntos para que possam conduzir as mudanças necessárias. Os membros da família são ajudados a se comunicar uns com os outros para que possam, conjuntamente, tomar decisões durante o período crítico de transição e de reajuste que estão vivendo. As mudanças da passagem de uma família com dois pais para duas famílias monoparentais – ou para outros arranjos familiares que envolvam novos parceiros e filhos de outros relacionamentos – envolvem também ajustes emocionais, psicológicos, jurídicos, econômicos, sociais e práticos tanto para adultos quanto para crianças. A mediação ecossistêmica considera cada família como única e analisa, cuidadosamente, cada mudança que precisa ser feita de acordo com as necessidades da família em questão.

De acordo com Saposnek (1983) "as disputas pela custódia dos filhos surgem tipicamente de dinâmicas interativas complexas [...] ao considerar tais disputas do ponto de vista dos sistemas familiares, o mediador pode entender quais elementos estão presentes e utilizar as intervenções para obter uma resolução concreta. O comportamento das crianças pode provocar o chamado "efeito de polarização" da posição de cada progenitor, pois cada progenitor pode interpretar o comportamento dos filhos de uma dada maneira sendo tal interpretação válida e necessária para certificar a sua própria posição de modo a assegurar o bem-estar das crianças".

Ao analisarmos a disputa dentro de um quadro sistêmico, verificamos que as ações de cada membro da família, incluindo os filhos, influenciam diretamente nas ações e reações de todos os membros da família de maneira recíproca. Em consequência, se trabalharmos apenas com adultos, sem levarmos em consideração as necessidades, sentimentos e reações dos filhos, dificilmente chegaremos a um acordo que funcione na prática para todos os membros. As crianças, muitas vezes, encontram formas de boicotar acordos que os deixam profundamente tristes. O modelo ecossistêmico da mediação tem como foco a família como um todo. Os filhos e outros membros da família são incluídos no círculo familiar, tanto indiretamente quanto diretamente. O mediador mantém uma maior equidistância das partes ao considerar as necessidades da família como um todo, em vez de se focar apenas na relação conflituosa entre os pais. A maioria dos mediadores familiares se reúnem apenas com os pais, a participação das crianças é rara. Muito embora seja recomendável que os mediadores consultem as crianças sobre questões que terão um grande impacto em suas vidas (Capítulo 8).

Em alguns grupos étnicos, é comum observar crianças sendo criadas por outros membros da família que seus pais. Avós e tios podem ser os principais responsáveis pelos cuidados de grupos formados livremente por irmãos, meio-irmãos e primos. Outras crianças vivem em famílias monoparentais, e algumas destas crianças nunca saberão o que é viver em uma família com dois pais. É importante salientar que, nesses casos, há um grande fluxo de mediadores que vêm e vão – o pai, o novo parceiro do pai ou uma sucessão de diferentes parceiros, babás e professores. Os mediadores devem tomar cuidado para não assumir que a mãe é, ou deveria ser a mãe a única ou principal cuidadora. Muitas mães trabalham tempo integral e, por isso, pais, madrastas e padrastos também participam ativamente da educação das crianças. Famílias monoparentais chefiadas por pais são mais comuns do que se costuma imaginar. Podemos observar também, ocasionalmente, os irmãos mais velhos assumindo um papel importante na educação dos irmãos mais novos, seja por comodidade dos pais, pedido das próprias crianças ou algo que lhes foi incumbido. É também comum observarmos irmãos divididos entre os dois campos opostos do conflito. Mediadores familiares encaram relacionamentos complexos que estão passando por uma uma drámatica – e muitas vezes traumática – alteração de suas estruturas familiares. Em termos práticos, o cuidado à criança é, muitas vezes, um problema para os pais, pois ele precisam conciliar compromissos familiares e profissionais. Muitos casais que exercem a coparentalidade quando viviam juntos continuam a exercê-la depois que se separam. Outros casais preferem exercer a autoridade parental separadamente e, cada um, a sua maneira. Exercer a autoridade parental em paralelo necessita de acordos básicos entre os pais. Estes, muitas vezes, comunicam-se de forma limitada com o outro (focando-se apenas no estrito essencial) e, podem apresentar diferentes formas de educar os filhos, bem como diferentes rotinas. Existem também muitos outros pais separados que brigam, quase quotidianamente, sobre os direitos parentais, os erros cometidos pelo outro na educação dos filhos e também sobre a quantidade de tempo que as crianças devem passar com cada um deles. Conflitos também podem surgir sobre o contato das crianças com outros membros da família, principalmente com os avós, e ainda sobre o envolvimento de novos parceiros de ambos os lados. Famílias reconstituídas precisam fazer vários reajustes para harmonizar as relações familiares e evitar tensões e disputas entre a "antiga" e a "nova" família, especialmente nos casos em que a nova família inclui as crianças dele, as crianças dela, e as crianças dos dois.

É importante ressaltar que, quando os pais e padrastos/madrastas decidem cooperar, as crianças também cooperam. "Na minha família eu tenho cinco pais – a minha mãe e minha madrasta, meu pai e minha outra madrasta, e também o pai da minha meia-irmã, e ainda meus irmãos e irmãs e todos os animais de estimação, é claro" (Sonya de 9 anos. *In*: NEALE; WADE 2000, 21). "Minha família é uma família. ela é diferente da familia das outras pessoas, mas eu não me importo, pois quem é que disse que existe um modelo único de família?" (Esperança, de 14 anos. *In*: NEALE, WADE 2000, 6).

6. ECOGRAMAS

Antes de iniciar a mediação é fundamental entender como funciona cada familia. Sendo assim, os mediadores precisam saber quem vive em cada casa, se os novos parceiros são aceitos como membros da família, e, se for esse o caso, por quem eles são aceitos. Após dar as boas-vindas a ambos os progenitores, ajudá-los a entender como funciona o processo de mediação e convencê-los a participar da mediação, uma das primeiras tarefas do mediador familiar é traçar um "mapa", verbal ou literal, da família na sua forma atual, segundo a perspectiva de cada um deles. Para facilitar essa tarefa, um questionário é feito a ambas as partes. O "mapa", também chamado de ecograma é uma versão modificada de um genograma. O genograma, é uma ferramenta clássica da terapia familiar que pode ser utilizada de diferentes formas na mediação familiar. Genogramas são por definição diagramas que mostram as estruturas familiares, geracionais e relacionais em linhas verticais.

O termo "ecograma" é utilizado no lugar do "genograma"[1] (BÉRUBÉ 2002, Parkinson 2002) para descrever o que chamamos de "ecologia"[2] das famílias em transição. Quando pais separados adquirem novos parceiros, a família cresce para cima num eixo horizontal, e não apenas para baixo. Para entender a ecologia da estrutura e do sistema familiar em evolução, mediadores usam ecogramas para descrever o panorama da família (terminologia usada para indicar um quadro mais amplo), em vez de descrever o retrato da família (ou seja, um formato mais estreito, linear). Outro recurso bastante útil de um ecograma é mostrar

---

[1] NT: O genograma é a representação gráfica da família. Nele são representados os diferentes membros da família, o padrão de relacionamento entre eles e as suas principais morbidades Podem ser acrescentados dados como ocupação, hábitos, grau de escolaridade e dados relevantes da família, entre outros, de acordo com o objetivo do profissional. Enfim, representa-se a estrutura familiar.
A demonstração gráfica da situação permite que o indivíduo pare e reflita sobre a dinâmica familiar, os problemas mais comuns que a afligem e o enfrentamento do problema pelos membros da família

[2] NT: a autora faz uso do termo ecologia em alusao ao ramo da Biologia que estuda as relações entre os seres vivos e o meio ambiente onde vivem, bem como a influência que cada um exerce sobre o outro. Segundo a autora o mesmo ocorre com as familias: cada membro tem uma funcao e interagem de uma dada maneira.

duas linhas horizontais que ligam os pais, em vez de uma única linha, como de costume. A linha superior representa a relação conjugal ou com o parceiro(a) que está sendo desfeita por meio da separação ou do divórcio. Enquanto que linha inferior representa a relação de coparentalidade que, normalmente, precisa ser mantida. É extremamente difícil para os casais terminarem o relacionamento com seus parceiros e, ao mesmo tempo, continuar a cooperar como pais. Os sentimentos – ou filamentos – destas diferentes relações muitas vezes acabam se enroscando (se confundindo). Separá-las, visualmente por meio de desenhos num quadro branco pode ajudar os pais a perceber que os fios desconexos do fim do seu relacionamento precisam ser desembaraçados para que estes se conectem como pais.

Alguns mediadores familiares desenham o ecograma no início da mediação, como meio de coleta de informações de ambos os pais representando no quadro branco a imagem da família que emerge. Tal desenho inclui informações sobre emprego, renda, questões urgentes e prioridades de cada um dos pais. Os mediadores podem também desenhar o ecograma num bloco de notas para facilitar o acesso rápido a informações sobre a família em questão.

Ecogramas são também uma forma de pensar na estrutura e funcionamento das famílias, possivelmente, para a discussão com um consultor ou supervisor. Ecogramas são especialmente úteis quando no caso de um sistema familiar mais amplo que inclui filhos de relacionamentos anteriores, padrastos, enteados, avós e bisavós. Ecogramas são também bastante úteis em casos interculturais e transfronteiriços. O ecograma mostra, por meio de linhas pontilhadas (ou seja, fronteiras permeáveis), quem vive em cada domicílio e quem está em contato com quem. A visualização da família através dos ecogramas ajuda os pais a falar sobre relacionamentos e outros membros da família.

No ecograma a seguir, Carol e Hugo separados há quatro meses, viram a mediação familiar como forma para tentar trabalhar com algumas questões envolvendo os seus filhos. Atualmente, Hugo vive com sua nova parceira Pam e a filha dela, Meg. Pam é divorciada há cinco anos e Meg passa parte do tempo com seu pai, Alex. A nova parceira de Keith também tem filhos, mas a mediação com Carol e Hugo incide sobre a preocupações deste com os conflitos relacionados aos seus filhos: Ian, de 12 anos, e Jess, de 10 anos. O problema principal é que Ian não quer ver o pai.

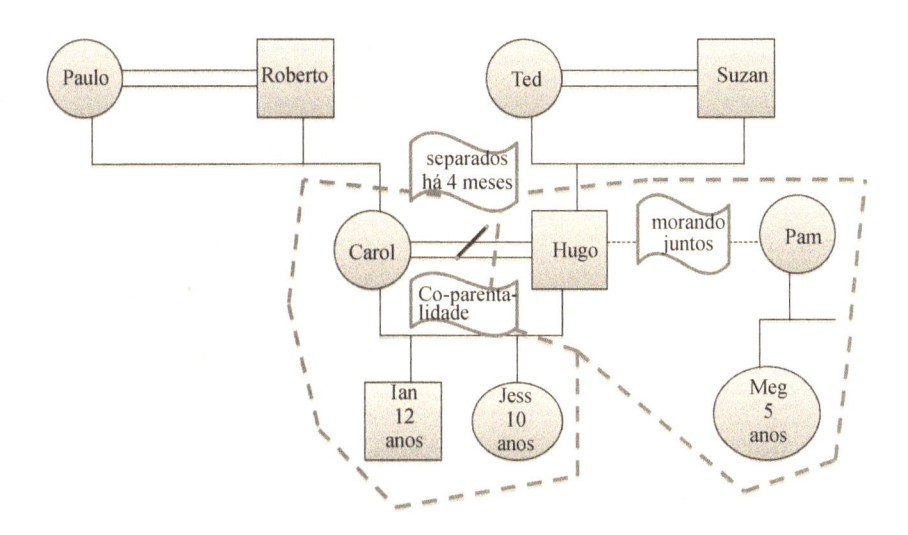

Hugo culpa Carol por jogar Ian contra ele e por não lhe dar a "permissão emocional" que ele precisa de sua mãe para visitar o pai. Carol acusa Hugo de abandoná-la e aos filhos por uma outra mulher. Ela diz que Ian está decepcionado com o pai e com muita raiva. Na mediação familiar, a representação visual da família num ecograma, (caso este seja desenhado num quadro branco ou num bloco de notas para mera reflexão do mediador), pode sugerir outras possibilidades que valeriam a pena ser exploradas. Por exemplo, o que Ian gosta de fazer nos fins de semana? Será que ele quer realmente passar os fins de semana longe de seus amigos, na companhia de duas meninas com idades entre 5 e 10 anos? Pouco provável! Talvez, se o pai telefonasse para Ian e o convidasse para ir a um jogo de futebol com ele (ou qualquer outra coisa que agradasse Ian), como ele reagiria? Um ecograma pode ajudar os mediadores e os pais a enxergarem melhor a divisão das responsabilidades parentais, a continuidade das relações entre pais e filhos, as comunicações e interações entre "novos" e os antigos sistemas familiares de forma gráfica e útil.

7. PRINCÍPIOS DA MEDIAÇÃO ECOSSISTÊMICA

- A mediação ecossistêmica tem uma visão holística das famílias em transição: facilitar a comunicação entre os membros da família é de fundamental importância
- O objetivo é ajudar os membros da família, num período crítico de transição e reajustes, a negociar mudanças e chegar a acordos duradouros.
- Uma família separada é ainda assim uma família: as necessidades dos membros da família são inter-relacionadas e eles podem precisar de ajuda para se comunicar e ouvir uns aos outros.
- Os participantes são ajudados a negociar questões práticas e viáveis (habitação, apoio financeiro, divisão de bens, etc.); além de aprenderem a valorizar, cooperar e apoiar um ao outro.
- Uma abordagem interdisciplinar é necessária, pois a mediação ocorre dentro de diferentes contextos culturais, sociais e legais. Mediadores familiares necessitam de conhecimentos interdisciplinares e compreensão de contextos inter-relacionados.
- A mediação ecossistêmica relaciona-se com o sistema de justiça familiar, mantendo a sua identidade e confidencialidade. A mediação tem lugar "na sombra da lei" (MNOOKIN; KORNHAUSER, 1979), ajudando os participantes a sair da sombra do tribunal em alcançar as suas próprias decisões acordadas
- As crianças são indivíduos com direitos próprios, incluindo o direito a manter as relações familiares
- Crianças e jovens precisam entender as mudanças que vão ocorrer em suas vidas. Se ambos os pais concordarem, crianças e jovens podem ser incluídos diretamente ou indiretamente na mediação. Mediadores familiares necessitam de formação adicional para que possam incluir crianças na mediação.

Cada família é única: cada uma tem sua própria cultura, necessidades específicas, conjunturas e afinidades variáveis. Cada família precisa de acordos únicos, projetados por ela própria e, não a ela impostos (sentença pronunciada por um juiz no tribunal) que podem ser diferentes do que que cada uma delas precisa.

A abordagem vai desde a teoria da gestão do conflito e técnicas de negociação à teoria dos sistemas familiares e, ainda, à teoria do apego. Fatores culturais, sociais e legais são levados em consideração. Caso ocorram negociações na mediação sem que sejam abordados os aspectos legais ou a influência de importantes membros da família que ficaram de fora, os desequilíbrios de poder podem ser acentuados. O modelo ecossistêmico de mediação é um processo de tomada de decisão participativa, na qual os membros da família – principalmente os pais – procuram chegar a acordos em questões que têm implicações e consequências sociais, econômicas, legais e psicológicas. A mediação ecossistêmica pode levar a acordos concretos, como ocorre na mediação estruturada podendo, inclusive, melhorar a comunicação entre as partes. Ela difere da mediação estruturada e da mediação terapêutica na forma como ela combina o conhecimento interdisciplinar com a gestão de conflitos. "A tomada de decisão é um processo [...] enraizado no passado, que se realiza no presente, voltado para o futuro [...] trata-se de um ato deliberado e consciente que escolhe uma solução a partir de pelo menos duas alternativas ou que fusiona várias alternativas numa única ação" (PAOLUCCI *et al.* 1.977, p. 5).

8. CONEXÕES ENTRE SISTEMAS FAMILIARES E OUTROS SISTEMAS

O modelo ecossistêmico faz conexões entre processos familiares privados e sistemas públicos, incluindo os sistemas jurídicos, econômicos e de serviços de apoio social às famílias. Os membros da família são ajudados a trabalhar suas relações por meio de acordos que se adaptem às suas vidas práticas formalizando, legalmente tais acordos, se necessário.

A abordagem interdisciplinar facilita o acordo nos casos em que nem advogados, nem terapeutas seriam capazes de realizar individualmente. "Uma resolução jurídica que ignore as necessidades psicológicas do cliente é tão imprópria quanto uma resolução psicológica que entre em conflito com as necessidades jurídicas do cliente" (STEINBERG, 1980, p. 261). A Associação de Mediadores Familiares (FMA) foi fundada em 1988, na Inglaterra e no País de Gales, para desenvolver o modelo de comediação interdisciplinar em que um mediador advogado qualificado e experiente em Direito de Família trabalhe em comediação com um mediador qualificado em trabalho social ou terapia familiar (PARKINSON, 1989). Cabe ressaltar que uma formação em mediação é necessária para que transição da profissão de origem seja feita para a mediação familiar. A comediação interdisciplinar oferece uma série de benefícios (ver Capítulo 4), incluindo uma ampla gama de conhecimentos e competências. Um equilíbrio de gênero entre homens e mulheres na comediação é importante para a gestão de desequilíbrios de poder na mediação. A comediação interdisciplinar também é usada nas mediações internacionais transfronteiriças em casos de rapto de crianças (ver Capítulo 13). Na abordagem ecossistêmica, o estilo pessoal, a experiência e os valores dos mediadores fazem parte do chamado "sistema de mediação". Isto é, mediadores vêm à mediação com suas histórias e experiências pessoais, condicionamentos culturais, opiniões, valores e crenças. É muito importante levar em consideração as possíveis influências para que estas não provoquem um impacto consciente ou inconsciente. A comediação proporciona salvaguardas no monitoramento de cada intervenção feita pelo mediador. Na Inglaterra e no País de Gales, mediadores familiares são submetidos a um exame anual de proficiência da prática profissional.

O uso da teoria dos sistemas na mediação familiar deve ser distinguido do usado em terapia familiar, onde existem conotações de patologia e tratamento. Grande parte da doutrina em mediação familiar tem procurado fazer uma distinção entre a mediação e a terapia familiar (ver, por exemplo Folberg e Taylor 1984; Walker e Robinson 1990). A teoria dos sistemas em mediação é apenas uma ferramenta conceitual e não uma forma de tratamento dos membros da família. A terapia é uma forma de tratamento, ao passo que a aplicação da teoria dos sistemas na indústria e em outros contextos não tem uma função de tratamento (EMERY, 1969).

O uso em mediação familiar de técnicas que são também utilizadas em orientação e terapia familiar pode causar confusão quanto ao papel dos mediadores. A reformulação é muitas vezes dada como exemplo. A reformulação pode ser definida como uma habilidade da comunicação que é usada de forma diferente e para fins diferentes por mediadores e terapeutas (ver Capítulo 6,21-22). Na mediação, a reformulação, normalmente, envolve reafirmar posições ou preocupações de forma positiva, permitindo que as partes sejam ouvidas e compreendidas. Geralmente, por meio da reformulação, questões subjacentes são levantadas por ambas as partes. Reformular não significa impor os pontos de vista do mediador ou os valores dos participantes. A reformulação é um questionamento circular que utiliza técnicas singulares bastante valiosas no processo da mediação, diferente das técnicas usadas em terapia. Tais técnicas são muito úteis e usadas no nível "micro" para trabalhar com um sistema familiar particular. Em um nível "macro", uma abordagem ecossistêmica faz conexões entre as famílias, processos e resultados.

9. APEGO E PERDA

A teoria do apego e da perda fornece meios para que possamos compreender as múltiplas perdas que ocorrem na separação e/ou no divórcio, além de mostrar a importância do apoio dos membros da família durante este período doloroso. "As dimensões do sentimento de "pertencer" representam o cerne da experiência da separação e divórcio; formam um arco de parentesco com os outros criando os laços com tudo o que precisamos para viver. O divórcio acaba transformando os laços familiares. Cada pessoa vive o divórcio de forma diferente; as emoções que cada um sente é única. Os laços existentes dentro da família e as conexões com o mundo exterior só podem ser recriados depois de um longo período de tempo. A família precisa se reposicionar temporariamente enquanto novas bases são estabelecidas, novas vigas colocadas em prática" (HANCOCK, 1980, p. 27). A mediação pode servir de âncora ou pilar temporário para os casais, para que estes possam enfrentar perdas imediatas e encarar de outra maneira possíveis perdas futuras. A mediação pode ajudá-los, oferecendo:

- ajuda inicial/ ou pré-transição: mostra aos casais oportunidades a serem consideradas e prepará-los para uma transição que facilitará a continuidade em algumas áreas (exemplo, a coparentalidade) e mudanças em outras áreas.
- ajuda durante o processo de transição, facilita os arranjos acordados e a gestão da crise

- ajuda pós-transição, revê os acordos e ajuda com ajustes complementares.

Compreender a importância do apego nas relações humanas pode ser a chave para compreender o que está acontecendo por trás das aparências, mesmo quando as questões superficiais são questões financeiras. Isto se torna bastante evidente quando crianças estão envolvidas. Os pais ou mães não residentes, muitas vezes, temem perder o relacionamento e o contato com as crianças, especialmente no caso de serem substituídos por uma madrasta ou um padrasto. Para as crianças, a perda repentina do pai que elas amam pode ser devastadora. Se elas não recebem amor suficiente e "apoio" para lidar com esta perda, o seu desenvolvimento e sua capacidade para formar relacionamentos futuros podem ser afetados.

Mediadores familiares que trabalham com casais e, direta ou indiretamente, com as crianças, precisam entender a importância do apego e as consequências da perda. Embora as ideias de Bowlby sobre o apego entre mamães e bebês tenham sido, a princípio, questionadas, foram aceitas posteriormente (BOWLBY, 1980) (AINSWORTH, 1982) por meio de evidências da pesquisa clínica. Pesquisas mostraram não somente a importância das ligações seguras existentes entre mamães e bebês para o desenvolvimento saudável das crianças como também demonstraram que a qualidade da relação paternal/maternal que uma criança recebe na infância pode afetar a qualidade dos cuidados que ela irá transmitir futuramente como pai ou mãe (MURRAY PARKES, 1972). Aqueles que viveram padrões de apego inseguro[3] com os seus próprios pais ou que perderam um dos pais por morte ou divórcio podem ter maior dificuldade em fornecer uma base sólida para seus filhos e, por sua vez, se apegarem a eles. Assim, um ciclo vicioso pode ser formado no qual um padrão de apego inseguro pode ser passado de uma geração a outra. Bowlby ainda (1980) sugeriu que o apego aos pais se tornou ainda mais crucial para as crianças, porque outros membros da família estão, nos dias de hoje, mais dispersos ou ocupados do que costumavam estar antigamente. Avós e outros parentes podem estar trabalhando e menos disponíveis para as crianças.

---

[3] NT: Bowlby, teoria do apego ou teoria da vinculação é a teoria que descreve a dinâmica de longo-termo em relacionamentos entre humanos (teoria da psicologia).

O apego aos pais proporciona uma base segura para que as crianças comecem a explorar o mundo exterior. À medida que crescem, as crianças mostram cada vez menos desapegadas e mais curiosas para explorar o mundo. Existem dois tipos de comportamento padrão que indicam padrões de apego inseguro vividos na primeira infância: fuga e dependência. A dependência pode parecer o oposto de fuga, mas também é evidência de apego inseguro (AINSWORTH, 1982). Crianças dependentes aprenderam a usar o apego intenso para se tranquilizarem da disponibilidade de sua mãe (ou pai).

Estudos clínicos sugerem que ambos os comportamentos de dependência e de fuga são susceptíveis de persistirem na adolescência e na idade adulta. Ao passo que, padrões que tiveram uma função útil na infância, podem ter o efeito oposto na vida adulta. O parceiro excessivamente dependente pode achar que ser muito possessivo com o outro parceiro pode resultar em rejeição – o mesmo resultado que o apego visava impedir. Medo de rejeição pode intensificar o apego e, assim, o ciclo de apego/ rejeição /apego se repete incessantemente. A incapacidade do parceiro de deixar o outro ir, mesmo depois do fim do relacionamento, é frequentemente vista em casos de divórcios difíceis. Em contraste, uma pessoa independente, que parece não se apegar, pode acabar ficando sozinha porque outras pessoas podem interpretar a falta de sinais de afeição como indiferença. Uma pessoa muito dependente ou uma pessoa que evita com todo cuidado qualquer tipo de dependência é uma pessoa que viveu padrões de apego inseguro na infância. Quando estes padrões de comportamento continuam na vida adulta, eles podem prejudicar a capacidade de uma pessoa em lidar com novas perdas e mudanças. Problemas em lidar com perda e mudanças são vistos como fatores desencadeadores de uma série de doenças mentais. Por exemplo, perder a mãe antes dos onze anos de idade está associada com o aumento da vulnerabilidade à depressão somada a outros eventos críticos da vida (BROWN, 1982). Uma das razões do efeito particularmente traumático de se perder um companheiro(a) ou um pai/mãe que se amava profundamente, deve-se ao fato de que esta pessoa que se foi era, muitas vezes, a figura de apego a quem a pessoa "em luto" procuraria para apoio em um momento de crise.

A pessoa em luto, frequentemente, sente que todo o sentido ou significado da vida foi perdido: "O meu mundo virou de cabeça para baixo", "perdi o chão". Aqueles que tiverem relações relativamente seguras tendem, após um período de luto, a retomar a vida normalmente e se apegar a outras pessoas, enquanto que aqueles que tiveram relações inseguras ou permanentemente instáveis são mais propensos a mostrar reações patológicas a perda. Eles podem achar que é muito difícil formar e manter relações duradouras que permitem tanto a intimidade quanto o espaço dentro do relacionamento.

Os elementos essenciais que ajudam as pessoas a lidar com a perda e evitar luto patológico ou crônico são: reconhecer a necessidade psicológica de viver o luto e reconhecer que a presença de emoções fortes e flutuantes são normais, e não anormais como elas pensam. Reconhecer a normalidade dos sentimentos ajuda os pais a lidar com suas próprias reações e aquelas de seus filhos, reconhecendo que talvez eles deverão ser mais tolerantes com uma criança que está ansiosa e apegada de forma exagerada, exigindo atenção extra, ou mesmo consolar uma criança que parece isolada e distante. Uma das teorias da tristeza mais conhecidas é (1969) aquela sobre as diferentes etapas do luto de Kübler-Ross: negação, raiva, barganha, depressão e aceitação. A diferença fundamental entre a perda de um parceiro pela da morte e a perda de um parceiro pela separação ou do divórcio, conforme aponta Emery e outros apontam (2010), é a maneira pela qual ela atravessa as fases da tristeza. Isto porque, uma pessoa recentemente separada, em vez de passar por estes estágios de forma linear, ou seja, da negação à aceitação, tende a oscilar entre eles, às vezes incontrolavelmente. Este modelo cíclico de tristeza é imprevisível. No curso de uma sessão de mediação, ambos os parceiros podem oscilar entre todas as etapas de forma rápida e exaustiva. Alguns ficam presos em uma das fases, com a agulha da bússola emocional apontada somente para uma direção, enquanto outros têm explosões de raiva e angústia, fazendo com que a agulha da bússola oscile da negociação para aceitação antes de terminar a sessão (ver também o Capítulo 11). Mediadores precisam entender a importância do apego e da perda, mesmo se a mediação não se trata de orientação familiar ou terapia. Eles precisam ser capazes de reconhecer a dor manifestada por cada uma das partes durante a mediação. Os mediadores também precisam considerar quando existe a necessidade de orientação familiar ou terapia individual. É importante ressaltar que os ciclos não se repetem inexoravelmente. As pessoas podem alterar suas percepções e expectativas sobre os outros e sobre si próprias. Padrões de comportamento e comunicação podem mudar. É possível conseguir lidar com uma perda extremamente dolorosa e, posteriormente, formar novas relações duradouras. Mediadores precisam de otimismo, bem como precisam entender que eles representam um apoio temporário aos pais, ajudando-os a lidar com a perda e apoiando seus filhos, evitando, assim, perdas desnecessárias. As técnicas da mediação que tratam destas difíceis tarefas serão discutidas e ilustradas com mais detalhes em capítulos posteriores.

10. MEDIAÇÃO INTERCULTURAL

Os modelos de mediação utilizados em países europeus, assim como os modelos usados na América do Norte precisam ser adaptados para atender às necessidades de diferentes culturas, comunidades e sistemas legais. Com o aumento da imigração, muitos países passaram a contar com consideráveis minorias étnicas e populações etnicamente mistas. Assim, membros dessas comunidades podem recusar os serviços de mediação prestados por uma cultura dominante na qual desconhecem suas tradições e valores. Em casos como este, para que os mediadores sejam aceitos, eles devem fazer parte do mesmo grupo étnico em questão ou tentam ganhar aceitação do grupo, por meio de demonstrações de flexibilidade e abertura.

Cabe ressaltar que, mal-entendidos podem resultar em problemas de interpretação não apenas de linguagem, mas também de gestos e expressões faciais que podem ter significados diferentes em culturas diferentes. Mediadores interculturais precisam ter flexibilidade para se adaptar às necessidades das sociedades multiétnicas. Devemos ter consciência que "um modelo ocidental único de resolução de conflitos adequado para um contexto ocidental não [é] totalmente adequado, por exemplo, a uma cultura comunitária na qual a maioria das comunidades ismaelitas pertencem" (KESHAVJEE, 2013). Outro exemplo são as comunidades afrocaribenhas que têm fortes laços sociais e familiares, neste caso, os conceitos aplicáveis nas sociedades ocidentais podem não ter a mesma importância para eles. Um modelo de valores universais precisa ser criado para melhorar as práticas da mediação neste contexto da "diversidade na unidade" (FIADJOE, 2009).

A abordagem ecossistêmica é bastante adequada em mediações familiares interculturais e internacionais graças a sua flexibilidade para acomodar diferentes sistemas culturais, jurídicos e familiares bem como suas interações. Questões intergeracionais podem também aparecer, principalmente, nos casos em que envolvem membros de famílias estendidas.

Em determinadas culturas e comunidades, disputas entre casais não podem ser resolvidas de forma eficaz sem levar em conta os valores tradicionais, as crenças religiosas e as influências de familiares mais velhos, líderes religiosos e comunitários. Muitas vezes, familiares e líderes comunitários podem se envolver na mediação, de forma direta ou indireta. Em casos como este, é importante determinar desde o início quem detém o poder para tomar decisões, e se terceiros precisam estar envolvidos (direta ou indiretamente) nas mediações. Mediadores interculturais e internacionais precisam ser não apenas imparciais, mas também multiparciais e gostar de aprender com outras culturas (ver Capítulo 13, a mediação familiar internacional).

11. MEDIAÇÃO – CIÊNCIA OU ARTE?

Atualmente, a mediação tem sido vista como uma disciplina de pleno direito, com o seu próprio corpo de conhecimentos teóricos e práticos, princípios e regras básicas. À semelhança de outros ramos da ciência, a mediação tem acumulado um conjunto de conhecimentos com base em estudos de caso, classificação de casos e análise dos resultados. Mediadores e pesquisadores utilizam na mediação uma abordagem linear, dividindo-a em uma série de fases ou etapas de acordo com o resultado alcançado: bem-sucedido, parcialmente bem-sucedido ou sem êxito. Tal classificação se baseia na aptidão dos participantes de chegarem a um acordo, seja ele total, parcial ou nenhum acordo. Procuramos dizer que esta abordagem utiliza "o lado esquerdo do cérebro", caracterizado como lógico, analítico e orientado para tarefas.

Quando a mediação familiar é vista como uma ciência, enfatizamos a necessidade de:

i) maior compreensão intelectual da mediação, sendo esta vista como um processo racional que consiste numa sequência de fases: agrupamento de fatos, visualização das diferenças, identificação de soluções disponíveis e, por fim, propostas de soluções para o acordo;

ii) conhecimento, incluindo o conhecimento em Direito e finanças, incluindo impostos, pensões alimentícias; conhecimento da experiência e do impacto do divórcio em adultos e crianças; conhecimento do desenvolvimento infantil e adulto e da dinâmica familiar, além, do conhecimento de serviços de apoio às famílias de serviços de apoio;

iii) conhecimento em matemática e a capacidade de analisar dados financeiros;

iv) conhecimento e experiência em negociação e acordos de divórcio: estruturação dos acordos, tendências, questões atuais;

v) técnicas de negociação e barganha envolvendo lógica e raciocínio fundamentado

vii) formação em mediação, o conhecimento de estudos de investigação sobre a mediação.

A mediação é um processo complexo que não pode ser compreendido ou avaliado apenas pelo estudo de resultados e acordos firmados. O comportamento humano é altamente variável e imprevisível, especialmente nos casos turbulentos de separação e divórcio. Mediar casais em casos de separação e divórcio revela uma multiplicidade de reações e padrões que variam ao longo do tempo, apesar de existirem padrões altamente resistentes à mudanças. Na mediação familiar, a dinâmica inconstante de casais que estão se separando pode ser atenuada de diferentes formas e graus com as intervenções ativas do mediador. Este processo envolve uma série complexa de interações: a mediação não é uma corrida para alcançar acordos. Mediadores reconhecem que eles precisam tanto da abordagem lógica e sistemática do "lado esquerdo do cérebro" quanto da abordagem do "lado direito do cérebro" que estimula a criatividade e a intuição. "O lado direito do cérebro", procura fazer conexões de forma mais global e intuitiva, olhando para os padrões em relacionamentos de maneira circular e não apenas linear.

Quando a mediação familiar é vista como arte, enfatizamos a necessidade de:

i) empatia, compreensão intuitiva e capacidade de se envolver com as pessoas;
ii) maturidade e experiência de vida, não apenas de conhecimentos teóricos de livros didáticos;
iii) habilidades em responder ao emocional, bem como às necessidades práticas dos casais que se separam, incluindo habilidades em gestão de crises, pois as reações irracionais dos participantes podem aumentar ou mesmo prolongar as disputas;
iv) um estilo pessoal e flexível de trabalho que permita mudanças na estrutura e ritmo do processo de mediação de acordo com a dinâmica da família em questão;
v) preocupação com a família como um todo, priorizando as boas relações e a cooperação entre os membros da família em vez de priorizar os acordos;
vi) habilidades de comunicação – uso de linguagem apropriada, capacidade de traduzir e interpretar.

A mediação familiar é uma ciência e também uma arte. Mediadores familiares precisam combinar conhecimentos de diferentes áreas, compreender relações humanas e ter habilidades especiais para ajudar casais a enfrentar a separação/divórcio e a dialogar para que cheguem, conjuntamente, a um acordo futuro para eles e para os seus filhos. A mediação é considerada pelos franceses como um modo "de viver", "de pensar" e "de agir". Em maio mais de 2000, instrutores de mediação de onze países diferentes se reuniram por dois dias perto de Londres num Fórum de Intercâmbio em Mediação Familiar. Foi uma experiência enriquecedora e inspiradora. Na tentativa de capturar os valores da mediação, foi acordado que os mediadores familiares procurassem:

- ouvir o que vem do coração e não apenas da cabeça;
- respeitar a individualidade de cada pessoa;
- mostrar humildade, compaixão e tolerância;

- manter uma distância adequada às partes;
- facilitar a comunicação de forma com que transmitam calor humano e compreensão;
- criar esperança para o futuro;
- desenvolver a capacidade de ver e sentir o que as palavram não conseguiram expressar.

12. UMA ESTRUTURA TEÓRICA COERENTE PARA A MEDIAÇÃO FAMILIAR

A mediação precisa de um quadro teórico coerente para definir e explicar a sua prática. Mediadores familiares vêm de campos diferentes, principalmente do direito e outras ciências humanas. Os mediadores bacharéis em Direito tendem a ver a mediação como um processo contratual de solução de controvérsias. Os mediadores formados em psicologia ou terapia são mais propensos a defini-la como um processo de gestão de conflitos enfatizando a melhora da comunicação. Na resolução de conflitos, as partes geralmente aceitam termos que envolvem compromisso ou concessões.

Um acordo pode ser alcançado porque ambos os lados reconhecem que ele é necessário, mas as atitudes para com o outro podem permanecer antagônicas e eles podem não ter necessidade de mais comunicação com o outro.

A mediação tem como objetivo ajudar os participantes a chegar a decisões consensuais e a resolver conflitos. Embora seja irrealista esperar que um breve processo possa resolver sentimentos profundos de raiva e dor ocasionados pelo fim de um relacionamento. A concretização de um acordo nos casos em que uma das partes se sente abandonada e traída, pode levar anos. O peso emocional da separação e do divórcio, às vezes, é tão doloroso que poderá nunca ser concretizado. Cabe lembrar que a mediação não oferece aconselhamento ou psicoterapia. No entanto, ela permite que as partes trabalhem determinadas questões para chegar a um acordo, permitindo às partes ouvir um ao outro, talvez pela primeira vez depois de um longo período sem comunicação. Muitas vezes, quando os casais se escutam eles acabam mudando suas percepções e atitudes. Num outro extremo, podemos alcançar um acordo sem que nada tenha mudado ou sem que a raiva tenha sido resolvida. Ou ainda, alguns casais podem experimentar uma espécie de catarse, em que eles passam de uma relação difícil para uma relação diferente, construída com base na cooperação e confiança. Uma das diferenças entre mediadores familiares e as teorias que eles seguem diz respeito à forma como eles veem a mediação: seja como um meio para resolver disputas e chegar a um acordo concreto, ou como um meio para ajudar os participantes a resolver conflitos psicológicos e emocionais presentes nas disputas.

Em cada um dos extremos a prática diverge bastante, embora apresentem objetivos diferentes, podemos dizer que estes não são necessariamente incompatíveis. Muitos mediadores acabam misturando os dois modelos de alguma forma. Se o acordo é visto como o oposto da disputa, o mediador deixa de reconhecer que há uma continuidade entre conflito e cooperação. As partes estão não apenas em fases diferentes da resolução do conflito, como também podem se deslocar em ambos os sentidos em diferentes momentos. Cabe ressaltar que, se a mediação não chegar a um acordo, isto não significa que ela "falhou"; pois ela pode ter aberto uma porta para a comunicação que é, muitas vezes, considerada mais importante do que conseguir um acordo. Dizemos que um quadro teórico ideal para a mediação integra elementos da mediação estruturada, da mediação transformadora e da mediação narrativa por meio de uma abordagem sistêmica. A única estrutura que é capaz de englobar e integrar todos estes elementos de uma forma dinâmica e flexível é a chamada estrutura ecossistêmica.

13. TURBULÊNCIA E MUDANÇAS – NA MEDIAÇÃO E NAS FAMÍLIAS

A teoria da mediação explica a dinâmica do processo, independentemente do resultado alcançado. No entanto, precisamos de uma teoria para explicar como a mediação realmente funciona, e não como ela deve funcionar.

A turbulência e a dinâmica dos fluidos[4] oferecerem tanto uma metáfora quanto uma teoria para demonstrar o funcionamento do processo

---

[4] NT: mecânica dos fluidos é o estudo da física de materiais contínuos que se deformam quando submetidos a uma força.

de mediação familiar, independentemente do seu resultado. Existe uma história bastante interessante sobre o teórico quântico, Werner Heisenberg, em seu leito de morte, na qual ele diz que teria duas perguntas para fazer a Deus: Por que existe a relatividade e por que existe a turbulência? Aparentemente, ele ainda acrescentou: "Eu realmente acho que Deus pode ter uma resposta para a primeira pergunta" (GLEICK, 1993, p. 121). Mediadores que enxergam os efeitos destrutivos do conflito conjugal e familiar podem também ser inclinados a perguntar: "Por que existe o conflito?" O conflito na separação e no divórcio se enquadram perfeitamente na definição científica de turbulência. "O que é turbulência? É uma confusão, uma desordem em todas as escalas, pequenos redemoinhos dentro de grandes redemoinhos. É algo instável, algo que se dissipa facilmente, a turbulência drena a energia e cria uma resistência" (GLEICK, *ibid*, p. 122). Os conflitos no divórcio drenam a energia e criam resistência, assim como faz o fluxo de ar durante uma turbulência sobre as asas de um avião que criam resistência, impedindo que o avião siga tranquilamente. Entrar em conflito em si não é necessariamente destrutivo. Conflitos podem produzir mudanças positivas e crescimento. Contudo, cientificamente falando, uma superfície áspera utiliza muita energia. Casais que estão se separando, geralmente, comportam-se de duas maneiras diferentes: ou lutam para que mudanças sejam feitas ou tentam manter o *status quo* contra a ameaça de qualquer tipo de mudança e, em ambos os casos tais comportamentos dissipam uma enorme quantidade de energia. Todavia, toda esta energia desperdiçada é, muitas vezes, usada de maneira contraprodutiva: para atacar, ameaçar ou competir com a outra parte. Mediadores precisam ajudar os casais a conservar o máximo de energia possível, de modo que consigam vencer a resistência e seguir em frente. Em vez de esgotar suas reservas de energia, casais que estão se separando precisam encontrar maneiras de usá-la de modo que se unam em algumas áreas e deixem seguir em frente em outras. E isso não é uma tarefa muito fácil. Aqueles que trabalham com separação e divórcio sabem que o movimento presente nestes casos é, normalmente, flutuante, com altos e baixos, vai e vem, às vezes, intencional, mas muitas vezes caótico. Esta realidade irregular com picos repentinos e quedas, é bastante familiar para a maioria dos mediadores.

A turbulência é causada por interações entre as forças de estabilidade e as forças de instabilidade. Quando um relacionamento se rompe, muitas vezes vemos uma luta para manter a estabilidade enquanto a instabilidade aumenta e domina a relação. Nesta luta, a energia pode ser utilizada na geração de mais turbulência, ou então pode ser dirigida para controlar a turbulência. Mediadores procuram ajudar casais a usar suas energias construtivamente controlando a dinâmica das mudanças, em vez de usá-las de maneira destrutiva. Uma vez que a turbulência diminui, a estabilidade é recuperada. Outra característica da turbulência bastante relevante para a mediação diz respeito às variáveis imprevisíveis produzidas pela turbulência, conhecidas pelos cientistas como "efeitos da tensão superficial". Os efeitos da tensão superficial são geralmente pequenos, provocando "microefeitos" (como os flocos de neve) que, segundo os cientistas, são pequenos demais para serem significativos. No entanto, as novas ideias presentes na teoria do caos mudaram nosso olhar para os efeitos da tensão superficial e como eles acontecem.

Para nossa surpresa, foi descoberto que pequenas alterações nos efeitos da tensão da superfície "são extremamente sensíveis à estrutura molecular de substâncias em solidificação" (GLEICK, p. 311). A importância desta descoberta para a mediação é a percepção de que mesmo pequenas mudanças nos efeitos da tensão superficial podem influenciar o desenvolvimento de novos padrões e alterar as estruturas familiares de modo mais profundo do que se poderia imaginar. As transformações das estruturas de famílias que se separam podem ser maleáveis. Ou seja, relações podem ser ambivalentes e flexíveis, desde que não solidificadas. Em caso de crise na família, quando forças de instabilidade interagem de maneira intensa com as forças de estabilidade, criam-se oportunidades únicas para mudança e crescimento. O momento da intervenção é importante: a fase em que os mediadores se envolvem afeta o nível e a gestão da turbulência. Intervenções precoces geralmente são mais influentes do que as tardias, quando os padrões ou estruturas disfuncionais podem já estar definidos (solidificados) ou resistentes à mudança.

14. TEORIA DO CAOS

A teoria do caos oferece novas ideias aos mediadores familiares que se questionam como é possível obter resultados diferentes, se eles seguiram os mesmos procedimentos com todos os casais. A teoria do caos é uma ciência de sistemas de caráter global. Tal teoria reuniu pensadores de diferentes áreas anteriormente consideradas bastante distintas. Os primeiros cientistas da teoria do caos enfatizam padrões, especialmente padrões que apareciam em escalas diferentes ao mesmo tempo. Na década de 1970, cientistas nos Estados Unidos e na Europa perceberam, cada vez mais, que, embora os físicos haviam estabelecido alguns princípios para explicar as leis da natureza, eles ainda não tinham compreendido as forças produzidas por padrões climáticos desordenados, como a turbulência das águas e as oscilações do coração e do cérebro. Assim, a parte irregular, descontínua e errática da natureza permanecia sem resposta. No entanto, na década de 1970, alguns cientistas começaram a procurar as ligações existentes entre ordem e desordem. Edward Lorenz, um cientista do Instituto de Tecnologia de Massachusetts (MIT), em seu estudo sobre os padrões climáticos, encontrou alguns padrões familiares como o aumento e a diminuição da pressão e os movimentos das correntes de norte a sul. Embora as repetições nunca terem sido exatas, padrões mostraram grandes e imprevisíveis variações.

Desta maneira, cientistas mostraram que dois padrões climáticos semelhantes poderiam se distanciar até que todas as semelhanças desaparecessem. O que causaria essas diferenças? Cientistas acreditavam que substâncias, tais como os fluidos, que são mais facilmente mensuráveis do que o meio ambiente, seriam ideais para o estudo. No entanto, não foi o que ocorreu. Gleick (1993) usou como exemplo dois pedaços de espuma que caem sobre uma cachoeira balançando de um lado a outro para baixo. "Será que podemos saber o quão perto elas estavam do topo? Cientificamente não, isto porque, Deus poderia muito bem ter pego todas as moléculas de água ... e arrastado as espumas pessoalmente" (p. 8). Casais à beira do divórcio podem estar bastante distantes um do outro quanto bastante próximos um do outro. Mesmo que a distância entre eles possa ser mensurada, isso não significa que no final do processo de mediação exista uma previsão confiável da distância que existe entre eles. Ao longo do caminho do processo de mediação, existem muitas correntes que podem alterar o curso de cada parceiro.

Cientistas que estudam variações imprevisíveis perceberam gradualmente que pequenas alterações no início de um processo poderiam fazer uma grande diferença no final do processo. Quanto ao chamado sistemas de tempo, Lorenz traduziu essa ideia para uma brincadeira conhecida como Efeito Borboleta: sobre o fato de que uma borboleta que voa hoje, em Pequim pode acabar em tempestades em Nova Iorque no mês seguinte. Se Lorenz tivesse parado suas teorias apenas com o Efeito Borboleta – imagem de um pequeno movimento aparentemente frágil, mas que ao final foi capaz de percorrer um longo caminho, ele não teria ajudado muito. Contudo, seu trabalho mostrou que uma cadeia de eventos tem pontos críticos de viragem no qual pequenas intervenções podem provocar consequências bastante significativas. Assim, a teoria do caos evoluiu, passando a ser vista "não como a ciência do estado, e sim a ciência do processo, não como a ciência do que é, mas como a ciência do que pode se tornar." (GLEICK, 1993, p.5). A mediação é, também, uma ciência do processo e não do estado, uma ciência daquilo que poderemos nos tornar e não daquilo que somos.

CAPÍTULO 3

CONSIDERANDO A MEDIAÇÃO FAMILIAR

"Não existe nenhum caso, por mais complicado que pareça que não possa estar, potencialmente, aberto a uma mediação bem-sucedida."
(Lord Justice Thorpe)

"Tudo parece impossível até que seja feito."
(Nelson Mandela)

SUMÁRIO: 1. O paradoxo da mediação familiar. 2. A mediação na fase inicial da separação ou divórcio. 3. Mediação em situações de crise. 4. Ambivalência sobre o término dos relacionamentos. 5. Triangulação. 6. Mediação familiar e diversidade cultural. 7. Informação sobre a mediação e avaliação de encontros. 8. Avaliando a adequação da mediação. 9. Conexões entre a violência doméstica e o abuso de crianças. 10. Triagem de abuso e de proteção à criança – Questões domésticas. 11. Outras circunstâncias que necessitam de análise para verificar sua adequação à mediação. 12. Mediação a pedido do tribunal.

1. O PARADOXO DA MEDIAÇÃO FAMILIAR

Um dos paradoxos da mediação familiar é que esperamos mais de casais separados ou divorciados que estão passando por um momento difícil do que de casais que estão juntos. A maioria das pessoas concorda que não seria nada razoável pedir a um casal que está vivendo um período de luto que discuta questões financeiras como, por exemplo, avaliação do imóvel em que vivem ou o preço da venda do imóvel com um potencial comprador. No entanto, na mediação é esperado que casais tomem decisões importantes no momento em que eles estão passando por um período de perda. Para agravar ainda mais a situação, muitas vezes, eles não viam ou falavam com o parceiro desde a separação e, agora, devem se sentar muitas vezes e decidir não somente questões de ordem financeira como também de ordem pessoal (por exemplo, filhos).

Espera-se ainda que os casais se comportem civilizadamente, que ajam de maneira racional quando a razão pode estar inundada pela raiva e pela tristeza. Quando passamos por uma ruptura nos sentimos muito mais propensos a gritar com nossos parceiros, a chorar ou falar tudo o que ficou guardado do que sentar para negociar questões financeiras. As discussões sobre futuros acordos podem tornar o término do relacionamento ainda mais real e doloroso, principalmente se um dos parceiros ainda não estiver pronto para a ruptura definitiva.

Holmes e Rahe (1967) desenvolveram um estudo com quatrocentas pessoas, no qual foi pedido que elas avaliassem o nível de estresse associado a uma lista contendo 43 tipos de eventos estressantes na vida de uma pessoa. Precisamos ter em mente o divórcio marcou a segunda maior pontuação, seguido da morte de um dos cônjuges. A prisão ou a morte de um amigo próximo foram consideradas como menos estressantes do que o divórcio. Mediadores precisam estar cientes do trauma e do grau de ajustes enfrentados por casais que estão se separando. O impacto emocional e os processos psicológicos provocados pelo divórcio são profundos e bastante difíceis de ser examinados. O divórcio não deve ser visto como uma doença na qual as pessoas sofrem e depois se recuperam. O divórcio é um processo extremamente difícil e doloroso que envolve a reestruturação da identidade de cada um e a reintegração da experiência pessoal, sendo que ambas precisam se adequar às mudanças da relação e das novas condições de vida. Muitos casais são aconselhados por amigos e parentes a pedir ajuda externa. É importante salientar que, quando eles aceitam ajuda externa é porque já atravessaram diferentes fases da separação e divórcio, e estão prontos a superar a crise da separação.

2. A MEDIAÇÃO NA FASE INICIAL DA SEPARAÇÃO OU DIVÓRCIO

Às vezes, questionamos se a mediação deveria ser usada nos primeiros estágios de separação ou divórcio quando os indivíduos estão ainda emocionalmente abalados e, portanto, inaptos a tomar decisões e assumi-las posteriormente. Cabe lembrar que a decisão da separação raramente é uma decisão que se toma conjuntamente. Na maiorida dos casos, a separação é iniciada de forma unilateral e após um longo período de reflexão. Em outros casos, a separação pode ser precipitada por um evento crítico. Não podemos esquecer que, embora não seja a norma, também existem casais que decidem, conjuntamente, se separar de forma calma e reflexiva.

Nos casos mais frequentes, há um iniciador da separação e um destinatário da decisão de terminar o relacionamento. O abismo entre essas duas posições e os sentimentos que acompanham cada uma delas pode ser tão grande que a comunicação é completamente interrompida. Se um parceiro descobre que o outro tem um novo relacionamento, ou se uma petição de divórcio chega sem aviso, o choque pode ser ainda maior. Ajustes emocionais e psicológicos começam mais cedo para o parceiro que decidiu ir embora do que para o parceiro que foi abandonado. Um parceiro que foi abandonado é deixado para trás tanto emocionalmente quanto fisicamente. Desta forma, sentimentos de rejeição e traição muitas vezes acabam influenciando a decisão de questões sobre os filhos e questões financeiras. Muitas pessoas procuram a mediação quando já estão num estado bastante fragilizado, em que a capacidade de pensar racionalmente pode estar temporariamente diminuída e, ainda assim, devem negociar acordos sobre a guarda dos filhos e outras questões relacionadas.

Não é de se espantar que muitas pessoas se sintam sobrecarregadas quando são levados a tomar decisões sobre diferentes questões ao mesmo tempo. Quando diferentes estão sendo discutidos, insultos e raiva podem vir a tona aumentando a tensão entre os casais. Por outro lado, a existência de cooperação em uma área de discussão ajuda a restabelecer a confiança, aumentando, assim, a cooperação em outras áreas.

3. MEDIAÇÃO EM SITUAÇÕES DE CRISE

O ideograma chinês da palavra "crise" combina dois caracteres cujos significados são "perigo" e "oportunidade". A separação é, muitas vezes, um período de crise aguda para ambos os parceiros, e para a família como um todo. As emoções estão a flor da pele podendo provocar o aparecimento de violência física mesmo se esta nunca ocorreu antes. Por isso, devemos tomar cuidado para que aquele que iniciou o pedido da separação não precipite a tomada de decisões ou não imponha suas decisões para o parceiro que ainda está em "estado de choque". Não podemos esquecer que problemas urgentes podem aparecer, como por exemplo, questões sobre a visita dos filhos e o pagamento de contas domésticas. Tais questões são prioritárias e atrasos na sua resolução acabam intensificando os conflitos.

Na fase inicial da separação, quando tudo está mudando, geralmente há mais opções e mais espaço para mudanças. O maior pico de crise ocorrre, normalmente, durante a separação e não durante o divórcio legal. Os indivíduos estão mais dispostos a aceitar uma intervenção externa em fases iniciais de crise. "A ajuda intencionalemente proposta num determinado momento estratégico é mais eficaz do que aquela proposta num período de menos acessibilidade emocional" (RAPOPORT, 1965, p. 30). Com passar do tempo, o leque de opções se estreita, as posições se enraízam e as atitudes endurecem. Caso o contato com as crianças tenha sido quebrado ou ainda não tenha se iniciado, mais difícil se tornará o restabelecimento do contato e reconstrução de relacionamentos danificados.

Sabemos que o diálogo é necessário e fundamental, mas para muitos casais que estão se separando ou que já estão separados este diálogo é muito difícil de ser conduzido por conta própria. De modo geral, casais que vivem uma ruptura podem ser divididos em três grandes categorias: aqueles que são capazes de conversar e resolver os problemas, aqueles que discutem e brigam e aqueles que não conseguem se comunicar de forma alguma. Quando vêm à mediação, os casais de todas as três categorias podem, durante os encontros, mudar de categoria ou fazer parte de mais de uma categoria ao mesmo tempo. Dessa maneira, mediadores precisam ser capazes de adaptar sua abordagem rapidamente, em função dos diferentes níveis emocionais e psicológicos que cada um deles se encontra.

O diagrama abaixo ilustra as fases da separação e do divórcio emocional e psicológico, começando com uma crise inicial, em que um dos parceiros deixa o outro parceiro ou anuncia a intenção de fazê-lo. Lembrando que, o parceiro que vai embora lida com a ruptura mais facilmente, já que foi ele quem tomou a decisão; ao passo que o parceiro abandonado, num primeiro momento, pode não estar preparado e, portanto, negar que isso está acontecendo. A negação pode ser seguida pela raiva ou depressão e esta fase pode ser prolongada. Se não houver ajuda e apoio suficiente, o parceiro que se sente abandonado pode deslizar da depressão ao desespero.

David Lodge (1995, p. 63) descreve o desespero como "um movimento em espiral para baixo – como quando um avião perde uma asa e começa a cair em queda livre, enquanto o piloto luta desesperadamente com os controles para evitar que o avião caia". O mesmo ocorre na mediação, quando percebemos que um dos parceiros está em espiral para baixo e o outro parceiro (que ainda pode voar) está tentando seguir em frente. O desafio dos mediadores é, portanto, ajudá-los a evitar que as diferenças entre eles se acentuem ainda mais.

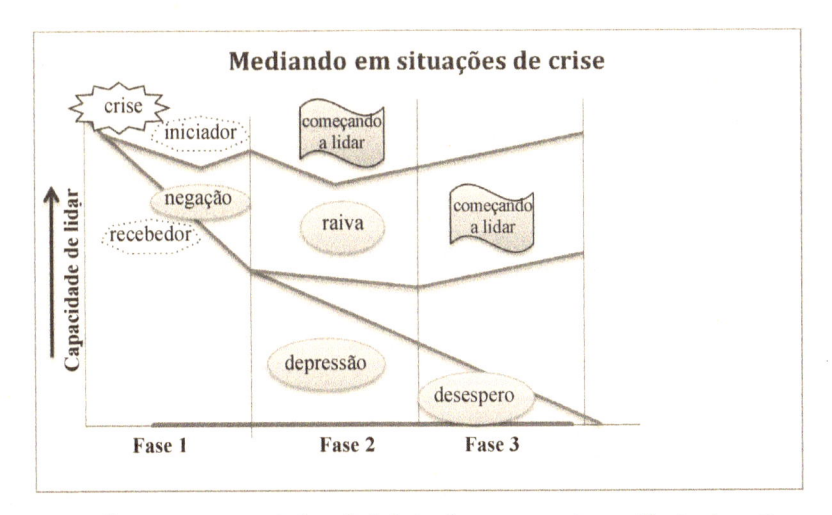

Mediando em situações de crise

(Capacidade de lidar — Fase 1, Fase 2, Fase 3: crise, iniciador, começando a lidar; negação, recebedor, raiva, começando a lidar; depressão, desespero)

A mediação nos estágios iniciais de separação e divórcio não precisa ser apressada. Os intervalos entre as sessões de mediação servem para que os casais reflitam sobre o que foi dito, para que os conselhos dados possam ser internalizados e para que se preparem para a próxima reunião. No entanto, os mediadores devem tomar cuidado para que decisões prematuras não sejam tomadas sob pressão. Mediadores qualificados devem aconselhar os casais, num primeiro momento, a trabalhar juntos em acordos provisórios para que, posteriormente e, sem pressão, possam tomar decisões a longo prazo. Geralmente, o aconselhamento jurídico independente é necessário, para verificar se ambos os parceiros compreenderam a sua situação jurídica e as possíveis desvantagens caso o *status quo* deva ser prolongado. A gestão do tempo é importante no planejamento de uma agenda que incorpore as necessidades de ambos os parceiros.

Um processo que passa por fases pode dar as partes algum tempo de reflexão antes que elas se precipitem para a chamada tomada de decisões. Costumamos dizer que algumas partes se encontram em posições enraizadas, isto é, concordam com alguns pontos, mas ainda não estão prontas para lidar com todas as questões de uma só vez.

A mediação familiar é um espaço onde casais que estão se separando podem se reunir e falar sobre questões que precisam ser resolvidas. É como se disséssemos que os casais estão numa encruzilhada e precisam escolher qual caminho seguir. Existem diferentes caminhos para a resolução de conflitos, alguns deles levam mais tempo e têm um preço maior do que outros e, mesmo assim, não garantem resultado. O papel dos mediadores é dar informações as partes sobre os diferentes caminhos possíveis, ajudando-os a considerar a mediação ou um outro modo de resolução de conflitos como caminho a seguir.

4. AMBIVALÊNCIA SOBRE O TÉRMINO DOS RELACIONAMENTOS

A maioria dos casais no momento em que chegam a mediação dizem que é tarde demais para ir para um terapia de casal para resolver os problemas conjugais. O papel dos mediadores é dar informações as partes sobre os diferentes caminhos possíveis, ajudando-os a considerar a mediação ou um outro modo de resolução de conflitos como caminho a seguir. Alguns casais tentam a terapia de casal antes de procurar a mediação. No entanto, é muito comum a chamada ambivalência do término dos relacionamentos, em que muitos acabam escondendo seus sentimentos numa espécie, numa espécie de concha defensiva onde permance a raiva.

A mediação ajuda a melhorar a comunicação, e quando isso acontece, alguns casais podem então começar a ter dúvidas sobre a separação. Os mediadores devem estar atentos a tais sinais de ambivalência e ser capazes de reconhecer a necessidade de aconselhamento para ajudar um ou ambos os parceiros a compreender e chegar a um acordo sobre o fim do relacionamento. O aconselhamento pode ser sugerido aos casais que precisam explorar suas relações com mais profundidade ou que precisam de suporte por um período mais longo de tempo. Apesar de um dos parceiros apresentar maior necessidade de aconselhamento do que o outro, a sugestão dada pelo mediador deve ser apresentada a ambas as partes. O mediador deve ser capaz de dar informações sobre os serviços de aconselhamento credenciados. Alguns casais podem chegar a elaborar um acordo de divórcio em mediação e, em seguida, decidir não se divorciar. Cabe lembrar que a mediação não fornece aconselhamento ou terapia de casal, mas facilita a comunicação e aumenta a percepção e compreensão das partes.

Outras vezes, a reconciliação é definitiva, fazendo com que os laços afetivos dos casais se tornem mais fortes do que antes da mediação. No entanto, alguns casais começam, por meio da mediação a conhecer melhor o outro, permitindo que fiquem juntos numa relação mais forte do que antes.

5. TRIANGULAÇÃO

Geralmente, o parceiro que faz o primeiro contato com o serviço de mediação já prevê sua recusa pelo outro parceiro. Whitaker identificou na mediação a existência de dois tipos de batalhas: a batalha pela iniciativa e a batalha pela estrutura. (WHITAKER, 1977). Isso acontece porque o outro parceiro poderá pensar que ele ter procurado o mediador, ele já tenha o apoio deste em seu benefício. Quando casais estão terminando um relacionamento, eles procuram aliados, especialistas ou outras pessoas que possam se tornar um terceiro em seu conflito. Mediadores precisam estar cientes dos riscos da triangulação, especialmente se eles atuam sozinhos. Casais em conflito muitas vezes embarcam numa série de movimentos e contra-movimentos estratégicos envolvendo um número crescente de aliados externos ao conflito. À medida que o exército de aliados é formado com o apoio de parentes, amigos e assessores, aumentam em cada um dos lados da disputa os interesses pessoais de outras pessoas, que podem acabar intensificando os conflitos e obscurecendo a disputa original. Mediadores precisam decifrar tais movimentos estratégicos, de modo que possam responder com estratégias imparciais. Mesmo em estágios iniciais da mediação, podemos encontrar movimentos estratégicos usados para assumir o controle do processo de mediação e do resultado. Algumas pessoas acabam vendo a mediação como um jogo, e um jogo existe para ser jogado.

O primeiro movimento pode ser chamado de "tomar a iniciativa". O parceiro que propõe a mediação coloca o outro parceiro em desvantagem, alegando que ele conhece mais sobre o processo de mediação e afirmando já ter tido uma reunião inicial com um mediador. O segundo movimento pode ser chamado de "Deixe-me explicar o problema". Um parceiro pode tentar assumir o controle do processo de mediação para poder influenciar o mediador por meio de frases como: "Deixe-me explicar o problema" ou "Tenho aqui provas do que eu disse". Mediadores precisam ser firmes para explicar as regras básicas da mediação e aderi-las, desde o início, sem alienar nenhuma das partes. É fácil subestimar as habilidades e tempo envolvidos para engajar ambos os participantes na mediação. Por isso, vale a pena gastar mais tempo explicando as regras do processo, aumentando, assim, a probabilidade de que a mediação ocorra em circunstâncias adequadas. Mediadores familiares podem apresentar uma posição centrada e equilibrada quando os casais estão sobrecarregados e confusos.

As primeiras pesquisas feitas no Reino Unido (WALKER; MCCARTHY; TIMMS 1994) descobriram que casais que procuraram a mediação, muitas vezes, tinham dificuldade em explicar as questões que precisavam ser resolvidas. Muitos deles diziam que precisavam "resolver tudo". Cabe lembrar que questões sobre as crianças, propriedade e questões financeiras estão muitas vezes emaranhadas num só nó de questões não resolvidas. Isolar os fios emaranhados é parte essencial da mediação. A mediação deve enxergar quais questões podem ser resolvidas em primeiro lugar. Identificar as questões certas, permite que os nós se desembaracem aos poucos, fazendo com que os fios se soltem delicadamente, o contrário fará com que os nós fiquem ainda mais apertados.

6. MEDIAÇÃO FAMILIAR E DIVERSIDADE CULTURAL

Hoje, relações interculturais e casamentos interculturais são cada vez mais comuns. Casais binacionais, inconscientemente, transmitem aos filhos uma vasta herança cultural, mesmo se, em muitos casos, tais crianças nem sequer conheçam o país de origem de seus pais. Para que a mediação familiar seja aceita por famílias de minorias multiculturais e étnicas, os mediadores precisam apreciar e respeitar a diversidade cultural e reconhecer as limitações de uma perspectiva monocultural. Em algumas comunidades, os interesses da família tem prioridade sobre as preocupações e necessidades individuais. Cada membro da família tem fortes obrigações para com o outro e pode ser normal para as crianças viverem com outros parentes que não os pais (ou que um parente dependente passe a viver com uma dada família). Nesse tipo de sistema familiar, famílias estendidas vivem em estreita proximidade. No entanto, se as famílias migram (se mudam), os pais podem se ver muito isolados. Separações podem ser condenadas por uma dada comunidade por motivos religiosos ou sociais. Mediadores precisam estar cientes dos fatores culturais e normas que influenciam vontade e capacidade de cada um de negociar na mediação. Nos casamentos tradicionais asiáticos, por exemplo, podemos dizer que de modo geral o marido é dominante e a esposa submissa. O divórcio é desencorajado, não somente porque ele não é aceito socialmente, mas também porque prejudica a harmonia familiar. Conhecer a literatura em mediação cultural é necessário para identificar as variáveis que influenciam o processo de mediação. Mediadores precisam conhecer diferentes tradições culturais e étnicas, para que eles não procurem, consciente ou inconscientemente, aplicar normas e valores de sua própria sociedade. O mais importante é respeitar a singularidade das tradições, dos valores, das relações de cada família e das histórias de cada um. Mediadores interculturais precisam ter mentes abertas e sensibilidade a qualquer viés ou preconceito. Mediadores familiares internacionais que trabalham questões envolvendo rapto parental de crianças necessitam de conhecimentos e habilidades especializadas (ver Capítulo 13).

7. INFORMAÇÃO SOBRE A MEDIAÇÃO E AVALIAÇÃO DE ENCONTROS

Muitos países criaram legislações e procedimentos legais incentivando os tribunais a introduzirem a pré-mediação judicial. A Austrália foi um dos primeiros países a aprovar uma lei promovendo o uso de mediação em conflitos familiares (*Family Law Act of Australia,* 1975).

Na Inglaterra e no País de Gales, serviços de mediação familiar lutaram para obter o apoio financeiro mínimo do governo por quase vinte anos, até que a Lei da Família, de 1996 em sua Parte III, reconheceu o importante papel da mediação, disponibilizando o financiamento público por meio da criação do sistema de assistência jurídica com normas de regulamentação e financiamento público para a prática da mediação.

A partir de 1997, os indivíduos que necessitassem de assistência jurídica para processos familiares eram obrigados a se reunir, a título informativo, com um mediador familiar indicado pelo tribunal antes que a assistência pudesse ser obtida. Casos que envolvessem violência doméstica eram inicialmente isentos da obrigação de considerar a mediação antes da obtenção da assistência judiciária. No entanto, tais isenções foram posteriormente reduzidas, pois mediadores familiares autorizados passaram a avaliar a adequação da mediação em circunstâncias particulares como violência doméstica e proteção à criança.

Assim que a mediação familiar financiada pelo governo tornou-se disponível na Inglaterra e País de Gales para indivíduos de baixa renda, o número de encaminhamentos para a mediação familiar aumentou rapidamente. Advogados foram obrigados a encaminhar os clientes que necessitassem de assistência jurídica para a chamada "reunião de informação à mediação e avaliação" ou pré-mediação (MIAM[1]), antes que o cliente pudesse ser beneficiado da assistência jurídica do processo judicial. A partir de 2011, a presença de litigantes na pré-mediação tornou-se obrigatória tanto para beneficiários da assistência jurídica quanto para não beneficiários.

---

[1] NT: em inglês MIAM = *mediation information and assessment meeting.* Chamamos no texto de pré-mediação, embora seja mais do que uma pré-mediação, ja que envolve também uma avaliação da adequação do processo de mediação.

Atualmente, não há nenhuma assistência jurídica para a maioria dos processos familiares. De acordo com a Lei de Crianças e Famílias,[2] de 2014, todos as pessoas que vêm ao tribunal da família (com algumas categorias de isenção) são obrigados a frequentar uma MIAM antes de apresentar um pedido. Pedidos relativos a crianças e/ou propriedade e questões financeiras (mas não o próprio divórcio) devem ser acompanhados de um certificado assinado por um mediador familiar autorizado, afirmando que: a) após a participação em uma pré-mediação, uma ou ambas as partes não decidiram não participar da mediação, ou b) que o requerente e/ou entrevistado participou de uma pré-mediação e a mediação foi considerada inadequada para o seu caso, ou c) que a mediação não obteve acordo, ou d) que a mediação foi considerada inadequada ou foi encerrada sem acordo nos últimos 4 meses.

O requisito para participar de uma pré-mediação aplica-se apenas à recorrente, pois o governo não encontrou qualquer justificação para exigir atendimento sem a intenção de ir ao tribunal. No entanto, caso a requerida decida ir para uma reunião de pré-mediação antes da primeira audiência com o juiz, por razões de igualdade de Direitos de ambas as partes, será concedida a permissão. A regras processuais de direito da Família deixam claro que a requerida poderá assistir a uma pré-mediação antes da primeira audiência no tribunal. Se uma ou ambas as partes não tiver feito isso, o juiz pode direcioná-las para participar de uma pré-mediação. Cerca de 70 a 80% dos casais, em estagios iniciais de separação e divórcio, que compareceram à pré-mediação e perceberam como a mediação pode ajudá-los, optaram por este modo de resolução de conflitos.

Na pré-mediação o mediador precisa mostrar empatia em se envolver com cada um dos indivíduos procurando deixá-los à vontade. A pré-mediação deve ser uma conversa, não uma palestra. Ao mesmo tempo em que são discutidas as questões e os problemas que necessitam de resolução, o mediador deve explicar o processo da mediação, a disponibilidade de financiamento público e os benefícios para pais e filhos de um acordo escolhido por eles em detrimento do imposto

---

[2] NT: em inglês = *The Children and Families* Act 2014

pelo tribunal. A mediação pode discutir quaisquer tipos de questões, incluindo as financeiras e de propriedade, entre pessoas casadas ou não, inclusive casais do mesmo sexo e os pais que nunca viveram juntos. Avós que buscam retomar o contato com netos também podem vir a mediação.

Cabe ressaltar que os beneficiários da mediação gratuita podem contar ainda com reuniões limitadas de aconselhamento jurídico e assistência gratuita oferecida por um advogado público para que possam recorrer ao tribunal para tratar de questões financeiras e de propriedade que foram acordadas no processo da mediação. A mairoria das pessoas que vêm à pré-mediação também estão confusas e apreensivas. É importante mencionar que a pré-mediação é semelhante, mas não idêntica a mediação propriamente dita. Os mediadores utilizam as mesmas habilidades e conhecimentos necessários da mediação, com pequenas variações.

Na pré-mediação incluímos o chamado "elemento individual", reuniões individuais com cada um dos participantes em potencial é bastante importante, mesmo se estes optarem por uma reunião conjunta. Quando recebidos individualmente, os indivíduos são capazes de se exprimir de maneira mais livre e com mais segurança.

O mediador deve ganhar a confiança de cada um dos participantes e deixar claro que as informações fornecidas por eles não serão compartilhadas com a outra parte antes que ambos aceitem participar da mediação e entendam seus princípios e regras. É somente quando a mediação começa, após a assinatura do acordo de consentimento, que a comunicação entre o mediador e as partes ocorre de forma imparcial e aberta. A confidencialidade é uma das grandes preocupações da mediação e precisa ser tratada com muito cuidado por meio da avaliação dos riscos potenciais. A escolha das palavras é importante. Para muitas pessoas, a violência é, na maioria das vezes, física, mas violência verbal e psicológica podem ser tão destrutivas quanto a violência física.

A pré-mediação nada mais é que uma antecâmara para a sala de mediação. Aqueles que vêm a uma pré-mediação precisam ter certeza de que eles podem entrar na antecâmara e decidir livremente, sem temer os riscos ou a culpa, dirigir-se para a sala de mediação. Além de uma base de conhecimento ampla, os mediadores que realizam os encontros de pré-mediação precisam usar uma série de habilidades, entre elas:

i. habilidades interpessoais para encarar pessoas furiosas e angustiadas que passam por diferentes fases de separação e conflito. Geralmente, cada parceiro enxerga o fim da relação de uma forma diferente. Lembrar que alguns casais viveram juntos por muitos anos e podiam não estar esperando o fim do relacionamento. Não é incomum que um deles esteja em estado de choque;

ii. habilidades de comunicação para perceber as preocupações de cada um e explicar de forma clara que a mediação é um processo de resolução de conflitos que so sera levada adiante se todos os requisitos forem preenchidos e, se ambas as partes estiverem dispostas a participar. Lembrando que a informação dada aos potenciais participantes não deve ser um discurso padronizado, mas, sim, adaptado às necessidades de cada um deles;

iii. habilidades de avaliação para triagem de violência doméstica e abuso, preocupações com segurança da criança ou quaisquer outras circunstâncias que tornariam a mediação inadequada. O risco de dano a uma criança ou a um adulto deve ser avaliado, com encaminhamento imediato para os serviços adequados quando necessário. Rastrear casos de abuso e de violência doméstica à criança requer empatia, perguntas abertas e sensibilidade à linguagem corporal. Algumas pessoas podem ter medo de revelar a violência doméstica sofrida em razão de represálias;

iv. na Inglaterra e País de Gales, mediadores precisam de habilidades para avaliar a elegibilidade da assistência jurídica para a mediação. Eles precisam calcular a renda média mensal que pode consistir em ganhos semanais variáveis e diversos tipos de benefício recebidos pelo governo. Evidências de qualquer tipo de renda devem ser verificadas. Extratos bancários são importantes, embora a proveniência de alguns rendimentos seja difícil de determinar. Avaliação da elegibilidade não é obrigatória para aqueles que optam pela mediação privada. Os participantes precisam entender que a divulgação financeira completa será necessária, com documentos de apoio, para a mediação em questões financeiras e de propriedade. Mediadores de advogados estão acostumados a fazer avaliações financeiras, enquanto mediadores do trabalho e de aconselhamento de origens sociais podem precisar de treinamento adicional para avaliar a elegibilidade financeira.

8. AVALIANDO A ADEQUAÇÃO DA MEDIAÇÃO

Na Inglaterra e País de Gales, estatísticas sugerem que duas mulheres morrem a cada semana vítimas de violência doméstica. Estatísticas em outros países mostram níveis igualmente elevados. Pouco mais da metade (54%) das 94 mulheres vítimas de homicídio na Inglaterra e no País de Gales entre 2009/10 foram mortas por seus parceiros, ex-parceiros ou namorados. O abuso de álcool é um fator frequente. Cerca de um terço das mulheres que denunciam violência dizem que esta começou quando ficaram grávidas.

Quando um parceiro ou um casal é chamado na mediação, o caminho a seguir é mesmo de uma encruzilhada com semáforos. Antes de seguir em frente, devemos diminuir a velocidade e verificar se a luz está vermelha, amarela ou verde, se está constante ou intermitente. A mediação pode se verificar inadequada caso a luz vermelha mostre situações como as seguintes:

- Certas categorias de violência doméstica ou abuso (veja abaixo), especialmente onde há riscos de que continuem.
- Questões de segurança e de proteção à criança.
- Intimidação, ameaças, desequilíbrios de poder extremos.
- Doença mental.
- Deficiência mental.
- Uso indevido de drogas.
- Prova de fraude e informações falsas.
- Recusa ou incapacidade de aceitar as regras básicas da mediação.

Embora a violência e abuso domésticos ocorram em todos os níveis da sociedade, as percepções e definições de violência e abusos, muitas vezes diferem. ComportamentoS considerados normais em algumas culturas ou comunidades podem estar dissimulados em outras. Definições e juízos de valor variam entre os que prestam ajuda e aqueles que necessitam de ajuda. Pesquisadores de Bristol descobriram que os profissionais tendem a olhar para as circunstâncias que se enquadram as suas opiniões pessoais e teorias, sem que tenham sido feitas avaliações cuidadosas para se verificar se o que foi dito se encaixa em seus pressupostos (BORKOWSKI, *et al.*, 1983).

O governo britânico define a violência doméstica como: "qualquer incidente de comportamento ameaçador, violência ou abuso (psicológico, físico, sexual, financeiro ou emocional) entre adultos que são ou foram parceiros íntimos ou membros da família, independentemente do sexo ou sexualidade". Abuso e ameaças psicológicas, emocionais e verbais podem ser ainda mais prejudiciais e destrutivas do que a violência física. A maioria dos entrevistados, em uma pesquisa realizada na Austrália sobre o tema de violência doméstica, relatou que o abuso verbal, psicológico e emocional ocorriam diariamente e foram mais devastadores e de longa duração do que os ataques físicos (BAGSHAW, 2001).

Compreender o impacto do comportamento abusivo nas pessoas abusadas e nas crianças que presenciaram ou ouviram por acaso as agressões é um fator chave na avaliação das partes. A pessoa abusada pode sentir tanto medo e humilhação de tal forma que prejudique sua capacidade de avaliar os riscos que continuam a enfrentar. "A violência doméstica é um comportamento que visa assegurar o poder e o controle do agressor, minando a segurança, a autoestima e a autonomia da pessoa abusada" (National Mediação Familiar 1996).

A investigações dos crimes ocorridos no Reino Unido realizada pelo "The British Crime Survey" entre os anos de 2009/2010 constatou que 29% das mulheres e 16% dos homens relataram já ter sofrido violência doméstica ou abuso. Deste grupo (3.4)[3], mulheres que se separaram de seus parceiros (22,3%) são as que mais sofreram violência ou abuso. Quando a mediação do divórcio foi criada nos

---

[3] The British Crime Survey tambem conhecido como Crime Survey of England and Wales eh um centro que investiga os crimes ocorridos no Reino Unido. Tal centro mantem uma vasta base de dados que mede a quantidade e o grau de violencia dos crimes praticados.

Estados Unidos na década de 1980, grupos dos direitos das mulheres e grupos feministas se opuseram veementemente à ideia. As objeções mais fortes foram quanto à obrigatoriedade da mediação, em que mulheres vítimas de violência eram obrigadas a participar da mediação com seu parceiro agressor. Críticos a este tipo de mediação alegaram que a segurança física das partes não poderia ser garantida num encontro face a face com o parceiro violento. Eles também alegaram que vítimas de violência corriam risco maiores, momentos imediatamente após uma reunião de mediação, caso o parceiro violento tenha saído irritado do encontro. Ocorreram grandes debates em torno destas questões, envolvendo diferentes organizações e profissões. Assim, nos Estados Unidos foi promulgada uma lei isentando mulheres vítimas de violência da chamada mediação obrigatória. Apesar de grande parte dos grupos feministas serem contra a mediação em casos onde há violência envolvida, muitas mulheres optam pelo processo da mediação, porque precisam de uma oportunidade para falar com seu parceiro ou ex-parceiro, e a mediação oferece tal espaço de escuta na presença de um terceiro imparcial, competente e confiável (HERRNSTEIN, 1996).

9. CONEXÕES ENTRE A VIOLÊNCIA DOMÉSTICA E O ABUSO DE CRIANÇAS

Em cerca de 40-60% dos casos de violência doméstica, crianças podem ter sofrido algum tipo de abuso físico (HESTER; RADFORD, 1996). Anualmente, 750 mil crianças são chamadas para testemunhar em casos de violência doméstica e, em 90% dos casos, as crianças estavam presentes no momento da violência ou em comodos proximos (MILLS, 2008). As crianças descreveram o terror da violência com frases como: *"Eu costumava me esconder no lugar mais pequenininho do meu quarto"* (COCKETT; TRIPP, 1994, p. 46). O impacto em crianças que testemunharam ou sofreram violência tende a ser devastador. A longo prazo, a violência pode ter efeitos profundamente prejudiciais. Cerca de 37% das crianças que recebem ajuda do seviço social e 60% daquelas cadastradas no serviço de proteção à criança foram vitimas de violência doméstica (CHILDREN IN NEED CENSOS, 2001).

A lei inglesa reconhece que toda criança que presencia ou escuta atos de violência doméstica deve ser protegida. Desta forma, o Ato das crianças de 2002 (CHILDREN ACT, 2002) alterou em seu dispositivo a definição de "dano" à criança, incluindo "ofensa sofrida por ver ou ouvir os maus-tratos causados a outrem". Sempre que houver violência doméstica, questões precisam ser feitas sobre abuso de crianças e quando há abuso de crianças, as perguntas devem ser feitas sobre violência doméstica. Muitas crianças, mesmo após a separação, acabam permanecendo em contato ou vivendo com um progenitor violento. A triagem feita por mediadores para averiguar a existência de violência doméstica e/ou abuso de crianças não substitui investigações sobre o bem-estar da criança. Os mediadores têm um papel importante na exploração de medos, riscos e histórias de violência e abuso. Isto porque eles podem tomar conhecimento durante a mediação de incidentes recentes que não foram comunicados a nenhum orgão competente.

Os mediadores devem avaliar os riscos de violência ou abuso com muito cuidado. A mediação pode ser apropriado em casos de violência e/ou abuso desde que sejam preenchidas certas condições e tomadas medidas adequadas e, se ambas as partes estão dispostas a participar e se todas as preocupações e os riscos potenciais foram previamente avaliados. Como exemplo, podemos citar: encontros de mediação que ocorrem em dias diferentes, sem que qualquer das partes saiba da data e horário da reunião do outro, a possibilidade de proporcionar um fórum de discussões seguro centrado nas crianças de modo que proteja as crianças de forma mais eficaz do que uma longa investigação faria.

10. TRIAGEM DE ABUSO E DE PROTEÇÃO À CRIANÇA – QUESTÕES DOMÉSTICAS

Estudos sobre a mediação e a violência doméstica revelam a importância da triagem neste procedimento. Uma pessoa que se sente ameaçada pode temer que a divulgação da violência possa colocá-la em uma situação de maior risco. A palavra "violenta" deve ser evitada, a menos que seja usada por uma das partes, pois um comportamento visto por alguns como violento pode ser visto por outros como normal. As perguntas iniciais feitas em mediacoes que envolvem violência são perguntas comuns, como por exemplo: "Quando vocês viviam juntos, como as decisões eram tomadas? O que aconteceu?" Os mediadores devem estar atentos ao fazer perguntas abertas, de modo a observar se a linguagem corporal indica ansiedade ou medo. Mediadores precisam mostrar empatia e efetuar perguntas cuidadosamente formuladas. Caso um indivíduo fale abertamente sobre a violência doméstica, o mediador deve perguntar se a polícia ou serviços sociais foram chamados, se houve necessidade de algum tipo de tratamento médico e se existem, ou foram requisitados mandados de segurança, pedidos de assistência ou ordem de proteção pessoal.

Uma forma de triagem pode ser usada para coletar e registrar tais informações. Indivíduos que necessitam de aconselhamento jurídico e ajuda urgente devem ser encaminhados para o serviço adequado. Embora nenhuma medida possa garantir a proteção integral, em alguns casos as vítimas podem requisitar nos tribunais criminais uma ordem de restrição, garantindo assim maior proteção, ja que os tribunais civis não oferecem tal possibilidade. Projetos-piloto dão poderes à polícia para proteger as mulheres, removendo parceiros violentos do domicílio familiar, inicialmente por 48 horas, para dar à mulher a oportunidade de obter aconselhamento e apoio.

O nível de medo precisa ser compreendido e analisado como parte do processo de avaliação. O medo e o risco necessitam de uma avaliação cuidadosa não somente porque possuem graus diferentes, mas também porque, muitas vezes, a pessoa abusada não é susceptível de entender a gravidade de sua experiência e o risco da violência/abuso pode continuar ou até se intensificar. É importante pedir as partes que digam o nível de intensidade do medo que eles estão enfrentando numa escala de 1 a 10. Johnston e Campbell (1993) identificaram cinco categorias de violência doméstica e abuso. A mediação pode ser realizada com grande cautela em algumas dessas categorias e, fortemente contraindicada em outras. Mediadores precisam reconhecer e distinguir as diferentes categorias para avaliar as formas de violência e abuso, o impacto sobre adultos e crianças maltratadas e os níveis de riscos atuais.

A violência associada a reações psicóticas e paranóicas

Numa minoria de casos, a violência é provocada por doença psicótica. Tal violência é imprevisível e provocada por pensamentos desordenados e distorções da realidade. Geralmente, a vítima não está preparada para o ataque. O nível de violência varia entre moderada e grave. Separação desencadeia uma fase aguda de perigo. Tais casos devem ser rastreados na mediação e encaminhados para outros serviços.

Violência interativa usada para provocar reações e ganho de controle

Johnston e Campbell apontam que os casais que têm padrões de comportamento baseado na provocação e troca de insultos verbais, muitas vezes, acabam numa disputa física. Independentemente de quem inicia a provocação, a resposta masculina é, na maioria das vezes, mostrada pelo controle físico. O homem precisa mostrar que ele está no controle. O homem não necessariamente bate na mulher, apenas usa a força necessária para obter sua submissão.

A violência das mulheres contra os homens

A violência feminina está aumentando, especialmente entre mulheres mais jovens. Cerca de um quinto dos casos de violência doméstica envolvem violência das mulheres contra os homens. Quando uma mulher age com o parceiro de modo violento, geralmente, é porque sofreu muitos anos de violência e abuso. Existem também casos de mulheres que explicam que foram levadas a cometer atos de violência contra o parceiro devido a sua passividade ou seus fracassos. As mulheres, geralmente jogam objetos ou batem em seus parceiros, mas raramente usam uma arma de fogo. Existem menos relatos de agressões físicas cometidas por mulheres do que por homens, em grande parte porque os homens têm grande dificuldade em revelar que são vítimas de violência feminina. Um jovem pai chegou ao serviço de informação e avaliação da mediação com o braço engessado. Ele explicou que cuidava sozinho de quatro filhos pequenos e que no dia anterior sua ex-parceira, que havia abandonado a família, voltou e tentou arrancar o bebê de seus braços. Na luta, a mãe fechou a porta do carro no braço do pai, quebrando-o. Vizinhos chamaram a polícia e o Serviço Social, a mãe foi presa. No entanto, o Serviço Social não entrou em contato com o pai, nem visitou as crianças. O pai, então telefona para o Serviço Social e coloca em ação o chamado sistema de proteção à criança.

Este incidente ocorreu num intervalo de dois ou três dias entre o advogado do pai ter requisitado sua presença no serviço de mediação e da sua participação no serviço de informação e avaliação da mediação.

Abuso associado à separação

Uma outra forma de violência encontrada é aquela decorrente da própria separação. Casais que nunca manifestaram comportamentos agressivos um com o outro podem começar a manifestá-la, pela primeira vez, quando um dos parceiros anuncia a intenção de deixar o outro. Johnston e Campbell sugerem que a mediação pode ser útil para os casais que se encaixam nesta categoria, e que não deve ser negada a oportunidade, se ambos aceitarem a mediação. Muitas vezes, tais casais têm dificuldade em admitir a um estranho que uma discussão entre eles se transformou em violência, pois eles se sentem humilhados. Se for este o caso, o mediador deve explicar ao casal que em situações de crise, em que os níveis de estreses estão bastante elevados, muitos perdem o controle da situação. Em seguida, se o casal reconhecer que eles perderam ou têm medo de perder o controle, é importante que mediador pergunte a cada um sobre seus medos, para verificar se houve algum tipo de dano físico, ou se as partes procuraram ajuda médica ou aconselhamento jurídico.

Caso não tenha havido violência física anterior e ambos os parceiros estejam prontos para trabalhar juntos e recuperar o controle da situação, a mediação pode ser apropriada, podendo, inclusive, ajudá-los a recuperar o controle. Se o mediador achar necessário ele marcará reuniões separadamente com cada uma das partes, em dias diferentes para que eles não se encontrem. Acordos para determinar a visita das crianças precisam minimizar os riscos da violência, definindo limites precisos (local e / duração dos encontros) ou, se o casal ainda vive junto, podem ser estabelecidos acordos para que evitem falar (em casa) de assuntos susceptíveis de provocar conflitos. Casais que ainda vivem juntos podem concordar que as questões ainda não resolvidas não devem ser discutidas em casa, mas, sim, levadas à mediação. Salvaguardas para ambos os parceiros precisam ser consideradas. Eles precisam saber que tipo ação legal ou outra medida poderia ser tomada se regras acordadas forem descumpridas.

A necessidade de se tomar precauções

Estudos de caso e estatísticas indicam que a mediação pode ser adequada para os casos em que a violência foi manifestada após a separação do casal, desde que sejam estabelecidas regras de conduta e medidas de proteção, assegurando:

i. Uma explicação completa do processo tenha sido feita, explicando as garantias disponíveis e as regras básicas que serão aplicadas.

ii. Ambos os parceiros tenham concordado em participar de maneira voluntaria, cabendo aos mediadores verificar durante a mediação, algum dos parceiros está participando sob pressão e/ou de medo.

iii. Áreas de espera separadas sejam disponíveis, de modo que nenhum dos parceiros precise esperar na mesma área que o outro, evitando o aumento da tensão entre eles.

iv. Acordos prévios sejam feitos para garantir, em caso de medo por uma das partes, que ambos os parceiros possam chegar e ir embora separadamente.

v. Os mediadores saibam reconhecer a existência de abuso doméstico, possam indicar serviços especializados em violência e solicitar ordens de proteção aos tribunais.

vi. Os mediadores recebam treinamento e continuem a receber formação em triagem para que possam reconhecer os sinais não verbais, responder e encaminhar adequadamente a outras formas de ajuda.

vii. Os serviços de mediação devem proporcionar garantias e condições de trabalho adequadas aos mediadores, não permitindo que trabalhem sozinhos. Deve haver um sistema de chamada de emergência ou botão de pânico.

viii. Caso o endereço e/ou número de telefone de uma das partes foi dado em sigilo, mediadores e serviços de mediação devem proteger tais informações confidenciais com o máximo cuidado.

ix. Caso uma das partes alegue violência por parte do outro, uma condição essencial deverá ser preenchida para que a mediação continue: que o alegado agressor não negue os fatos. As razões e explicações sobre as causas da violência podem ser diferentes, mas os fatos devem ser reconhecidos por ambas as partes.

11. OUTRAS CIRCUNSTÂNCIAS QUE NECESSITAM DE ANÁLISE PARA VERIFICAR SUA ADEQUAÇÃO À MEDIAÇÃO

Outras circunstâncias que necessitam de uma análise cuidadosa de adequação, são casos em que as luzes estão amarelas, em vez de vermelha ou verde, tais situacoes incluem:

- indicações de podem ser necessários aconselhamento, terapia ou outra forma de ajuda;
- desequilíbrios de poder que possam atrapalhar a mediação (ver capítulo 10 sobre os desequilíbrios de poder);
- altos níveis de hostilidade e desconfiança;
- depressão – crônica ou reativa (muitas pessoas passando por separação apresentam algum grau de depressão);
- angústia aguda necessitando de ajuda médica ou terapêutica;
- finanças complexas em que a lei de colaboração pode ser mais apropriada do que a mediação;
- dificuldades linguísticas, analfabetismo, surdez;
- indicações de que uma das partes queira usar a mediação apenas para prolongar o *status quo*, sem motivação alguma para resolver o confllito.

A adequação da mediação nestes casos e circunstâncias igualmente difíceis ou complexos necessitam de mais discussão do que temos espaço aqui para fazê-los. Algumas dificuldades, como por exemplo, falar ou ouvir, podem ser resolvidas com a ajuda de um especialista que acompanhe a pessoa em dificuldade, mas tais situações são complexas e trazem por si só mais complicações. Uma pessoa que é convidada a se juntar à mediação deve ser aceita pela outra parte e deve ter conhecimento do processo de mediação. Casos em que uma ou ambas as partes são surdas pode ser possível com a ajuda de um intérprete para surdos. Deve haver consulta prévia para garantir que ambas as partes se sintam confortáveis com o tipo de mediação porposto. Se o intérprete já conhecia uma das partes, mas não a outra, a imparcialidade do seu trabalho estaria comprometida. Mediadores e participantes precisam ser capazes de confiar na integridade e profissionalismo de um especialista de fora que se junte ao processo de mediação. Isto porque o mediador não poderá verificar com precisão o que esta sendo dito por este especialista. O mesmo se aplica quando um intérprete é usado para traduzir de um idioma para outro. Além da precisão da tradução, pode ser difícil de transmitir ao outro as nuances e os sentimentos de uma língua a outra.

As sessões de pré-mediação são encontros de caráter meramente informativo, que ajudam as partes em conflito a entender que existe a possibilidade de seguir em frente. Caso ambos os parceiros aceitem em participar da mediação, eles precisam entender seus princípios e o funcionamento do processo de mediação. Mesmo que um encontro informativo não leve à mediação, isto não quer dizer que foi um desperdício de tempo, pois os indivíduos que vieram ao encontro estressados e confusos apreciam o fato de serem ouvidos e compreendidos. Eles podem precisar de informações sobre outros serviços que oferecem a ajuda adequada ao caso deles. Em alguns casos, um dos parceiros pode demonstrar interesse pela mediação, enquanto o outro se mostra relutante. Pode acontecer de uma das partes recusar a mediação num primeiro momento e, aceitá-la posteriormente. As reuniões iniciais tem um duplo objetivo: ajudar os indivíduos escolherem a mediação para resolução de seus conflitos e avaliar se a mediação seria adequada às circunstâncias. Depois de assistir a uma pré-mediação, os casais podem se sentir mais confiantes para resolver os conflitos, com ou sem a ajuda do mediador. É comum casais telefonarem após a sessão de mediação para dizer que eles não precisam da ajuda dos mediadores, porque eles já chegaram um acordo.

12. MEDIAÇÃO A PEDIDO DO TRIBUNAL

Na Inglaterra e no País de Gales, "o tribunal deve considerar, em cada fase do processo, se a resolução alternativa de conflitos é apropriada. Caso o tribunal considere que a resolução alternativa de conflitos é adequada, ele poderá ordenar que o processo ou a audiência seja suspensa por um período de tempo específico:

a) para que as partes obtenham informações e aconselhamento sobre a resolução alternativa de litígios e,

b) se as partes concordarem, permitir que a resolução alternativa de litígios seja iniciada."

Quando o tribunal encaminha o caso para a mediação, "as partes terão um tempo limitado para resolver o conflito, devendo avisar o tribunal caso alguma das questões do processo tenha sido resolvidas (Código de Processo do Direito de Família, 2010.3). Esta regra está presente no artigo 13 da Diretiva Europeia de Mediação, de 21 de maio de 2008, que diz " é competência dos tribunais estabelecer prazos para o processo de mediação. Também é faculdade dos tribunais de dispensar as partes do processo civil e encaminhá-las para mediação, sempre que verificado ser o procedimento mais apropriado."

O Programa de Medidas de Proteção a Criança (PMPC)[4] e o Código de Processo do Direito da Família, implementado em 22 de abril de 2014, coloca em vigor às disposições do Ato de Crianças e Famílias de 2014. "O PMPC é projetado para ajudar as famílias sempre que possível a chegar a acordos fora dos tribunais. Se os pais/famílias são incapazes de chegar a um acordo e as partes iniciam uma ação judicial, o PMPC incentiva rápida resolução do diferendo através do tribunal" (PAC, em novembro de 2013, 1.2).

Nunca é tarde demais para considerar a mediação, mesmo em fase de recursal. Num dos casos do tribunal, um juiz declarou que "em seu gabinete ele tem a convicção de que não há nenhum caso, em conflito, que não esteja aberto à mediação bem-sucedida, mesmo se a mesma não tenha sido tentada ou falhou durante o processo de julgamento" (Thorpe LJ al-Khatib x Masry [2005] 1 Relatório de Direito de Familia)[5].

A mediação envolvendo conflitos difíceis é bastante complicada, mas, ainda assim, deve ser considerada, pois, muitas vezes, o cansaço provocado pelas intermináveis brigas judiciais pode acabar motivando as partes a tentarem resolver os conflitos por si proprios.

A mediação pode proporcionar oportunidades para falar e ser ouvido o que não é o caso dos tribunais. Um impasse sobre questões

---

[4] The Child Arrangements Programme (CAP).
[5] (Thorpe LJ al-Khatib v Masry [2005] 1 Family Law Report).

infantis pode estar enraizado em outras questões familiares que precisam ser faladas. A mediação estabelece conexões entre os sentimentos e os problemas que, muitas vezes se confudem. Não podemos dizer que isso seja terapia, embora tais conexões possam ter efeitos terapêuticos. Mediadores experientes oferecem conhecimentos e habilidades interdisciplinares para ajudar a resolver conflitos difíceis envolvendo crianças e/ou questões financeiras e outras questões. Nos casos em que a mediação é considerada adequada, mediar conflitos densos envolvendo crianças necessita de uma avaliação cuidadosa e prazos precisam ser definidos pelo tribunal. Por meio do consentimento de ambas as partes em participar da mediação, o privilégio legal e a confidencialidade podem ser questionados e, se necessário, pode ser substituído pelo tribunal. Acredita-se cada vez mais no aumento do número de encaminhamentos judiciais à mediação e no desenvolvimento de modelos diferentes de mediação.

Um acordo final de divórcio sobre questões financeiras não pode ser renegociado, mas os acordos envolvendo questões sobre crianças podem precisar de alteração à medida que as crianças crescem. As próprias crianças podem ter desejos que precisam ser ouvidos, especialmente à medida que envelhecem. Uma criança pode desejar ter regras acordadas mais flexíveis em casos, por exemplo, em que um dos progenitores se muda para outra área, ou caso queira se mudar de um dos pais para o outro. Segundos casamentos e relacionamentos entre pais e filhos são susceptíveis de romper se as crianças sentem que não estão sendo ouvidas ou se sentem compelidas a aceitar acordos que entrem em conflito com as relações familiares. Os pais podem voltar à mediação para discutir possíveis modificações para ou com os seus filhos, sem que tenham que voltar ao tribunal. Centros para crianças e jovens devem incluir informações sobre a mediação familiar, com um *Helpline* designado a ajudar crianças e jovens a encontrar informações sobre a mediação familiar para transmitir aos seus pais.

As portas para a mediação devem estar abertas para os membros da família em todas as fases do processo, incluindo as fases posteriores ao processo judicial e até mesmo, em fase recursal para facilitar a resolução do conflito, evitando assim, as longas batalhas judiciais. Juízes, advogados, assistentes sociais e mediadores precisam entender e apreciar os papéis e as responsabilidades de cada um e importância em trabalhar de forma colaborativa. O sistema de justiça familiar como um todo deve ser projetado para ajudar os membros da família a resolver disputas e cooperar entre si, além de oferecer diferentes serviços e possibilidades de acesso, necessários à resolução de conflitos.

4
CAPÍTULO

PROJETANDO O PROCESSO DA MEDIAÇÃO

"Seja flexível como o bambu, não rígido como o carvalho."
(Rabino Simeon ben Eleazar)

SUMÁRIO: 1. Projetando o processo da mediação. 2. Configuração e espaço. 3. Questões de gênero. 4. Comediação. 5. Comediação interdisciplinar. 6. Diferentes modelos de comediação. 7. Pré-requisitos para o sucesso da comediação. 8. A sinergia de comediação. 9. Mediação indireta e *caucusing* 10. Mediação envolvendo famílias recompostas. 11. Mediação intergeracional. 12. Mediação envolvendo disputas por herança. 13. Mediação envolvendo casos de proteção à criança. 14. Mediação entre sistemas familiares privados e sistemas públicos de cuidado e proteção. 15. Mediação em casos de adoção e pós-adoção. 16. Mediação envolvendo pessoas com necessidades especiais. 17. Advogados e mediação. 18. Família híbrida/ Mediação civil.

1. PROJETANDO O PROCESSO DA MEDIAÇÃO

O processo de mediação deve ser projetado e moldado com cuidado para que possa atender às necessidades dos participantes. Não devemos impor às partes um modelo padronizado e esperar que elas se encaixam a tal modelo. Em outras palavras, a mediação familiar deve ser feita sob medida, em vez de usar um modelo pré-pronto. Evidentemente, princípios básicos devem ser respeitados, mas devemos criar um espaço para variações criativas. Daniel Barenboim, pianista, regente e co-fundador da orquestra West-Eastern Divan, descreve as variações de um tema musical como um "processo de transformação" (2008, p. 32). Seguindo esta mesma linha de raciocínio, Robinson faz analogias entre a mediação e o jazz descrevendo a mediação como uma "invenção espontânea dentro de um quadro teórico" (2008a, p. 927). No entanto, antes de nos aventurarmos à criatividade, devemos considerar algumas questões básicas tais como: onde será realizada a mediação, se haverá um ou dois mediadores, se a mediação será indireta/*shuttle* ou direta/conjunta e se haverá ou não o *caucusing*. A estrutura de mediação precisa ser flexível para que possa se adaptar aos diferentes tipos de disputa familiar que surgem durante o "ciclo de vida familiar", além de fornecer o escopo e as habilidades necessárias para acomodar diferentes grupos familiares.

2. CONFIGURAÇÃO E ESPAÇO

A configuração e a escolha do espaço da mediação devem ser considerados com cuidado. Participantes precisam de um lugar privado para reuniões, com instalações apropriadas. O ambiente deve ser agradável e acolhedor. Devemos verificar se o local possui instalações apropriadas, áreas de espera, salas de mediação e outras instalações necessárias. O tribunal não é um local adequado para a mediação, nem mesmo para as chamadas pré-mediações, encontros de caráter meramente informativo. Em mediações realizadas por associações, os mediadores são responsáveis pelo ambiente e atmosfera de trabalho que transmitem. Na maioria dos casos, há preferência pela utilização de mesas redondas ou ovais. As cadeiras devem ser colocadas a uma distância confortável uma da outra na mesma linha de visão do mediador, de modo que o mediador possa manter o contato visual com ambos os participantes, sem precisar se contorcer de um lado para outro como um árbitro de uma partida de tênis. Os participantes não devem sentar-se frente a frente, porque isso pode incentivar o confronto. Eles precisam ser capazes de olhar para o outro e para o mediador, sem que estejam sentados muito perto ou em lados opostos.

Um único mediador

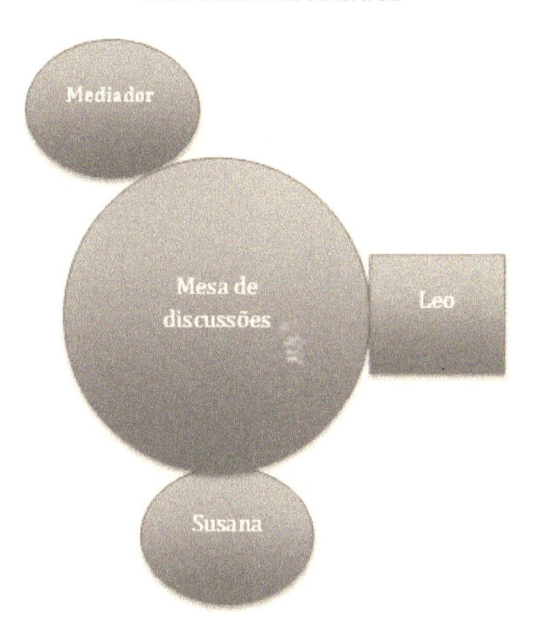

Mediador

Mesa de discussões

Leo

Susana

3. QUESTÕES DE GÊNERO

Quando a mediação é feita com um único mediador, há, inevitavelmente, um desequilíbrio de gênero entre os participantes. Na mediação familiar, as questões de gênero são comparadas a uma corrente elétrica. Mediadores devem tomar bastante cuidado para não fazer suposições assumindo, por exemplo, que as crianças vivem ou deveriam viver com a mãe. Tal suposição destruiria a confiança na imparcialidade do mediador, mesmo porque, as crianças podem estar vivendo com o pai, enquanto a mãe trabalha. As questões de gênero são altamente relevantes para resolver os desequilíbrios de poder na mediação e os mediadores precisam estar cientes disso (capítulos 10 e 12).

Quando uma das partes é do mesmo sexo que o mediador, isto significa necessariamente uma vantagem. Muitas vezes, as partes temem que o mediador seja "seduzido(a)" por seu ex-parceiro(a). O parceiro do mesmo sexo que o mediador pode dizer, por exemplo, "O Ricardo é muito charmoso" ou "Laura é muito persuasiva". Caso um dos participantes revele medo de que o mediador possa ser "seduzido" pelo seu ex-parceiro, o mediador deverá reafirmar a sua imparcialidade e, eventualmente, tentar normalizar a situação com frases como: "Geralmente a relação termina quando a confiança foi quebrada,... por isso eu acredito que pais separados precisam aprender a confiar uns nos outros, principalmente quando há crianças envolvidas. Vocês têm outra escolha a não ser confiar um no outro quando ha crianças envolvidas?". Da mesma forma, caso um dos parceiros suspeite da desonestidade do outro em questões financeiras, o mediador deverá tratar essas suspeitas e avaliar se a mediação é adequada. A necessidade da divulgação financeira completa das partes com documentos de apoio será tratada no Capítulo 9.

4. COMEDIAÇÃO

O velho ditado "duas cabeças pensam melhor que uma" é, particularmente, adequado à mediação. Comediadores que trabalham bem juntos têm maior capacidade para gerir conflitos difíceis e estressantes.

Alguns serviços de mediação oferecem equipe de mediadores masculinos e femininos, mas, em geral, mediadores mulheres predominam. Em comediação, desequilíbrios de gênero são agravados pelo uso de dois mediadores do mesmo sexo. Na prática, dois comediadores do sexo feminino, podem criar a percepção de desequilíbrio por mais profissionais que sejam. A maioria dos mediadores consideram que uma equipe composta apenas por mediadores do sexo masculino é inaceitável em mediação familiar. Qualquer desequilíbrio de 3: 1 na sala de mediação precisa ser tratado com cautela e necessita de verificação constante com os participantes. Se a comediação é oferecida por dois mediadores do mesmo sexo, os mediadores devem obter o consentimento das partes antes de iniciar a mediação. As comediações com um mediador do sexo masculino e outro do sexo feminino oferece vantagens consideráveis no tratamento das questões de gênero e dos desequilíbrios de poder, mas não podemos esquecer que dois mediadores aumentam os custos da mediação e envolvem outras dificuldades práticas.

A comediação pode ser utilizada para diferentes finalidades:

i. prover formação/treinamento – ajudando um mediador inexperiente a aprender com um mediador experiente;
ii. garantir equilíbrio de gênero e/ou cultural – fundamental em algumas situações;
iii. garantir equilíbrio e apoio para controlar grandes desequilíbrios de poder entre os participantes;
iv. necessidade da presença de um profissional especializado na mediação;
v. resolver conflitos e dinâmica difíceis;
vi. maximizar a eficácia da mediação atribuindo funções diferentes para cada um dos mediadores;
vii. proporcionar um espaço favorável para utilizar estratégias mais complexas.

Vantagens da comediação

A comediação oferece muitas vantagens. Geralmente, na mediação, membros de uma mesma família apresentam não somente visões diferentes sobre a ruptura do relacionamento, mas também necessidades conflitantes e uma ampla gama de questões complexas – conjugais, parentais, financeiras e jurídicas. Comediadores são mais aptos a conter as necessidades conflitantes e os sentimentos que aparecem na mediação que um único mediador.

i. Equilíbrio: comediadores podem proporcionar equilíbrio físico e psicológico à mediação. "Provavelmente nos sentimos mais à vontade com dois mediadores, pois com um só mediador, temos a sensação de ter alguém no comando, o que não é o caso quando dois mediadores estão presentes." (frase de um cliente de mediação citada por WALKER, MCCARTHY; TIMMS, 1994, p. 128). Os desequilíbrios de poder são mais facilmente notados na comediação. Comediadores ajudam a manter o equilíbrio emocional, familiar, financeiro e jurídico do divórcio. Um único mediador pode encontrar mais dificuldade para tratar simultaneamente de todas estas diferentes questões. Em termos práticos, um mediador pode se concentrar em trabalhar com os fatos, enquanto o outro mediador se concentra na dinâmica das relações. Comediadores de sexo diferente fornecem o equilíbrio de gênero e um modelo de equilíbrio de poder. Pesquisas mostram que equipes de mediação composta por um homem e uma mulher facilitam acordos mais justos e equilibrados.

ii. Âmbito de perspectivas mais amplas e diferentes pontos de vista: "Foi bastante útil ter duas pessoas presentes, pudemos obter dois pontos de vista ligeiramente diferentes e mais opções de escolha, o que certamente nos ajudou" (WALKER, MCCARTHY; TIMMS, 1994, p. 125). Em todas as mediações, a diversidade cultural precisa ser respeitada e compreendida. Um comediador de outra cultura traz conhecimentos interculturais fundamentais para a mediação. Um único mediador, com experiência em uma única cultura, pode não perceber algumas questões importantes como pressupostos ou estereótipos étnicos.

iii . Dinâmica: um único mediador poderá formular perguntas para cada uma das partes, individualmente, coletando informações de cada um deles e garantindo que tenham oportunidades iguais para responder. Tal dinâmica pode ser descrita como uma dinâmica linear, enquanto comediadores utilizam uma dinâmica circular por meio de mesas-redondas. Comediadores incentivam discussões e debates, sem dar a impressão que uma pessoa das partes está no controle da mediação.

iv. Estilos e habilidades complementares. Comediadores possuem diferentes qualidades pessoais, estilos de trabalho e habilidades. Diferentes personalidades e estilos são apreciados, pois um só mediador pode não ter todas as qualidades e habilidades que os participantes estão procurando.

v. Modelagem: comediadores fornecem modelos de debates construtivos que possibilitam explorar diferentes pontos de vista sobre as questões em conflito. comediadores podem não concordar um como outro o tempo todo, desde que apresentem suas opiniões de forma construtiva. É importante que não discordem diante das partes, que não escolham um dos participantes como aliado ou que não entrem numa discussão que contradiza a opinião do casal (ver regras básicas para co- mediação, abaixo). Quando comediadores debatem suas diferenças através de um diálogo amigável e modelam formas positivas de explorar as divergências, isto ajuda os participantes a entenderem que diferentes pontos de vista que podem ser discutidos de maneira construtiva.

vi. Monitoramento da prática. A presença de mais de um mediador evita descuidos e omissões. A prática de um único mediador não pode ser acompanhada de perto, a menos que um supervisor esteja presente ou que as sessões sejam gravadas em fita de áudio ou vídeo. Um mediador que trabalha sozinho pode acabar desenvolvendo formas inadequadas de trabalho ou perder pontos importantes, sem que ninguém perceba que isso está acontecendo. Comediadores aprendem uns com os outros e fornecem monitoramento informal da prática de cada um. Caso um dos mediadores se sinta desconfortável com o outro mediador ou se preocupe com a sua forma de atuação, tais pontos de discórdia devem ser levantados e explorados entre os dois mediadores e, se necessário, com um grupo de colegas ou um supervisor.

vii. Suporte para mediadores. Comediadores fornecem suporte um para o outro, bem como para os participantes. A mediação é um trabalho estressante, que exige um alto nível de concentração. Há uma grande quantidade de informações para absorver. As questões tratadas nas mediações podem ser intelectualmente complexas e emocionalmente desgastantes A presença de um comediador é ao mesmo tempo solidária e tranquilizadora. Isto porque, responsabilidades podem ser compartilhados e tarefas divididas. Desde que os Comediadores trabalhem confortavelmente juntos como uma equipe, as tensões serão muito menores do que quando trabalham sozinhos.

Desvantagens potenciais da comediação

Custo. A comediação deve ser uma opção disponível, embora possa não ser uma opção viável para todo devido seus custos mais elevados. Em alguns casos, os clientes podem estar dispostos a pagar custos adicionais para ter dois mediadores, pois sabem que custos decorrentes de processos judiciais podem ser maiores. Na Inglaterra e no País de Gales, as partes podem obter assistência judiciária para a comediação, desde que seja justificada no processo. As despesas de viagem e o tempo das sessões também precisam ser considerados, caso os comediadores sejam domiciliados em locais diferentes.

Logística. É mais difícil marcar sessões com comediadores do que com um único mediador. Caso um dos mediadores não esteja se sentindo bem ou esteja atrasado para a sessão, será que o outro mediador pode continuar a mediação sozinho? Cabe lembrar que adiar uma sessão pode gerar um grande impacto na mediação, isto porque remarcar as sessões pode provocar atrasos consideráveis no processo.

Tempo. Informar o tempo de duração das sessões da mediação é fundamental para a comediação, bem como para as pré-consultas. A limitação de tempo também é necessária ao planejamento das sessões, discussões entre mediadores e pareceres. Os relatórios da mediação devem ser examinados por ambos os mediadores e assinado por ambos.

Competição ou confusão. Se ambos os mediadores estão apreensivos para mediar e/ou assumem diferentes direções na mediação, eles podem colocar em risco a mediação. Tais problemas são mais susceptíveis de ocorrer quando os comediadores não tem formação semelhante ou não têm muita experiência prática.

Opiniões divergentes, tomar partido. Há riscos em que comediadores sejam divididos por um casal em conflito, consciente ou inconscientemente. Os participantes, muitas vezes, tentam convencer mediadores a tomar partido por eles. Se os comediadores não perceberem que isto está acontecendo, o conflito do casal pode ser projetado para eles e usado para separá-los. Comediadores que trabalham com opiniões divergentes sobre o caso em questão não conseguirão ajudar as partes.

Dupla pressão. A combinação de dois mediadores experientes e seguros pode ser avassaladora para clientes ansiosos. Mediadores que constantemente reafirmam as declarações feitas pelo outro mediador podem tornar difícil para os participantes de discordarem do ponto de vista dos mediadores. Mediadores bem treinados não devem permitir que isso aconteça.

5. COMEDIAÇÃO INTERDISCIPLINAR

Geralmente, comediadores que possuem diferentes formações profissionais e extensiva experiência prática possuem maior facilidade para tratar de questões inter-relacionadas que envolvam crianças, finanças e bens. Acredita-se que comediadores advogados e comediadores psicólogos se complementam perfeitamente na mediação. Os mediadores da Associação Familiar,[1] fundada em 1988 em Londres, desenvolveram um projeto-piloto interdisciplinar composto de mediadores advogados e psicólogos (PARKINSON, 1989). A Sociedade de Direito[2] (órgão para advogados na Inglaterra e País de Gales) mudou as regras da prática profissional dos advogados permitindo que eles atuem como mediadores.

A comediação interdisciplinar oferece uma ampla gama de conhecimento e experiência que um único mediador não pode proporcionar sozinho. A combinação de um mediador que vem do Direito com um mediador que vem de uma área psicossocial (terapeuta, assistente social, psicólogo) é particularmente útil no tratamento de questões complexas da separação e do divórcio. Isto porque eles são capazes de combinar conhecimentos e habilidades em compreender as emoções e as questões familiares com a experiência para tratar de aspectos legais e financeiros.

É importante salientar que comediadores não devem ficar presos a sua área original de atuação. A formação de mediadores deve agregar conhecimentos e habilidades interdisciplinares e, ser desenvolvida por meio exercícios práticos.

Quando comediadores conseguem tratar das questões familiares utilizando abordagens de diversas áreas, passando de um território profissional a outro, os benefícios da comediação aumentam consideravelmente. Quanto maior a criatividade mais ideias temos e, portanto, mais opções. Ideias novas surgem quando comediadores trazem experiências complementares e diferentes formas de pensar, sejam eles analíticas ou intuitivas. Desta forma, eles despertam no outro nova maneira de pensar e ajudam os casais a elaborar suas próprias ideias.

---

[1] NT: em inglês – Family Mediators Association (FMA).
[2] NT: em inglês – Law Society.

6. DIFERENTES MODELOS DE COMEDIAÇÃO

i. Copilotos: ambos os mediadores podem operar os controles da mediação, e podem, em qualquer fase do vôo (processo) assumir o controle do outro. Juntos, eles fornecem equilíbrio e apoio ao processo, especialmente no que diz respeito à gestão de desequilíbrios de poder. Eles também podem dividir as tarefas e o controle do processo. É preciso que eles tomem cuidado para que não interrompam um ao outro, criando confusão para as partes.

ii. Piloto e Navegador: o piloto opera os controles para que o avião siga o seu curso, mesmo na presença de ventos contrários ou fortes correntes. O navegador estuda o mapa e acompanha a rota. O navegador é capaz de observar marcos particulares ou ver um novo caminho se abrindo. O navegador pode intervir com menos frequência do que o piloto e centrar-se mais na dinâmica do que no conteúdo. O navegador tem mais tempo para observar a linguagem corporal e analisar as questões subjacentes, enquanto o piloto mantém a rota (processo) em curso. Os papéis de piloto/navegador podem se alternar, como ocorre no modelo de co-piloto, embora neste modelo a atribuição das tarefas seja previamente planejada e mais claramente delineada. Por exemplo, se um mediador conduz a discussão enquanto os outros registros de postos-chave ou figuras no quadro branco, o piloto pilota o avião, enquanto o navegador registra a trajetória de voo.

iii. Piloto e Aprendiz: oportunidades para observar, aprender sobre o trabalho e ganhar confiança.

iv. Piloto e Controlador (teste avançado de voo!): Isto pode ser utilizado para a supervisão ou testes de competência. Diferenças de idade e experiência entre comediadores podem precisar ser explicadas aos participantes. O controlador poderá assumir o papel de observador (oferecendo suporte), deixando o piloto voar de forma independente, a menos que haja risco de colisão!

Estratégias e habilidades em co- mediação

Consultoria aberta. Por exemplo, "Você acha que devemos falar primeiro do assunto X, ou Y?" Questões abertas e dirigidas a todos os participantes transformam a mediação numa conversa entre quatro pessoas, em vez do mediador se dirigir a cada um dos participantes individualmente.

Identificar os sinais não verbais e antecipar. Se um dos comediadores não perceber os sinais de desorientação, angústia, frustração ou raiva de um do(s) participante(s) o outro comediador, percebendo tais sinais, poderá agir adequadamente.

Dar informações. Pode ser difícil para um único mediador aconselhar as partes sem o parecer de um especialista, enquanto que um comediador pode dar um aviso: "Você não acha que seria útil discutirmos sobre...." informações pertinentes podem ser fornecidas de forma imparcial, reduzindo a necessidade do vai e volta dos casais entre a mediação e os advogados.

Debates estratégicos. Mediadores de diferentes origens tendem a ter diferentes perspectivas e abordar questões a partir de ângulos diferentes. Debates podem ser usados de forma estratégica para reduzir os desequilíbrios de poder. De modo geral, comediadores se sentem confortáveis em discutir questões polêmicas, eles podem se questionar ou se desafiarem de maneira positiva. A redução da tensão na sala é muitas vezes palpável. Quando participantes sentem que suas necessidades ou opiniões foram ouvidas eles se sentem melhor e mais compreendidos. Divergências construtivas entre comediadores podem ser usadas para modelar a gestão positiva de conflitos e como uma estratégia de impasse (veja o Capítulo 11). É importante que não prejudique o outro mediador ou coloque-o para baixo. O tom deve ser reflexivo e amigável e podendo usar humor, se for o caso.

Usar o humor para reduzir a tensão. Para aliviar a atmosfera, comediadores costumam utilizar o humor para explicar as diferenças em suas abordagens. Desde que haja sensibilidade, respeito e confiança mútuos, observações bem-humoradas entre comediadores podem aliviar as tensões do casal. Na mediação não só o tempo é importante, como também a percepção dos sentimentos de todos presentes na mediação. O humor altera a dinâmica da mediação e, muitas vezes, também encoraja os participantes a usar o humor.

Brainstorming (tempestade de ideias)[3]. Comediadores podem proporcionar diferentes conhecimentos e perspectivas, oferecendo

---

[3] NT: *brainstorming* do inglês: reflexão conjunta, convida todos os participantes a pensarem juntos. Técnica que incentiva a criatividade quando as partes envolvidas no conflito não conseguem pensar numa nova forma de resolver os problemas.

às partes uma grande variedade de estratégias para resolver os impasses.

Elaboração do memorando. Uma ampla gama de habilidades é necessária na preparação do Memorando de Entendimento.[4] A elaboração de um Memorando de Entendimento é uma boa experiência de aprendizagem para mediadores de diferentes formações profissionais.

7. PREREQUISITOS PARA O SUCESSO DA COMEDIAÇÃO

i. Confiar no comediador. Comediadores precisam confiar na integridade e competência do outro e precisam ser capazes de confiar uns nos outros. Uma parceria baseada na confiança e no respeito mútuos fornece um grande suporte no trabalho com casais em meio à tempestade.

ii. Determinar questões práticas e profissionais da mediação, incluindo instalações, modelo a ser utilizado, honorários e responsabilidade profissional. Comediadores precisam ser claras quanto a sua responsabilidade conjunta ou separada e a base sobre a qual os honorários serão cobrados. Eles também precisam considerar os inconvenientes que podem aparecer, que aqui chamamos de "e se?", isto é questões que podem aparecer, tais como: o que um único mediador faria se o outro mediador tiver que cancelar o encontro no último minuto? Os clientes podem ter vindo de outras cidades e podem precisar de mediação com urgência.

iii. Formação em comediação. Idealmente, comediadores deveriam ser treinados juntos, pois assim teriam a oportunidade de desenvolver suas habilidades e de treinar a comediação por meio de exercícios práticos. Caso comediadores não tenham sido treinados juntos, eles devem verificar previamente a compatibilidade de suas abordagens e a documentação teórica utilizada por cada um.

iv. Papéis e tarefas determinadas. Comediadores precisam determinar previamente a atribuição de responsabilidade para as diferentes tarefas ou fases do processo. Os mediadores podem se alternar no papel de liderança nas diferentes fases da mediação. Será que ambos os

---

[4] NT: do inglês – *memorandum of understanding* (MOU).

mediadores devem tomar notas e manter registros duplicados da mediação?

v. Determinar se ambos os mediadores são igualmente responsáveis, ou se um é aprendiz do outro. Um mediador pode ser mais experiente do que o outro. Mediações ocorrem, frequentemente, nas instalações de um dos mediadores e o outro mediador pode ser apenas um mero convidado em território alheio. É importante que os comediadores se sintam à vontade nos papéis determinados. Desequilíbrios de poder entre mediadores poderiam ter um impacto ruim na mediação.

vi. Dê a cada um abertura para participar das discussões. Não é necessário para ambos os mediadores ter igualdade de entrada e inútil se eles sentem a necessidade de competir. Um mediador que ouve e observa tem um papel muito importante, que pode ser explicado às partes como um papel de escuta. No entanto, quando um mediador é líder, é importante fornecer abertura para o outro participar: " Existe alguma coisa que você gostaria de acrescentar ?".... "Vamos passar para.... ? "O que você acha sobre.....? "consulta regular evita o segundo mediador evita que ele se sinta supérfluo ou congelado. O arranjo dos assentos deve permitir que comediadores mantenham o contato visual com o outro.

vii. Compreender os pontos de vista e valores de cada um. Comediadores precisam entender os pontos de vista e valores de cada um, especialmente onde eles diferem. A mediação pode envolver temas polêmicos, como as crianças que visitam um pai travesti. Comediadores precisamtambém ser hábeis na leitura dos sinais transmitidos por cada um. Eles precisam gerenciar suas diferenças de modo que possam usá-las de maneira complementar.

viii. Apoio mútuo. Comediadores podem não concordar com todos os pontos do outro, mas devem apoiar um ao outro e estar prontos para resgatar o outro diante de uma dificuldade. Quando eles não concordam entre si, eles devem ter cuidado para não contradizer ou enfraquecer o outro.

ix. Falam a mesma língua. Mediadores de origens diferentes precisam falar a mesma língua, evitando jargões de seus próprios campos profissionais. Um mediador, às vezes, precisa explicar ao outro mediador o que ele acabou de dizer.

x. Preparação e *debriefing*.[5] Comediadores precisam se preparar para as sessões de mediação e, posteriormente, falar de suas impressões. Isso significa reservar um tempo adicional após cada sessão. Planejamento e *debriefing*, quando compartilhados, podem ajudar a aliviar a tensão dos mediadores. Comediadores precisam dar um ao outro *feedback* (retorno/opinião) positivo, bem como questionar um ao outro, se necessário. Uma vez que uma boa relação de trabalho tem sido construída, a maioria dos comediadores desenvolvem uma compreensão intuitiva que lhes permite trabalhar em conjunto de forma criativa.

xi. Tenha um plano alternativo. A preparação pode ir por água abaixo quando os casais anunciam uma mudança inesperada dos acontecimentos ou mudam a direção da mediação. Comediadores precisam ser capazes de alterar o curso da mediação, quando a situação exige. Conhecer o outro mediador e ser capaz de ler sinais reduz a necessidade de longas discussões.

xii. Um bom senso de humor. É difícil imaginar que a comediação funcione bem se comediadores não tiverem senso de humor, ou se forem incapazes de usar o humor de modo a acalmar a tensão presente.

xiii. Considerar os detalhes práticos. O estabelecimento de regras práticas entre os mediadores serve para facilitar as discussões, maximizar o contato visual e evitar alianças.

xiv. Use um consultor ou supervisor. Discussões de casos com um consultor ou supervisor e continuar a seguir cursos em mediação ajudam a desenvolver outras habilidades e novas ideias.

8. A SINERGIA DA COMEDIAÇÃO

A comediação deve ser um componente essencial da formação de mediação. Ela ajuda a construir confiança e permite que os mediadores consigam identificar o funciona ou não. Mediadores recém-formados se sentem mais seguros quando fazem a comediação com um mediador experiente. Mediadores menos experientes também podem trazer uma nova visão para a mediação incentivar mediadores mais

---

[5] NT: o termo *debriefing* vem do inglês e significa uma avaliação posterior a um evento, reunião etc.

experientes a pensar de forma diferente. Embora a comediação seja, potencialmente, mais cara, ela permite que as questões sejam abordadas de forma mais eficiente, pois comediadores trabalham em conjunto de forma mais flexível.

O processo de mediação pode ser estruturado de diferentes maneiras para se adequar às diferentes necessidades e circunstâncias. Utilizando uma expressão que vem da música, do jazz para ser mais exato, podemos dizer que a comediação permite uma "interação contrapontística",[6] tal interação/mobilidade ajuda os comediadores a manter a dinâmica do processo. Comediadores, que gostam de trabalhar em conjunto, criam uma atmosfera mais leve que ajuda os mediandos a recuperarem a sua própria força e criatividade. A comediação proporciona uma sinergia – combinação de energias e ideias – mantendo o equilíbrio.

A tarefa dos comediadores não é fácil, pois eles precisam conter as forças destrutivas dos diferentes polos que estão presentes dentro do espaço (emocional, psicológico e físico) da mediação, enquanto possíveis mudanças são exploradas e negociadas. Na mediação, o equilíbrio deve ser mantido entre a estabilidade – homeostase – e a mudança – morfogênese. Há muitas pressões na mediação que ameaçam esse equilíbrio. As tensões sobre um único mediador pode ser muito grande. Mediadores precisam repor suas energias, quando se sentem drenados. Comediadores têm maiores recursos para o controlar o *stress*, eles podem se apoiar mutuamente, descarregar as tensões juntos e estimular novas ideias. Juntos, eles oferecem muitos benefícios aos mediandos e uma fonte inestimável de recursos.

9. MEDIAÇÃO INDIRETA E *CAUCUSING*[7]

Embora o objetivo da mediação seja incentivar a comunicação direta e a negociação, reuniões face a face podem inflamar os conflitos

---

[6] NT: O contraponto, na música, é uma técnica usada na composição em que duas ou mais vozes melódicas são compostas, levando em conta, simultaneamente, o perfil melódico de cada uma delas, e a qualidade intervalar e harmônica gerada pela sobreposição de duas ou mais melodias.

[7] NT: Caucusing do inglês *cáucus*, grupo de pessoas dentro de uma organização que compartilham objetivos similares e interesses ou que têm muita influência. Em mediação "caucusing" significa reunião privada.

entre casais. A mediação indireta (também conhecida como *shuttle*)[8] e o *caucusing*, possibilitam que os problemas sejam analisados com mais calma. Na mediação indireta e no *caucusing*, o mediador se reúne separadamente com cada uma das partes. A mediação indireta é comumente usada em mediação civil e comercial. Depois da reunião de apresentação, as partes e seus advogados podem ser colocados em salas separadas, enquanto o mediador "se transporta" entre eles, transmitindo esclarecimentos, propostas ou contrapropostas.

A mediação indireta é raramente usada na mediação familiar, porque o objetivo desta é facilitar a comunicação direta entre os membros da família. Pais separados precisam ser capazes de falar diretamente um com o outro sobre os seus filhos após o término da mediação. Se eles são vistos separadamente, eles não ouvirem o que o outro tem a dizer, a comunicação se tornara cada vez mais difícil. No entanto, casos que envolvem violência doméstica ou outra forma de abuso, a mediação indireta pode ser um modelo ideal. Em situações em que seria perigoso para os ex-parceiros e se encontrarem cara a cara, ou quando um deles se recusa a fazê-lo, a mediação de indireta fornece um meio de se negociar questões práticas como a divisão de bens ou a responsabilidade por dívidas conjuntas. Em casos em que a violência doméstica envolve risco ou medo, a mediação indireta pode ser a única opção possível. A frequência de reuniões conjuntas pode ser negociada posteriormente, caso o risco ou medo de encontrar o ex-parceiro seja superado e ambas as partes estejam dispostas a se encontrar cara a cara.

Caucusing difere da mediação indireta, pois combina curtas reuniões separadas com reuniões conjuntas. A palavra cáucus é derivada da palavra indiana *Algonquian* (líder tribal), sendo sua transcrição original derivada da língua de Algonquian – *cawcawwassoughes* – significando discussões intermináveis e repetitivas! *O caucusing* pode

---

[8] NT: *shuttle* do inglês, segundo a autora, o significado de shuttle na mediação corresponde ao movimento dos fios de uma máquina de tecelagem que se movem para trás e para a frente, em outras palavras seria o movimento de "vai e vem", exatamente como faz o mediador neste tipo de mediação (ele vai falar com uma das partes e volta, depois vai falar com a outra parte e volta e, assim sucessivamente) A mediação shuttle ou mediação indireta ocorre quando ambas as partes se dirigem para uma sessão de mediação, mas são vistas separadamente pelo mediador.

ser estruturado de várias formas. Se um dos participantes for muito emotivo, mas não tiver preocupações com violência doméstica ou abuso, o mediador poderá sugerir que a primeira reunião da mediação inclua uma breve discussão com cada parceiro, separadamente, para verificar se eles são capazes de gerir uma reunião conjunta no tempo restante que sobrou da sessão. Um breve cáucus inicial pode reduzir níveis elevados de tensão e fornecer garantias para cada participante sobre o humor do outro e sua disposição para discutir assuntos calmamente e de forma construtiva. Isto possibilita a construção de uma ponte mais sólida para ambos os participantes para enfrentar o encontro cara a cara. Alternativamente, uma reunião de mediação pode começar com uma reunião conjunta, seguida por um curto cáucus com cada parceiro individualmente e, em seguida, o retorno à reunião conjunta. Geralmente, participantes se sentem mais livres para revelar seus medos subjacentes ou a apresentar uma determinada proposta provisória, quando a outra parte não está presente. O mediador pode apoiar cada um deles individualmente e dar o encorajamento que necessitam, mas ele deve ter cuidado para não dar qualquer impressão de que tomou o partido por uma das partes.

Caucusing é muito útil como estratégia de recuo, e não como modelo de escolha. Se a mediação está à beira do fim, ao se propor um curto cáucus podemos permitir que os ânimos se acalmem, impedindo os participantes de irem embora. *Caucusing* deve ser usado com cuidado, geralmente leva mais tempo, mas permite que mais mediações sejam "realizadas". Alguns mediadores são contra o *caucusing*, em princípio, argumentando que tais reuniões privadas interfeririam diretamente com a transparência do processo de mediação, podendo diminuir a importância do papel do mediador. Outros mediadores argumentam que isto não foi confirmado na prática. Seja qual for o modelo utilizado mediação indireta ou *caucusing*, a confidencialidade precisa ser esclarecida com cuidado com cada um dos participantes.

Confidencialidade na mediação indireta e *caucusing*

Na mediação civil/comercial, o conteúdo das reuniões separadas é confidencial, assim o mediador poderá apenas transmitir as informações autorizadas de uma das partes à outra. Um mediador civil/comercial poderá saber, a título confidencial, os termos que cada uma das partes estariam dispostas a negociar.

O mediador usa esse conhecimento para barganhar, negociar e impulsionar a mediação, sem revelar as posições de um ao outro. Nos casos "híbridos", como disputas de herança que abrangem questões familiares e jurisdições civis, costuma-se também guardar informações confidenciais. Na mediação familiar, o mediador geralmente estabelece, no início da mediação, a regra do "sem segredos", para evitar problemas como: manter informações confidenciais de uma parte ou divulgar aquilo que as partes acreditavam ter dito em segredo. Um mediador familiar não pode continuar a mediar, mantendo confidências como: "Não diga a Jim que eu vou levar as crianças embora" Um mediador familiar deve deixar claro que nenhuma informação fornecida por qualquer uma das partes em uma reunião cáucus, ou na mediação como um todo, deve ser escondida do outro. Os participantes devem aceitar que o mediador compartilhe o conteúdo das discussões separadas com ambas as partes. Isso não significa que o mediador vai repetir cada palavra que foi dita durante um cáucus, exatamente como foi dito. O *feedback* do mediador é dado a ambos os participantes conjuntamente e, cada um deles é convidado a dar sua opinião sobre este retorno a partir da sua perspectiva. A opinião das partes serve para evitar um *feedback* judicioso ou enviesado feito pelo mediador.

Considerando a possibilidade de cáucus

Antes de oferecer a mediação indireta ou *caucusing*, é importante considerar os possíveis benefícios e desvantagens deste modelo. Como a mediação indireta poderá afetar cada um dos participantes e processo? Será que vai ajudá-los a se sentir mais seguros? Será que este tipo de mediação não vai afastá-los ainda mais, enquanto o mediador assume um papel de conselheiro?

Cabe ressaltar que uma das partes pode sentir que foi deixada de fora no momento em que a outra está com o mediador. Isto poderá levar a suspeitas e fantasias sobre o que uma parte disse na ausência da outra. Se o mediador dá informações erradas, por engano, a outra parte não estará presente para corrigir o erro. *Caucusing* pode ser útil como uma estratégia de gestão de crise, quando um dos parceiros está bastante abalado emocionalmente ou quando a discussão está tão intensa que um dos participante está prestes a ir embora da sala. Geralmente, uma tempestade pode ser antecipada e acalmada, se possível.

Oferecer um curto período de tempo, individualmente, com cada participante só sera útil se o casal já não puder permanecer na mesma sala juntos. Isto pode ajudar uma pessoa muito angustiada a se acalmar para que a mediação possa prosseguir. Esta abordagem é mais fácil em comediação, porque um mediador pode passar um curto período de tempo com um parceiro, enquanto o comediador fala com o outro parceiro. Antes de iniciar o *caucusing*, as regras básicas de imparcialidade e de comunicação aberta devem ser esclarecidas e aceitas por ambas as partes. Questões de gênero também podem surgir, por exemplo, quando se determina, preferencialmente, que o mediador masculino se encontre com o parceiro masculino e que o mediador do sexo feminino se encontre com o parceiro do sexo feminino, ou o inverso, caso queiram evitar a formação de alianças de gênero.

Após o *caucusing*, muitas vezes, uma reunião conjunta com os dois participantes pode ser retomada quase que imediatamente. Comediadores podem resumir os pontos principais e as propostas de cada um dos participantes e encorajá-los a discutir o que foi dito. Um curto cáucus pode possibilitar que a mediação continue de forma menos conflituosa e com um foco melhor definido.

Haynes (1993, p. 38) apresenta as mesmas razões para *caucusing* que as mencionadas acima, sugerindo que ela deva ser usada quando: "o nível de hostilidade é tão alto que impede discussões racionais", ou "as queixas de uma das partes são tão frequentes que impedem o progresso das negociações". O *caucusing* é diferente do modelo padrão de mediação familiar e deve ser analisado cuidadosamente, considerando as potenciais vantagens e as desvantagens.

Vantagens

- Favorece a continuação da mediação em casos de conflitos intensos ou outras circunstâncias difíceis.
- Ajuda a controlar os desequilíbrios extremos de poder ou emoções muito voláteis.
- Dá maior flexibilidade e escolha – ajuda os participantes a se sentirem reconhecidos.

- Proporciona maior segurança e proteção em casos de violência doméstica.
- Constrói a confiança no mediador – favorecendo o relacionamento com as pessoas muito nervosas.
- Este modelo pode vir a ser necessário quando os participantes estão emocionalmente muito abalados.
- Evita ou reduz confrontos destrutivos e prejudiciais.
- Acalma situações inflamadas – dá oportunidades para reconhecimento, tranquilizando e reorientando as partes.
- Ajuda a evitar que umas das partes va embora ou que termine a mediação.
- Ajuda a eliminar a culpa, as acusações, linguagens corporais agressivas etc.
- Ajuda o mediador a perceber as posições das partes e suas necessidades.
- Permite ao mediador explorar áreas sensíveis, como um desejo subjacente de reconciliação do casal e também testar hipóteses.
- Dá ao parceiro a possibilidade de se acalmar e refletir enquanto espera a sua vez (ao menos que haja *caucusing* simultânea por comediadores)
- O teste da realidade – levanta dúvidas – explora blocos para possíveis acordos
- Aumenta o controle mediador no processo (embora isso possa trazer desvantagens)[9]
- Evita a perda de tempo por meio de interrupções, mudanças de assunto, etc.
- Ajuda a manter o foco no futuro, propiciando forma positivas de se pensar no futuro e chegar a um acordo. Supera impasses – explorando possibilidades de compromisso
- Facilita casos de necessidades especiais – doença, invalidez, necessidade de um intérprete. A distância geográfica – a liga-

---

[9] NT: veja em desvantagens.

ção com outros serviços de mediação pode ser necessária em casos transfronteiriços

Desvantagens potenciais

- Risco do mediador perder imparcialidade ou tomar partido.
- Os participantes podem perder a confiança no mediador e, este se tornar suspeito. Dúvidas sobre o que está sendo dito "nas costas do outro" – sentimentos de abandono daquele que ficou de fora da reunião.
- Dificuldades em levar mensagens negativas para as partes ('isso acaba com o mensageiro').
- Necessidade de recursos adicionais – duas salas são necessárias – podendo levar mais tempo. Geralmente, leva mais tempo, podendo se tornar mais estressante e demandar muito mais trabalho do mediador.
- Pode haver problemas de confidencialidade. Quando uma das partes se reúne sozinha com o mediador, que garantia ela tem que ele não vai divulgar para o outro parceiro o que eles conversaram? Quem seleciona a informação que será transmitida? – há risco de distorção, imprecisão etc.
- Dá o mediador grande influência – podendo enfraquecer os participantes. Quem decide quem é visto primeiro? Desvantagens para o segundo parceiro, pois ele não tem a mesma oportunidade de colocar a sua posição ou propostas em primeiro lugar.
- O mediador pode ser direto e manipulador – as partes não podem controlar o mediador.
- Permite que casais evitem a comunicação direta. Permite que os casais optem em sair e deixar o mediador fazer o seu trabalho.
- Pode prolongar a mediação sem sucesso. Se o cliente que está profundamente abalado é visto sozinho, a mediação pode se transformar num aconselhamento ou terapia, os limites são bastante tênues. A inclusão de um terceiro partido em um cáucus, como um avô ou novo parceiro, poderia causar problemas de desequilíbrio e confidencialidade.

O *caucusing* permite que casais, cujos conflitos são intensos possam chegar a acordos práticos sem mudar suas relações ou seus pontos de vista. A mediação indireta e o *caucusing* podem funcionar muito bem em caso de conflitos insustentáveis. Podendo ainda possibilitar que disposições sejam feitas para as crianças e que sejam acordadas regras básicas para a comunicação entre os pais, evitando que as chamas do conflito se reacendam.

Caucusing e a mediação indireta por telefone ou *e-mails*

O telefone pode ajudar ou prejudicar a mediação. Mediar por telefone é, em teoria, menos satisfatório do que encontros cara a cara: devido às dificuldades em compartilhar as informações entre participantes que não se falam diretamente um com o outro. Em casos em que o *Skype* não está disponível e a distância ou deficiência impedem encontros cara a cara, o telefone pode ser o único meio de comunicação. Como exemplo, podemos citar o caso de Clarice e Mike, que ficaram casados por 30 anos. Até nove meses antes da separação do casal, eles viveram juntos na casa de Mike. O filho deles, John (25), sofria da síndrome de Asperger e, portanto, era dependente de seus pais. Clarice era portadora de uma deficiência física e a propriedade em que ela e John estavam vivendo no momento tinha sido equipada para suas necessidades. Clarice e Mike não estavam mais se falando, embora dividiam o apoio ao filho, John. Ambos queriam usar a mediação para resolver uma série de questões. O ponto comum entre eles era a preocupação para proteger os interesses de John. A mediação se procedeu por meio de:

1. Discussão telefônica inicial com Clarice.
2. Discussão telefônica inicial com Mike.
3. Uma reunião de mediação na casa de Clarice, com Mike disponível no telefone, seguido por uma reunião com Mike, com Clarice no telefone. Em seguida, uma discussão por telefone com os dois na linha e, finalmente, reuniões com Mike e Clarice, separadamente, elaboração do acordo de mediação. O uso de *e-mails* em mediação familiar levanta questões que necessitam de uma análise mais aprofundada. Possibilidades de mediação *on-line* são discutidas no Capítulo 14.

10. MEDIAÇÃO ENVOLVENDO FAMÍLIAS RECOMPOSTAS

"Minha família é meu irmão, meu padrasto, meu meio-irmão, minha mãe e meu pai e a noiva do meu pai. Eu tenho duas casas. Meu pai, meu irmão e eu vivemos aqui e minha mãe e os outros a 15 milhas daqui" (Sally, de 12 anos, citada por Neale e Wade, 2000, p. 7).

A maioria das mediações familiares envolvem duas partes – principalmente casais que estão se separando ou casais já separados. No entanto, muitos pais separados têm novos parceiros e muitos novos parceiros, padrastos e avós fornecem apoio prático e emocional no cuidado das crianças. O papel e a cooperação de outros membros da família podem ser cruciais, se acordado por ambas as partes. Muitas vezes, quando os principais membros da família se sentem excluídos das decisões tomadas na mediação, eles tendem a sabotar os acordos. No entanto, se um novo parceiro ou avô está envolvido de um lado, mas não do outro, trazendo um terceiro para a mediação, o desequilíbrio que poderá causar no processo é inaceitável. Em alguns casos, ambos os progenitores estão vivendo com novos parceiros. Será que o quarteto deve ser evitado a todo custo? Não, se planejado cuidadosamente com todos os envolvidos, a mediação a quatro poderá ser bastante útil em algumas circunstâncias. Em algumas circunstâncias, mediações do tipo "vai e vem" ou *caucusing* pode ser mais apropriada. Uma avaliação cuidadosa é necessária para considerar a inclusão de outros membros adultos da família (para a mediação incluindo crianças ver Capítulo 8) e sua real ou potencial influência, tanto dentro como fora da mediação. Os mediadores devem avaliar os possíveis benefícios e os riscos em envolvê-los diretamente. Diferentes formas de estruturação de reuniões precisam ser exploradas e pré-acordadas, antes de envolver outros membros da família para, então, adaptar o modelo de mediação. Costuma-se dizer que comediadores são necessários em mediações com um grande grupo familiar. Em disputas envolvendo padrastos, a mediação pode ajudar os envolvidos a entender as opções disponíveis – tais como guarda compartilhada, adoção pelo padrasto/madrasta ou outra forma de acordo – para que eles possam considerar as necessidades da criança e as consequências de cada opção. Acordos negociados fornecem uma base melhor para que os casais possam trabalhar futuras responsabilidades parentais. Tais acordos tendem a funcionar melhor na prática do que aqueles impostos por uma sentença judicial. Os acordos que definem as responsabilidades parentais podem considerar uma consulta extra para poder explicar às crianças o que foi decidido.

11. MEDIAÇÃO INTERGERACIONAL

Decisões consensuais são muitas vezes necessárias em relação ao cuidado dos idosos. O aconselhamento médico pode ser necessário para avaliar a capacidade mental da pessoa idosa, bem como o seu funcionamento e sua capacidade de representar seus próprios interesses em qualquer negociação. Quando casais decidem tomar conta de um dos seus pais idosos, muitas questões aparecem. Mediadores podem ajudar os familiares a considerar as opções disponíveis, facilitando discussões familiares e a tomada de decisão.

Quando os pais idosos não são capazes de responder por si próprios, a mediação pode ajudar os filhos adultos a negociar por eles, chegando a um acordo sobre os cuidados, a propriedade e a gestão dos ativos. Como exemplo, podemos citar uma mediação que envolveu um casal de idosos que vivia em diferentes residências. Ambos não tinham capacidade física ou mental para tomar suas próprias decisões. O marido tinha sido casado anteriormente e a esposa teve dois casamentos anteriores. A filha do primeiro casamento do marido e a filha do segundo casamento da mãe participaram da mediação como representantes legalmente constituídas de seus pais. Elas chegaram a um acordo sobre a venda da antiga casa matrimonial de seus pais e sobre os fatores que afetavam a venda. Este acordo permitiu que os custos dos cuidados residenciais de seus pais fossem cobertos de forma mais confortável. Elas também fizeram acordos sobre algumas disputas menores que envolviam os bens da família.

Mediadores na Espanha e em algumas regiões da Itália (como a cidade de Ragusa, na Sicília) usam a mediação intergeracional em disputas envolvendo o cuidado de familiares idosos, caso necessário, idosos são incluídos nas discussões com seus filhos adultos. As mediações intergeracionais são realizadas por assistentes sociais que foram treinados como mediadores. Questões sobre como mediadores conseguem manter a autoridade na mediação ao mesmo tempo em que detêm a responsabilidade perante um serviço público são explicadas em outros capítulos (1, 10 e 13). Assistentes sociais que trabalham para um serviço público podem ser acusados de fazer recomendações e tomar decisões pelas quais são responsáveis perante o seu empregador. A mediação neste contexto não pode ser legalmente privilegiada. Pode haver conflitos de interesse e responsabilidade entre o dever do mediador para os membros da família que participa da mediação e os deveres legais de assistente social, que incluem o cuidado e a proteção dos indivíduos e da sociedade como um todo.

Mediação intergeracional também pode ser usada para resolver disputas entre adolescentes e seus pais, como por exemplo, em casos em que um adolescente foge de casa (ver também os Capítulos 8, s.14. A mediação entre pais e filhos). A mediação familiar pode ser usada para resolver conflitos em diferentes domínios, ajudando membros de uma família a chegar a acordos sobre questões diversas, tais como: cuidado de idosos, cuidado de crianças, apoio a adoção e pós-adoção, pessoas com deficiência e disputas de herança.

12. MEDIAÇÃO ENVOLVENDO DISPUTAS POR HERANÇA

Disputas envolvendo os termos do testamento (ou, na ausência de um testamento), por exemplo, entre a família e a concubina do falecido, ou entre filhos adultos, podem ser alimentadas por sentimentos semelhantes aos vividos na separação e divórcio – amargura, tristeza, rejeição, perda, raiva e ressentimento. A mediação dá oportunidades para que as emoções em torno da negociação dos termos de um testamento sejam expressadas e reconhecidas, enquanto que sentimentos dolorosos poderiam ser intensificados em processos judiciais. Processos judiciais em disputas entre herdeiros possuem um risco elevado de aumentar os conflitos devido aos custos legais do processo, podendo culminar na quebra permanente das relações entre irmãos.

Um mediador treinado tanto para mediação familiar quanto mediação civil / comercial está preparado para lidar com as intensas emoções das disputas de herança, assim como questões financeiras que também podem surgir. Tal modelo precisa ser desenvolvido para ajudar os membros da família a resolver uma ampla gama de assuntos financeiros e de propriedade, em conjunto com questões conexas a respeito dos filhos.

13. MEDIAÇÃO ENVOLVENDO CASOS DE PROTEÇÃO À CRIANÇA

Casos de proteção à criança são geralmente inadequados para a mediação, por causa dos riscos potenciais ou reais para as crianças e, também devido às questões de autoridade e responsabilidade acima mencionadas. O papel do mediador não é compatível com o papel de assistente social, pois ele corre o risco de ter que exercer, em paralelo, responsabilidades legais que incluem o dever de preparar relatórios para o tribunal. Advogados e assistentes sociais envolvidos em casos de acolhimento de crianças e adolescentes não podem agir como mediadores, se eles têm o dever legal de levar uma criança ou jovem para o estabelecimento adequado e preparar relatórios para uma entidade pública e / ou ao tribunal. No trabalho de proteção à criança, habilidades em mediação são necessárias, podendo ser utilizadas, sem que o processo seja chamado de "mediação". Entre as habilidades necessárias podemos incluir:

- envolver com algumas ou todas as partes
- esclarecer questões
- compreender os diferentes prioridades e pontos de vista
- facilitar o diálogo e as negociações
- explorar opções e objetivos
- elaborar acordos escritos.

Casos de acolhimento de crianças e adolescentes podem terminar com o retorno da criança ou do jovem para a casa de um dos pais ou para a casa de outros membros da família. Assim, reconstruir as relações é, muitas vezes, uma prioridade. Os encontros com a família pelo mediador são uma forma altamente eficaz de garantir o retorno seguro de uma criança. A mediação nestes casos mostrou bons resultados tanto para membros da família quanto para assistentes sociais. Em alguns casos, um mediador independente pode ajudar a família e o assistente social que cuida do caso a cooperar uns com os outros. O mediador não tem poder para decidir ou influenciar o resultado.

Em casos de acolhimento de crianças, a mediação pode ser requisitada pela família quando o assistente social envolvidos, no caso é considerado imparcial pelos pais ou outros familiares. Os esforços dos assistentes sociais em construir uma relação de cooperação com as famílias não são fáceis, pois estes são vistos como agentes de controle social e as famílias acabam resistindo à sua intervenção. Os relatórios dos assistentes sociais podem apresentar críticas aos pais, por isso são veementemente contestado por eles. É muito difícil para os assistentes sociais usar a autoridade para proteger a criança e, ao mesmo tempo, formar uma relação de apoio e cooperação com os pais da criança. A principal preocupação deve ser a proteção e o bem-estar da criança. Após a segurança da criança ter sido garantida, o encaminhamento para a mediação pode ser considerada uma opção caso os pais concordem que o resultado desta poderá ser reportado para o assistente social que cuida do caso. Quando os membros da família estão em conflito com o sistema de proteção à criança, um mediador poderá ajudar os pais a se concentrar no melhor interesse de seus filhos. Os membros da família e assistentes sociais podem, portanto, facilitar a tomada de decisões (de comum acordo), garantindo o melhor interesse da criança. Os assistentes sociais não precisam, necessariamente, participar diretamente da mediação. Assim, o Acordo de Mediar pode precisar ser modificado para permitir que o resultado da mediação seja encaminhado aos assistentes sociais e, se necessário, ao tribunal. Os mediadores também podem precisar de algumas informações básicas dos assistentes sociais, a fim de realizar a mediação com todas as informações, com foco, proteção à criança. Como exemplo, podemos citar o caso dos pais adotivos que vieram à mediação com a filha adotiva de 18 anos, Carla, que tinha se mudado para o seu próprio apartamento a poucas ruas de distância da residência dos pais. Carla tinha uma filha de 3 anos, Molly, que continuou a viver com os pais adotivos. Carla tinha uma relação próxima e de confiança com seus pais adotivos. Na mediação, Carla e seus pais adotivos concluíram que a residência de Molly deveria permanecer com seus avós e que Carla iria visitá-la todos os dias, ou sempre que ela quisesse. Os serviços sociais apoiaram este acordo.

14. MEDIAÇÃO ENTRE SISTEMAS FAMILIARES PRIVADOS E SISTEMAS PÚBLICOS DE CUIDADO E PROTEÇÃO

Como sugerido no Capítulo 2 (s. 5), a teoria ecossistêmica conceitua a mediação como sendo um processo complexo, um sistema de gestão de conflitos e resolução de disputas entre os participantes, de forma direta ou indireta, seja ela privada (tomada de decisão pela família) ou pública (proteção à criança).

Mediadores trabalham na interface desses sistemas, auxiliando sistemas familiares privados a funcionar de modo eficaz, evitando o envolvimento desnecessário dos sistemas públicos. Desequilíbrios de poder entre familiares e autoridades públicas não ocorrem, necessariamente, em todos os casos. Evidentemente, tais desequilíbrios de poder precisam ser levados em conta.

Mediar questões predefinidas pode ser bastante útil e, mediadores podem usar uma série de intervenções para ajudar a capacitar as famílias e a promover o bem-estar das crianças (BARSKY, 1997). Utilizar o processo de mediação para discutir uma ordem de cuidado, por exemplo, pode fazer com que a criança que está em um orfanato ou casas de apoio seja devolvida para um dos progenitores ou outro membro da família. Relações de apoio entre cuidadores e pais podem ser incentivadas. Como exemplo, podemos citar o caso de uma criança de um ano de idade que foi encontrada ferida de maneira não acidental por seu pai, embora os fatos tenham sido negados tanto pelo pai quanto pela mãe. No caso em questão, a mediação foi usada para reconstruir o relacionamento e os laços afetivos entre os avós maternos (que se tornaram os guardiães e cuidadores dela), os pais (que estavam separados) e a avó paterna, lembrando que os membros desta família já haviam competido entre si para "ganhar" a criança.

15. MEDIAÇÃO ENVOLVENDO CASOS DE ADOÇÃO E PÓS-ADOÇÃO

A mediação pode ajudar a resolver questões sobre o contato entre uma criança adotada e os pais biológicos. Talvez não seja possível trazer pais biológicos e adotivos juntos para encontros cara a cara, pois diferentemente dos casos de pais separados, estes são estranhos que nunca tiveram contato e eles podem se sentir muito vulneráveis e abalados. A mediação indireta pode ser usada para explorar o contato pós-adoção de uma criança com os pais biológicos e a trabalhar detalhes práticos. Como a "adoção aberta" se torna cada vez mais comum, a mediação poderá ser usada para facilitar a comunicação entre pais biológicos e pais adotivos e entre a criança e os dois grupos de pais. Se as partes concordarem, um acordo por escrito poderá ser fornecido a todos os interessados, inclusive a criança, e homologado pelo tribunal, se necessário. O acordo deverá conter disposições que permitam que os acordos possam ser modificados, caso as circunstâncias mudem ou no caso de a criança ficar mais velha e decidir diferentemente. Esta é uma área para "trabalhar em parceria": muitas organizações de adoção contam com serviços de mediação para facilitar o apoio às famílias pós-adoção.

16. MEDIAÇÃO ENVOLVENDO PESSOAS COM NECESSIDADES ESPECIAIS

Uma utilização polêmica da mediação diz respeito a queixas de discriminação contra as pessoas com deficiências físicas e mentais. Grupos de defesa de pessoas com necessidades especiais, temendo que as batalhas judiciais pudessem ser perdidas se as pessoas com deficiência não fossem representadas adequadamente, recorreram ao uso da mediação.

Uma das preocupações com a mediação envolvendo pessoas com certos tipos de deficiência é a sua capacidade de se comunicar e negociar. Como Maida (1997) apontou, o problema deste tipo de mediação é assegurar a participação das partes e garantir o equilíbrio de poder.

A comunicação eficaz na mediação é garantida pela adequada capacidade mental dos participantes, bem como por técnicas que permitem que todos participem. Muitas pessoas questionam a utilização da mediação quando uma(s) da(s) partes não possui capacidade mental completa ou possui capacidade limitada. Os mediadores têm a obrigação de garantir que os indivíduos sejam capazes de participar plenamente e que seus interesses sejam adequadamente representados. Há uma série de estratégias que podem ser utilizadas para garantir a harmonia da mediação e os desequilíbrios de poder sejam eles potenciais ou reais. Um parecer médico pode ser necessário para verificar a adequação da mediação. Se a mediação é considerada adequada, talvez seja imprescindível para a pessoa com deficiência de vir acompanhada de alguém que lhe ofereça apoio físico e emocional no processo da mediação. O papel dos acompanhantes precisa ser analisado cuidadosamente, pois eles falam em nome da pessoa com deficiência. A teoria dos sistemas fornece um quadro para que os mediadores possam entender o emaranhado de fatos, percepções, comunicações e sentimentos que precisam ser desemaranhados para ajudar os membros da família a chegar a decisões consensuais.

17. ADVOGADOS E MEDIAÇÃO

Brown e Marriott (2011) dedicam um capítulo inteiro de seu livro para explicar o papel dos advogados que assessoram e auxiliam os clientes em diferentes formas de ADR.[10] Muitos advogados se opõem à mediação, pois acreditam que os mediadores acabam "roubando seus clientes", mesmo se mediadores são uma fonte de referência para os advogados. A maioria das pessoas que vêm para a mediação não procuraram conselho legal anteriormente. Cabe salientar que mediadores, geralmente, incentivam seus clientes a buscarem aconselhamento jurídico durante o processo de mediação. Os papéis de advogados e mediadores são diferentes e complementares. Embora a mediação reduza litígios, ela não exclui o aconselhamento jurídico e financeiro às partes, que podem ser fundamentais para a elaboração de propostas visando o acordo.

Na mediação civil/comercial, as partes podem vir acompanhadas de seus respectivos advogados durante a mediação. Embora esta não seja uma prática comum nos casos de mediação familiar. A logística da mediação familiar é mais difícil do que a logística da mediação civil/comercial. Esta última pode durar um dia inteiro e ser concluída no mesmo dia, ao passo que a mediação familiar, normalmente, ocorre ao longo de várias sessões realizadas com intervalos de dias, semanas ou mesmo meses. Em alguns estados americanos, é comum que advogados participem de sessões de mediação familiar, enquanto na Grã-Bretanha e outros países europeus, essa prática seja bastante incomum. Cabe ressaltar que advogados que participam da mediação sem entender o seu funcionamento podem tentar assumir o controle do processo, inibindo a comunicação entre os clientes. Ou ainda, caso

---

[10] NT: do inglês ADR – *Alternative Dispute Resolution* (resolução alternativa de conflitos)

advogados tentem utilizar a mediação como uma oportunidade para a defesa, a natureza do processo poderia mudar fundamentalmente. Em uma pesquisa realizada na Flórida, mais da metade dos advogados, ao longo dos últimos doze meses, declararam ter participado de sessões de mediação familiar com seus clientes em 75% de seus casos em direito de família. A maioria dos advogados acredita que a presença deles facilitaria a tomada de decisões. Outra razão apontada por muitos deles é a necessidade de proteger o seu cliente. A presença de um advogado pode dar suporte a um cliente ansioso e vulnerável que poderia se recusar a participar da mediação. Alguns advogados revelaram ter participado da mediação para aprender sobre o processo de mediação e habilidades do mediador. Assim, uma vez que eles estavam convencidos de que os mediadores eram competentes, eles se sentiam mais a vontade em deixar seus clientes participarem. A pesquisa mostrou que advogados que participaram de sessões de mediação, se convenceram dos benefícios da mediação.

Uma das vantagens de ter advogados presentes na mediação é possibilidade de se fazer uma pausa durante a sessão, na qual as partes se reúnem separadamente com seus respectivos advogados para uma breve reunião ou cáucus. Quando o aconselhamento jurídico é dado no local da mediação, economiza-se tempo. Advogados podem aconselhar os seus clientes, se eles percebem que o cliente está obstruindo as negociações, explicando, por exemplo, que a posição dele não é realista ou útil. Mediadores, por sua vez, não podem dizer isso às partes. Advogados podem também ser bastante úteis para ajudar as negociações e finalizar os acordos.

Antes de advogados serem convidados a participar de uma reunião de mediação, é importante que se estabeleçam, previamente, algumas regras básicas para que os advogados entendam e respeitem o processo de mediação. O Acordo de Mediar (consentimento) deve ser adaptado para os advogados e eles devem ser convidados a assiná-lo, para que a confidencialidade do processo de mediação não seja violada em litígio subsequente. Uma série de outros aspectos precisam também ser esclarecidos com os advogados. Eles precisam estar cientes de que estão sendo convidados como observadores passivos, caso eles queiram contribuir ativamente criar-se-ão oportunidades para que eles se retirem com seus clientes respectivos. As funções e a estrutura da mediação devem ser previamente acordadas, ficando claro que o mediador não é responsável pelo pagamento dos honorários advocatícios dos advogados que participam da mediação com os seus clientes.

18. FAMÍLIA HÍBRIDA / MEDIAÇÃO CIVIL

Mediadores formados em mediação familiar e em mediação civil estão melhor preparados para mediar em casos envolvendo famílias híbridas e casos civis que têm potencial para o litígio demorado e dispendioso em diferentes tribunais.

Robinson (2009) descreveu um caso de mediação entre quatro membros de uma família de diferentes gerações que discutiam seus interesses numa fazenda da família. Dois dos quatro participantes era um casal que estava se divorciando. Os participantes, ao longo de quatro anos de processos judiciais, já tinham desembolsado mais de 30.000 libras. Desta forma, eles decidiram tentar a mediação juntamente com seus advogados. A mediação durou um dia e resultou num acordo que foi homologado juridicamente, gerando efeitos vinculatórios para os tribunais civil e familiar. O custo da mediação para os quatro participantes foi em média de menos 500 libras por pessoa.

A mediação em situações complexas, envolvendo jurisdições cíveis e de família, requer experiência e criatividade para projetar modelos que se adaptem às circunstâncias e ao contexto do caso em questão. A mediação "em casos complexos e difíceis, geralmente, envolve um trabalho de parceria com outros colegas mediadores e com tribunais – uma abordagem multidisciplinar bem mais evoluída do que foi imaginado inicialmente" (ROBINSON, 2008a). Como Daniel Barenboim observa (2008, p. 59), "a inclusão de todas as partes em um diálogo [...] não é uma garantia de perfeita harmonia, mas cria condições fundamentais para a cooperação". Barenboim também afirma que a "realização espontânea 'apenas' é possível graças a todos os casos que resultaram do estudo das práticas da mediação" (2008, p. 58).

CAPÍTULO 5

FASES DA MEDIAÇÃO E HABILIDADES DO MEDIADOR

*"Comece pelo começo, disse o Rei gravemente e,
prossiga até chegar ao fim:
então pare."*
(CARROLL, Lewis, *Alice no País das Maravilhas*, p. 107)

SUMÁRIO: 1. Transições e dimensões em separação e divórcio. 2. Fases da mediação familiar. 3. Gestão de conflitos. 4. Casais em via de separação e divórcio: Padrões de comunicação e conflito. 5. Gestão do tempo. 6. Tarefas e habilidades nas fases iniciais da mediação. 7. Limitações de modelos encenados. 8. Movimento circular na mediação. 9. Combinando gestão de processos, gestão interpessoal e habilidades de resolução de conflitos. 10. As diferentes facetas do papel do mediador.

1. TRANSIÇÕES E DIMENSÕES EM SEPARAÇÃO E DIVÓRCIO

A mediação ajuda membros de uma família a conduzir as transições de um fase ou forma de vida familiar para uma outra. A separação é um período muito estressante que envolve grandes mudanças.

Bohannan (1970) identificou seis dimensões de ajustes que devem ser feitos em caso de separação e divórcio, são eles: emocionais, psicológicos, jurídicos, econômicos, parentais e societários. Quantos de nós poderiam lidar com todos estes ajustes de uma só vez? A mediação é um lugar onde todas estas questões podem ser tratadas. Muitas vezes as questões estão emaranhadas de tal forma que não podem ser resolvidas separadamente: pode não ser possível definir acordos sobre as crianças, sem considerar as questões financeiras que estão por trás.

Na mediação, questões inter-relacionadas podem ser consideradas conjuntamente, ao passo que no tribunal devemos considerá-las individualmente e, algumas vezes, em processos separados. Questões de ordem emocional e psicológica precisam ser ouvidas e reconhecidas por ambas as partes, embora não sejam o foco principal. Ignorar sua força e impacto pode tornar a mediação impraticável. Uma mediação que respeita o processo fase a fase ajuda a conter as fortes emoções, a manter o compromisso com a mediação e a preservar uma certa dinâmica e ritmo tolerado por ambas as partes. Explicar as etapas do processo reduz a ansiedade e incentiva os casais a continuar. Vale lembrar que toda mediação, seja ela composta de um único encontro ou de uma série de encontros ao longo de determinado período de tempo, terá sempre um início, um meio e um fim. Mesmo nos casos em que os conflitos são tão intensos que não existe possibilidade de acordo, o mediador deve iniciar a mediação e terminá-la de modo claro e construtivo.

2. FASES DA MEDIAÇÃO FAMILIAR

O modelo básico de quatro fases presente no Capítulo 2 deve ser expandido para doze etapas no caso da mediação familiar. No modelo de doze etapas, as sequências da fase 5 em diante podem ser variadas para atender às necessidades dos participantes, em vez de seguir uma sequência estrita que não corresponde às suas prioridades.

1. Explicar a mediação e avaliar sua adequação.
2. Ganhar a aceitação voluntária das partes.
3. Definir e esclarecer as questões.
4. Concordar com o calendário de reuniões sugerido.

5. Prioridade e planejamento.
6. Encontros e compartilhamento de informações.
7. Explorar as necessidades e opções.
8. Consulta direta / indireta com as crianças.
9. Negociar as opções escolhidas.
10. Trabalhar com termos que não fazem parte do acordo.
11. Elaborar o Memorando de Entendimento.
12. Concluir a mediação.

Fases 1 e 2 – O engajamento dos participantes no processo de mediação

As duas primeiras fases foram anteriormente tratadas no Capítulo 3.

De modo geral, os termos e condições são explicados no encontro inicial da mediação. Em seguida, as regras são colocadas por escrito em um contrato de mediação que os participantes são convidados a assinar, antes que a mediação prossiga.

O contrato deve explicar em linguagem clara o objetivo da mediação e o papel do mediador, bem como o compromisso de cada um dos participantes em fornecer informações financeiras e documentos necessários. Os mediadores também explicam a natureza e os limites da confidencialidade, a necessidade de aconselhamento jurídico independente e os honorários do mediador (se houver). Uma vez que o mediador se certifica que os participantes entenderam as disposições estabelecidas e estão dispostos a assinar o contrato, ele convida-os a assinar (cada um guardará consigo uma cópia assinada). Contratos são fundamentais em caso de quebra de sigilo ou de queixa feita contra o mediador.

Fase 3 – Definição e esclarecimento de questões de mediação

As questões a serem tratadas na mediação, de modo geral, devem ser identificadas nos encontros iniciais. Na primeira sessão de mediação, os mediadores devem verificar se houve qualquer mudança nas questões a serem tratadas. Os mediadores podem iniciar a sessão convidando cada um dos participantes a explicar o que eles querem resolver na mediação. O objetivo é dar oportunidade a cada uma das partes de falar e explicar suas posições. Isto não somente ajuda os mediadores a compreender as questões a partir da perspectiva de cada uma das partes, como também permite que cada uma seja ouvida, liberando assim os sentimentos e mágoas guardados. Infelizmente, nem sempre funciona desta forma. Se o mediador diz de maneira bem intencionada: "Então, Maureen, você gostaria de explicar o que você quer tratar na mediação? Chris, depois farei a mesma pergunta a você. No entanto, tal colocação feita pelo mediador poderá dar uma abertura muito grande aos participantes. No entanto, tal colocacao feita pelo mediador podera dar uma abertura muito grande aos participantes. Assim, Maureen, por exemplo, pode aproveitar que Chris a deixou para viver com uma outra mulher, a Sharon. E que ele não está dando dinheiro para ela e que, portanto ela não pode pagar o aluguel, além disso, as crianças estão chateadas e não querem vê-lo e, que na semana passada ele disse [...] blá-blá-blá [...] e, em seguida, ela disse [...] Maureen pode precisar desabafar seus sentimentos, mas se o mediador permitir que ela continue falando de Chris desta maneira, ele poderá se irritar e ir embora; e este poderia ser o fim de uma mediação que mal começou. Em vez de deixar um participante fazer um discurso desta forma, é preferível que o mediador faça uma série de perguntas específicas focadas num determinado assunto. Perguntas precisas ajudam a coletar informações sobre os assuntos que precisam ser resolvidos, ao mesmo tempo que tentam resolver cada questão com base na sua urgência ou prioridade. Casais separados, muitas vezes, estão tão preocupados com os pontos que discordam entre si, que se esquecem dos muitos outros que eles concordam. É importante percorrer sistematicamente as principais dúvidas ou questões, verificando os pontos que já podem ser acordados e observando aqueles que ainda não foram resolvidos.

Quem fala primeiro?

A sequência das questões feitas a cada um dos participantes deve ser alternada, de modo que nenhum deles tenha que responder ao que o outro disse. Inicialmente, pode ser bastante benéfico para o processo de mediação que o mediador faça a primeira pergunta para aquele que parece estar mais hesitante ou relutante, e não para aquele que parece ser o dominante ou mais confiante. No exemplo dado acima, o mediador, percebendo que Maureen parece estar mais a vontade para falar, enquanto Chris parece mal-humorado e retraído, ele deve convidar este último a falar primeiro. Maureen pode ser solicitada a dizer quais são os problemas a partir de seu ponto de vista – possivelmente sugerindo que as principais questões manifestadas são prioritárias. O mediador não deve esquecer que fazer perguntas para cada um dos parceiros, em ordem alternada, é muito importante para a manutenção da imparcialidade e controle do processo pelo mediador.

Reconhecer os sentimentos e preocupações

A empatia é uma das qualidades mais importantes e necessárias dos mediadores, enquanto que reconhecer os sentimentos e preocupações dos participantes é uma de suas mais importantes habilidades. Os sentimentos devem ser facilmente identificados para ajudá-lo na mediação: "Então vocês dois estão muito estressados [...] preocupados". Fortes emoções não podem ser deixadas de lado. "Eu posso ver que vocês estão sentindo muita raiva neste momento [...] Eu posso ver que vocês estão bastante estressados [...] É muito difícil lidar com a angústia das crianças, e ainda com as nossas próprias angústias [...]" É preciso um grande esforço para vir à mediação e pode ser muito difícil chegar a decisões conjuntas. O simples reconhecimento pelo mediador que os parceiros têm dificuldades para se comunicar um com o outro ou que a comunicação foi totalmente quebrada, pode ter um efeito positivo, devido ao não julgamento e empatia do mediador por eles. Os mediadores devem dar preferência a frases como: "Eu posso ver isso [...] ou" Eu estou ouvindo isso [...] e não frases como: "Eu entendo, pois dizer "eu entendo" pode dar a entender que ele concorda com o que esta sendo dito", isto porque um mediador que afirma entender pode ser repreendido pelo outro participante, pois dizer "eu entendo" pode dar a entender que ele concorda com o que esta sendo dito.

As maneiras pelas quais as perguntas são formuladas pelo mediador podem influenciar as respostas das partes (ver Capítulo 6). É muito importante, especialmente nos estágios iniciais, que os mediadores façam perguntas adequadas, cuidadosamente formuladas. Muitas vezes, é possível reconhecer que ambos os parceiros querem resolver problemas em vez de lutar por eles, mesmo se cada um deles tem diferentes pontos de vista. O mediador deve ver os problemas por meio da perspectiva de cada umas das partes: "Vocês dois dizem que suas principais preocupações são resolver as questões da guarda das crianças e estabelecer um acordo financeiro, de modo que as crianças possam se beneficiar da cooperação entre vocês. Seus objetivos se encaixam muito bem com os objetivos da mediação". Mediadores precisam identificar os sentimentos de raiva, estresse e insegurança, mas não devem explorar as suas causas. O foco principal é o presente e o futuro, não o passado. O mediador precisa manter contato visual com os dois parceiros e falar com ambos de maneira calma e amigável.

Fases 4 e 5 – Plano de ação definido

Um plano de ação pode ser acordado rapidamente se ambos os parceiros trouxerem as mesmas questões, mesmo que eles não possuam, necessariamente, as mesmas prioridades. Uma mãe que vive com as crianças na casa da família pode ter questões urgentes sobre a manutenção da casa, ao passo que a prioridade do pai é o contato com seus filhos. Caso existam prioridades concorrentes, o tempo da sessão poderá ser dividido em partes iguais para resolver cada questão, deixando um tempo ao final para resumir os fatos, planejar os próximos passos e definir as tarefas a serem realizadas. Alternativamente, pode-se discutir algumas questões na primeira sessão e outras questões na sessão seguinte, quando mais informações financeiras estarão disponíveis. Argumentos improdutivos podem ser antecipados, o mediador poderá, por exemplo, dizer: "No que respeito aos cuidados da criança, eu posso dar a vocês algumas informações, mas eu acho que alguns detalhes práticos como salários de ambos e despesas mensais ajudariam a mostrar como cada um de vocês gera o dinheiro. Então, poderemos ver como a renda familiar pode ser usada para o cuidado dos filhos." Pode ser útil listar as principais questões em num quadro branco (ver Capítulo 9), para mostrar aos participantes que eles foram ouvidos e também fornecer um foco comum. Às vezes, a lista de assuntos que já foram acordados é mais extensa do que a lista de assuntos que não foram acordados. Isso ajuda a ter uma visão mais ampla do conflito. O nível de urgência ou prioridade de cada questão precisa ser considerado. Se um quadro branco é usado, cores ou asteriscos diferentes podem ser usados para destacar as questões e mostrar sua urgência.

Fase 6 e seguintes

Coletar e dividir as informações financeiras de ambas as partes, considerando as necessidades das crianças; explorar as opções possíveis e as sugestões para um acordo – são consideradas em capítulos posteriores.

As regras básicas da mediação devem ser definidas no início?

Mediadores nem sempre definem as regras básicas no início. A necessidade de se estabelecer regras básicas no início da primeira reunião é tirada das impressões iniciais do primeiro encontro (pré-mediação). A maioria dos participantes aprecia a existência de certas regras básicas, tais como:

- Cada participante será convidado a explicar sua posição e preocupações: questões serão feitas a cada um deles.
- É dever de cada participante ouvir o outro, sem interrompê-lo, mesmo em caso de discordância.
- O mediador irá desencorajar as partes a falar dos erros do passado: o foco é melhorar a situação atual.
- Embora os participantes não devam interromper um ao outro, o mediador pode interrompê-los, se necessário, para manter as discussões nos trilhos. Mediadores podem usar o senso de humor para interromper as partes: "Eu sei que eu pedi a vocês que não interrompessem um ao outro, mas eu estou autorizado a interrompê-los! Se eu faço isso é para ajudá-los a seguir a mediação da melhor forma possível. O tempo deve ser usado cuidadosamente. O tempo passa rápido, então será que não podemos passar para [...]?

Regras básicas serão discutidas nos capítulos 6 e 10.

3. GESTÃO DE CONFLITOS

Casais podem vir à mediação determinados a marcar pontos sobre o outro. "Estamos tão condicionados a ver os conflitos como uma competição que a vida se torna um grande painel eletrônico de marcação de pontos." (CRUM, 1987, p. 37).

Táticas de pontuação testam a capacidade do mediador de ser firme. Em alguns casos, a fim de manter as discussões sob controle, talvez seja necessário que o mediador proponha algumas regras básicas. Estas regras são muitas vezes aceitas com alívio por ambos os participantes. Cabe ao mediador verificar se as regras que foram acordadas estão sendo cumpridas. Quanto mais cedo as regras forem estabelecidas, mais facilidade terá o mediador para intervir quando uma explosão de raiva acontece. O mediador deve intervir de forma amigável, mas firme, de modo que as regras básicas sejam mantidas e que cada participante tenha oportunidade para falar, sabendo que o mediador irá controlar ataques e interrupções. Comportamentos como: tentar marcar pontos e ataques verbais precisam ser controlados e reduzidos (ver Capítulo 10 sobre desequilíbrios de poder na mediação). Os mediadores também precisam ser firmes na proibição de qualquer tipo de linguagem ofensiva ou provocativa. "Olha, desculpa, Barry/ Brenda, desta forma eu não acho que eu vou ser capaz de ajudá-los a não ser que todos nós concordemos que determinada linguagem não poderá ser usada por aqui – vocês concordam?"

O que acontece quando se está com raiva? Fisicamente, há um aumento da adrenalina, uma aceleração da frequência cardíaca e um aumento da pressão sanguínea. A respiração se acelera e os músculos se tornam rígidos. É difícil ouvir, quando se está com raiva. As pessoas, geralmente, precisam extravasar a raiva antes que possam ser capazes de ouvir. Os mediadores devem identificar a raiva e abordá-la, ao invés de tentar sufocá-la: "Eu entendo que vocês dois estão sentindo muita raiva neste momento". Isto ajuda as partes a perceberem que sentir raiva é totalmente natural e normal. Ao reconhecer a raiva e se referir a ela como algo normal, os casais terão menos necessidade de mostrar sua raiva em declarações agressivas e aumento do tom de voz. O mediador pode precisar acalmar as partes depois de uma explosão de raiva, para que elas possam seguir em frente, apesar da raiva: "Eu sei que é muito difícil falar sobre a casa que está sendo vendida, quando é a sua casa e casa das crianças também, e que ambos estão estressados. Mas será que não podemos analisar as opções possíveis e ver como elas poderão funcionar?" Gestão de conflitos não significa supressão de explosões negativas. Ela envolve captar as declarações positivas e repeti-las, para dar mais ênfase aos pontos positivos. "Então, Julie, você acha que é importante que as crianças vejam o pai regularmente?" "Então, Steve, você está dizendo que você reconhece que a Julie sempre apoiou o seu relacionamento com os filhos?" (veja o Capítulo 6 para compreensão da técnica de reenquadramento).

Conflitos são estressantes e, vistos como algo destrutivo, por isso pode ser importante reformular a sua definição dando a ele uma significação positiva. Um casal que está discutindo ferozmente sobre as crianças pode se surpreender ao escutar do mediador frases como: "Olha, eu posso ver como vocês estão chateados e com raiva, mas vejo do exterior o quanto vocês dois se preocupam com os seus filhos. Nenhum de vocês está indo embora [...] A coisa mais triste é quando um dos pais desiste de tentar manter o contato com as crianças. Vocês dois se preocupam com o que é melhor para eles, mesmo se vocês não concordam no momento sobre o que é o melhor para as crianças." Pais que estão brigando uns com os outros podem se surpreender ao ser elogiados e podem se sentir encorajados a continuar.

A resignificação da raiva pode ser usada para ajudar a mudar este sentimento ruim presente no casal, mostrando que é possível mudar o foco para outras preocupações. Embora o mediador ajude as partes a desabafar, eles precisam controlar o que é dito, principalmente, quando informações relevantes ainda não estão disponíveis. As partes estariam dispostas a guardar "cartas na manga" (argumentos), se elas tivessem a garantia de que todos as questões conflitantes seriam abordadas em algum momento. Uma vez que as prioridades foram identificadas e os próximos passos definidos, os participantes saem da primeira reunião sentindo que estão no caminho certo. Eles não devem sair da mediação se sentindo frustrados e confusos.

4. CASAIS EM VIAS DE SEPARAÇÃO E DIVÓRCIO: PADRÕES DE COMUNICAÇÃO E CONFLITO

Problemas de comunicação são muitas vezes a causa e o efeito do término de uma relação. A maneira com que os casais lidam com suas diferenças é fundamental. Pesquisadores do Centro de Estudos Conjugal e Familiar da Universidade de Denver, Colorado, mostraram (MARKMAN et al., 1996) que não é a forma como os casais argumentam que importa, mas, sim, como eles discutem. Discussões são normais, e um relacionamento sem qualquer desacordo seria anormal.

Cabe ressaltar que cada ruptura é única, mas existem alguns padrões bastante perceptíveis. É importante para os mediadores reconhecer tais padrões, não para colocar os casais em categorias ou sugerir soluções, mas para guiar os casais em direção a abordagem mais adaptada para o caso deles em questão. É importante ter em mente que o padrão pode mudar com o tempo e que, às vezes, podemos nos deparar com duas pessoas que se encaixam em padrões diferentes. Daí vem a questão: como nós mediadores poderemos ajudar ambas ao mesmo tempo? Mediadores não são médicos que fazem um diagnóstico ou formulam hipóteses como um prelúdio para o tratamento. O processo de mediação deve ser adaptado para atender às necessidades de cada um dos participantes, procurando enfatizar a flexibilidade e não as habilidades de diagnóstico. As intervenções do mediador afetam as tensões superficiais (ver Capítulo 1). Escolher a melhor técnica nem sempre é fácil, o mediador deve procurar manter a calma e o equilíbrio na mediação.

Os pesquisadores propõem uma gama de tipologias para identificar os diferentes padrões de reação e interação entre casais que estão se separando e divorciando. Kressel e seus colegas (1980) descreveram quatro padrões: "desligados", "conflito direto", "autista (não comunicativo)" e "enredados". Ahrons (1994) distingue entre "amigos perfeitos", "colegas de cooperação", "duos dissolvidos", "colegas irritados" e "inimigos de fogo". A seguinte tipologia sugere mais alguns padrões extraídas da experiência de mediação. Mediadores precisam variar suas respostas para se encaixar em diferentes dinâmicas.

i) Casais que cooperam.
ii) Casais que evitam conflitos e o padrão de comportamento passivo-agressivo – "mariscos".
iii) Casais com raiva.
iv) Os gerentes de negócios.
v) Casais semidesapegados – separados, mas não totalmente desapegados.
vi) Conflito projetado.
vii) Anêmonas do mar e lapas.
viii) Casais que brigam

i. Casais que cooperam

É comum ver casais que procuraram a mediação, mesmo se não há conflito entre eles. Eles procuram a mediação para resolver algumas questões pendentes por meio de um acordo formal. Se houver problemas financeiros, por exemplo, eles procuram se beneficiar da competência do mediador na elaboração de acordos financeiros, mantendo um contato mínimo com advogados. Casais que cooperam movem de forma relativamente fácil de uma fase a outra da mediação, lidando com questões e necessidades, reunindo informações e trabalhando conjuntamente para chegar num acordo. No entanto, mediadores devem ficar atentos às sugestões propostas pelas partes, principalmente no caso de questões financeiras, pois podem não ser viáveis em termos práticos. Muitas vezes, os casais não param para analisar as consequências do que foi proposto. A mediação com casais que cooperam, geralmente, é calma e pode ser bastante descontraída, embora mediadores devam estar prontos para súbitas explosões de humor e emoções negativas.

A introdução de um novo parceiro em um dos lados poderá perturbar o bom nível de cooperação que existia anteriormente. Mediadores podem ajudar a antecipar as dificuldades, fazendo perguntas hipotéticas ao casal (Capítulo 6), por exemplo, perguntar a uma das partes quando ela iria contar a outra sobre o seu novo relacionamento, já que este novo fato poderia afetar os acordos já decididos. O casal pode concordar em voltar para a mediação, caso uma nova relação possa vir a atrapalhar os acordos. Pode ser importante mencionar aos casais que cooperam (que estão se separando ou já vivem separados) que, embora eles pensem em seus filhos, as crianças podem se sentir confusas pela amabilidade entre seus pais. As crianças podem interpretar a simpatia dos pais como um sinal de que seus pais estão juntos novamente. Crianças mais jovens, principalmente, podem achar muito difícil de entender a necessidade do divórcio, se os pais se dão tão bem. Mesmo quando os pais estão de acordo sobre os filhos, eles podem querer conversar para fazer acordos formais. Os pais, muitas vezes, evitam falar com as crianças sobre a separação ou divórcio, quando eles não sabem o que dizer dos filhos (ver Capítulo 8 – como falar com as crianças).

ii. Casais que evitam conflitos e o padrão de comportamento passivo-agressivo – "mariscos"

Neste padrão, um dos parceiros pode ser levado a se afastar do outro por um período de tempo, buscando compensação no trabalho, lazer, numa nova relação, etc. A comunicação pode ser muito limitada ou pode ter cessado completamente. Alguns casais continuam vivendo sob o mesmo teto, mas se afastam um do outro, passando a viver numa espécie de concha, fechando-se como mariscos e recusando-se a falar com o parceiro por um período de tempo. O silêncio pode transmitir mágoa, raiva e sentimentos de rejeição mútuos, criando, às vezes, um padrão passivo-agressivo. No entanto, também pode esconder afeição, apego e um grande medo de abandono. Entre as reações típicas deste padrão podemos citar: evitar o outro, se afastar, não se comunicar e ter medo do confronto direto.

Caso um dos dois tenha ido embora de casa (deixando o parceiro com os filhos) sem que nenhuma discussão tenha ocorrido, aquele que ficou com as crianças não saberá o que dizer aos filhos se, quando ou como eles irão ver o pai/mãe novamente. Assim, o padrão de evitar discussões e conflitos pode ser transmitido aos filhos. Questões emocionais e práticas podem permanecer sem solução e novas parcerias podem ser formadas, sem que os velhos laços fossem desfeitos. Às vezes, ambos os parceiros evitam discutir a ruptura do relacionamento. Eles podem até provocar verbalmente o outro, mas uma vez que acusam o outro se retiram, evitando discussões maiores. Outras vezes, um dos dois busca a discussão, mas se frustra quando o outro decide simplesmente entrar na sua concha. Esta concha pode permanecer fechada durante anos. Se um dos parceiros deixou o outro sem ter dado qualquer aviso de que o faria, o parceiro abandonado pode sofrer um profundo choque emocional, seguido de descrença, angústia, raiva ou uma mistura de emoções incontroláveis.

Aquele que foi embora insiste em dizer que ele tentou falar com o parceiro inúmeras vezes, mas foi rejeitado por este. A lacuna criada pela ausência de comunicação pode ser tão grande, que torna-se difícil conceber a existência de qualquer ponte capaz de abranger os dois lados. A mediação pode ajudar os parceiros a entender o que aconteceu e por que aconteceu. Cabe lembrar, que nem sempre as partes estão prontas para voltar a se falar. Alguns casais que têm evitado se falar podem ser capazes de voltar a se comunicar na mediação, desde que haja compreensão e apoio.

Reuniões iniciais separadas com cada um dos parceiros são importantes, porque ajudam não somente a entender o estágio em que cada uma das partes se encontra, como também a dimensão dos sentimentos suprimidos. O ritmo da mediação pode precisar ser lento, especialmente no início. Mediadores precisam estar muito atentos à linguagem corporal, devem ser capazes de captar os sentimentos não ditos, devem entender como funcionam as dinâmicas da rejeição, contrarrejeição e ambivalência. Boa escuta e habilidades de comunicação são importantes, especialmente quanto ao estilo linguístico e à formulação de questões.

Exemplo: "Bill e Glenda sentaram-se em sua primeira reunião de mediação, sem olhar um para o outro. Ambos ficaram em silêncio. Em resposta a uma pergunta feita pelo mediador, Glenda disse: "Bem, nós nos separamos. Então, o que fazemos agora? Sentindo a frieza do ambiente, o mediador perguntou às partes se caso ele começasse a explicar as diferentes formas de estruturação da separação ou divórcio, para ver se alguma destas se adaptaria a eles, os ajudaria a entender melhor o processo de mediação. Ambos concordaram. O mediador, então, explica as diferentes formas de estruturação da separação ou divórcio, começando com a maneira menos formal e, seguindo até chegar na solução mais formal, finalizando pelo acordo entre as partes. O mediador também perguntou se havia alguma possibilidade de que eles voltassem a ficar juntos, mas sem dar uma ênfase especial. Tudo foi colocado por escrito no quadro branco diante das partes e, a partir dele, questões foram feitas para incentivar o diálogo entre Bill e Glenda. No decorrer das explicações e discussões a situação se tornou visivelmente menos tensa. Ao final da sessão, uma série de questões específicas haviam sido identificadas e discutidas. Na sessão seguinte, eles foram ajudados a explorar conjuntamente novas questões, dando um passo de cada vez."

iii. Casais com raiva

Há um grande contraste na mediação entre casais que evitam o conflito e casais que procuram o conflito. Casais que procuram o conflito precisam de uma mediação mais estruturada, com mais regras e mais intervenções da parte do mediador. Quando a raiva é expressada de maneira aberta e direta, as discussões podem se intensificar rapidamente. Mediadores precisam ser rápidos e confiantes ao usar suas habilidades em gestão de conflitos. Eles devem controlar positivamente a mediação, ser firmes e tentar dar um outro significado às emoções das partes por meio do reconhecimento da raiva por ambas.

O objetivo é canalizar a energia gerada pela raiva do casal – que pode ser válida e racional – para resolver os problemas e não para prolongar as batalhas. Quanto mais os casais discutem sobre quem fica com o quê, mais distantes dos problemas eles ficam. Mediadores precisam mudar o foco das discussões dos "certo e errado" de cada um, para as preocupações e interesses de ambos. Se as divergências forem reenquadradas como preocupações válidas, um leque com inúmeras opções possíveis pode se abrir (ver Capítulo 11). Questões práticas, por exemplo, "Então, o que vocês acham que poderia ajudar?", pode provocar o aparecimento de uma opção que não havia sido apresentada antes porque o casal estava zangado demais para pensar em qualquer outra coisa. Quando a separação é recente e os sentimentos ainda brutos, os níveis de raiva são bastante elevados e podem ter a função positiva de galvanizar a energia, afastando a depressão. Os casais podem também atingir níveis explosivos de raiva ou ainda produzir um efeito catártico (risco e oportunidade).[1] Desta forma, se eles têm motivação e maturidade suficiente, eles poderão ser capazes de seguir em frente com o incentivo do mediador.

iv. Os gerentes de negócios

Em contraste, há casais carreiristas cujo relacionamento parece ter sido baseado na conveniência e amizade mútuas, sem sentimentos profundos de nenhum dos lados. Geralmente, a relação é curta e sem apego forte. Estes casais normalmente não têm filhos. Quando a

---

[1] NT: cartarse vem da palavra catarsis significa "limpeza da alma", o termo é também utilizado para designar o estado de libertação psíquica que o ser humano vivencia quando consegue superar algum trauma como medo, opressão ou outra perturbação psíquica. Expresser os sentimentos libera os indivíduos da culpa.

carreira de um dos parceiros muda, isto acaba precipitando a decisão da separação, o casal trata a separação mais ou menos como um negócio. Termos práticos são abordados rapidamente e, pode não haver nenhuma menção de sentimentos de nenhum gênero. Os casais esperam que os mediadores sejam altamente eficientes em questões técnicas e qualquer investigação sobre as emoções do casal pode ser vista como intrusiva e desconsiderada. Casais que tratam a separação ou divórcio como um negócio que deve ser resolvido o mais rapidamente possível, desejam que a mediação seja gerida de forma eficiente. Os mediadores devem, no entanto, manter suas antenas bem sintonizadas para captar sinais de dor e sofrimento que estão muito bem escondidos atrás da imagem fria que eles passam.

Exemplo – desacordo sobre possessões

Howard e Caitlin tinham vivido dois anos juntos antes de se casarem. Eles possuíam um grande apartamento muito bem decorado em Londres. Eles não tiveram filhos. Ambos trabalhavam muito e Howard, que trabalhava para uma empresa internacional de telecomunicações, viajava constantemente. Ele pagava a hipoteca do apartamento com seu salário, enquanto Caitlin pagava as despesas domésticas. Como eles tinham contas bancárias separadas e eram independentes financeiramente, eles raramente discutiram sobre suas finanças. Uma vez que seus bens e rendimentos foram listados na mediação e os valores acordados, o casal concordou em dividir tudo pela metade – com uma única exceção: um par de castiçais. Os castiçais de prata tinham para o casal não somente um valor monetário, mas também um valor simbólico. Ambos reconheciam o valor simbólico dos castiçais que foram comprados num momento especial. O casal, que até o momento parecia bastante frio e desapegado, passou a falar com tristeza sobre o fim do relacionamento. Ambos estavam com lágrimas nos olhos. Se o mediador tivesse apenas tratado de questões financeiras, Howard e Caitlin teriam deixado a mediação com um acordo financeiro, sem que a tristeza que ambos sentiam fosse exteriorizada. Podemos encontrar também neste padrão de casais carreiristas, casais mais velhos, cujos sentimentos um pelo outro já havia secado há tempos. Às vezes, ambos têm novas relações e vêm à mediação prontos para dissolver um casamento que não é nada mais do que uma concha vazia. Se as questões financeiras são relativamente simples e não há raiva ou ressentimento de ambos os lados, a mediação poderá ser feita de forma rápida e eficaz.

v. *Casais semidesapegados (resistentes) – separados, mas não totalmente desapegados*

Casais semidesapegados são muitas vezes ambivalentes sobre a separação ou o divórcio. Eles podem demonstrar a ambivalência, ao deixar algumas perguntas no ar. A mediação pode ajudá-los a explorar aquilo que ja foi acordado e outras questões que ainda não foram resolvidas. No processo, eles podem ser capazes de expressar suas incertezas, inseguranças e sentimentos contraditórios. Pode ser importante para esses casais tratar dos limites da separação e quantidade de contato de um com o outro. Um parceiro que faz visitas frequentes ao outro – "eu estava passando aqui perto, por isso pensei em dar uma passada" – pode justificar seu ato pela vontade de manter contato com as crianças.

No entanto, visitas não planejadas podem ser prejudiciais, podendo ser uma mera desculpa para verificar como andam as coisas na casa. A mediação pode ajudar ambos os parceiros a decidirem o quanto de contato eles realmente precisam ou querem manter um com o outro e, se os encontros devem ocorrer apenas mediante acordo prévio. Quando os encontros são previamente estabelecidos, há a possibilidade, a todos os envolvidos, incluindo crianças, de se prepararem emocionalmente. Sentimentos contraditórios de felicidade e tristeza, podem surgir quando um parceiro ou pai ausente reaparece para uma visita depois de um longo período de ausência. É mais fácil lidar com sentimentos emaranhados quando a visita foi planejada com cuidado. Muitos casais semidespegados (resistentes) são capazes de falar por conta própria, até certo ponto, mas podem precisar de ajuda do mediador para resolver questões difíceis. Alguns admitem que tentam ser justos e razoáveis, mas ao mesmo tempo têm vontade de se vingar do parceiro que causou tanto sofrimento. Os mediadores podem ajudá-los a tratar de assuntos que eles evitam, mas devem ser resolvidos.

Exemplo

Steve e Rita fizerem terapia de casal um ano antes de procurarem a mediação. Nesse momento, eles já estavam vivendo separados, sob o mesmo teto, há mais de um ano. Ambos tinham concordado que o casamento de quinze anos (sem filhos) havia terminado definitivamente. Embora estivessem desapegados emocionalmente, ainda tinham laços emocionais, financeiros e jurídicos para serem resolvidos. Embora eles estivessem preparados para dividir os ativos numa base de 50/50, Steve não entendia porque ele deveria dividir sua aposentadoria com Rita. Rita estava preocupada com a sua segurança a longo prazo, pois ela tinha uma renda muito baixa e uma aposentadoria menor ainda. Ambos haviam consultado advogados. O advogado de Rita sugeriu a mediação e Steve concordou em participar. Rita era mais apta a lidar com questões difíceis do que Steve, que tinha tendência a evitar questões emocionais. Ambos reagiram bem à mediação estruturada, questões importantes foram abordadas de forma sistemática e as preocupações foram reconhecidas. O mediador tratou as questões com humor para cativar ambas as partes, tornando as discussões mais leves e espontâneas. O casal participou de três sessões de mediação, onde puderam coletar e esclarecer fatos e questões financeiras, explorar as opções possíveis e os prazos para resolução do conflito. Steve e Rita foram aconselhados a procurar seus advogados, para só então firmar um acordo que foi, posteriormente, homologado pelo tribunal.

vi. Conflito Projetado

Enquanto alguns casais brigam abertamente sobre questões patentes, outros evitam discutir abertamente, colocando os problemas embaixo do tapete. Disputas sobre os cuidados e visitas à criança podem ser um veículo para tratar de outros conflitos que foram suprimidos e "esquecidos". As tentativas em resolver os problemas superficiais podem não progredir, se o conflito subjacente não for abordado. O contato com as crianças é frequentemente bloqueado quando a decisão de terminar o casamento não foi uma decisão mútua. A mediação permite que questões emocionais e práticas sejam trabalhadas e compreendidas.

Em divórcio, conflitos sobre questões envolvendo crianças, apenas ocasionalmente, têm suas raízes em questões relacionadas com as crianças. Frequentemente, o conflito sobre as crianças decorre de problemas conjugais não resolvidos. O conflito tende a ferver quando um dos pais adquire um novo parceiro. Assim, a raiva contra esta nova pessoa ("mulher que você esta vendo" ou "cara com quem você esta saindo") é transferida para as crianças. Quando casais brigam pela residência da família pode ser uma estratégia para derrubar o parceiro e ocupar a "propriedade das crianças". As crianças podem ser usadas como armas e um meio de retaliação. Alguns pais, quando vêm para a mediação, admitem que eles lutam entre si por meio das crianças. Ao perceberem como isso afeta as crianças, elas podem se motivar a resolver os problemas entre eles.

Exemplo

David e Alison foram encaminhados a mediação por causa de problemas relacionados à visita dos filhos. A esta altura, David estava vivendo com uma nova parceira chamada Tina. Enquanto Alison lutava para fazer face às despesas, David e Tina tinham um bom padrão de vida. Alison tinha a impressão que David queria fazer tudo à sua maneira, inclusive com as crianças também. David acusava Alison de puni-lo, colocando as crianças contra ele. Sua raiva era de certa forma uma defesa contra os sentimentos de culpa por deixar Alison por outra mulher. Era preciso deixar David e Alison expressar um pouco de sua raiva, reconhecer que eles estavam magoados e com raiva e aceitar a raiva como algo normal e compreensível. O mediador ajudou as partes a reconhecer seus sentimentos e incentivou-os a olhar para o futuro. Antes de focar no problema da visitação, o mediador também perguntou se haviam outras questões pendentes. Fazer este tipo de pergunta é importante, porque permite que a raiva reprimida em outras questões venham à tona. Alison reclamou que David não cuidava das criança de maneira adequada. As ligações entre a visitação dos filhos e as questões financeiras tornaram-se, em seguida, mais claras. Outra questão aordada foi o papel de Tina na relação com as crianças, quando eles visitam o pai. A mediação envolve discussões sobre questões inter-relacionadas, o reconhecimento dos sentimentos e foco em acordos que favoreçam o melhor interesse da criança.

vii. A anêmona do mar e o paguro[2]

A fonte mais dolorosa e prolongada de raiva emocional num divórcio decorre da intensa dependência de um parceiro pelo outro. Não são somente as crianças que fantasiam a reconciliação. Quando uma forte ligação persiste, mas não é recíproca, os sentimentos de tristeza e raiva do parceiro abandonado podem tornar uma discussão racional impossível. O parceiro emocionalmente abalado pode levar o outro para dentro de um enredo de disputas intermináveis, como forma de se prender a ele e manter um certo tipo de envolvimento – assim como um paguro que não pode viver fora da concha, sobre a qual vive a anêmona. O paguro e a anêmona vivem um tipo de relação chamada de protocooperação, na qual as duas espécies que estão envolvidas são beneficiadas, embora elas possam viver de modo independente, sem que isso as prejudique. O parceiro dependente precisa enxergar que ele pode viver sem o outro parceiro, sem ser prejudicado. No entanto, nem sempre é tão simples assim, pois o parceiro pode se sentir em perigo e, quando a "anêmona do mar" se sente ameaçada, ela pode reagir fechando seus tentáculos e liberando uma substância altamente tóxica. O casal assim como a anêmona e o paguro, precisa cooperar, caso contrário a mediação será impossível. Pode ser necessário o encaminhamento para aconselhamento, embora a "anêmona do mar" possa recusar. Aconselhamento jurídico é importante quando um dos parceiros oferece resistência à separação ou divórcio.

É importante reconhecer que ambas as partes estão em estágios diferentes, olhando para direções opostas. Também é importante reconhecer que o fim de um casamento envolve muito mais do que a perda

---

[2] NT: paguro – um crustáceo semelhante ao caranguejo, também conhecido como bernardo-eremita ou ermitão. O paguro tem o corpo mole e costuma ocupar o interior de conchas abandonadas de gastrópodes. Sobre a concha, costumam instalar-se uma ou mais anêmonas do mar (actínias). Dessa união, surge o benefício mútuo: a anêmona possui células urticantes, que afugentam os predadores do paguro, e este, ao se deslocar, possibilita à anêmona uma melhor exploração do espaço, em busca de alimento.

do parceiro. Sonhos de um futuro juntos e a sensação de segurança presentes numa família intacta também são perdidos, além de mudanças forçadas de estilo de vida, geralmente envolvendo um padrão de vida mais baixo, podem intensificar a amargura. Um parceiro pode acusar o outro de promessas não cumpridas e compromissos. Desilusões são o que chamamos de combustíveis da raiva.

Embora a raiva a respeito de esperanças e sonhos fracassados possa ser mútua, o parceiro que é visto como responsável pelo fim do casamento é esperado para levar a culpa. Culpar o outro parceiro permite que o "parceiro inocente" assuma o papel de vítima, evitando a responsabilidade por relacionamento fracassado.

Os mediadores não exploram as razões pelas quais um parceiro culpa o outro e não oferecem terapia para ajudar as pessoas a trabalhar com sofrimento e raiva intensos. No entanto, eles podem ajudar as partes a reconhecer que a raiva que sentem decorrente dos sonhos que falharam e das decepções que sofreram. As dificuldades e, em alguns casos, a impossibilidade de mediar quando um dos parceiros é incapaz de deixar o outro são discutidas no Capítulo 11, quando tratamos dos impasses e estratégias da mediação.

Os mediadores percebem quando a mediação vai chegar a um acordo ou não. Pode ser possível que eles utilizem, definam certos mecanismos provisórios.

"Acordos em espera", é quando na mediação algumas questões são resolvidas, mas o acordo ainda está longe de ser concluído. Algumas questões podem ser deixadas em aberto, pelo menos por um tempo. O espaço de tempo entre as reuniões de mediação pode ser importante, embora nem sempre produza os efeitos desejados. Aos poucos, o parceiro que estava com medo de deixar o outro ir pode perceber que ainda existe algum tipo de apoio e achar que é possível contemplar um futuro para além da ruptura do relacionamento.

viii. Casais que brigam

Todo relacionamento é composto de experiências e percepções diferentes. Na separação e no divórcio, os parceiros frequentemente contam e reinterpretam a história do seu relacionamento de forma que reforce a sua autoestima, enquanto buscam apoio e simpatia de outras pessoas. Para algumas pessoas, a experiência da perda e o medo de novas perdas desencadeiam um mecanismo de defesa psicológico conhecido como "divisão", em que tudo que é percebido como "ruim" no relacionamento ou em si mesmo é separado da parte "boa". Toda a parte "ruim" é, então, projetada para o outro parceiro.

Quando tal divisão provoca acusações e contra-acusações recíprocas entre os parceiros, estes podem ficar presos numa guerra infindável. A imagem e a percepção do outro são constantemente atacadas (JOHNSTON; CAMPBELL, 1988). Estes casais parecem ter uma necessidade emocional profunda em manter as brigas, apesar da destruição provocada por elas. Casais viciados em combates precisam da adrenalina decorrente deles e, muitas vezes, sabotam qualquer tipo de acordo que poderia vir a cessar a guerra. Eles preferem a guerra ao acordo de paz. Kressel e seus colegas (1980) descreveram estes casais como "enredados". Embora a possibilidade de um acordo possa ser baixa, vale a pena explorá-la, pois os resultados decorrentes da mediação nem sempre são previsíveis.

O casal pode ter chegado num fase em que estão cansados de brigar e prontos para seguir em frente. A raiva sobre os acontecimentos do passado pode ter sido reconhecida e a necessidade para se resolver o conflito anuída. Se existirem crianças envolvidas, poderá ser importante discutir a posição e os sentimentos delas. Se os pais não parecem dispostos a deixar os conflitos de lado, eles podem ser questionados sobre como eles veem o futuro para as crianças, se as suas brigas continuarem. Mediadores podem considerar incluir crianças ou adolescentes na mediação, pois estes, que ja estão envolvidos nos conflitos, podem ajudar os pais a solucioná-los (Capítulo 8).

Vários tipos de estratégia para sanar os impasses podem ser tentados com os chamados casais "enredados" antes da mediação ser abandonada (ver Capítulo 11). Alguns pessoas precisam que alguém de fora os ajude a reconhecer os sentimentos de raiva e tristeza que elas carregam. Por exemplo, dizer que eles desejam que o outro estivesse morto pode ser uma experiência catártica, especialmente se eles perceberem que o desejo é mútuo. Alguns casais que têm uma relação muito intensa são capazes de mudar de humor facilmente, passando de atos de fúria para ataques de riso. Assim que o mediador começa a entender a dinâmica do relacionamento e qual tipo de humor funciona bem para eles, talvez o uso de senso de humor pode ser muito mais eficaz do que o uso do raciocínio e do bom senso. Por outro lado, quando nada parece funcionar, o melhor a fazer é reconhecer que o casal veio à mediação decidido que não haveria acordo algum.

Se for este o caso, os mediadores não devem se esforçar indefinidamente, mas sim ser capazes de decidir quando "basta" e encerrar a mediação quando nenhum progresso pode ser feito ou quando o progresso é, de modo triunfal, sabotado por uma ou ambas as partes. Advogados podem aconselhar os casais de uma forma, que os mediadores não são capazes de fazer. Encaminhar tais clientes de volta a seus advogados não é sinal de fracasso por parte do mediador. Paradoxalmente, isso pode resultar na volta do casal para a mediação, desta vez com maior disposição para negociar.

5. GESTÃO DO TEMPO

"A velocidade de uma progressão harmônica, assim como a velocidade de um processo político, pode determinar sua eficiência e, finalmente, a realidade que procura influenciar" (BARENBOIM, 2008, p. 15)

Daniel Barenboim acredita que o processo de paz de Oslo no conflito entre Israel e Palestina já estava fadado ao fracasso, devido à péssima gestão do tempo. A preparação foi feita de maneira apressada, enquanto o processo foi lento com inúmeras interrupções. Mediadores precisam estar conscientes do tempo e da duração das sessões de mediação. Idealmente, as mediações deveriam ser feitas com um relógio na linha de visão dos mediadores, para que eles possam chamar a atenção das partes quando necessário: "Eu vejo que já estamos na metade do tempo da sessão de hoje. Vocês não acham que talvez devemos falar sobre ...?" Ou "Eu estou ciente de que estamos correndo contra o tempo na reunião de hoje, por isso acho que devemos usar os últimos quinze minutos para recapitular tudo o que vimos até o momento e discutir sobre o que vocês gostariam de tratar na próxima reunião".

De modo geral, as sessões têm duração de uma hora e trinta minutos, pois sessões de uma hora podem ser muito curtas e de duas horas muito longas e, sobretudo, cansativas para a maioria dos casais. É importante planejar o tempo para que as principais questões e problemas sejam abordados adequadamente. É imprudente perguntar nos últimos cinco minutos: "Existe alguma coisa que vocês gostariam de discutir ainda hoje?" Os participantes precisam saber que a duração das reuniões é fixa: estender o tempo das sessões deve ser evitado porque os limites de tempo propostos são bastante importantes. Normalmente, questões não resolvidas podem ser tratadas na sessão seguinte. Quando o tempo está terminando, o mediador pode dizer: "Sim, é realmente importante que você tenha mencionado isso, mas tal questão precisa ser amplamente discutida e, infelizmente, não temos mais tempo suficiente hoje. Iniciaremos a próxima sessão com esta questão, se você achar que ela deve ter prioridade?" O mediador também poderá dizer: "Eu percebi que não tive tempo hoje para tratar de todas as suas questões. Se existem coisas que vocês não tiveram tempo para levantar ainda, ou se lembrarem de algo quando chegarem em casa, anotem para que possamos discutir na próxima sessão?" Isso ajuda a reduzir a frustração do final de uma sessão e encoraja os participantes a refletir entre as sessões. Muitos casais vêm para a segunda reunião mais preparados: alguns se encontraram e conversaram. A atmosfera na segunda sessão é geralmente muito diferente da primeira. Cabe lembrar que a data e a hora da sessão seguinte deve ser acordada por ambos os participantes antes do final da sessão. Se houver necessidade de se coletar informações financeiras importantes, um intervalo de tempo maior entre as sessões poderá ser concedido, se necessário. No entanto, se o casal estiver em crise e o nível de conflito muito elevado, a crise poderá ser contida com um intervalo de tempo menor entre as sessões (uma semana, por exemplo).

6. TAREFAS E HABILIDADES NAS FASES INICIAIS DA MEDIAÇÃO

Tarefas	Exemplo de utilização	Objetivos
Criar uma atmosfera de convívio positiva	Acolhimento amigável	Colocar as pessoas à vontade, para que possam dialogar

Explicar, informar	"Será que eu posso explicar a vocês como eu poderia ajudá-los a tratar deste "dado" assunto?"	Ajudar as partes a tomar decisões sem que elas sejam forçadas a aceitar um acordo
Perguntar	Escolher o tipo de questão adequada "como?". "o quê?", "se?" etc.	Identificar as questões importantes, focar nestas questões para avançar
Ouvir	Contacto visual do mediador, expressão facial, postura, tom de voz	Mostrar que você esta ouvindo o que está sendo dito
Compreender	"Eu entendo que seja difícil...."	Ajudar as pessoas a sentirem-se ouvidas e compreendidas
Esclarecer	"você poderia falar um pouco mais sobre ... explicar o que é que você quer dizer com...."	Verificar se a outra parte entendeu o que foi dito e incentivar uma explicação mais ampla
Gerir um conflito sem o suprimir	"você não se importa de deixar o Tomás terminar de falar e então..."	Controlar as interrupções, equilibrar a discussão
Definir prioridades	"Qual é o assunto mais importante para vocês, neste momento?"	Focar nas questões urgentes, estabelecer prioridades
Equilibrar	Apresentar questões a cada participante, um de cada vez	Gerir desequilíbrios de poder, manter imparcialidade
Construir confiança	"você poderia tranquilizar a Célia de que você vai..."	Restaurar ou manter a confiança
Controlar o ritmo	"você acha que deveríamos gastar mais tempo nesta questão que você levantou sobre....?"	Trabalhar num ritmo adequado para ambas as partes
Resumir	"Antes de terminar a sessão, vamos recapitular as coisas de que cada um de vocês vai querer tratar na próxima reunião?"	Ser claro sobre os próximos passos e encorajar os participantes a se responsabilizarem por suas decisões

7. LIMITAÇÕES DE MODELOS ENCENADOS

Embora trabalhar etapa por etapa seja importante e, muitas vezes, necessário tal estratégia pode encontrar algumas limitações:
- A necessidade de se voltar a uma etapa anterior, por exemplo, quando há relutância ou hesitação em avançar.
- Às vezes, um casal tenta se beneficiar do processo "pulando" etapas, e acaba fazendo um acordo sem considerar as outras opções possíveis.
- Quando o objetivo principal do casal não é chegar a um acordo. Eles podem ter outros objetivos mais importantes, como o restabelecimento da comunicação. Kelly (1989) aponta que uma proporção substancial de usuários da mediação se mostraram satisfeitos com o processo, apesar de não terem chegado a acordo algum, isto porque a mediação trouxe outros benefícios.
- Os mediadores podem identificar as questões mais concretas ou de fundo e evitar a identificação dos mais difíceis problemas emocionais ou de relacionamento, que funcionam como blocos para progredir.
- Um mediador que trabalha com muita rigidez nas fases da mediação, pode acabar levando o casal para uma direção que nenhum deles queria... se o mediador passa rapidamente de uma fase a outra, os participantes podem ter dificuldade em expressar claramente suas vontades
- Às vezes, os casais foram até onde eles podiam ir, porque não estavam prontos para ir mais longe. Isso não significa que a "mediação falhou".

8. MOVIMENTO CIRCULAR NA MEDIAÇÃO

A dinâmica da mediação varia de casal para casal. Alguns casais se movem constantemente em direção ao chamado acordo mutuamente satisfatório. Outros parecem estar mais inclinados a permanecer no passado, ou até mesmo voltar atrás. Eles podem estar tão presos aos seus relacionamentos fracassados que precisam continuar vivendo das mágoas e injustiças que sofreram.

Estes casais são bastante difíceis de se trabalhar e exigem mais habilidades do mediador. Isto porque, quando temos a impressão de que os casais conseguiram dar um passo em direção à próxima etapa; uma ameaça seja ela real ou imaginária ou uma acusação pode jogá-los para trás novamente. Em casos como este, os mediadores devem, no início da sessão (preferencialmente), listar num quadro branco as prioridades ou objetivos do casal, para que eles não se esqueçam onde esperam chegar ("Você acha que isto está relacionado com o que você estava querendo para os seus filhos, Samuel?" ou "Naomi, talvez devêssemos olhar mais uma vez para as informações que você forneceu antes de descartar essa opção, você não acha?")

Na mediação, avanços e retrocessos são muito comuns. Tais movimentos não são apenas lineares – muitas vezes eles são circulares – nos dois sentidos – seguindo o trajeto circular da família. Discussões ou acusações podem dar voltas e voltas sem chegar a lugar algum. Mediadores tentam ajudar os participantes a sair deste ciclo, quando eles estiverem dispostos a fazê-lo.

Geralmente, quando o mediador faz uma pergunta, os participantes tendem a responder ao mediador, sem falar com o outro. Os mediadores devem encorajar os casais a conversar entre si – às vezes pela primeira vez após um longo período de tempo. Uma forma de facilitar a comunicação entre eles é pedir a um deles que explique ao outro e, não ao mediador, algo que o preocupa: *"Felipe, ajudaria se você pudesse explicar a Mariana como você vê a questão..."* Esta abordagem permite que discussões se agrupem, em vez de se dispersarem. No diagrama abaixo, a abordagem linear do mediador mostra a comunicação entre o mediador e cada parceiro separadamente, mas não a comunicação entre o casal. Na abordagem circular convergente, a comunicação se move mais livremente entre os participantes e o mediador.

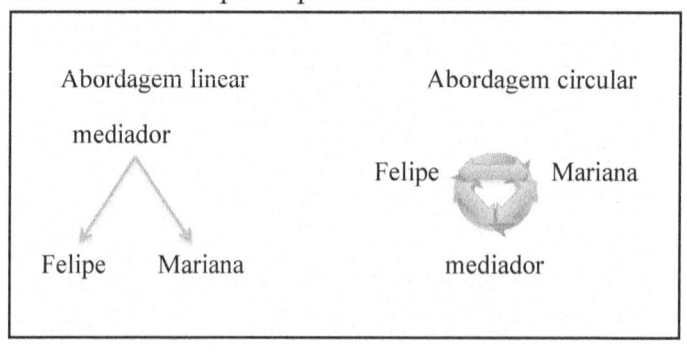

9. COMBINANDO GESTÃO DE PROCESSOS, GESTÃO INTERPESSOAL E HABILIDADES DE RESOLUÇÃO DE CONFLITOS

A tabela abaixo lista as habilidades que os mediadores precisam combinar e usar seletivamente, em função da dinâmica e nível de conflito. Cada mediador possui seu próprio estilo pessoal, bem como diferentes formas de trabalhar. Muitos mediadores são eficientes solucionadores de problemas. Os mediadores devem estabelecer o ritmo da mediação de uma fase a outra. No entanto, eles precisam estar atentos aos sentimentos das partes para não perdê-las. Mediadores que têm fortes habilidades interpessoais podem se sentir menos confortáveis quando devem lidar com informações financeiras e análise de dados. Mediadores eficazes precisam ser capazes de integrar a gestão de processos com suas habilidades interpessoais e suas habilidades para resolver conflitos, ao mesmo tempo que controlam as consequências provocadas pela tensão dos casais".

COMPETÊNCIAS DE GESTÃO DO PROCESSO	COMPETÊNCIAS INTERPESSOAIS	COMPETÊNCIAS PARA A RESOLUÇÃO DE PROBLEMAS
Avaliação inicial	Comprometimento com os participantes	Definir as questões
Marcar a primeira sessão	Escuta ativa	Fazer perguntas e desenvolver os assuntos
Explicar o processo e os objetivos	Reconhecer os sentimentos	Definir prioridades
Confirmação do consentimento para mediar	Tornar as preocupações comuns	Recolher e fornecer informação
Estruturação do processo	Gerir o conflito	Analisar e valorizar
Manter as regras básicas	Facilitar as comunicações	Explorar opções
Gestão do tempo	Concentrar a atenção nos filhos	Planejar passo a passo

Orientação para o aconselhamento jurídico	Gerir os desequilíbrios de poder	*Brainstorming* (reflexão conjunta)
Gestão do ritmo das negociações	Reenquadrar	Diminuir as diferenças
Redigir relatórios	Reformular com clareza	Negociação
Conclusão do processo	Encerrar a mediação com cuidado, encaminhar para outros serviços se necessário	Previsão e prevenção

10. DIFERENTES FACETAS DO PAPEL DO MEDIADOR

A mediação está evoluindo rapidamente e os mediadores precisam ser criativos na exploração de novos métodos e ideias. Usando uma abordagem eclética, a mediação pode ser projetada para atender às necessidades de um determinado casal ou família, em vez de esperar um único modelo que atenda a todos igualmente. Famílias e conflitos possuem diferentes formas, por isso mediadores precisam usar a imaginação e a criatividade, bem como seus conhecimentos e experiências para gerir muito bem o processo de mediação. Os mediadores têm múltiplas funções, incluindo as seguintes:

O catalisador: O mediador é um catalisador que inicia um diálogo entre os participantes. A comunicação entre os casais, geralmente, foi interrompida. Em alguns casos os participantes não conversavam entre si diretamente depois de um longo período de tempo.

O gerente: O mediador controla o processo de mediação e fornece uma estrutura para que as negociações sejam feitas. Os participantes são ajudados a definir os seus problemas, concordar com um calendário de encontros e tarefas a serem cumpridas e em como avançar, passando de uma fase a outra da mediação.

O árbitro: O mediador estabelece e mantém as regras básicas, dando tempo para que cada participante possa falar, controlando as interrupções e os comportamentos agressivos.

O facilitador: O mediador ajuda os participantes a se comunicarem melhor e explicarem suas preocupações. A raiva manifestada, muitas vezes, é um disfarce para a dor e o medo. Os mediadores também precisam ter sensibilidade e observar os sentimentos e emoções não ditos pelas partes. O humor pode ser usado, quando for o caso, para aliviar a tensão.

O intérprete: O mediador ajuda os casais a ouvir uns aos outros e olhar para as questões de outra maneira, muitas vezes, reenquadrando as declarações negativas em objetivos e preocupações positivas. Mediadores buscam interesses e compromissos comuns – especialmente no que diz respeito às crianças – que fazem transcender as diferenças entre os pais

O transmissor de informações: Mediadores ajudam os participantes a coletar e considerar informações relevantes. Os mediadores também explicam informações jurídicas ou outras informações relevantes. Boas habilidades de comunicação são imprescindíveis. O mediador dever dar as informações necessárias de maneira sensível, equilibrada e clara.

A ponte para novas estruturas familiares: Mediadores constituem uma ponte para apoiar para as famílias – pais e crianças – nas transições de um tipo de estrutura familiar para outro. Casais que estão se separando muitas vezes precisam de apoio, durante um curto período de tempo, para que possam manter ou reconstruir boas relações parentais enquanto terminam seus relacionamentos conjugais.

O testador da realidade: Mediadores exploram todas as possíveis opções, levantando questões para ambas as partes e verificando a viabilidade das propostas. Às vezes, uma das partes faz exigências ou sugere propostas baseadas em pensamentos positivos ou conhecimentos inadequados da situação. Quando o mediador explora como as propostas feitas funcionariam na prática, eles ajudam as pessoas a olharem para a situação real e não para a situação imaginada por eles.

O condutor: Um mediador é um condutor em termos verbais, musicais e científicos: verbal no sentido de que o mediador ajuda as pessoas a transmitir umas às outras o que elas precisam dizer; musical no sentido que o mediador orquestra diferentes vozes, transformando a discórdia em harmonia. O barulho dos casais em conflito é dissonante e conflitante. Mediadores precisam controlar o som de modo que cada voz de cada um possa ser ouvida, mantendo um equilíbrio entre eles e orquestrando o ritmo durante as fases ou os movimentos no processo. Mediadores ajudam as partes a "marcar pontos" ou fechar cada fase, para auxiliá-las a perceber o movimento seguinte. Eles ajudam a orquestrar vozes que podem produzir uma nova forma de harmonia. É científico, no sentido de que mediadores também são condutores de energia. A energia que as pessoas trazem para a mediação é muitas vezes negativa – estar com raiva consome muita energia. Mediadores tentam mudar o fluxo de energia negativa para positiva, fazendo com que a energia das partes seja utilizada de forma construtiva.

O sintetizador: Mediadores precisam resumir e elaborar habilidades para misturar declarações díspares e para resumir os resultados da mediação de uma forma que ajude os participantes e seus consultores legais. Propostas mutuamente aceitáveis precisam ser redigidas com clareza, transformando os acordos em atos vinculativos. Se não houver propostas de acordo, o mediador deverá escrever um relatório esclarecendo as questões pendentes e as posições das partes, para ajudá-las nas negociações com advogados ou, se necessário, em ações judiciais. A linguagem da mediação é importante para a construção de uma síntese de partes discordantes.

O malabarista: Mediadores qualificados são como malabaristas. Eles pegam as ideias de cada uma das partes e fazem tais ideias circular. As habilidades dos malabaristas são visíveis, ao contrário da magia dos truques de um mágico. Os mediadores não precisam ser tão rápidos quanto os malabaristas, mas eles precisam do seu equilíbrio, destreza de movimentos e flexibilidade intelectual para fazer com que as informações e as ideias circulem livremente. Entreter uma ideia ou jogar uma sugestão no ar não tornam as dificuldades menores, mas fazem parte do processo.

A palavra "malandro" tem conotações negativas, mas Benjamin, um mediador americano, comparou o papel do mediador com o de "um malandro folclórico", que pode "enfrentar uma dura realidade, conflitos irregulares" na tentativa de mudar as coisas em sua cabeça, transformando visões e percepções (BENJAMIN 1995, p. 17).

Os mediadores podem questionar os modos de pensar e as opiniões das partes. Eles não levam as pessoas para direções que elas não desejam ir, mas incentivam ideias inovadoras e uma nova visão quando as ideias das partes não são claras ou quando são fixas (presas num único ponto). Mediadores devem encontrar outras maneiras de animar casais que estão tristes ou com raiva, tornando-os capazes de rir novamente. Se a mediação colocá-os para cima, em vez de coloca-los para baixo, eles se sentirão mais livres para se movimentar. Mediadores precisam levar a sério os problemas manifestados e ao mesmo tempo explorar as necessidades e preocupações de cada participante participante, ajudando-os a seguir em frente, pois no final das contas nosso caminho será "chegar onde nós começamos e conhecer o lugar pela primeira vez".

"E tudo estará certo e
E toda a espécie de coisas estarão certas
Quando as línguas da chama estão dobradas para dentro
Em direção aos nós coroados do fogo
E o fogo e as rosas são só um..."[3]

---

[3] T. S. Eliot, *Antologia Poética, Estudo prévio, selecção e tradução de José Palla e Carmo, Publicações Dom Quixote*, Lisboa, 1988

CAPÍTULO 6

LINGUAGEM E COMUNICAÇÃO

"Eu estava muito mais longe do que você pensava e, eu não estava acenando, mas me afogando"
(Stevie Smith -1957)

SUMÁRIO: 1. Comunicação. 2. Escuta ativa e postura centrada. 3. Comunicação não verbal. 4. Silêncio. 5. Tensão, estresse, raiva reprimida. 6. Casais que argumentam sem ouvir. 7. Versões conflitantes "da verdade". 8. Fazer perguntas. 9. Diferentes tipos de perguntas. 10. A finalidade dos diferentes tipos de perguntas. 11. Filtrar a negatividade. 12. Usar uma linguagem simples. 13. Dificuldades – Língua ou audição. 14. O uso da linguagem condicionado aos gêneros masculino/feminino. 15. Superioridade. 16. Encorajar as partes a falar por si próprias. 17. Atuar como árbitro, mantendo as regras básicas. 18. Repetir e resumir. 19. O mediador como intérprete. 20. Enquadrar e reenquadrar. 21. Como funciona a reformulação positiva?. 22. Mensagens e meta-mensagens. 23. Pontuação. 24. Imagens e metáforas.

1. COMUNICAÇÃO

A essência da mediação é a comunicação. Diferentes meios de comunicação necessitam de atenção especial na mediação. Não podem existir linguagem sem comunicação, nem comunicação sem linguagem. Nossas percepções sobre as outras pessoas e o mundo exterior são determinadas por uma série de filtros que incluem experiências pessoais, crenças e linguagem.

A linguagem tem um grande poder de despertar sentimentos e evocar imagens, dependendo dos significados que são transmitidos e da maneira pelas quais eles são interpretados. As palavras que usamos são também importantes, elas podem confundir ou esclarecer, enfurecer ou acalmar. Cada palavra possui diferentes níveis de associações – pessoais, culturais, conscientes e inconscientes. Estas associações influenciam a forma como vemos o mundo à nossa volta, condicionando nossas respostas a pessoas e eventos. Todos nós transmitimos ideias por meio da linguagem. A linguagem nos ajuda a organizar nossos pensamentos e moldá-los em mensagens. A comunicação, sendo muitas vezes difícil de manter um diálogo coerente, já que seus argumentos estão carregados de emoções e acusações.

Uma simples observação do mediador, reconhecendo a existência de problemas de comunicação, pode aliviar a tensão presente. Em primeiro lugar, porque a observação do mediador mostra compreensão e empatia, em segundo lugar, porque ambos os parceiros concordam com o mediador e, em terceiro lugar, porque reconhecem que o problema é dos dois, não implicando em responsabilidade ou culpa para nenhuma das partes. Os diálogos entre casais na mediação podem ser vistos como parte do *script* de um drama pessoal e familiar. Ambos os parceiros conhecem muito bem as falas do seu roteiro e qualquer sugestão de um deles ao outro pode provocar a repetição de uma cena de raiva, na qual eles tentam ganhar a simpatia do mediador, um mero espectador da cena.

Mediadores precisam ser bons ouvintes, bem como bons comunicadores. Eles precisam ouvir com sensibilidade o que é dito. John Haynes chama o ato de ouvir atentamente o outro de "terceiro ouvido", ato pelo qual o mediador não somente escuta o que foi dito, mas também escuta as mensagens não ditas. Intervenções oportunas do mediador podem ajudar a mudar o roteiro. A participação do mediador na mediação transforma o diálogo num "triálogo", no qual o mediador provoca respostas de ambos os participantes, organizando a comunicaçao entre eles de forma mais estruturada.

2. ESCUTA ATIVA E POSTURA CENTRADA

Mediadores mostram que estão ouvindo atentamente as partes por meio de sua postura, expressão facial e contato com os olhos, bem como através das palavras por ele utilizadas. A postura do mediador precisa transmitir tranquilidade e atenção. O mediador precisa tomar cuidado para não se inclinar muito para frente para não parecer intrusivo, nem estar muito relaxado, para não dar a ideia de que não está interessado.

A arte marcial japonesa *Aikido* enfatiza a importância de uma postura estável e equilibrada para lidar com o conflito e o estresse. Além disso, ensina que devemos nos preocupar muito mais com a maneira pela qual respondemos à agressão, do que com a maneira que instigamos o ataque. A posição do corpo bem equilibrada e centrada permite a mente de se mover livremente. Um mediador bem centrado mantém o contato visual com ambas as partes, olhando para ambos simultaneamente, observando suas reações, posturas e linguagem corporal. Alguns mediadores podem mostrar que estão atentos por meio de: "uhumm", "sim", "entendo". Outros preferem ouvir em silêncio. É primordial mostrar a mesma atenção e empatia para ambos os participantes. Daniel Barenboim (2008, p. 37) destaca a importância da escuta reflexiva: "Escutar é ouvir com o pensamento, da mesma forma que sentir é se emocionar com o pensamento".

3. COMUNICAÇÃO NÃO VERBAL

A comunicação verbal constitui o núcleo central da mediação, embora comunicação não verbal seja também muito importante. As primeiras pesquisas sobre a comunicação não verbal mostraram que numa apresentação diante de um grupo de pessoas, 55% do impacto foi determinado pela linguagem corporal (postura, gestos e contato visual), 38% pelo tom de voz e apenas 7% pelo conteúdo da apresentação (MEHRABIAN; FERRIS, 1967). Mediadores precisam estar atentos à linguagem corporal dos mediandos e também às mensagens não verbais entre eles. Alguns tipos de linguagem corporal na mediação necessitam de uma resposta imediata do mediador, enquanto outros não precisam de nenhum comentário. A própria linguagem corporal do mediador – contato visual, expressão facial, gestos, postura – transmitem mensagens aos mediandos. As mãos, por exemplo, podem ser usadas para enfatizar imparcialidade e equilíbrio, no entanto, quando o mediador movimenta de forma excessiva suas mãos, isto pode se tornar uma distração. Um sorriso para ambos os participantes no momento oportuno pode ajudá-los a se sentir acolhidos e mais relaxados, enquanto que mediadores que fazem apenas contatos visuais fugazes acabam aumentando a tensão na sala de mediação. Um sorriso sempre convida um outro sorriso em resposta. A comunicação é criada mais facilmente por meio da linguagem corporal e do tom de voz do que por palavras.

4. SILÊNCIO

Momentos de silêncio são comuns na mediação. Sentimentos de tristeza e compreensão são frequentemente compartilhados silenciosamente entre os casais. O silêncio é uma forma de comunicação e o mediador não deve tentar se apressar para preencher o silêncio que muitas vezes está carregado de emoções. O silêncio pode ser profundo, levando as partes a refletir, ou altamente emocional. Às vezes o silêncio requer mais tempo para a reflexão. Outras vezes, o silêncio pode parecer ameaçador. Assim, a tensão precisa ser reconhecida e palavras adequadas precisam ser encontradas para liberá-lo, a fim de evitar uma explosão prejudicial durante a sessão de mediação ou em sessões posteriores.

5. TENSÃO, ESTRESSE, RAIVA REPRIMIDA

Quando um mediador percebe que uma das partes ou ambas seguram os papéis firmemente com as mãos ou balançam os pés para cima e para baixo, é importante que ele reconheça que, para o casal em questão, a separação é extremamente estressante. Assim, de modo a reduzir o estresse, o mediador deverá conduzir a mediação lentamente, passo a passo. Braços cruzados sobre o peito, mãos fechadas, pernas firmemente cruzadas – podem ser posições defensivas que indicam vulnerabilidade, medo de ataque, ou raiva reprimida. Alguns participantes podem manter os olhos baixos evitando o contato com o outro, ou se afastam fisicamente do outro, movendo a cadeira de lugar. Quando isso ocorre, os mediadores podem ajudar os participantes a se sentir mais seguros, buscando garantias mútuas que não podem ser oferecidas de forma espontânea. Se um participante evita o contato visual com o outro, olhando para o chão ou para fora da janela, este é um sinal de que algo precisa ser feito para fazer com que a pessoa se sinta mais segura ou mais envolvida na mediação.

Cabe ao mediador fazer uma pergunta que reintegre a pessoa que parece não estar presente, convidando-a por meio do contato visual. Quando alguém apresenta uma postura "espalhada", recostando-se na cadeira com pernas e braços esticados, tal comportamento pode indicar um sentimento de superioridade, mas os mediadores devem ser cautelosos na interpretação da linguagem corporal. Um participante que fecha seus olhos pode estar evitando o confronto, mas olhos fechados podem também mascarar medos ocultos ou raiva reprimida. Franzir a testa, manter a boca franzida ou trêmula, manter as mãos no rosto, olhar o parceiro com raiva – são expressões que devem ser anotadas e respondidas de alguma forma.

6. CASAIS QUE ARGUMENTAM SEM OUVIR

Quando casais estão se separando, seus argumentos são muitas vezes, breves e violentos, e não calmos e reflexivos. Nenhum dos dois escuta o que o outro está dizendo. Mediadores precisam acalmá-los, fornecendo uma estrutura adequada para que cada um possa falar e ser ouvido. Os casais costumar "soltar o verbo" como forma de extravasar suas energias. O mediador, então, deve capturar as energias e canalizar as emoções das partes de forma mais construtiva.

Muitas pessoas têm dificuldade em expressar seus sentimentos. É frequentemente necessário entender como eles estão se sentindo e ajudá-los a esclarecer o que eles estão sentindo. As palavras podem acumular diferentes significados que se sobrepõem ao seu significado inicial. Mediadores, frequentemente, precisam pedir esclarecimentos.

Quando um dos pais levanta uma objeção ao contato das crianças com o outro pai, pode ser útil pedir mais explicações por meio de um exemplo: "Camila, para que eu entenda melhor as dificuldades que ocorrem quando David pega as crianças, você poderia dar um exemplo do que aconteceu da última vez que ele ligou para buscá-las? ..." É importante repetir o que cada parceiro diz, especialmente quando eles estão chateados e com raiva. "Então você está preocupado com .... e David está preocupado com ...."

Quando o mediador repete aos participantes a posição de cada um deles, isso pode ajudar a acalmá-los, porque mostra que eles foram ouvidos. Estas técnicas são ingredientes imprescindíveis à mediação. Elas ajudam a diminuir o ritmo dos argumentos agressivos que não levam a lugar algum. Em situações em que os conflitos são intensos, a linguagem usada pelo mediador é particularmente importante. Palavras fortes precisam ser usadas para reconhecer sentimentos fortes, sem implicar juízo de valor. Comportamentos inaceitáveis podem ser reprimidos pelo mediador.

7. VERSÕES CONFLITANTES "DA VERDADE"

Casais que estão se separando, muitas vezes, permanecem presos em argumentos circulares sobre o que aconteceu, quando aconteceu, quem fez o quê, quem disse o quê, e quem está certo. Quando casais nos contam suas histórias, sabemos que estas são, inevitavelmente, subjetivas, obscurecidas por sentimentos e coloridas por valores sobre o que é certo ou errado, aceitável ou inaceitável.

Eventos, experiência e percepções são confeccionados numa espécie de tapeçaria que compõe a nossa imagem do mundo. Temos uma grande necessidade de falar para contar nossas experiências de maneira que possamos confirmar nossas percepções e autoimagem. O próprio processo de relatar experiências altera a maneira como elas são revividas na mente e enraizadas na memória. A cada releitura, aquele que fala fica mais convencido de que o evento foi realizado da forma por ele descrita.

Quando casais separados discutem sobre versões conflitantes do mesmo evento, isto é mais ameaçador para eles do que meras diferenças das recordações dos fatos. Cada parceiro tem uma imagem internalizada que pretende apresentar ao mundo exterior, mas quando estão face a face, se veem confrontados e ameaçados pela imagem do outro parceiro. Se o confronto é gritante e uma determinada imagem se estilhaça em pedaços, o "proprietário" desta imagem pode sentir como se o seu mundo tivesse desmoronado. Mediadores precisam estar atentos à extrema vulnerabilidade das pessoas que estão lutando para guardar uma certa imagem. Embora os mediadores não sejam conselheiros ou terapeutas, eles precisam mostrar compreensão, reconhecendo os sentimentos e emoções das partes. No entanto, é importante que o mediador não reconheça a angústia das partes para que não provoque o seu aumento ou exponha à vulnerabilidade de uma parte a outra.

8. COMO FAZER PERGUNTAS

Mediadores passam uma boa parte do tempo da mediação fazendo perguntas. As perguntas precisam ser equilibradas, bem focadas e colocadas com cuidado, de modo que não pareçam um interrogatório policial ou uma sessão de terapia.

Pesquisadores (KRESSEL *et al.*, 1989) constataram que perguntas bem colocadas pelos mediadores estavam intrinsecamente associadas a resultados positivos, enquanto que perguntas inadequadas ou a utilização de técnicas de interrogatório estavam associadas a resultados negativos. Fazer perguntas adequadas é uma habilidade muito importante na mediação. Fazer perguntas ajuda os mediadores a evitar de fazer declarações, oferecer sugestões ou ter que responder pelas partes. É importante que os mediadores continuem a fazer perguntas, mesmo quando eles pensam já saber a resposta. A mesma pergunta deve ser feita a cada uma das partes individualmente, pois, geralmente, as respostas são diferentes. A ordem com que as perguntas são feitas a cada um deles deve ser alternada. Perguntas "abertas" deixam espaço para respostas livres, embora possam provocar discussões fervorosas entre os participantes.

Perguntas "fechadas" e precisas ajudam os mediadores a obter informações específicas e a conter os conflitos. Ao contrário de Aristóteles, os mediadores não devem iniciar a mediação com a pergunta:

"Por quê?'. Inquirir sobre causas convida a culpa e respostas de autojustificacão que podem ser muito perturbadoras. Perguntas precisas ajudam a manter a estrutura da mediação e a gerir os conflitos. Muitas pessoas vêm para a mediação muito nervosas. Quando o mediador pergunta: "Você poderia explicar a sua situação atual?" Ele convida as partes a falar livremente. No entanto, também pode colocá-los num dilema: por onde devo começar ou terminar? Se um dos parceiros se lança num longo discurso contra o outro parceiro, este pode ter medo de não ter sua chance de falar fazendo com que perca a confiança no mediador.

As pessoas têm muito medo de perder o controle e de se machucar. Alguns também temem machucar o outro. Muitas pessoas acham que é mais fácil e seguro responder a perguntas específicas, tais como: "Onde você está vivendo no momento? "A decisão de se separar foi uma decisão conjunta?" (em vez de perguntar: "Por que vocês se separaram?"), Ou "Há que horas você gostaria de pegar as crianças no próximo sábado?" Desta forma, o mediador pode coletar informações importantes e identificar os problemas de modo ordenado e, sobretudo, menos estressante para os casais.

Kressel e seus colegas (1989) descobriram que mediadores qualificados tendem a usar uma determinada estrutura facilmente identificável quanto ao tipo de perguntas que fazem e o tempo que utilizam para cada pergunta. A estrutura tem mais ou menos o formato de uma pirâmide, na qual as perguntas vão diminuindo gradualmente conforme as informações são coletadas, fazendo com que a mediação avance. Os exemplos a seguir mostram como as questões podem ser usadas para estruturar o processo de mediação e chamar a atenção para o presente, para o futuro ou para o passado. Muitos casais ficam presos no passado e precisam de ajuda para seguir em frente, em vez de olhar para trás. De modo geral, conselheiros e terapeutas acreditam que compreender o passado é fundamental para lidar com o presente e o futuro. Os mediadores tendem a se concentrar no presente e no futuro, sem perguntar quando e como o relacionamento do casal começou a se desfazer. Muitas vezes, os casais se referem ao passado, espontaneamente, culpando uns aos outros, mas é importante deixar claro que o papel do mediador não é explorar o passado ou fazer juízos de valor sobre o que deu errado. Perguntas que ajudam os casais a seguir em frente, e não olhar para trás, são mais úteis. "Então, o que você acha que precisa acontecer?" "O que funcionaria melhor?" Perguntas orientadas para o futuro ajudam as pessoas a ver como elas imaginam o futuro.

Perguntas focadas no presente

Normalmente, é necessário perguntar se os pais já estabeleceram algum tipo de acordo entre si, a fim de compreender a situação presente. Se os pais já estão separados, "Com que frequência você está vendo os seus filhos neste momento? Qual é o padrão habitual? Vocês acham que está funcionando?" Também é importante perguntar sobre a relação das crianças com os irmãos .... "Eles se dão bem? ... Quem é mais próximo de quem? ..." E também da relação com outros membros da família. Avós costumam oferecer um refúgio de segurança para as crianças quando os pais estão se separando. "Existem outros parentes que vivem nas proximidades? Há mais alguém que é especialmente importante para as crianças?" A maneira pelas quais os pais respondem a estas perguntas, bem como o conteúdo de suas respostas, mostra ao mediador como eles se comunicam e, sobretudo, se eles escutam uns aos outros. É importante descobrir se os pais veem seus filhos como indivíduos e, se eles são capazes de separar as necessidades das crianças das suas. Isto é particularmente difícil quando há apenas um filho. Às vezes, a preocupação de um dos pais com os seus filhos é parte integrante de uma vontade oculta, como continuar vivendo na casa da família. Mediadores precisam saber utilizar tudo o que foi dito – verbalmente ou não – para formular mais perguntas.

Perguntas focadas no passado

Informações sobre como os pais administravam a vida familiar no passado podem ser fundamentais para a realização de acordo parentais para o presente e o futuro. Embora mediadores se concentrem no futuro, é importante entender como as crianças eram cuidadas antes da separação de seus pais e, até que ponto os pais dividiam as tarefas e responsabilidades parentais.

Exemplos de questões focadas no passado

- Quando voces viviam juntos, quem cuidava das crianças na maioria das vezes?

- Quem costumava colocar as crianças na cama e se levantar durante a noite para verificar se tudo corria bem?
- Quando eles começaram a escola ou creche, quem os levava e quem ia buscá-los?
- [Se ambos os pais estavam trabalhando], quem ficava em casa quando a criança estava doente?
- Quem levava as crianças ao médico ou dentista?
- Vocês concordam com a maneira de educar as crianças?
- Quem ia para reuniões na escola, quem ajudava com a lição de casa?
- Quem comprava as roupas das crianças, brinquedos e presentes de aniversário?
- A religião é um aspecto importante na educação das crianças?
- As decisões sobre os filhos eram discutidas e acordadas, ou eram tomadas, principalmente, por um dos pais individualmente? Você queria ter discutido sobre essas decisões?
- Os filhos se davam bem uns com os outros, antes da separação? Eles começaram a se dar melhor agora?

Fazer esses tipos de perguntas ajuda a entender os padrões anteriores de parentalidade e relacionamentos. No entanto, devemos tomar cuidado para não assumir que aquilo que funcionava ou aquilo que não funcionava antes da separação deveria impreterivelmente funcionar no futuro. O objetivo é investigar se parentalidade compartilhada era possível anteriormente, para que planos realistas possam ser feitos para o presente/futuro. É importante perguntar aos pais se eles têm sido capazes de tomar decisões conjuntas sobre a educação das crianças, saúde e religião, etc. distinguindo estas grandes áreas da responsabilidade parental quotidiana e da forma como o tempo das crianças é dividido entre os pais.

9. DIFERENTES TIPOS DE PERGUNTAS

Tipo de pergunta	Finalidade	Exemplo
Aberta	Convida a uma resposta genérica ou espontânea.	"Então, o que vocês esperam da mediação?"

Fechada	Limita a informação que pode ser dada na resposta. Mantém o controle do processo.	"Vocês têm algum tipo de hipoteca?"
Indireta	Pode ser respondida por qualquer uma das partes.	"Vocês têm algum tipo de acordo em andamento?"
Direta	Dirigida a uma das partes de cada vez.	"Ana, você já olhou o preço das casas? Paulo, você já deu uma olhada...?"
Orientada para o passado	Recolhe informações sobre o passado, se necessário.	"Vocês usaram o dinheiro do apartamento para comprar a casa de vocês?"
Orientada para o presente	Esclarece as medidas que estão em curso.	"Com que frequência você vê os seus filhos neste momento?"
Orientada para o futuro	Foca a atenção no futuro.	"Como é que vocês gostariam que isto funcionasse no ano que vem?"

A relevância das perguntas

É importante pensar sobre a finalidade das perguntas. Mediadores podem ser desafiados a explicar uma questão aparentemente irrelevante – "Por que você está perguntando isso?" Os diferentes tipos de perguntas, sejam elas diretas ou indiretas, abertas ou fechadas, são extremamente importantes, dependendo da finalidade que o mediador dá a delas:

Perguntas abertas servem para restabelecer a comunicação e esclarecer as principais preocupações e objetivos de cada participante: "Você poderia dizer o que você espera da mediação?"

Perguntas direcionadas à procura de informações: "Quantas vezes por semana vocês veem as crianças neste momento?" "Você está me dizendo que se trata de uma conta de poupança destinada para fins fiscais. Quando você espera obter a sua próxima declaração de impostos?"

Perguntas voltadas para negociação: "O que você poderia fazer para tornar mais fácil ...?" "Qual das opções seria mais viável para você?"

Perguntas-teste da realidade: "O que aconteceria se .....?" Quem é responsável pelo transporte das crianças nos fins de semana?"

Perguntas sobre opções "Vocês conseguem enxergar outras possibilidades?" "Vocês já pensaram em ....?"

Perguntas para esclarecer as prioridades e facilitar a comunicação: "Qual é a sua principal prioridade agora?" "Bill, você poderia explicar o que você quer para que possamos te entender melhor ...?"

Perguntas reflexivas

Perguntas reflexivas devem ser feitas cuidadosamente, uma pergunta reflexiva pode ajudar os pais a considerar um aspecto que eles não tinham pensado antes, abrindo uma janela para um novo ponto de vista: "Eu me pergunto o que vocês gostariam que seus filhos dissessem quando adultos se alguém perguntasse como eles viveram a separação dos pais?" "Se a Luisa na idade adulta decidir se casar, vocês não acham que ela gostaria que vocês viessem ao casamento, sem que ela tivesse que se preocupar se poderia haver ainda discussões entre vocês?" Estas são perguntas muito úteis, por meio delas podemos ver a resposta nos olhos das pessoas e quase podemos ver o pensamento delas em nuvenzinhas acima de suas cabeças. Às vezes, elas provocam uma mudança de direção na mediação.

Perguntas hipotéticas

Perguntas hipotéticas ajudam as pessoas a imaginar um cenário possível, sem se comprometer ou se sentir ameaçados. Estas perguntas podem libertar as pessoas da sua situação atual, ajudando-as a se projetar para o futuro e a visualizar as possibilidades, como se assistissem a um filme em modo acelerado. Os mediadores podem perguntar que tipo de mudanças as partes estão procurando e, em seguida, perguntar sobre as condições que tornam possíveis tais mudanças. Sugestões do mediador podem ser "incorporadas" a uma pergunta, desde que não sejam apresentadas como soluções recomendadas. Perguntas hipotéticas são muito úteis na exploração de opções e na negociações do acordo.

Perguntas circulares

Perguntas circulares são um meio de reunir e esclarecer informações derivadas da chamada teoria dos sistemas, técnica usada em terapia de família que é também utilizada na mediação, mas de forma diferente, pois na mediação não há diagnóstico e/ou tratamento. Perguntas circulares exploram percepções, relações e comunicações entre os pares e entre os membros de uma família. Podemos dizer que é um modo de investigação projetado para fazer com que as partes façam uma pausa e pensem nos sentimentos e necessidades da outra pessoa. Perguntas circulares tendem a se focar nas comunicações e interações *entre* os participantes da mediação e *entre* eles e seus filhos. Elas ampliam o foco de investigação linear, pois as comunicações ocorrem em duas vias para cada um dos participantes. Perguntas circulares exploram os pontos em comum entre as partes, em vez de se focar em diferentes pontos de vista e posições. Elas são importantes porque interrompem as habituais explicações de causa e efeito que incentivam a culpa.

Questões que convidam alguém a explicar o que ele pensa da outra pessoa – que pode estar presente ou não – o que ele pensa ou como ele se sente sobre um dado problema, em vez de perguntar como eles estão se sentindo, incentivam mudanças de perspectiva que podem levar a um entendimento diferente ou a uma opinião diferente da anterior. Esta técnica é particularmente útil para ajudar os pais a considerar as necessidades e sentimentos dos seus filhos. Se ambos os pais descrevem os sentimentos ou necessidades de seus filhos de maneira semelhante, o mediador poderá usar tais preocupações para explorar opções ou modalidades de acordo. Se, no entanto, discordarem, mais perguntas circulares poderão ser feitas sobre como uma criança pode estar mostrando sentimentos diferentes para cada um dos pais, em momentos diferentes. A cada um dos pais pode ser perguntado o que eles acham que diriam os seus filhos, se eles fossem questionados sobre seus sentimentos, ou o que os preocupa neste momento.

Perguntas circulares, muitas vezes instigam comparações do tipo: antes/depois, melhor/pior. Os pais são convidados a se colocar no lugar das crianças e ver que seus filhos, como indivíduos, têm sentimentos e necessidades próprias, não podendo ser vistos apenas como extensões de cada um deles. Eles são ajudados a comparar as percepções, os sentimentos e as reações de seus filhos, sem que nenhum deles seja visto como certo ou errado. Perguntas circulares ajudam os participantes a olhar através dos olhos da outra pessoa – especialmente, através dos olhos de seus filhos – e, talvez, ver as coisas sob uma óptica diferente.

A tabela a seguir apresenta alguns exemplos das funções de diferentes tipos de perguntas. (Não se trata de uma lista exaustiva de perguntas, mas apenas de alguns exemplos).

10. A FINALIDADE DOS DIFERENTES TIPOS DE PERGUNTAS

Perguntas	Finalidade	Exemplo
Teste da realidade	Ajudar as pessoas a explicar suas ideias em termos concretos.	"Como você vê isso funcionando na prática...?"
Esclarecimento	Procurar uma informação mais específica ou tentar ouvir uma resposta mais completa.	"Você poderia dizer mais alguma coisa sobre ...?"
Resumo	Fazer um ponto sobre a situação e focar na mediação.	"Deixa eu ver ser eu entendi bem, a sua principal preocupação é...?"
Estratégia	Mudar a direção da mediação ou evitar uma discussão.	"Você não se importaria em colocar esta questão de lado por um momento e tratar primeiro desta outra questão...?
Reflexiva	Para promover a reflexão, oferecendo uma outra perspectiva.	"Eu me pergunto se seria útil falar sobre..."
Hipotética	Explorar algumas questões sem pedir às pessoas que se comprometam.	"Joana, se você decidir aceitar um emprego em tempo integral, como você acha que conseguiria...?
Circular	Ajudar a compreender diferentes visões e as relações familiares.	" Se o Gulherme estivesse aqui, o que você acha que ele diria?"

11. FILTRAR A NEGATIVIDADE

Casais muitas vezes apresentam objetivos opostos – às vezes muito opostos – denegrindo o outro. "Tiago é um inútil", "Na Juliana não se pode confiar". Como Fisher e Ury (1981) enfatizam, é importante separar as pessoas do problema. Mediadores precisam mostrar respeito e empatia, utilizando uma linguagem positiva, sempre que possível. Pedir a uma das partes para dar um exemplo recente sobre a dificuldade específica de um dado problema, em vez de julgá-la, é bastante útil. Um desentendimento específico pode ilustrar o problema em termos concretos. A outra parte pode, então, acrescentar mais detalhes ("mas o que eu realmente queria dizer era..."). Explicações podem, muitas vezes, mudar a visão sobre um desentendimento específico, mudando, consequentemente, a imagem da outra pessoa..

Quando casais estão em conflito, é útil utilizar uma linguagem positiva ao falar dos "seus planos (ou acordos) para o futuro", em vez de repetir palavras como "disputa" e "desacordo". Uma mensagem verbal pode neutralizar ou aumentar o conflito. Pais que estão se separando são muito sensíveis à linguagem. Por exemplo, falar sobre as preocupações com relação aos filhos, em vez das divergências ou falar sobre o apoio às crianças, em vez de pensão alimentícia. Os mediadores devem evitar o uso do termo "pai ausente" porque pode implicar que um pai abandonou a família. Da mesma forma, o termo "família monoparental" é crítico e doloroso, porque implica na existência de apenas um dos pais. Os mediadores devem incluir ambos os pais, utilizando frases como: "Vocês dois, como pais ...", "A família como um todo", "Para ajudar vocês e as crianças", "Para facilitar as coisas para todos vocês"; para mostrar que eles se preocupam em ajudar tanto as crianças quanto os pais. A mediação familiar não se limita a ajudar os adultos a resolver questões adultas. Mesmo que possa parecer óbvio, vale a pena dizer para as partes: "A separação [ou o divórcio] pode ter colocado fim ao relacionamento [ou casamento] de vocês, mas vocês ainda são pais. A família pode estar mudando, mas ela não vai deixar de existir". É importante para os pais perceber que existem muitos aspectos positivos da vida familiar e que as relações precisam continuar depois que eles se separarem. O mediador deve perguntar às partes não somente o que precisa continuar, mas também o que precisa terminar.

Os mediadores procuram filtrar as palavras acusatórias e os julgamentos. Por exemplo, se uma mãe diz sobre o pai: "Ele não se importa com o que as crianças comem", um mediador deve evitar de repetir palavras como "ele não se importa", podendo reformular o que foi dito de maneira positiva: "O tipo de comida que as crianças comem quando elas estão com o pai seria uma das coisas que você gostaria de discutir aqui hoje?"

Às vezes, ao neutralizarem demais o que foi dito, os mediadores correm o risco de ofender às partes. Quando o mediador reformula uma declaração carregada de emoção, fazendo com que ela perca a sua força, as partes podem se sentir desvalorizadas. Mediadores precisam usar palavras fortes evitando fazer qualquer tipo de julgamento. Se uma mãe diz: *"Eu fico louca quando ele (o pai) faz tudo o que a mãe dele pede"*. Repetir a frase como foi dita, pode deixar a mãe ainda mais irritada. No entanto, se o mediador disser: *"Então, você se sente um pouco irritada"*, a palavra *"irritada"* não é um substituto adequado para "ficar louca". No outro extremo da escala de emoções, a palavra feliz pode ser utilizada de modo insensível. No treinamento de dramatizações, mediadores costumam dizer: *"Então você ficaria feliz com o Leo se você pudesse ficar com os seus filhos um fim de semana sim e um fim de semana não?"* Casais que estão se separando podem se sentir aliviados, mas eles quase nunca estão felizes. É mais aceitável para o mediador perguntar: *"Então você está me dizendo que concordaria que as crianças ficassem com o Leo um fim de semana sim e um não?"*

12. USAR UMA LINGUAGEM SIMPLES

Quando as pessoas estão estressadas, sua capacidade de absorver informações é bastante limitada. Uma linguagem simples é mais fácil de ser compreendida. Todos nós temos maneiras próprias de nos expressarmos e, muitas vezes, precisamos ouvir a nós mesmos, para que possamos entender como somos ouvidos por outras pessoas. Pessoas que estão com raiva e angustiadas são facilmente confundidas por frases longas ou com uma terminologia especializada do Direito ou da Psicologia. A maneira como falamos é influenciada pela nossa educação familiar, experiências, amigos e atividades de lazer, bem como pelo trabalho que exercemos. Os discursos variam de acordo com a formação cultural e a classe social. Pessoas de diferentes regiões ou contextos sociais podem achar difícil de entender uma linguagem técnica profissional. Os mediadores devem estar atentos a manifestações de confusão nos rostos das pessoas.

Casais em mediação podem não ter a mesma cultura que o mediador. Por exemplo, a língua inglesa pode ser sua segunda língua ou um idioma que eles usam com dificuldade. o uso do/de um mesmo idioma pode ajudá-los a compreender a mediação e a sentir que eles estão sendo tratados como iguais. Na mediação, normalmente, não há necessidade de usar uma terminologia jurídica. Quando termos legais são necessários, algum tipo de explicação ou comentário é frequentemente muito útil. A mediação, como outras disciplinas, tende a desenvolver um vocabulário especializado próprio a ela. Mediadores utilizam expressões como: *caucusing* e 'empoderamento'. Este tipo de jargão pode mistificar um processo que deve ser transparente. Devemos ser capazes de explicar a mediação de modo claro o suficiente para que uma criança de cinco anos possa entender o seu significado.

13. DIFICULDADES – LÍNGUA OU AUDIÇÃO

Participantes que têm uma língua materna diferente podem precisar de um mediador que fala sua própria língua. No entanto, mediadores que falam vários idiomas são raros. O mesmo ocorre quando um ou ambos os parceiros têm problemas de audição, eles podem precisar de um mediador que possa assinar por eles ou um especialista em liguagem de surdos.

Intérpretes e especialistas que se juntam à mediação precisam da aceitação prévia de todos os participantes e, também, de uma boa compreensão do processo de mediação. Deve haver consulta prévia para garantir que todos os participantes se sintam confortáveis com a presença do especialista proposto.

Se uma das partes já conhecia o especialista, a imparcialidade deste pode ser questionada pela outra parte. Um outro problema que pode ocorrer, é o mediador não poder verificar com precisão a tradução feita pelo intérprete presente. O intérprete pode não ser capaz de transmitir as palavras exatas do mediador, ou as nuances da linguagem e os sentimentos por trás dela. Um intérprete precisa de um briefing[1] sobre o processo de mediação, a confidencialidade e as tarefas envolvidas. O mesmo se aplica para um especialista em linguagem de surdos ou para qualquer outro tipo de deficiência de linguagem. Cabe ressaltar que, é essencial abordar questões de equilíbrio e imparcialidade, o papel de um especialista convidado e seus efeitos no processo bem como no resultado da mediação.

14. O USO DA LINGUAGEM CONDICIONADO AOS GÊNEROS MASCULINO/FEMININO

Embora os estereótipos simplifiquem as diferenças, podendo causar confusão, estudos linguísticos sugerem que homens e mulheres costumam usar diferentes modos ou estilos de linguagem em razão/ devido ao condicionamento cultural de cada um deles (TANNEN, 1992). Quando os sentimentos entre um casal está alterado, é fácil para um parceiro interpretar mal o que o outro parceiro está dizendo ou ser incomodado pela forma como é dito. Muitos argumentos são baseados em mal-entendidos ou percepções diferentes e, raramente, em desentendimentos reais.

Homens podem se sentir mais confortáveis falando sobre atividades e aspectos práticos da vida do que sobre sentimentos. As mulheres, por outro lado, discutem relacionamentos e compartilham seus sentimentos com muito mais facilidade. Homens que acham que as emoções estão muito intensas, na maioria dos casos, preferem se retirar. Quanto mais um parceiro se retira da discussão, mais frustração causará ao outro que ja está com os nervos à flor da pele.

Mediadores podem ser capazes de aliviar a tensão presente na sala por meio de comentários sobre o padrão das discussões, observado por eles: "Quando é difícil falar, tudo parece mais difícil para ambos." "Eu posso verificar se eu entendi as principais preocupações de cada um de vocês? Sandra, você estava dizendo que ... e Gordon, você estava dizendo que..." Alguns casais têm o hábito de falar em voz alta, sempre que discordam. Eles podem ter-se acostumado a gritar um com o outro, ou pode haver um padrão no qual um dos parceiros

---

[1] NT.: Palavra inglesa que significa resumo em portugues. é a base de um processo de um planejamento, um conjunto de informacoes, em outras palavras, seria a passagem de informacoes de uma pessoa a outra.

aumenta o volume, enquanto o outro desliga. Mediadores costumam ver tais padrões em ação. Quando um parceiro parece não estar presente, enquanto o outro está gritando, aumentando o tom de maneira desesperadora, o mediador pode usar a mensagem transmetida e repeti-la em um tom calmo, não ameaçador.

O parceiro que "parece não estar presente" pode ser receptivo à voz calma do mediador, enquanto o outro diminuirá o tom da sua voz.

15. SUPERIORIDADE

Podemos encontrar alguns problemas quando um dos parceiros tem mais conhecimento ou está mais familiarizado com os termos profissionais ou técnicos que são relevantes para a mediação do que o outro.

O parceiro que não conhece estes termos costuma a se sentir um pouco perdido e deixado de fora. Uma esposa, que nunca trabalhou pode se sentir em desvantagem quando o mediador pergunta ao marido sobre assuntos financeiros. Embora a esposa perceba que as questões são necessárias, ela pode não entender as perguntas ou as respostas. Ela pode ficar com vergonha de revelar sua ignorância.

Isso pode acontecer também no sentido inverso, quando é a esposa quem administra as finanças da família ou tem uma melhor carreira do que o marido. Quando um parceiro usa termos técnicos para impressionar o mediador, o mediador precisa reconhecer o jogo de poder que está sendo jogado, e passar a usar uma linguagem simples e certificando-se que o outro parceiro se sinta envolvido na discussão (ver também o Capítulo 10).

16. ENCORAJAR AS PARTES A FALAR POR SI PRÓPRIAS

Casais irritados, muitas vezes, falam um com o outro na terceira pessoa, mesmo quando o outro está presente na sala. "O problema com Jessica / Jeremy é que ela / ele ...." Ou eles podem até se referir um ao outro de uma forma distante e condescendente como "Sr. Sílvia" ou "Sra Sílvia, como se a outra pessoa tivesse sido casado com outra pessoa. Mediadores devem tentar mudar a forma com que os casais tratam um ao outro, incentivando-os a falar por si próprios e, explicando que eles precisam, usar a primeira pessoa ("O que eu estou procurando ... Eu realmente gostaria que se ....."), em vez de dizer a outra pessoa que ele ou ela deve fazer, usando a terceira pessoa.

17. ATUAR COMO ÁRBITRO, MANTENDO AS REGRAS BÁSICAS

Casais em conflito, muitas vezes, tentam marcar pontos contra o outro. Se uma das partes está tomando todo o espaço, o mediador deverá interromper, de preferência, da maneira mais construtiva possível: "George, desculpe a interrupção. Se eu entendi bem, você está dizendo que ..... e Célia, você disse um pouco antes que ...?." O mediador deve mostrar às partes que ambas estão recebendo a mesma atenção e que nenhuma delas poderá dominar a discussão. Balanceamento e rebalanceamento podem ser feito pela manutenção de contatos, dando tempo para cada uma das partes propor e fazer cumprir regras básicas. Se uma das partes usa linguagem ofensiva ou ameaçadora, o mediador tem de ser firme e confiante o suficiente para deixar claro que isso tem que parar, se a mediação é para continuar.

18. REPETIR E RESUMIR

Repetindo o que cada pessoa disse, usando as palavras por eles utilizadas, é importante na mediação por várias razões:

- mostra que você está ouvindo com atenção e que você quer entender o problema;
- dá a cada pessoa a oportunidade de confirmar ou de corrigi-lo, se necessário;
- desacelera a mediação, se as discussões tiverem correndo muito rápido;
- repetir o que foi dito é importante, mas o tom de voz utilizado pelo mediador pode mudar o clima da mediação;
- um tom de voz diferente pode fazer com que a outra parte ouça;
- repetir pode reforçar uma declaração positiva ou preocupação conjunta;
- resumir as ideias principais ajuda a fazer um balanço e a planejar o próximo passo.

Cabe salientar que é preferível que os mediadores reformulem as questões em vez de repeti-las, isto porque repetir uma acusação poderia sugerir que o mediador concorda com ela.

19. O MEDIADOR COMO INTÉRPRETE

Uma esposa separada escreveu em seu formulário de pedido de encaminhamento à mediação: "Mattheus e eu precisamos reconstruir nossas vidas. Existem coisas importantes que discordamos. Nós, às vezes, não falamos a mesma língua e eu acredito que um terceiro poderia ser capaz de interpretar o que dizemos um ao outro".

Um intérprete procura traduzir com maior precisão possível o significado essencial do que foi dito. Mediadores podem ajudar casais que têm dificuldades em compreender um ao outro. A mesma mensagem dita por uma terceira pessoa, que não está emocionalmente envolvida no conflito, pode ser ouvida de maneira diferente.

O mediador terá não somente que repetir as declarações feitas, como também reformulá-las de modo que o orador se sinta ouvido e compreendido, ao mesmo tempo, em que o mediador ajuda a outra parte a ouvir e a entender. O ouvinte pode então responder positivamente, deixando a agressividade de lado. Quando o mediador substitui as declarações usando palavras diferentes, é importante verificar se o seu significado ou a própria mensagem estão sendo transmitidos com precisão.

20. ENQUADRAR E REENQUADRAR

Nós construímos nossa realidade com base em uma mistura de percepções, crenças, interpretações, experiências passadas, esperanças e temores em relação ao futuro. Não é surpreendente que casais que estão se separando apresentem fatos inconsistentes e contraditórios de uma mesma situação ou de um mesmo incidente.

Isto porque, cada um de nós constrói uma "imagem" do mundo que nos cerca. Estas "imagens" são usadas para definir reações e respostas, mesmo quando produzem resultados autodestrutivos.

Não há uma "imagem" à certa ou errada: cada uma delas é válida. Contudo, enquanto os casais que estão se separando continuarem a discutir sobre qual é o ponto de vista certo, eles vão deixar de fazer progressos na mediação. Ao ouvir as partes, esclarecer e resumir o que foi dito, os mediadores mostram interesse e aceitam as imagens contraditórias mostradas pelas partes, sem dar preferência a uma ou outra ou sem fazer julgamentos. Nos estágios iniciais da mediação, cada participante, muitas vezes, retrata o outro de forma negativa, culpando ou acusando o parceiro. O desafio dos mediadores é reformular as declarações, acusatórias de forma que elas que se encaixem na imagem descrita, porém elas são colocadas numa nova moldura de modo que possa ser vista por uma perspectiva diferente. Para uma discussão mais aprofundada sobre frames[2] e o seu uso em Programação Neuro Linguística (PNL) e mediação, ver o Capítulo 11, s. 2).

Oferecer uma perspectiva diferente permite que um problema seja visto sob outra óptica. Assim, quando um mediador reformula uma declaração feita por uma das partes, ele ajuda a mudar as atitudes da outra parte sem que ele precise ser assertivo ou crítico. Reformular declarações ou ideias oferece uma maneira diferente de compreendê-las, sem substituir o significado orignial pelo significado do mediador. A reformulação pode ser usada para mudar o foco das discussões passando de discordâncias individuais de um parceiro ao outro para preocupações conjuntas dos filhos. A reformulação regular ajuda a manter as crianças no centro das discussões dos pais. Não é incomum ver os pais repetirem a linguagem e as expressões utilizadas pelo mediador. Reformular requer sensibilidade e algums habilidades gramaticais como mudanças de palavras e sintaxe para ajudar a mudar o fluxo de energia do negativo para o positivo.

21. COMO FUNCIONA A REFORMULAÇÃO POSITIVA?

1. Ela ocorre quando palavras ou declarações que foram ditas são colocadas de maneira diferente: mostrando uma ótica diferente. A intenção é esclarecer e facilitar a comunicação entre as duas partes, sem impor a visão pessoal do mediador. Uma maneira simples de

---

[2] NT: Frame, em portugues: quadro, moldura. Em mediação frame significa imagem, a forma como cada um de nos vemos/enxergamos as coisas,

reformular é fazer uma pergunta em vez de fazer um comentário, para verificar que a preocupação ou objetivo subjacente do orador foi compreendida. Se ela não for correta, será corrigida pelas partes. Se, por outro lado, a reformulação é precisa, geralmente, seráconfirmada pelas partes por um aceno positivo com a cabeça e contato com os olhos.

2. Se palavras e frases negativas são repetidas, a repetição lhes dará um peso e um reforço adicionais. A resignificação deve ser positiva: não culpar, não acusar e não denegrir ninguém.

3. A reformulação positiva é bastante importante. O benefício da dúvida pode ser dado às partes, até que elas forneçam mais evidências de que suas declarações têm apenas caráter destrutivo. Oferecer uma explicação positiva para uma posição negativa ajuda as pessoas a se sentirem melhor. Na maioria das vezes elas sabem que estão agindo incorretamente. Quando a reformulação válida uma declaração, ela ajuda a restaurar a autoestima que, muitas vezes, estáextremamente baixa durante o processo de separação e divórcio.

A resignificação positiva identifica preocupações subjacentes que podem estar escondidas embaixo de reações defensivas. Se o mediador mostra que ambos as partes estão preocupadas, um terreno comum entre eles pode ser abrir e ser explorado.

4. Quando a reformulação é dirigida a uma das partes, o mesmo deve ser feito à outra. É muito importante para o equilíbrio tratar ambos da mesma maneira – propiciando a identificação de um terreno comum e de preocupações comuns, mesmo quando o que está em foco são as declarações de apenas uma das partes.

5. A reformulação feita de maneira calma e reflexiva reduz a temperatura emocional, especialmente quando os níveis de emoção ou tensão estão elevados. A escuta ativa torna-se mais fácil. A reformulação pode ser usada como um passo em direção a outras questões que precisam ser exploradas.

O ritmo e o tempo do reenquadramento

Mediadores inexperientes tendem a perder sugestões para reformulação e perder oportunidades valiosas para intervir em um momento crítico. Se essas oportunidades são perdidas repetidamente, o conflito pode escalar e as partes podem perder a confiança na capacidade do mediador para contê-los. Por outro lado, quando a reformulação ocorre muito rapido ela pode não ajudar. O mediador deve tomar cuidado para não transmetir sua opiniao, diminuindo a importância da declaração original do falante. A reformulação não é uma técnica utilizada isoladamente: mas parte de um processo em que cada intervenção do mediador deve ser feita com cuidado de modo a conduzir para a etapa seguinte.

22. MENSAGENS E METAMENSAGENS

Alguns casais não discutem abertamente. Eles enviam uns aos outros mensagens codificadas. Mediadores precisam desenvolver a habilidade de "escuta do terceiro ouvido" para identificar e decodificar tais mensagens. A *metamessage* ou "metamensagem" é uma mensagem subjacente oriunda da transmissão de informações sobre sentimentos, relacionamentos e atitudes. A mensagem subjacente pode contradizer o que está sendo dito abertamente. Mensagens codificadas ou "metamensagens" são mensagens sutis que ferem mais do que um ataque imediato, especialmente se elas ofendem e inferiorizam o outro parceiro por meio de sarcasmo ou ridicularização. Mensagens codificadas podem ser tentativas de levar o mediador a tomar partido por uma das partes, às vezes usando palavras aparentemente inócuas para transmitir uma mensagem de que a outra parte não é razoável, é estúpida ou ridícula.

23. PONTUAÇÃO

Mediadores precisam orquestrar discussões e gerenciar o tempo. É útil ter um conceito de "pontuação" – enfatizando, colocando um ponto final, começando um novo parágrafo. Estruturas podem ser mantidas, marcando o fim de cada etapa antes de passar para a próxima. O mediador precisa ser pró-ativo – e não apenas passivo – na gestão de estrutura e ritmo.

O uso da pontuação ajuda a

- manter os participantes na pista;
- traçar uma linha sob uma determinada discussão;
- enfatizar o progresso e reforçar a cooperação;
- marcar estágios do processo;
- planejar a próxima etapa ou etapas.

·A pontuação é geralmente verbal, mas o quadro branco pode ser usado como uma ferramenta visual para estruturar as discussões e ajudar os participantes a desenhar uma linha temporária sob o mesmo assunto, além de ajudar a passar para a próxima etapa.

24. IMAGENS E METÁFORAS

Os argumentos são muitas vezes repetitivos e as mesmas palavras são usadas inúmeras vezes. Uma metáfora pode mudar o padrão e transmitir uma história que poderia requerer longas explicações. Metáforas capturam a imaginação e aumentam a conscientização. Mas também existem perigos: uma metáfora inadequada pode ser vista como paternalista, insensível ou simplesmente ridícula. É importante para os mediadores pensar sobre algumas metáforas ou imagens que eles possam usar naturalmente no curso das discussões. Doutrinas sobre a mediação sugerem o uso de metáforas óbvias, isto é carregadas de clichês. Outras podem sugerir a mediadores que eles inventem suas próprias metáforas. Uma metáfora inesperada pode semear as sementes de uma ideia que se enraizará gradualmente.

Território, meio-termo

A mediação é muitas vezes descrita como "encontrar o meio-termo". Reuniões de mediação são realizadas em território neutro no qual os mediadores ajudam as partes a encontrar um terreno comum que seja firme e seguro para construir uma solução. Mediadores geralmente criam um terreno neutro, no qual pais que estão se separando se sintam capazes de trabalhar juntos, ou constroem bases para uma futura cooperação entre eles, ou definem limites para que discussões difíceis possam acontecer ou os limites práticos para que as partes possam se encontrar ou estabelecer acordos financeiros.

Jornadas

Existem também muitas metáforas óbvias sobre estradas e caminhos, seguir em frente, escolher uma rota, estradas que levam para direções diferentes, cruzamentos, bloqueios de estradas e a necessidade de placas de sinalização. Estas diferentes opções podem ser apresentadas aleatoriamente no quadro branco como soluções possíveis, lembrando que elas implicam na tomada de diferentes decisões em diferentes fases. Alguns casais, cujos conflitos parecem não ter saída, ao se deparar com todas as rotas disponíveis (opções possíveis), por meio do *brainstorming* (reflexão conjunta), podem ver se abrir diante deles um caminho a seguir. Será que ambos os parceiros objetivam chegar à destinação final ou preferem parar numa destinação mais próxima? O mediador deve avançar conforme os casais avançam, a decisão é sempre dos participantes.

Pontes

Mesmo pontes destruídas podem continuar a existir na mente das pessoas. A mediação é uma ponte que os participantes utilizam para se aproximar de ambos os lados. Ela pode exigir um grande esforço e dar esperança para o futuro, mostrando que é possível continuar a caminhar. Algumas pessoas atravessam a ponte sem precisar de muito esforço, enquanto outras precisam de encorajamento e apoio para que possam dar os primeiros passos. Em termos de engenharia, uma ponte é construída de modo que seu equilíbrio se repousa sobre bases construídas em cada um dos lados. Pessoas que usam a mediação como ponte precisam saber se ela é segura. O mediador é responsável por assegurar que a ponte está sendo construída de forma adequada, tanto em termos emocionais quanto práticos. Aqueles que estão relutantes em deixar o passado ir podem ser ajudados a tomar algumas medidas rumo ao futuro, mesmo que este seja incerto. Em termos concretos, a ponte pode consistir num período de apoio financeiro. Metaforicamente, as discussões que ocorrem na mediação são uma ponte que atravessa um abismo entre pontos de vista diferentes e necessidades conflitantes. A mediação ajuda a criar pontes entre pais e filhos, bem como entre os próprios pais. Um pai que perdeu todo o contato com uma criança ou adolescente pode se sentir completamente rejeitado e cortado da relação. Este pai pode precisar de encorajamento não somente para atravessar a ponte, mas para seguir para além dela – por exemplo, continuar escrevendo ou telefonando regularmente, mesmo quando não há resposta. A criança precisa ver o compromisso do pai em manter a ponte no local, possivelmente durante um longo período de tempo, e pode, eventualmente, se sentir capaz de responder. Em situações em que uma criança se recusa a ver um dos pais, o mediador poderá ajudar a falar sobre como manter a ponte aberta e deixar a criança saber que a ponte ainda está aberta.

O gerente do Centro de Mediação Familiar de Staffordshire usa a metáfora de trampolins para incentivar aqueles que estão com dúvidas de vir a uma reunião de informação e tentar a mediação. "Você pode dar apenas o primeiro passo e ver se o próximo parece seguro o suficiente. Se você não se sentir seguro, você sempre pode retornar pra onde você estava".

Elástico

Objetos triviais também podem ser usados como metáfora. Todo mundo sabe para que serve um elástico. Ele se estende, cria uma determinada forma e mantém esta forma. No entanto, se o elástico é esticado demais ou por um longo período de tempo, ele começa a ceder. A resiliência de uma criança é como um elástico. Algumas crianças mantêm a sua capacidade de resistência e de desenvolvimento normal, apesar de serem puxadas entre sentimentos e forças conflitantes. Outras se tornam vulneráveis a pressões que são tão grandes ou prolongadas que elas acabam perdendo sua capacidade de resistência e adaptação. Os pais podem entender melhor uma criança que está lutando para lidar com grandes mudanças se passar a ver a criança como um pedaço de elástico, que tem uma grande capacidade de resistência, desde que não seja esticada demais ou por muito tempo. O elástico é construído a partir de certo número de pequenos segmentos que se unem. Quando vários segmentos cederem, haverá pouca elasticidade. O mesmo ocorre com a maioria dos pais e crianças, pois estes contam com um número de ligações especiais com outras pessoas. Se essas ligações (com um companheiro, pais, avós, amigos) são subitamente cortadas, toda a estrutura pode desabar. É então muito importante considerar uma maneira de fornecer um suporte adicional, ainda que temporário, para que as ligações existentes possam ser mantidas.

O psiquiatra Michael Rutter (1985) enfatizou que o estresse é normal e que aprender a lidar com situações de estresse requer bastante esforço. A resiliência não é alcançada, evitando o stress, mas lidando com ele de forma que aumente a autoconfiança e as competências de uma pessoa. Isso pode envolver, por exemplo, ser capaz de se responsabilizar por suas próprias reações quando em uma situação estressante, em vez de culpar os outros por causá-la. Resiliência é influenciada por muitos fatores, incluindo temperamento, capacidades pessoais, experiências de vida precoce, eventos na infância e adolescência, "fatores de buffer[3]", tais como o apoio da família e a capacidade de formar relacionamentos íntimos. Nenhum deles sozinho determina a resposta a uma grande mudança de vida, mas, tecidos juntos, eles podem criar um tecido que é elástico, e não quebradiço.

Quebra-cabeças

Acordos relacionados às crianças e outros assuntos conexos como questões financeiras e habitação são como encaixar peças de um quebra-cabeça. Quebra-cabeça é uma fonte bastante útil de metáforas na mediação com os casais separados sobre todas as questões – crianças, finanças e propriedade. É importante reconhecer que muitas pessoas se sentem sobrecarregadas quando precisam lidar com muita coisa ao mesmo tempo, especialmente quando elas estão extremamente estressadas. Comparar a complexidade dos problemas de uma pessoa com um quebra-cabeça pode parecer insensível, banalizando a profunda gravidade da sua situação se tal comparação for feita sem empatia e compreensão suficiente.

No entanto, reconhecer que os diferentes elementos da família precisam ser reorganizados e, portanto, encaixados uns aos outros como peças de um quebra-cabeça pode funcionar na prática, ajudando a reduzir a ansiedade. O mediador pode mostrar que, assim como um quebra-cabeça não pode ser concluído até que todas as peças estejam presentes, o mesmo ocorre com a mediação, pois é necessário recolher todas as informações financeiras e avaliações para que o seu processo possa ser concluido. Em alguns casos, pode ser necessário um aconselhamento financeiro independente. Os participantes são ajudados a priorizar uma abordagem passo a passo em que as peças que faltam são identificadas e gradualmente inseridas no quebra-cabeça. Fazer um quebra-cabeça envolve pegar as peças que parecem se encaixar e verificar se elas se encaixam. Se elas não se encaixam,

---

[3] NT: Termo da psicologia que significa fatores ou mecanismos de proteção que um individuo dispõe.

elas serão colocadas de lado, enquanto a busca pela peça certa continua. Isto é exatamente o que ocorre na mediação. "Fazer um acordo é como pegar diferentes peças que precisam se encaixar – filhos, casa e dinheiro. É um pouco como fazer um quebra-cabeças. Se há peças que não se encaixam, é preciso procurar outras maneiras. "Algumas pessoas gostam de começar um quebra-cabeça por um dos cantos, enquanto outras preferem fazer as bordas externas antes de preencher o centro. "Por onde você gostaria de começar? Há uma área em especial que é mais importante/prioritária para você?"

Uma situação aparentemente impossível pode parecer mais administrável, se for abordada aos poucos. O quebra-cabeça fornece uma metáfora simples e reconfortante para uma abordagem passo a passo, em vez de esperar uma solução global imediata.

Portas e chaves

Encontrar a chave para um problema também é uma metáfora bastante utilizada. A imagem de uma chave pode ajudar as pessoas a encontrar um modo de resolução de problemas. Quando estas são perguntadas sobre qual é a chave para resolver o problema, é surpreendente como muitas vezes elas acabam sugerindo opções bastante úteis. Poderia existir mais de uma chave que se encaixa na mesma fechadura?

Árvores

Mediadores que tentam resolver uma disputa sobre propriedade, falando sobre árvores arriscam uma rápida rejeição. Metáforas precisam ser apropriadas e usadas com cuidado. O conceito de um local abrigado, protegido do tumulto da vida cotidiana, é, no entanto, fundamental para a mediação. Nas negociações de Camp David[4], Jimmy Carter (antigo presidente americano) convidou o presidente Sadat,

---

[4] NT: Os Acordos de Paz de Camp David, foram negociados na casa de campo do ex presidente americano Jimmy Carter em Maryland (chamada Camp David) e assinados na Casa Branca pelo Presidente Anwar Sadat, do Egito, e pelo Primeiro-Ministro Menachem Begin, de Israel, em 17 de setembro de 1978, no qual os presidentes do Egito e Israel se comprometiam a negociar em boa fé e a assinar um tratado de paz, conforme os princípios delineados nos Acordos de Paz.

do Egito, e o primeiro-ministro Begin, de Israel, a se reunirem com ele num jardim, longe da imprensa e do mundo exterior. Ele descreveu o jardim como "protegido por uma espessa vegetação de carvalho imponente, e ainda, de salgueiros-chorão, oliveiras, nogueiras e pinheiros [...] numa atmosfera bastante isolada e íntima, propícia para aliviar a tensão e estimular a informalidade "(CARTER, 1982, p. 324). Em Camp David, Jimmy Carter mediou um acordo de paz entre o Egito e Israel.

Água e rios

Metáforas relacionadas à água oferecem uma abundância de imagens. A água simboliza movimento e mudança. Ela pode fluir rapidamente, suavemente, ou simplesmente ficar estagnada. A água potável pode estagnar, mas mudanças repentinas podem provocar ondas tão intensas, capazes de carregar as pessoas ao longo de correntes que elas se sentem incapazes de controlar. Ser arrastado é uma experiência muito assustadora. Mediadores podem ajudar a controlar tais correntes, reconhecendo o medo de ser arrastado e percebendo quando, onde e como a corrente flui mais rapidamente. Mesmo aqueles que parecem estar em águas relativamente calmas podem encontrar rochas ou corredeiras ao logo da travessia. Perguntar aos participantes se eles conseguem imaginar algumas rochas ao longo do percurso pode ajudá-los a antecipar alguns problemas e evitá-los futuramente. A imagem também pode ajudar a reforçar a confiança das partes e a capacidade de ambas em seguir em frente sem perder o controle. O próprio processo de mediação pode ser comparado com a água. A água pode gotejar e se infiltrar aos poucos, apropriando-se de todo o espaço.

Um filete de água pode parecer insignificante, mas tem o poder de quebrar um bloco de pedra. Novas ideias, propostas e alterações precisam ser absorvidas de forma gradual, e não impostas pela força. Incentivar pessoas a considerar e aceitar as mudanças aos poucos é fundamental para facilitar a adaptação de crianças bem como incentivar os adultos a tomarem as medidas necessárias para que um acordo possa ser feito. Todos sabemos que a água reflete a luz. Se considerarmos que refletir significa pensar, chegaremos à conclusao de que ao pensar sobre um determinado problema, podemos enviar alguma forma de luz sobre uma pequena área escura, enquanto nossa incapacidade de ver à frente na escuridão nos provoca pânico. Embora a luz não necessariamente forneça respostas para os problemas, tanto a luz quanto a água podem penetrar através de fendas estreitas, iluminando a maneira de explorarmos os problemas. Reflexões podem ser projetadas – jogadas para a frente – de uma superfície ou ângulo a outro, podendo ser vistas sob uma luz diferente.

Costumamos dizer que a capacidade de mudança é afetada pela temperatura ambiente. Materiais frios ou congelados são muito frágeis. Eles se rompem sob pressão. Água congelada no formato de pedaços de gelo pode se rachar e quebrar, enquanto que água em ebulição é quente demais para ser tocada e se evapora como vapor. Mediadores precisam registrar a temperatura, como um termômetro. Se a temperatura estiver muito quente, o mediador precisa resfriá-la cuidadosamente e atenciosamente, antes que as mudanças sejam percebidas e discutidas. Quando a temperatura parece muito fria ou congelada, mediadores precisam oferecer carinho e compreensão, reconhecendo os medos de cada um e facilitando a discussão. O calor faz com que as pessoas se sintam mais confortáveis, aumentando a elasticidade e flexibilidade.

Cabe ressaltar que a importância da linguagem, das imagens e da comunicação não verbal na mediação não pode ser superestimada. Mesmo pequenas diferenças no modo de se perguntar algo ou o uso de um outro tom ao se fazer uma reflexão pode afetar as tensões superficiais. Controlar tensões superficiais é uma maneira de facilitar que as mudanças ocorram. A linguagem que os mediadores usam, seja ela verbal ou não verbal – a escolha das palavras, do tom de voz, do ritmo, das metáforas e das imagens – desempenha um papel muito importante no processo de mediação, podendo influenciar o seu resultado.

CAPÍTULO 7

MEDIAÇÃO FOCADA NA CRIANÇA

"Eu acho que quando os pais se divorciam, ambos devem ter uma responsabilidade especial para com os seus filhos."
(Lulu, de 8 anos, citado por KREMENTZ, 1985).

"Famílias precisam cuidar uns dos outros, caso contrário, não vai funcionar."
(Rosie, de 9 anos, citado por NEALE; WADE, 2000)

SUMÁRIO: 1. Crianças e separação. 2. Conflito parental e adaptação das crianças. 3. Reações comuns em diferentes fases de desenvolvimento. 4. A separação dos pais e os ajustes das crianças. 5. A guarda dos filhos e a responsabilidade parental. 6. Crianças em risco. 7. Parentalidade compartilhada pós-separação. 8. Manter os laços com as crianças. 9. Disputas e acordos dos pais. 10. Ajudar os pais a elaborar planos de parentalidade na mediação. 11. Ajudar os pais a passar do conflito à cooperação. 12. Técnicas e habilidades da mediação envolvendo crianças. 13. Os papéis das crianças nos conflitos parentais.

1. CRIANÇAS E SEPARAÇÃO

Em todos os países ocidentais, um grande número de crianças vivem a separação ou o divórcio de seus pais. A maioria das crianças passa por um período de infelicidade e insegurança, quando seus pais se separam. Se elas recebem apoio e carinho suficientes, a maioria é capaz de se adaptar e de estabelecer um padrão normal de desenvolvimento (RODGERS; PRIOR, 1998, DUNN; DEATER-DECKARD, 2001). (1984) Lund fez uma pesquisa com trinta famílias dois anos após a separação e descobriu que ele poderia dividir as famílias em três grupos: famílias de pais cooperativos, famílias de pais conflitantes e famílias de pai/mãe ausentes. Muitos estudos (por exemplo, WALLERSTEIN; KELLY, 1980, JOHNSTON; CAMPBELL, 1988, HETHERINGTON et al, 1992) têm mostrado que quando os pais separados são capazes de cooperar uns com os outros no que chamamos de contínua coparentalidade, os ajustes das crianças são facilitados.

Num outro estudo, foi mostrado que 70% dos pais não-residentes mantinham contato com seus filhos (LEWIS et al, 2002), embora os 30% restantes perderam o contato com os filhos num período de até dois anos após a separação (TRINDER et al, 2002). Um estudo de Exeter (COCKETT; TRIPP 1994) constatou que metade das crianças sem contato com o pai ou a mãe nem sequer sabia onde eles moravam. A separação dos pais é um processo e não um evento. Tal processo se inicia antes de um dos pais deixar o lar e continua muito tempo depois. As crianças podem sentir o impacto da separação ao longo da sua infância, perdurando na idade adulta. Suas experiências e reações variam muito. A qualidade da relação da criança com cada um dos pais e relação dos pais um com o outro são as principais influências na adaptação da criança (HAWTHORNE et al. 2003, FORTIN et al. 2012).

Uma análise realizada com base em duzentas crianças descobriu que, embora a ausência da figura paterna não seja o fator mais influente no desenvolvimento de uma criança, dois fatores-chave que garantem a boa adaptação da criança no momento da separação dos pais são: o contato positivo com o pai não residente e boa comunicação entre a criança e os pais (RODGERS; PRIOR, 1998).

Laços fortes e estáveis podem reforçar a capacidade da criança em lidar com as mudanças provocadas pela separação. No entanto, não podemos considerar que todas as crianças são iguais ou que todas elas precisam ou querem as mesmas coisas. Smart e Neale (2000) constataram que, em algumas famílias, os meninos ficavam felizes com acordos que não atendessem as vontades de suas irmãs, enquanto alguns irmãos mais velhos ficavam descontentes com acordos que privilegiavam os irmãos mais novos. Múltiplos fatores desempenham um papel importante na adaptação das crianças. Após a separação dos pais, apenas uma minoria das crianças não se saem bem. Alguns problemas podem perdurar na idade adulta.

Entre os fatores associados a resultados menores em crianças podemos citar: alto nível de angústia dos pais, dificuldades financeiras e mudanças na estrutura familiar. Um outro estudo mostra (COCKETT; TRIPP, 1994) crianças que viveram a separação e o divórcio apresentam riscos maiores do que crianças de famílias "intactas" de ter problemas de saúde (doenças psicossomáticas, especialmente). Elas ainda precisam de ajuda extra na escola, podem ter menos amigos e sofrer de baixa autoestima. Um fator importante é a quantidade de agitação física e emocional que as crianças viveram. Aquelas que tiveram três ou mais estruturas familiares diferentes se sentiram "muitas vezes infelizes" ou "abandonadas".

De modo geral, pais conhecem muito pouco sobre o processo legal do divórcio. Muitos pais estão conscientes da sua reduzida capacidade de se comunicar com o parceiro e de tomar boas decisões durante a separação, quando estão sob estresse. A Lei de Adoção Crianças de 2006, que entrou em vigor no dia 8 de dezembro de 2008, permitiu aos tribunais de família da Inglaterra e País de Gales direcionarem os pais a participar de um Programa de Informação ao Pais, para ajudá-los a cooperar como "pais separados". Na Nova Zelândia, a participação em um Programa de Informação aos Pais é um pré-requisito para um processo judicial que envolve crianças. Na Inglaterra e no País de Gales, apenas 10% dos pais divorciados vão ao tribunal para resolver conflitos sobre a residência ou direito de visita aos filhos. Pais que foram encaminhados a algum tipo de programa de informação sobre a separação ou divórcio relataram que o programa foi bastante útil para eles, melhorando a relação com parceiro, com os filhos e, sobretudo, diminuindo as brigas na frente das crianças. A participação neste programa pode ser seguida por uma mediação.

2. CONFLITO PARENTAL E ADAPTAÇÃO DAS CRIANÇAS

Conflitos parentais, bem como a coabitação dos pais separados tendem a aumentar as dificuldades psicológicas das crianças. Os conflitos contínuos entre os pais mostram associações significativas com os problemas de comportamento das crianças, assim como os sintomas psicossomáticos, baixo rendimento escolar e baixa autoestima (EMERY, 2004, JOHNSTON; ROSEBY, 1997).

O conflito é uma parte normal da vida familiar. O que importa é a forma como os pais lidam com isso. Pesquisadores norte-americanos (CÂMERA; RESNICK, 1989) descobriram que crianças, cujo pai agredia verbalmente a mãe, mostraram mais problemas comportamentais e baixa autoestima. Enquanto que mães que agrediam verbalmente o marido apresentavam uma relação mais difícil com seus filhos. Estas crianças eram muitas vezes solitárias e se sentiam "abandonadas". Quando os pais decidiram cooperar, as crianças passaram a apresentar melhor ajustamento psicológico e menores níveis de agressão. Os conflitos geralmente diminuem após alguns anos da separação, mas quando os pais permanecem em conflito, as crianças continuam a viver no meio de uma "zona de guerra" (TRINDER, 2008, p. 341).

Adultos tendem a subestimar a capacidade das crianças para entender os sentimentos e os relacionamentos. A maioria dos pais pensam que uma criança é muito jovem para entender o que está acontecendo e, por isso, tentam protegê-las. Embora as reações das crianças à separação, não necessariamente, correspondam à sua idade cronológica, é importante para os mediadores terem conhecimento do desenvolvimento psíquico da criança e do adolescente. É igualmente importante tentar entender a personalidade individual de cada criança, bem como dos valores da família, suas histórias e as circunstâncias da separação. Quando as crianças estão se esforçando, mas não recebem apoio suficiente, muitas vezes elas demonstram suas angústias por meio do comportamento, e não de palavras. A maneira como elas demonstram seus sentimentos pode causar ainda mais problemas, isto porque os pais tendem a interpretar o comportamento das crianças de forma diferente. Diante disso, cada um dos pais, culpa o outro por causar os problemas.

Um estudo realizado com sessenta famílias na Califórnia listou as reações das crianças que estavam passando por divórcio (WALLERSTEIN;

KELLY, 1980). 131 crianças do grupo de estudo foram acompanhadas de modo contínuo ao longo de um período de cinco anos. Cabe lembrar que o grupo não representa todas as famílias divorciadas de modo geral e, que os resultados não devem ser generalizados para todas as crianças vítimas do divórcio dos pais. No entanto, quando os pais, mesmo após a separação, continuam angustiados e /ou envolvidos em disputas prolongadas, seus filhos estão mais propensos a demonstrar reações negativas; sendo que existe mais chance de tais pais e crianças necessitarem de ajuda profissional. Contrariamente a pesquisas amplamente difundidas, os meninos não são mais negativamente afetados do que as meninas e a idade em que as crianças vivem a separação em si não é importante (RODGERS; PRIOR, 1998).

3. REAÇÕES COMUNS EM DIFERENTES FASES DE DESENVOLVIMENTO

Crianças ente 2 e 5 anos

- Confusão, ansiedade e medo: as crianças podem ficar muito confusas sobre as mudanças em sua vida familiar, se os pais pais não forem capazes de explicar as mudanças para as crianças desta idade.
- Fantasias de reconciliação fortes: as crianças se agarram a esperança de que seus pais vão voltar a ficar juntos novamente. Elas podem inventar fantasias para se confortar.
- Aumento da agressão: a raiva dos filhos muitas vezes provém de seus sentimentos de perda e rejeição. A sensação de perda quando um pai desaparece de suas vidas, muitas vezes, inexplicavelmente, pode levar a um comportamento agressivo para com os irmãos, pais e escola. O pai que foi abandonado(a) pode estar tão preocupado com os seus problemas pessoais, que a criança acaba recebendo menos atenção, aumentando ainda mais a sua sensação de perda e rejeição.
- Os sentimentos de culpa: as crianças podem imaginar que elas são as culpadas pelo separação/divórcio dos seus pais. Elas podem pensar que não agiram de maneira correta e que este foi o motivo que levou um dos pais a deixá-los.

- Regressão: crianças podem demonstrar sua ansiedade e insegurança por lapsos de controle esfincteriano, revertendo para a enurese,[1] mostrando aumento de comportamento de apego.
- Aumento dos medos – do escuro, por exemplo – ou o desenvolvimento de problemas de alimentação. Os pais que já estão tensos podem encontrar estes problemas de comportamento muito difícil de compreender e tolerar.

Crianças entre 5 e 7 anos

- Tristeza e luto: isto pode estar relacionado com o nível de turbulência em casa, mas muitas crianças se sentem intensamente tristes, mesmo quando os pais com quem vivem não está triste.
- Desejo de um pai ausente: semelhante ao luto por um pai morto, mas com maiores sentimentos de rejeição.
- Sentimentos de abandono e medo: muitas vezes sentem medo de ser esquecido e de perder o pai com quem vivem.
- Raiva: as crianças costumam direcionar sua raiva contra o pai que elas consideram responsável pela separação.
- Os conflitos de lealdade: a criança que se sente dividida entre os dois pais, muitas vezes não sabe como ser leal a ambos.
- Preocupam-se com a capacidade dos pais em lidar com a separação: quanto mais a criança apresentar problemas de um pai em lidar com a separação, mais a criança teme que o pai já não vai ser capaz de cuidar deles.
- Fantasias de reconciliação.

Crianças entre 8 e 12 anos

- As crianças nesta fase estão mais conscientes das causas e das consequências da separação e mais propensas a tomar partido em conflitos parentais.

---

[1] NT: [Med.]- Enurese é o termo médico que define a emissão involuntária de urina, a maior parte das vezes noturna, e que ocorre com maior frequência nas crianças. Geralmente, sua causa é de ordem psicológica

- Podem ser tomadas por profundos sentimentos de perda, rejeição, desamparo e solidão.
- Podem sentir vergonha, indignação moral e indignação com o comportamento dos seus pais.
- Podem mostrar raiva extrema, birras, comportamento exigente, ou medos, fobias e negação.
- Aumento das queixas psicossomáticas: dores de cabeça, dores de estômago, distúrbios do sono.
- Fazer julgamentos: identificar um dos pais como o bom e outro como o mau; rejeitando o "mau".
- Podem formar uma aliança com um dos pais – não necessariamente com aquele que eles se sentem mais próximos.
- Redução da autoestima: a criança pode ter dificuldade de concentração na escola e baixo desempenho.
- Atuando fora: algumas crianças, especialmente os meninos, são mais propensos a colocar para fora suas angústias por meio de comportamentos violentos e, às vezes, delinquentes.

Adolescentes entre 13 e 18 anos

- Perda de infância: as crianças mais velhas podem ser sobrecarregadas por um aumento da responsabilidade dos irmãos mais novos e pelas exigências de um pai emocionalmente dependente.
- Pressão de fazer escolhas – alguns pais esperam que as crianças mais velhas possam tomar suas próprias decisões sobre a visita do outro progenitor ou com qual dos pais elas querem viver.
- Conflito entre a vontade de ver o pai ausente e a vontade de sair com os amigos (geralmente, nos fins de semana).
- Preocupação com o dinheiro: receio de que recebam menos do que os seus amigos, a pressão sobre os pais para compensar o divórcio, dando-lhes mais materialmente.
- A maior conscientização e constrangimento sobre 'comportamento sexual dos pais e do envolvimento destes com novos parceiros.
- Ciúmes do novo parceiro de um dos pais.

- Os receios em formar um longo relacionamento e depositar confiança nas pessoas.
- Depressão: a retirada, a recusa de se comunicar.
- Inadimplência: roubo, consumo de drogas.

Jovens adultos a partir de 18 anos

Os jovens adultos são muitas vezes deixados de fora das discussões, com o fundamento de que são financeiramente independentes e menos afetados pela ruptura de seus pais do que crianças mais jovens. Ambas as hipóteses podem estar incorretas. Jovens que estão no ensino superior ainda precisam de uma casa para voltar e muitos ainda dependem do apoio financeiro dos pais. Além disso, muitas crianças crescidas se preocupam muito com seus pais e alguns se mostram emocionalmente muito envolvidos nos problemas deles. Alguns pais dependem fortemente das crianças mais velhas – bem como dos mais jovens – para apoio emocional e ajuda prática. Os papéis parentais são, muitas vezes, invertidos. Elas podem aceitar conscientemente a responsabilidade de cuidar de um dos pais que está doente ou que se mostra incapaz de se virar sozinho. Cuidar de um pai emocionalmente dependente é um grande fardo para as crianças. Pode ser muito difícil para as crianças sensíveis e conscientes de se libertarem deste fardo e continuar com suas próprias vidas.

4. A SEPARAÇÃO DOS PAIS E OS AJUSTES DAS CRIANÇAS

As crianças têm tarefas psicológicas complexas de adaptação no momento da separação e/ou divórcio dos pais. Wallerstein (1983) definiu essas tarefas como:

1. Reconhecer a quebra do relacionamento de seus pais.
2. Descomprometer-se do conflito e angústia dos pais e retomar suas atividades.
3. Lidar com a perda.
4. Resolver os sentimentos de raiva e culpa.
5. Aceitar a separação ou divórcio dos pais.
6. Alcançar esperança realista em relação a relacionamentos de confiança.

As crianças precisam

- entender o que está acontecendo, com explicações apropriadas de acordo com a sua idade, o entendimento é a garantia de que elas vão continuar a ser amadas e cuidadas;
- manter os anexos e as relações com os pais e com outras pessoas importantes em suas vidas. Redes de parentesco mais amplas, especialmente os avós, podem desempenhar um papel importante no apoio a filhos e netos em torno do tempo de separação;
- sentir-se seguras de que não são responsáveis pelo fim do ruptura;
- ter permissão emocional de cada um dos pais para amar o outro progenitor;
- ter contato regular e estável com o pai que saiu de casa, incluindo dormir na casa deste de vez em quando, passar feriados ou fins de semana juntos, ao menos que haja contraindicações que envolvam dano ou sofrimento contínuo para a criança;
- permanecer na casa familiar, se possível. Muitas vezes, mudar de casa é inevitável e, às vezes, imprescindível, mesmo se a maioria das crianças estão ligadas as suas casas, da mesma forma que estão ligadas aos seus pais. Mudar de casa e mudar de escola contribui para sua confusão e estresse e agravando a perda vivida pela separação;
- manter a sua rotina diária, tanto quanto possível – na escola e em casa. Quando seu mundo familiar está mudando, as crianças beneficiam de atenção e carinho, especialmente na hora de dormir;
- beneficiar-se de apoio financeiro, de modo que não experimentam uma queda brusca na qualidade de vida;
- ter pais que possam tomar decisões e acordos cuidadosamente, sem envolvê-las ou usá-las como um apoio emocional;
- saber que cada um dos pais pode cuidar de si mesmo e delas, mesmo se já não vivem juntos;
- ter pais que ainda possam brincar e se divertir com elas.

5. A GUARDA DOS FILHOS E A RESPONSABILIDADE PARENTAL

O termo "custódia" carrega associações negativas como posse, controle e encarceramento que são totalmente inadequadas em relação às crianças. No Direito de Família privado, o termo "custódia" foi substituído, em alguns países, pelo termo "responsabilidade parental" (Inglaterra e País de Gales) e "autoridade parental" (França). A lei das crianças de 1989 (The Children Act 1989) (Inglaterra e País de Gales) e a lei das crianças de 1995 (Escócia) substituiu o termo "custódia" do direito privado para "responsabilidade parental". Ambos os pais continuam a deter a responsabilidade parental após a separação e o divórcio, a não ser em casos excepcionais é que é destituído o poder familiar. Os pais são responsáveis por cuidar e fazer acordos sobre os seus filhos. Na Inglaterra e no País de Gales, os peticionários de divórcio apresentam uma declaração de acordos sobre os seus filhos, assinada pelo outro pai, para que o tribunal aprove. Assim, o tribunal só julgará o fato – em caso de litígio persistente e / ou preocupações sobre o bem-estar da criança. Esta política de não intervenção dos tribunais está em harmonia com o objetivo da mediação em ajudar os pais a manter a responsabilidade parental conjunta e chegar a acordos para seus filhos.

Embora os pais na Inglaterra e no País de Gales e Escócia já não lutem pela "custódia" de seus filhos depois das mudanças na lei, as disputas continuam em outras questões – "residência", "residência compartilhada" e "visita". Em alguns casos, os pais parecem estar brigando por um "rótulo" e não pela substância do produto. Na Inglaterra e no País de Gales, os termos "residência" e "visita" já foram retirados do ordenamento jurídico. A lei de 2014 (Crianças e Famílias) substituiu tais termos pelo termo geral "acordos a favor das crianças", com fortes expectativas que os pais trabalhem juntos para chegar, eles próprios, num acordo, sem depender do tribunal.

Os seguintes princípios fundamentais da lei das crianças de 1989 continuam ainda em vigor:
- o bem-estar da criança é fundamental;
- os pais têm responsabilidades para com os seus filhos, e não direitos sobre eles;

- responsabilidade parental não termina com a separação e divórcio – ela continua;
- os pais devem concordar com os próprios acordos que fizeram a favor dos seus filhos, tanto quanto possível;
- o tribunal deve fazer um pedido em relação a uma criança somente se o tribunal considerar que fazer um pedido seria melhor para a criança do que não fazer pedido algum;
- quando o tribunal fizer um pedido com relação a uma criança, deve-se levar em conta uma lista de fatores entre os quais estão as necessidades e os sentimentos da criança em causa (considerados à luz da sua idade e compreensão).

6. CRIANÇAS EM RISCO

Precisamos deixar claro que, "a proteção das crianças contra o risco de abuso físico e emocional deverá levar em 'consideração' os melhores interesses da criança (BRYANT, 2012, p. 24).

Pesquisas tem mostrado que apenas uma minoria significativa de crianças – 25% – em guarda compartilhada têm uma história familiar que implica violência e pais que estão preocupados com a segurança da criança e com o aparecimento de comportamentos disfuncionais (KASPIEW *et al*, 2009, Capítulo 7).

Os mediadores devem inquirir em reuniões iniciais de informação (pré-mediação) se há, ou houve, qualquer preocupação com a segurança e o bem-estar de uma criança. Se for este o caso, é essencial explorar a natureza dessas preocupações. O mediador deve perguntar se alguma ação foi tomada e por quem, e se algum centro de proteção à criança é, ou foi, envolvido.

Sempre que necessário, o mediador deve contatar o centro envolvido na investigação imediatamente (ver FMC – Código de Prática para Mediação Familiar). Em outros casos, pode ser necessário ao encaminhamento médico, terapêuticos ou algum outro tipo de ajuda. Os pais podem precisar de informações sobre os serviços disponíveis. Se novas preocupações aparecerem no decorrer da mediação, o mediador não deve hesitar em contatar o centro de proteção a criança local, se necessário. A mediação será interrompida enquanto feita investigação. Se o centro de proteção não encontrar nenhuma evidência de risco ou motivos de preocupação, assistentes sociais podem recomendar que a mediação continue. Neste casos, os pais podem precisar de ajuda do mediador para reconstruir a confiança e a cooperação.

Como exemplo, podemos citar um casos, que envolveu longas disputas e contencioso, no qual ambos os pais fizeram alegações de abuso infantil contra o outro progenitor. Após finalizada a investigação, sem conseguir descobrir qualquer evidência para apoiar as alegações, ambos os pais, que estavam casados, aceitaram a mediação e retiraram suas acusações, reconhecendo posteriormente que fizeram tais acusações porque estavam com raiva um do outro e com medo de perder a guarda das filhas, com idades entre 8 e 10 anos.

Ajudados por um mediador, que tinha vasta experiência profissional na área da proteção das crianças, estes pais restabeleceram a comunicação e passaram a cooperar um com o outro, concordando em renunciar o privilégio que cobria a confidencialidade da mediação. Uma vez estabelecido o acordo de mediação sobre as questões que envolviam os seus filhos, este foi levado para audiência de revisão judicial e aprovado pelo tribunal.

7. PARENTALIDADE COMPARTILHADA PÓS-SEPARAÇÃO

Nos dias atuais, grupos de pais separados tem-se manifestado pela igualdade de direitos parentais após o divórcio. Muitos países têm dado mais ênfase na importância para as crianças em manter relações seguras e apoio com ambos os pais, após a separação.

Na sua resposta à *Family Justice Review*[2] (Ministério da Justiça e Ministério da Educação, 2012), o governo do Reino Unido comprometeu-se a "considerar cuidadosamente como a legislação deve ser enquadrada para garantir que o que importa não é a divisão igual de tempo, mas a qualidade da relação significativa de parentalidade recebida pelo filho".

Estudos atuais (FORTIN *et al*, 2012) indicam que a guarda compartilhada não funciona para todas as crianças, especialmente se

---

[2] NT: *Revista Justiça da Família* – Reino Unido.

o seu tempo é dividido entre os pais de forma rígida. Paternidade compartilhada não deve ser imposta como norma, uma vez que cada criança, cultura familiar e circunstâncias variam muito. Em algumas comunidades, as crianças são educadas pela família estendida, e não por seus pais. Algumas crianças crescem numa família monoparental sem nem sequer conhecer seu pai. Outras, são cuidadas por parentes ou babás. Muitos pais separados adquirem um novo parceiro e alguns têm inúmeros parceiros. Enquanto muitas mães ainda fazem a maior parte das tarefas domésticas e de cuidado de crianças, casais jovens, em particular, costumam dividir as tarefas de cuidado de crianças. Assim, os filhos se sentem igualmente confortáveis com qualquer um dos pais. Famílias monoparentais chefiadas por pais são cada vez mais comuns e muitos pais estão totalmente envolvidos no cuidado de seus filhos, enquanto outros podem ter pouco envolvimento, muitas vezes por razões de trabalho. Um pai inexperiente precisa ser capaz de cuidar de uma criança sozinho, e para isso a mãe precisa confiar nele. A mediação ajuda os pais a considerar as necessidades de cada criança como um indivíduo na elaboração de acordos sob medida para as necessidades da criança e as possibilidades práticas. O programa de acordos para as crianças presente no *Children and Family* Act 2014 "é projetado para ajudar as famílias a chegar a acordos seguros, sempre que possível, fora do tribunal... [já que] foi reconhecido que acordos negociados entre adultos são não somente melhores para as crianças em questão, como melhoram, a longo prazo, a cooperação entre os pais".

Estudos têm mostrado que desde cedo as crianças são capazes de formar laços afetivos com mais de uma pessoa, e tais laços adicionais são benéficos para as crianças (SCHAFFER, 1990). Crianças que possuem vários laços afetivos, possuem mais recursos emocionais. Compreender a importância do apego no desenvolvimento da criança é essencial para considerar as consequências psicológicas da interrupção deste laço, especialmente se isso acontecer sem explicação. Continuar com parentalidade compartilhada após a separação, geralmente, é muito importante para as crianças, mas ela deve ser feita com cuidado. Ter duas casas pode ser bom para as crianças, desde que haja uma boa cooperação e comunicação entre os pais.

No entanto, dificuldades podem aparecer. "A única desvantagem é quando nos esquecemos as coisas que queremos – como brinquedos e materiais de música. É preciso de muito esforço, para nos receber na outra casa" (Fred, de 10 anos). "Não funcionou para mim ter duas casas, porque eu tinha dois quartos e dois de tudo e eu estava ficando confusa sobre quem eu era" (Caroline, de 17 anos, ambos os filhos citados por NEALE; WADE, 2000, p. 12-13).

Na mediação, os pais são ajudados a pensar como eles vão dar notícias um para o outro diariamente, depois que não estiverem mais morando juntos. Quando os pais vivem longe, as crianças podem passar longos períodos fora do seu ambiente familiar e dos amigos. A idade da criança, as vontades e a resiliência emocional de cada uma precisa ser considerada cuidadosamente, se as mudanças são frequentes entre as diferentes casas e ambientes. Se as crianças são transportados para lá e para cá com muita frequência, eles podem não ter tempo para se estabelecer e manter suas próprias atividades e amizades. Isso se torna cada vez mais importante à medida que elas crescem. Alguns pais querem dividir o tempo com seus filhos igualmente entre os dois lares, e algumas crianças também têm esta preferência. Contudo, a idade da criança, seu estágio de desenvolvimento e sentimentos precisam ser levados em consideração com bastante cuidado, pois os acordos devem atender às necessidades da criança, e não as necessidades dos pais. Isto é particularmente importante para crianças com menos de 4 anos de idade, pois o seu sistema nervoso ainda em desenvolvimento não tem capacidade para processar todos os estímulos que as rodeiam. "O estresse na infância é particularmente perigoso, pois quando prolongado nos primeiros meses de vida produz altos níveis de cortisol que podem afetar o desenvolvimento de outros sistemas neurotransmissores, tornando mais difícil para o indivíduo de regulá-lo posteriormente" (GERHARDT, 2004, p. 65). Os pais precisam considerar com muito cuidado como eles irão compartilhar o cuidado de seus filhos após a separação. Um estudo australiano (MCINTOSH *et al*, 2010), realizado com três grupos de pais diferentes, que estabeleceram diferentes tipos de cuidado compartilhado a longo prazo, constatou diferentes resultados:

1. Pais que cooperam, geralmente, são aqueles que possuem maior renda e maiores níveis de escolaridade. Estes pais apresentaram

boas relações entre si e com os filhos durante a mediação, e mantiveram relações positivas ao longo dos quatro anos de estudo.
2. Grupo rígido de "cuidados compartilhados" com acordos fixos sem nenhuma flexibilidade. Este grupo começou com os níveis mais altos de conflito, as maiores taxas de litígios e os níveis mais baixos de "respeito dos pais em relação às mães" sobre a parentalidade. Níveis estes que se mantiveram fixos ao longo dos quatro anos.
3. Grupo de "cuidados anteriormente compartilhados", em que o cuidado compartilhado foi acordado após a mediação, mas não respeitado, voltando para o cuidado primário da mãe. Este grupo também apresentou altos índices de pré-contencioso e de pós-mediação e índices elevados de intransigência.

As crianças foram questionados se estavam satisfeitas com a organização do cuidado compartilhado. Crianças cujos pais tinham estabelecido acordos rígidos se tornaram adolescentes insatisfeitos. A maioria admitiu que gostariam de ter mudado os acordos firmados. Pesquisadores concluíram que "dividir igualmente ou substancialmente o tempo com ambos os pais pode, em algumas circunstâncias, ser mais adequado para os pais do que para as crianças".

Mediadores ajudam os pais a entender como os acordos vão funcionar na prática, bem como identificar os benefícios e as dificuldades para as crianças. Crianças geralmente têm um grande senso de justiça, por isso procuram ser justas com ambos os pais. Algumas sacrificam suas próprias necessidades para permanecer leais a ambos os pais, aceitando acordos que mantêm os pais felizes mesmo se elas não estão felizes. Acordos que funcionavam bem num determinado estágio podem precisar de alterações quando a criança se torna mais velha. Algumas crianças querem passar mais tempo com um dos pais em um determinado estágio de seu desenvolvimento, mas por medo ferir o outro pai, não dizem nada. Perguntas circulares são particularmente úteis, já que o mediador não precisa expressar opiniões ou conselhos, mas apenas pedir aos pais que se coloquem no lugar das crianças. Os pais, muitas vezes, assumem que as necessidades e sentimentos dos seus filhos coincidem com as suas próprias, mas nem sempre é o que acontece. Algumas crianças que se deslocam com frequência de um dos pais para o outro gerem muito bem essas transições, enquanto outros sofrem de ansiedade, depressão ou hiperatividade. Steinman (1981) constatou que o cuidado compartilhado pode ser uma boa medida para as crianças se

- existe uma boa cooperação e comunicação entre pais e, clareza sobre quem é responsável por quais tarefas;
- ambos os pais estiverem dispostos a ser flexíveis, dentro de uma estrutura clara;
- o tempo de viagem não é muito longo e cansativo para a criança;
- a criança não está preocupada em ser justa com ambos os pais;
- aspectos práticos são resolvidos: ter algumas coisas em dobro em cada casa evita a criança ter de levar tudo para lá e para cá o tempo todo;
- amizades e atividades da criança forem respeitadas – isso se torna cada vez mais importante quando a criança fica mais velha;
- os pais ouvem seus filhos, sendo capazes de perceber quando os acordos precisam de ajustes.

Smart (2004) identificou três fatores que distinguem acordos bem sucedidos de acordos malsucedidos do cuidado compartilhado:

i. se as necessidades das crianças são priorizadas, ou se o acordo é baseado nas necessidades e desejos dos pais;
ii. se os acordos são flexíveis e não rígidos;
iii. se as crianças se sentem igualmente "em casa" com ambos os pais.

Para muitos pais, o cuidado compartilhado das crianças é impraticável por causa do trabalho, acomodação, tempo e custo de transporte entre duas famílias. Mas, mesmo onde as crianças gastam uma proporção menor do tempo com o pai não residente, os três fatores identificados por Smart ainda são importantes para o seu bem-estar.

8. MANTER OS LAÇOS AFETIVOS COM AS CRIANÇAS

Wallerstein e Kelly (1980, p. 131) constataram que "a relação entre 'pai visitante' e filho é mais maleável imediatamente após a saída deste da residência familiar quando padrão de visitas é estabelecido". As bases da nova relação de visita são estabelecidas no período imediatamente pós-separação. Assim, pai e filho têm uma segunda chance neste momento crítico de estabelecer um novo vínculo, rompendo as relações infelizes do passado. O pai que sai de casa, muitas vezes, teme "perder" os filhos e sem a cooperação do pai residente – geralmente, a mãe – o pai pode ser limitado a um papel menor na vida dos seus filhos ou, eventualmente, privado de qualquer papel.

Manter as relações das crianças com o pai não residente requer um esforço que deve ser sustentado por ambos os pais. Alguns pais acham isso extremamente difícil. Em uma mediação, um pai expressou sua tristeza em relação à mãe por ter abandonado seus filhos. A mãe disse que ela saiu porque o casamento se tornou profundamente infeliz e ela achava que a atmosfera tensa na casa da família estava afetando seus três filhos. Como o pai não ia embora, ela decidiu ir embora, mudando-se para uma casa alugada, na mesma área. Inicialmente, os pais concordaram com uma programação rígida para que as crianças pudessem visitar a mãe de forma regular. Os horários se tornaram mais flexíveis depois que um acordo sobre questões financeiras e de propriedade foi alcançado na mediação.

9. DISPUTAS E ACORDOS DOS PAIS

Alguns pais usam as crianças como veículo de sentimentos não resolvidos sobre o fim de seus próprios relacionamentos. As crianças precisam de tempo para se adaptar a grandes mudanças. Algumas dificuldades práticas podem surgir quando o pai tem horários de trabalho irregulares e acomodação inadequada para receber as crianças, tornando as coisas ainda mais difíceis. Mães, muitas vezes, querem ser tranquilizadas, quando as crianças vão para a casa do pai pela primeira vez, sobre questões práticas e rotineiras como a hora de comer e dormir. Pais que nunca colocaram seus filhos na cama precisam conhecer a rotina da crianças, enquanto pais de crianças mais velhas podem ter que ajudá-las com as tarefas escolares.

Muitos pais estão de acordo sobre as necessidades básicas de seus filhos, mesmo se eles discordam sobre alguns aspectos dos arranjos de contato. Os mediadores podem ajudar os pais a reconhecer que há muitas áreas fundamentais do acordo. As diferenças podem ser abordadas num contexto mais positivo. A maioria dos pais concorda que as crianças precisam:

- ser amadas;
- de cuidados físicos e emocionais;
- ter certeza de que seus pais vão cuidar deles, embora eles já não vivem juntos;
- ser capazes de desfrutar de um bom relacionamento com ambos os pais, sem que experimentem conflitos de lealdade;
- manter relações com outros membros da família e pessoas-chave em suas vidas;
- ter o máximo de estabilidade possível;
- ter pais que possam tomar decisões e fornecer limites seguros, mesmo que as regras na casa de cada um dos pais não são sejam as mesmos;
- ter pais que estão ativamente envolvidos e mostrar interesse;
- ter oportunidades para prosseguir as suas próprias atividades e desenvolver novos interesses;
- desenvolver como indivíduos, sem sobrecarga de preocupações sobre seus pais.

10. AJUDAR OS PAIS A ELABORAR PLANOS DE PARENTALIDADE NA MEDIAÇÃO

A mediação familiar é um fórum no qual os pais podem discutir as necessidades de seus filhos de forma construtiva e definir regras, que em termos gerais ou detalhadamente. Mediadores familiares ajudam os pais a:

- agir de maneira positiva;
- se concentrar em cada criança individualmente,
- aumentar a cooperação e reduzir o conflito sobre as crianças,
- incentiva-los a aceitar que ambos continuarão tendo um papel na vida dos filhos,
- ajudá-los a dividir a responsabilidade parental e a confiar um no outro,

- ajudar os pais que definam os mecanismos que livram as crianças dos conflitos de lealdade ou pressão;
- ajudar os pais a trabalhar fora e assumir compromissos para apoiar financeiramente os filhos;
- considerar com os pais como eles vão falar com seus filhos e explicar arranjos para eles;
- ajudar os pais a serem mais conscientes do que os seus filhos podem estar experimentando;
- considerar com os pais se a criança ou as crianças devem ser consultadas ou incluídas no processo de mediação, de modo que seus pontos de vista e sentimentos são tidos em conta, sem dar-lhes a responsabilidade pelas decisões.

Pais separados precisam concordar em que medida a paternidade do dia a dia vai ser compartilhada entre eles ou realizada principalmente por um dos pais, com apoio do outro progenitor ou outros membros da família. Muitos pais poderão chegar a acordo por conta própria e não precisa discuti-las na mediação. Outros precisam de mediação para elaborar acordos detalhados, incluindo as decisões relativas a:

- cuidados de saúde, os cuidados em caso de doença;
- educação – escolha da escola, disciplinas escolares, trabalhos de casa, reuniões escolares e eventos;
- educação religiosa;
- festas, festivais e aniversários – presentes, festas, passeios;
- atividades desportivas e de lazer;
- comunicação – transmissão de informações sobre as crianças, revisão e alteração do regime;
- contato com outros membros da família;
- disciplina – regras e limites, respeitando as regras do outro pai, concordando se alguém tem qualquer responsabilidade para disciplinar a criança;
- responsabilidade pela segurança da criança e do desenvolvimento – educação sexual, ensinando sobre drogas;
- emergências – entrar em contato com o outro progenitor.

Pais separados nem sempre pensam ou discutem todos estes aspectos. Eles podem receber um lista contendo as questões que quase sempre aparecem no momento de uma separação ou divórcio e, muitas vezes, o próprio mediador acaba lembrando os casais de alguns pontos importantes: "Vocês já pensaram sobre isso?" ou "O que aconteceria se ...?" O mediador pode ajudá-los a esclarecer as questões práticas. Por exemplo, quando o pai não residente vai buscar a criança ou quando leva-a de volta, a criança deve ser entregue na porta de casa ou ir sozinha até o carro ou da casa para o carro? Quando os pais concordam estes encontros serão feitos, eles dão às crianças apoio emocional, evitando cenas de raiva diante deles. Em uma mediação, a mãe estava disposta a deixar a filha do casal, Gabi, 3 anos, sair com o pai todos os sábados, mas somente se o pai fosse buscá-la num lugar público, isto porque, no momento da separação dos pais, houve um incidente envolvendo violência física. A polícia foi chamada e o pai preso, mas libertado sem acusações. A briga começou com uma discussão sobre a posse de um dos carros do casal. Tal problema foi resolvido na mediação, mas a mãe não estava disposta a deixar o ex-marido vir à sua casa, com medo de uma nova discussão. Eles haviam tentado também entregar a Gabi na rua, de um carro a outro, mas ambos estavam tão angustiados que Gabi saiu silenciosamente do carro do pai para o carro do mãe, com lágrimas rolando pelo rosto. Na mediação, os pais decidiram que o melhor a fazer seria reunir-se num café, onde eles iriam tomar uma bebida ou um lanche e, então, o pai deixaria Gabi com a mãe, assegurando que ela iria vê-lo novamente, em breve. O casal também discutiu o que fazer e como fazer no aniversário de Gabi e outras festas.

Construindo acordos: passo a passo

Pais que travam disputas por causa das crianças podem aceitar acordos curtos por um certo período de tempo do tipo "passo-a-passo". Isto é, acordos contendo disposições provisórias que serão analisados e discutidos pelos pais na mediação, lembrando que alterações poderão ser efetuadas. Tais acordos são feitos, principalmente, para bebês e crianças pequenas, pois os pais podem entender gradualmente o período de tempo em que a criança passa longe do cuidador principal, com base no seu desenvolvimento, capacidade de resistência física e psicológica. Mediadores precisam estar cientes, no entanto, que medidas provisórias podem ser estabelecidas e alguns pais usam a demora dos acordos para sua própria vantagem.

11. AJUDAR OS PAIS A PASSAR DO CONFLITO À COOPERAÇÃO

Muitos pais têm tantos problemas para lidar quando estão se separando, que não é fácil para eles pensar no que seus filhos estão vivendo. A mediação é, portanto, bastante benéfica para os pais, pois ajuda-os a se concentrar nas crianças como indivíduos, bem como a considerar os sentimentos e as necessidades das crianças, bem como as suas próprias. Os pais, geralmente, querem colocar seus filhos em primeiro lugar e são incentivados a fazê-lo.

Pedir aos pais que façam um "retrato"/imagem de cada criança

Os pais tendem a trazer versões conflitantes de eventos, a fim de justificar o seu próprio ponto de vista. Uma forma útil de começar a mediação é pedir aos pais que descrevam cada um dos seus filhos. Pais, geralmente, têm orgulho de seus filhos e gostam de falar sobre eles. Descrever a personalidade e os interesses de cada criança, com cada um dos pais preenchendo a descrição com alguns detalhes próprios, ajuda os pais a se concentrarem em cada criança como um indivíduo para que eles possam falar e ouvir uns aos outros sem se sentirem sob ataque. Tal descrição também apresenta um certo número de outras finalidades:

- compartilhamento de informações sobre as crianças. Muitas vezes, o pai que está envolvido no cuidado do dia a dia das crianças sabe mais do que o outro. Perguntar primeiro a este pai pode ajudar a dar uma imagem de base, atualizando o pai que sabe menos.
- ver o quão longe os pais concordam ou discordam sobre a personalidade da criança, temperamento e anexos. Muitas vezes, há uma grande medida de acordo até mesmo entre pais que estão em disputa sobre os acordos parentais. Áreas de consenso

podem ser enfatizadas e usadas para a próxima etapa da mediação. Alguns pais ficam extremamente surpresos ao descobrirem o quão longe estão do acordo;
- facilitar a comunicação de forma positiva, incentivando os pais a falar sobre interesses em comum e não sobre assuntos controversos ou desnecessários;
- estabelecer regras básicas, deixando claro que o mediador vai fazer perguntas a cada um dos pais e que estes terão tempo suficiente para ouvir e responder, sem interrupções;
- quando o conflito é intenso, os mediadores podem fazer perguntas precisas que forneçam uma estrutura clara e firme.

A coleta de informações sobre as crianças pode incluir perguntas relacionadas aos seguintes tópicos:
- personalidade e temperamento da criança;
- fase de desenvolvimento da criança – física, emocional, intelectual;
- como a criança se comporta na escola – notas, tarefas, amigos;
- como a criança se comporta com os irmãos;
- saúde da criança;
- interesses e atividades da criança;
- quaisquer necessidades ou dificuldades especiais;
- Como é que os pais sabem quando a criança está feliz?;
- Como eles sabem quando a criança está chateada? Como é que elas responderam?

Muitos pais que vêm para a mediação querem dar prioridade a seus filhos e estão prontos a cooperar. Mesmo se eles não concordam, a atmosfera geralmente se acalma quando eles descrevem cada criança. Tais descrições fazem, muitas vezes, os parceiros sorrir e olhar para o outro com mais facilidade. Assim, numa atmosfera mais calma, fica mais fácil de passar para perguntas sobre as questões atuais e questões futuras que precisam ser resolvidas. Em um caso difícil, no qual os pais mal se falavam e, que estavam na mediação para discutir questões sobre a guarda dos filhos, eles se acalmaram visivelmente enquanto conversavam sobre a personalidade e as atividades de cada um dos filhos. Eles, então, foram capaz de elaborar em conjunto acordos mutuamente aceitáveis.

12. TÉCNICAS E HABILIDADES DA MEDIAÇÃO ENVOLVENDO CRIANÇAS

- Habilidades de questionamento, incluindo passado, presente e questões orientadas para o futuro e perguntas circulares (ver Capítulo 6).

Mediadores podem utilizar um futuro e hipotético para fazer perguntas aos pais e fazê-los pensar antes da próxima reunião. "Se as crianças vão viver com você (mãe) ou com você (pai), quanto tempo você acha que eles deveriam ficar com cada um de vocês? As crianças podem ter uma casa principal ou duas casas, mas a questão principal é que papel cada um de vocês quer ter na educação e no desenvolvimento das crianças – quais são os seus pontos fortes e a sua contribuição como pai? De que forma você vê o outro progenitor ter um papel importante na educação dos filhos? Que tipo de apoio você espera do outro progenitor? Há grandes questões – tais como saúde, educação, religião – vocês estariam dispostos a se consultar mutuamente quando necessário? Que tipo de informação sobre as crianças vocês esperam compartilhar uns com os outros?"

- Normalização – "muitas crianças apresentam sinais de...", "crianças muito frequentemente..."

Quando os pais culpam um ao outro pelas reações dos filhos, o mediador deve dizer que este é um comportamento normal e compreensível ou um problema que acontece com muitos casais. Crianças que têm acessos de raiva e adolescentes que não se comunicam são também encontrados num grande número de famílias intactas. No entanto, pais que estão se separando tendem a culpar uns aos outros. Assim, o mediador, em vez de olhar para a causa e efeito, vai tentar ajudar os pais a buscar apoio um no outro.

Os pais, geralmente, respondem positivamente a um pedido de ajuda e apoio, uma vez que eles percebem que não estão sendo acusados de causar o problema. É importante reconhecer os esforços dos pais e o apoio que eles necessitam, sem sugerir que eles estão deixando de atender às necessidades de seus filhos. A crítica, manifesta ou implícita, aumenta a defesa e a resistência das partes.

Quando os pais culpam e criticam, incessantemente, uns aos outros, comportamentos negativos das crianças podem ser reforçados e os pais podem recorrer a especialistas, depois de ter perdido a confiança em sua capacidade de ajudar seus filhos.

Uma das dificuldades encontradas é que o comportamento das crianças pode ser ambíguo e interpretado de diferentes maneiras, aumentando os conflitos entre pais quando cada um deles interpreta as reações da criança de forma diferente.

Para ajudá-los a perceber que eles poderiam tanto estar certos ou errados e que poderiam haver outras explicações possíveis para justificar o comportamento das crianças, os mediadores precisam mostrar aos pais que as crianças podem esconder seus sentimentos ou representá-los.

- reconhecer ambos – "Vocês dois se importam muito com as crianças". Raiva e preocupações podem ser reconhecidas, mantendo o foco no presente e no futuro: "Então vocês dois estão preocupados em chegar a um acordo para... (nomes dos crianças) que iria ajudá-los a gerenciar as mudanças da melhor forma possível?";
- reformulação – "Vocês estão à procura de acordos que satisfaçam ambos?";
- priorizar – "O que vocês acham que é mais importante para as crianças neste momento?";
- estruturação – "Vamos decidir a ordem com que iremos discutir todas estas questões?";
- informações: "Os tribunais preferem que os pais cheguem eles próprios a seus acordos". "Vocês já leram esses livros para crianças? Não é papel do mediador instruir os pais sobre o que é melhor para seus filhos. Muitos pais, porém, necessitam de informação e orientação sobre como ajudar seus filhos a lidar com a separação. Aconselhar livros, DVDs e sites da *internet* pode ser bastante útil aos pais, e também livros úteis para as crianças que os pais podem ler para elas ou dar para as mais velhas.

O ideal é que, os mediadores tenham uma seleção de livros e outros materiais para mostrar aos pais, bem como cópias de uma lista para dar a eles.

Usando o quadro branco, desenhando um ecograma

O quadro branco é muito útil para enfatizar questões-chave, proporcionando um foco comum e priorizando as principais demandas dos casais. Fazer uma lista das questões e soluções citadas pelos pais ajuda a mostrar quais áreas da responsabilidade parental eles estão de acordo e quais áreas eles não estão de acordo. Pode ser bastante útil desenhar um "plano de ação" no quadro branco, mostrando um período de cinco semanas (ou qualquer outro), a cada dia dividido entre dia e noite. Os pais podem ser convidados a explicar as disposições atuais e os acordos que desejam. Marcar tais pontos no quadro, com diferentes cores, ajuda a destacar quanto tempo os filhos passam ou poderiam passar com cada um dos pais. O contraste, por exemplo, entre dois sábados por mês com seu pai, em comparação com cerca de 28 dias com a mãe, é visto de maneira mais clara quando escrito no quadro branco.

Tempo e estrutura das sessões de mediação envolvendo questões sobre os filhos

Mediadores precisam se concentrar nas principais questões e manter um olho no relógio. As discussões sobre as crianças podem ser bastante longas e mediação não é terapia. Perguntas e comentários não podem perder o foco e o ritmo da discussão precisam ser muito bem gerenciados. Se por exemplo, a prioridade é o próximo fim de semana, é importante deixar um tempo reservado para lidar com isso, em vez de embarcar numa discussão ampla, que não deixará tempo para resolver acordos do próximo fim de semana. Sensibilidade e habilidades são necessárias para se decidir quantas perguntas o mediador deve fazer sobre as crianças, e em que momento. Perguntas sobre o que cada pai disse – ou teria dito – aos filhos são na maioria das vezes questões bastante sensíveis e, talvez, assunto de um próximo encontro, uma vez que os pais decidiram sobre a visitação das crianças. "Vocês já falaram com os seus filhos, ou vocês preferem falar com eles separadamente?" Ou "Vocês já disseram às crianças que estão vindo na mediação?" Geralmente, as crianças ficam contentes de saber que os seus pais estão se reunindo para fazer acordos sobre eles ou a separação de um modo geral. Muitas crianças são capazes de entender a ideia da mediação, além disso até mesmo crianças pequenas entendem que a pessoa possa não querer tomar partido.

13. OS PAPÉIS DAS CRIANÇAS NOS CONFLITOS PARENTAIS

Muitas vezes, as crianças são espectadores passivos que assistem, da bancada ao conflito entre seus pais. No entanto, se os pais continuam a brigar, as crianças podem ser envolvidas no conflito ficando presas num triângulo emocional em que os "conflitos não resolvidos dos pais são canalizados pela criança triangulada". "Crianças podem agir como de maneira a chamar a atenção dos pais" ou "manipulá-los", porém suas reações são uma forma de mostrar aos pais suas necessidades e as pressões que estão sentindo. As crianças tentam proteger os pais, bem como a si mesmas e, em algumas circunstâncias, o seu comportamento é o único meio que encontram de mostrar as necessidades que não podem expressar por meio de palavras.

As crianças podem assumir os seguintes papéis na tentativa de resolver o conflito entre os pais:

	Papel da criança	Papel do mediador
1.	Mensageiro, entre os dois	Ajudar os pais a se comunicarem diretamente um com o outro, sem que tenham que passar pelas crianças.
2	Reconciliador (tenta fazer com que os pais voltem a ficar juntos)	Ajudar os pais a entenderem o que precisam ser explicado às crianças; ajuda os pais a tranquilizar as crianças.
3	Pacificador (diz a cada um dos pais o que eles querem ouvir)	Ajudar os pais a resolverem os conflitos.

4	Aliado – se aliar a um dos pais para dar apoio	Ajudar os pais a chegar a acordos e resolver conflitos para libertar a criança.
5	Tomador de decisão	Ajudar os pais a assumir a responsabilidade por decisões difíceis.
6	Bode expiatório (teme ser abandonado por ambos os pais)	Ajudar os pais a confiar um no outro e concordar com os limites necessários, definir regras, etc.
7	Confidente	Ajudar os pais a considerar como não sobrecarregar a criança.
8	Parceiro substituto (substitui o pai que foi embora)	Ajudar os pais a se sentirem mais seguros.
9	Substituto do pai ou cuidador (cuidando de um dos pais ou irmãos mais novos)	Ajudar os pais a se sentirem mais seguros para que eles dependam menos das crianças. Ajuda os pais a compreender as necessidades da criança.
10	Juiz (encorajados a culpar um dos pais)	Discutir com os pais como eles podem ajudar as crianças a entender a separação, sem condenar qualquer um deles.
11	Fugitivo (evasão escolar, delinquência)	Discutir sobre os riscos e as preocupações com os pais. Busca maior envolvimento dos pais.
12	Em luto pela perda da família. Mostra a dor que os pais estão reprimindo	Ajudar os pais a reconhecer e compartilhar a tristeza, assim como a raiva.

É normal que crianças de todas as idades sonhem que seus pais ficarão juntos novamente. O desejo de reunir pais separados é muitas vezes intenso e de longa duração. Isto pode fazer com que algumas crianças desenvolvam sintomas físicos associados ao estresse emocional. Elas também podem fantasiar que ambos os pais vão se reunir novamente para cuidar de uma criança que está doente, por exemplo.

Exemplo – Sarah, seis anos, queixa-se de mal-estar sempre que ela visita o pai.

Interpretação da mãe: as visitas são angustiantes para a filha – especialmente porque seu ex-marido tem uma nova parceira. O melhor para Sarah seria reduzir as visitas ou impedi-las completamente por um tempo.

Interpretação do Pai: sua ex-mulher está jogando a filha contra ele, porque ela está com ciúmes da sua nova namorada. Se sua ex-mulher está bloqueando o seu relacionamento com sua filha, talvez seria melhor para Sarah vir morar com ele. Sua namorada tem seus próprios filhos, e ela é uma excelente mãe.

Resultados possíveis se o litígio não for resolvido:

i) Sarah pode perder seu relacionamento com seu pai; ii) o médico de família, professores, psicólogo infantil e advogados serão todos envolvidos; iii) um assistente social poderá ser chamado para fazer um relatório; iv) se uma ordem judicial é dada, os acordos podem não funcionar na prática, se a Sarah continua a resistir; v) os conflitos entre o casal podem aumentar.

A mediação pode ajudar os pais a:

- se focar na Sarah: como é que eles descrevem seu comportamento? Será que eles têm outros filhos? Se a Sarah é filha única, as pressões sobre ela podem ser particularmente intensas;
- esclarecer a situação atual e as principais questões;
- analisar se Sarah precisa manter seu relacionamento com ambos os pais e, em caso positivo, como considerar como esta situação pode ser resolvida de modo a dar a Sarah o máximo de apoio e segurança possível.
- Quais são as opções e possibilidades práticas? Será que a Sarah não precisaria de algum tempo a sós com o pai? Qual é a frequência das visitas, por quanto tempo? Se os pais discutem sempre que se encontram, será que os encontros não poderiam ocorrer de outra maneira, pelo menos por um tempo? Os avós poderiam ajudar?;
- explorar o que está incomodando a Sarah: pode ser que ela ame seus pais e não entenda porque eles não podem ficar juntos? Talvez ela espere que seu pai vai voltar e ajudar a mãe cuidar dela, para que todos eles possam continuar a viver juntos? Talvez a Sarah está tentando proteger um ou ambos os pais, impedindo-os de ver um ao outro?;

- um acordo passo a passo pode possibilitar o aumento gradual de visitas evitando que a Sarah tenha que lidar com muitas mudanças num período curto de tempo. Isso pode ajudar a tranquilizar a mãe da Sarah sobre a necessidade de estabilidade, enquanto tranquilizará o pai de que seu tempo com ela poderá aumentar gradativamente;
- será que a Sarah não precisa ter certeza de que sua mãe apoia seu relacionamento com o pai? Será que ela não se preocupa com a mãe quando ela está longe dela? Pode a mãe lhe dar garantias de que ela está bem?;
- os pais devem ser claros sobre datas e horários. O mediador poderá sugerir à mãe que escreva as datas do encontro com o pai numa agenda;
- o que foi dito a Sarah até agora? O que ela precisa ouvir de ambos os pais? Como ela pode ser ajudada a entender a separação?
- existem outras alterações que tornariam as coisas mais fáceis? Pode o pai da Sarah também telefonar para ela?;
- quando há relutância em concordar com um horário fixo, o mediador poderá sugerir um novo encontro de mediação algumas semanas mais tarde, para rever a forma como os regimes funcionam e se mudanças são necessárias.

Os mediadores devem ter cuidado para não rejeitar a interpretação de um dos pais sobre o comportamento de uma criança ou para não afirmar que sabe melhor que os pais. As ideias devem ser vistas como possibilidades, e não como soluções. Os pais podem já ter uma ideia em mente, mas ainda precisam pensar a respeito. Se o mediador abre uma nova perspectiva, ele poderá ajudá-los a trabalhar juntos para que resolvam os problemas, em vez de entrarem numa nova forma de confronto.

Estratégias do tipo *acting out*[3] para testar o amor dos pais e ver o quanto os pais se importam com eles

Exemplo – Jake, de 13 anos, foi pego furtando DVDs numa loja local.

---

[3] NT: do inglês *acting out* – passagem ao ato, termo da psicologia que trata dos mecanismos de defesa e autocontrole, a pessoa age por impulso. Em termos gerais, trata-se de ações destrutivas para si ou para os outros (vícios, crimes, etc.).

Interpretação da mãe: Jake precisa de mais disciplina e controle. Ele é rude, mal-humorado e sai o tempo todo. Ela não pode lidar com ele – ela tentou de tudo. Ela não pode fazê-lo ir à escola. Se as coisas continuarem deste jeito, ele vai virar um criminoso. É hora de o pai assumir a responsabilidade por ele. Ele pode ir viver com o seu pai.

Interpretação do pai: Jake está ficando fora de controle. Sua mãe nunca soube lidar com ele muito bem. Talvez ela esteja certa sobre Jake ir morar com ele, em vez de morar com a mãe – não entanto, ele não estará em casa quando Jake voltar da escola. O rapaz vai ter que fazer o que é dito e ficar fora de problemas. Caso contrário, ele vai acabar num centro para menores. Jake precisa estar ciente de que é isso que vai acontecer se ele continuar furtando.

Resultados possíveis caso Jake não receba a ajuda que ele precisa: i) ainda mais conflitos entre os pais sobre quem é o culpado pelo comportamento do filho; ii) nenhum dos pais ajuda Jake se sentir amado e desejado; iii) Jake volte a furtar; iv) o envolvimento dos assistentes sociais; v) Jake será transferido para um centro de menores.

A mediação pode ajudar os pais a:

- se focar em Jake: Como ele era quando criança? E agora? Será que ele é infeliz? Está zangado? Preocupado? Será que eles têm outros filhos?
- discutir as necessidades de Jake. Quais são os atuais mecanismos de Jake? Eles podem cooperar na satisfação das suas necessidades? Se ele vive com sua mãe, ela pode contar com o pai dela, apoiando-se sobre questões de "limites" (ficar fora até tarde) e disciplina?
- resolver outras questões conexas, incluindo questões financeiras. Talvez tais problemas estejam afetando Jake? Será que ele ganha mesada?
- considerar se Jake está zangado com ambos os pais. Talvez ele pense que ambos os pais não importam com ele? Talvez ele esteja esperando que, caso ele entre em apuros, os pais vão ficar juntos de alguma forma para resolver isso?
- é possível que os pais possam conversar com Jake conjuntamente? Será que eles pensam que Jake possa ter uma opinião ou deva ser consultado? Se assim for, estariam os pais dispostos a dar essa sugestão a ele? (Ver Capítulo 8).

Estratégias de proteção à criança

As crianças ficam muito ansiosas quando eles percebem que um dos pais é incapaz de lidar com a separação ou quando não é seguro para seus pais se encontrarem. Elas podem criar estratégias de proteção para manter todos seguros e proteger um ou ambos os pais de ferir um ao outro. "Tudo ficara bem, desde que eu não deixe que mamãe e papai se falem" (criança de 6 anos, COCKETT; TRIPP, 1994, p. 43). Algumas crianças se recusam em ver o outro pai como modo de proteger os seus pais e a si mesmos – mesmo se, no fundo, elas querem muito ver o outro pai. Muitas crianças tentam ajudar seus pais, dizendo a cada um dos pais exatamente o que ele precisa ouvir.

Exemplo – Daniel, 9 anos

Daniel não queria ferir seus pais ao ter que escolher um e rejeitar o outro. Assim, ele disse a cada um deles o que ele pensava que eles queriam ouvir dele. Ele disse a seu pai que ele gostaria de viver com ele. Ele disse a sua mãe que queria viver com ela. Daniel não tinha certeza se a mãe conseguiria sem ele. Ele sabia que ela dependia dele.

Interpretação da mãe: é claro Daniel quer viver com ela. Ela sempre cuidou dele e eles são muito próximos. Seu pai está influenciando o Daniel e o pressionando. Isso é irresponsável e errado.

Interpretação do pai: Daniel é um menino e, portanto, é compreensível que ele esteja numa idade em que ele quer viver com o pai. Infelizmente, sua mãe não pode ver isso. Ela é superprotetora. Daniel deve decidir sozinho e, em seguida, ficará claro com quem ele quer ficar.

Resultado possível, caso os pais não concordem: se a disputa continua seguindo a um pedido do tribunal, este pode considerar que um dos pais poderia prestar um bom atendimento para Daniel e incentivar, de alguma, forma, a paternidade compartilhada. Processos judiciais poderiam aumentar o conflito entre os pais e o resultado poderia refletir em Daniel.

A mediação poderia ajudar esses pais a:
- Terem foco em Daniel e suas necessidades, tanto no foco presente quanto em questões focadas no futuro e também com foco no passado, quando Daniel era um bebê. Se ambos os pais compartilham em cuidar dele? Como isso funciona?

Será que eles contribuem para cuidar dele de forma semelhante ou diferente? Será que eles valorizam o apoio de cada um? Ou será que eles desejam o outro progenitor ter feito mais? Como poderiam ambos ser envolvidos agora?

- Pensar em suas qualidades particulares como pais (como mãe/pai, com suas personalidades diferentes, interesses e habilidades) e o que cada um deles pode dar ou compartilhar com Daniel de forma complementar
- Identificar e considerar opções para parentalidade partilhada e como estas funcionariam na prática
- Considerar questões imediatas no contexto das necessidades de longo prazo
- Considere como o próprio Daniel pode ser ajudado para expressar seus sentimentos e necessidades, sem ser pego em conflitos de lealdade. De acordo com cada um dos pais, o grau de maturidade que eles pensam que é para a sua idade? Deveria ser oferecida a ele uma oportunidade para se encontrar com alguém (como um mediador qualificado, em consulta infantil), para falar sobre os seus sentimentos e preocupações e como ele acha que as coisas poderiam funcionar melhor? (Ver Capítulo 8).

Mesmo quando os pais se sentem muito magoados e irritados uns com os outros, eles costumam dizer que o que mais importa é o bem-estar de seus filhos. Eles reconhecem o amor mútuo por seus filhos e o amor de seus filhos por ambos. Eles podem precisar de um mediador para reconhecer o quão difícil é continuar a ser "copais" quando a relação conjugal já não existe mais, e a lidar com o fim do relacionamento.

Os mediadores podem ajudar os pais a separar a dor e a raiva provocadas pelo fim de sua própria relação com a necessidade em dar continuidade às relações entre pais e filhos e entre pais e pais, tanto no presente quanto no futuro.

CAPÍTULO 8

MEDIAÇÃO FAMILIAR COM CRIANÇAS

"Eu acho que deve haver algum tipo de acordo entre as crianças e os pais sobre o que vai acontecer. Eu acho que as pessoas que estão envolvidas não devem tomar decisões sozinhas, mas ajudar umas as outras para alcançar algum tipo de acordo sobre o que seria o melhor."
(Jake, 11 anos, citado por NEALE; WADE, 2000, p. 32).

SUMÁRIO: 1. A necessidade de ouvir as crianças. 2. A opinião das crianças. 3. Os juízes devem ouvir as crianças? 4. Mediação focada na criança. 5. Garantias que os pais precisam dar às crianças. 6. Mediação que incluir crianças. 7. Possíveis desvantagens da inclusão das crianças na mediação. 8. Potenciais benefícios da inclusão das crianças no processo de mediação. 9. Pré-requisitos para inclusão de crianças. 10. Acordos entre pais e mediadores antes de incluir as crianças. 11. A abordagem à criança e o consentimento da criança. 12. Experiência infantil – a criança incluída no processo de mediação. 13. Aptidão, conhecimento e competências para a mediação que inclui crianças. 14. Mediação entre pais e crianças. 15. Mediação com crianças, pais e professores. 16. Grupo de estudos com as crianças de pais separados. 17. Crianças treinadas como mediadores de pares. 18. Uma abordagem holística.

1. A NECESSIDADE DE OUVIR AS CRIANÇAS

"O tribunal e as partes devem estar conscientes da necessidade de assegurar que as crianças envolvidas no processo de tomada de decisão, sejam recebidas num ambiente apropriado para a sua idade, com uma linguagem simples e compatível com seu de entendimento" (*Programa Arranjos Criança*, Gabinete do Presidente, 2014).

Muitas crianças querem poder falar sobre os acordos estabelecidos por seus pais após a separação. Elas querem ser ouvidas e querem que seus pais levem em conta suas opiniões e sentimentos (SMART; NEALE, 2000; FORTIN *et al.* 2012). No entanto, quando seus pais estão se separando, as crianças são, na maioria das vezes, deixadas de lado. Os pais podem não ter contado aos filhos o que estava acontecendo e, raramente, as crianças sentem que suas opiniões são levadas em consideração. Um quarto das crianças, cujos pais haviam se separado, disse que ninguém havia falado com eles sobre a separação no momento em que ela foi oficializada. Apenas 5% disseram que tinham sido comunicadas e que tiveram a oportunidade de fazer perguntas aos pais (DUNN; DEATER-DECKARD, 2001). Coube à mãe em mais de 70% das famílias, contar às crianças, sendo que algumas mães disseram às crianças que o pai havia ido embora, sem dar qualquer explicação (COCKETT; TRIPP, 1994). Uma menina disse a respeito de sua mãe: "Ela não entendia como eu me sentia. Ela estava muito ocupada, indignada com a situação" (MITCHELL, 1985, p. 94). Um menino comentou: "Você é a primeira pessoa que se deu o trabalho de me perguntar como eu me sentia" (MITCHELL, 1985, p. 81). Morrow (1998) constatou que a maioria das crianças queria apenas poder dizer como elas estavam se sentindo. É importante ressaltar que até mesmo as crianças entendem a noção de falar e serem ouvidas. Algumas crianças querem ser ouvidas e envolvidas no processo de tomada de decisão, enquanto outras querem apenas ser consultadas, pois não querem qualquer responsabilidade pelas decisões. "Precisávamos saber o que estava acontecendo, como fazer para as coisas darem certo ... Nós sabíamos que precisávamos de ajuda de fora, mas não sabíamos a quem recorrer. Ninguém parecia estar lá para nos ajudar, especialmente nós, as crianças. Mamãe e papai tinham os seus advogados, mas nos não tínhamos ninguém" (citado por criança, O'QUIGLEY, 2000, p. 10). As crianças mais velhas, em particular, deveriam ser incluídas nos processos de decisão, já que este que terá um impacto em suas vidas. Uma menina de 15 anos disse: "Nós também somos pessoas e não devemos ser tratadas de forma diferente só porque somos jovens. Eu acho que as crianças merecem o mesmo tipo de respeito que são esperados dos "chamados" adultos" (O'QUIGLEY, 2000, p. 30).

2. A OPINIÃO DAS CRIANÇAS

Até meados do século XIX, as crianças eram tratadas como pequenos adultos, elas eram colocadas para trabalhar precocemente e suas necessidades como crianças não eram consideradas. Aos poucos, campanhas de bem-estar infantil e preocupação pública levaram à criação de leis para proteger as crianças da exploração infantil, fornecendo-lhes educação apropriada. No entanto, foi somente após a segunda metade do século XX que as crianças passaram a ser reconhecidas como seres com direitos, necessidades, cuidados e proteção próprios.

A Convenção das Nações Unidas sobre os Direitos da Criança de 1989 defende o direito de a criança ser ouvida em questões que as afetam diretamente. O valor das opiniões das crianças deve ser considerado de acordo com sua idade e maturidade. Àquelas capazes de formar opiniões deve ser assegurado "o direito de expressar suas opiniões livremente e, deve ser dada a oportunidade de expressar seus pontos de vista" diretamente ou através de um representante ou órgão apropriado" (art. 12 (2)). O Regulamento Bruxelas II— Revisado de 27 de novembro de 2003, relativo ao reconhecimento e execução de decisões em matéria matrimonial e em matéria de responsabilidade parental, também defende o direito de a criança ser ouvida, de acordo com sua idade e maturidade em questões relativas à responsabilidade parental sobre o filho (art. 4).

Na Inglaterra e País de Gales, nos termos do Artigo 1 (3) da Lei das Crianças[1] de 1989, o tribunal é obrigado – nos processos envolvendo questões sobre crianças – a levar em consideração "os desejos e os sentimentos destas em causa (considerados à luz da sua

---

[1] NT: do inglês – Children Act 1989.

idade e compreensão). Nos processos de direito público, a criança se torna automaticamente uma parte no processo e, em processos de direito privado, a criança pode se tornar uma parte, representada por um curador. A Lei das Crianças de 1995[2] (Escócia) exige que todos os que têm responsabilidade parental devem considerar, tanto quanto possível, as opiniões das crianças em questão. Uma criança com idade de doze ou mais é considerada madura o suficiente, na Escócia, para dar sua opinião.

Apurar as opiniões, os sentimentos e as necessidades de uma criança implica que o objetivo é mostrar os pontos de vista e os sentimentos da criança. A comunicação deve fluir nos dois sentidos, pois as crianças precisam de explicações e mensagens, especialmente quando a comunicação entre uma criança e um dos pais foi quebrada. As opiniões e os desejos que a criança expressa – ou é incapaz de expressar – dependem, na maioria das vezes, da percepção da criança. Essas percepções podem mudar, como a criança ganha mais compreensão. A rejeição de uma criança por um dos pais é, usualmente, uma reação provocada pelo fato dela ter-se sentido abandonada por ele. A criança precisa entender as razões pelas quais um dos pais não está em contato com ela seja por pequeno ou longo período de tempo. Em alguns casos, a criança precisa de um pedido de desculpas de um dos pais antes de retomar o contato.

Consultar crianças significa conversar com elas, e não fazer perguntas e extrair respostas que sejam benéficas para os adultos que "precisam ter" uma resposta. O objetivo principal dessas conversas é desbloquear os canais de comunicação para que as crianças e os pais possam ouvir uns aos outros. O papel do mediador é o de um catalisador que facilita e melhora a comunicação entre pais e filhos. O mediador não dever ser assertivo ou controlador. Mediadores podem ajudar os pais a resolver questões práticas e a pensar em como ajudar os filhos a se adaptarem às mudanças. Mediadores utilizam a teoria do apego, a teoria dos sistemas, teoria do caos e a teoria da gestão de crises para compreender as interações familiares e comunicações entre os membros de uma família. Todos os membros de uma família são relevantes para a mediação: pais, crianças e jovens entre outros. Um conselheiro infantil ou mediador deve ser capaz

---

[2] NT: em inglês – The Children Act 1995.

de reconhecer os problemas que enfrentam as crianças e ajudá-las a resolvê-los, sem interrogar a criança ou colocá-la sob pressão.

3. OS JUÍZES DEVEM OUVIR AS CRIANÇAS?

Um juiz inglês se referiu ao aumento da importância de se ouvir as crianças nos casos de separação e divórcio, em que elas serão diretamente afetadas. É a criança, mais do que ninguém, que vai ter de viver com o que o tribunal decidir. Aqueles que ouvem o depoimento das crianças sabem que, muitas vezes, elas têm uma visão bastante distinta daquela dos seus pais. Elas são capazes de ser atores morais de seus próprios direitos. Assim como os adultos devem fazer o que o tribunal decide, querendo eles ou não, as crianças também deverão fazer o mesmo. Não existe mais razão para deixar de ouvir o que a criança tem a dizer do que deixar de ouvir o que os pais têm a dizer. (Re D (A Criança) [2007] 1 AC 619FLR).

Algumas crianças querem falar com o juiz. No entanto, o tribunal é um ambiente intimidativo com grandes riscos para as crianças que estão sendo manipuladas pelos pais. Os juízes podem ser obrigados a dizer aos pais o que o seu filho falou, e isso pode ter repercussões para a criança. Nem todos os juízes têm as habilidades necessárias para falar com as crianças e entender suas necessidades e sentimentos. Na Austrália, "profissionais especializados substituíram os juízes nas entrevistas judiciais com crianças" (PARKINSON; CASHMORE, 2007). Pesquisadores australianos dizem que ouvir as crianças é uma forma de ajudar as famílias a resolver conflitos sem que elas tenham que recorrer ao tribunal. A mediação focada na criança e a mediação que inclui crianças são duas maneiras de ajudar os pais e as crianças a ouvir uns aos outros e a se comunicarem com mais facilidade. Na mediação focada na criança, os pais são ajudados a considerar as necessidades e os sentimentos dos seus filhos e a conversar com eles em casa, sem incluí-los diretamente na mediação (ver Capítulo 7). Já a mediação que inclui crianças oferece a oportunidade para que crianças e jovens se encontrem com um profissional especialmente treinado dentro do processo de mediação – um mediador familiar ou conselheiro infantil – os encontros são feitos separadamente e/ou em conjunto com os irmãos.

4. MEDIAÇÃO FOCADA NA CRIANÇA

Pais separados, muitas vezes, precisam de ajuda para explicar a seus filhos as decisões e os novos acordos que foram decididos. A incapacidade dos pais ou falta de vontade de explicar uma situação dolorosa para uma criança pode ser combinada com as tendências infantis em suprimir seus sentimentos. Uma parede de silêncio pode ser erguida ao redor do pai que deixou a criança. Quanto mais tempo esse muro permanece, mais difícil se torna para desmantelá-lo. É compreensível que muitos pais se sintam incapazes de falar sobre a separação com os filhos, pois eles já estão sobrecarregados com suas próprias dores e preocupações.

Quando as crianças são perguntadas o que as teria ajudado neste momento delicado, elas quase sempre dizem que precisavam de mais informações, explicações e, principalmente, da confiança de seus pais. Mediadores familiares podem ajudar os pais a discutir da melhor maneira possível questões difíceis da separação, que devem ser explicadas às crianças, ajudando-os a decidir, por exemplo, quem deve conversar com as crianças e em que momento. Muitos pais quando vêm para a mediação já haviam tranquilizado os filhos de que a separação não era culpa deles, mas a grande maioria pode não ter sido capaz de dizer aos filhos se eles vão continuar a viver na mesma casa ou quanto tempo eles vão passar com cada um dos pais. Quando os pais culpam um ao outro pela separação ou o divórcio, as crianças geralmente possuem versões conflitantes sobre a ruptura do relacionamento deles. Assim, mediadores ajudam os pais a encontrar conjuntamente explicações (adequadas à idade das crianças) que possam ser comunicadas a elas, separadamente, ou em conjunto, sem que os pais contradizam ou denigram um ao outro para as crianças.

5. GARANTIAS QUE OS PAIS PRECISAM DAR ÀS CRIANÇAS

- Ambos os pais ainda amam os filhos e vão continuar amando-os.
- Ambos os pais (não apenas um dos pais) vão continuar a cuidar dos filhos.
- Eles vão continuar a viver na mesma casa (ou, se uma mudança for necessária, as suas necessidades serão consideradas no planejamento de novos acordos).

- Elas vão continuar a ver o pai não residente. As crianças precisam saber onde este pai está ou estará vivendo.
- As crianças, de modo algum se culpam pela separação.
- Existe divórcio entre os pais, mas não existe divórcio entre pais e filhos.
- Ambos os pais estão tristes com a separação (e não com raiva um do outro).
- Eles decidiram se separar, porque eles estavam fazendo um ao outro infeliz (ou alguma variação que se encaixa na situação dos pais. Dizer às crianças que seus pais estão se separando porque eles já não se amam mais pode fazer as crianças temerem que seus pais deixem de amá-las também).
- Eles irão dizer às crianças sobre os novos acordos que os afetam.
- Eles estão trabalhando novos acordos para a família com um mediador: explicar às crianças o que isso significa. Até mesmo crianças pequenas podem entender a ideia de que mediação é algo bom para todos (às vezes melhor do que os adultos).
- As opiniões e os sentimentos das crianças são importantes e elas serão ouvidas. Seus pais vão tentar tomar decisões que incluam as vontades das crianças, sempre que possível.
- Pais entendem que mudanças são profundamente perturbadoras para as crianças e que as crianças podem se sentir irritadas ou tristes, ou ambos; e que esses sentimentos são naturais e compreensíveis e que é importante falar sobre eles.
- Se algo preocupa a criança, os pais esperam que a criança seja capaz de dizer a um dos pais ou ambos sobre o que a incomoda, de modo que eles possam ajudá-la.

A maioria dos pais prefere falar com as crianças em sua própria casa, mas eles podem não ter certeza como abordar o assunto. Os mediadores podem ajudá-los a planejar um plano de ação com o conteúdo da discussão conjunta com as crianças e também sobre o que não deve ser discutido com elas. Os pais precisam estar cientes de que as crianças podem reagir de maneiras muito diferentes. Algumas choram e fazem um "show" de drama, enquanto outras podem parecer indiferentes, como se não estivessem ouvindo e, quase que automaticamente, fazem perguntas como: "O que teremos para o jantar hoje à noite?" Mesmo se as crianças parecem não estar ouvindo, elas estão geralmente internalizando o que foi dito. Elas podem precisar ouvir mais de uma vez, especialmente sobre as garantias após a separação, a fim de absorvê-las completamente. Os mediadores podem ajudar os pais a antecipar como uma criança pode reagir ("e se ...?"), perguntando como eles reagiriam diante de uma explosão de raiva da criança direcionada a um dos pais, em particular. Pais que estão bem preparados são capazes de lidar com os seus sentimentos na frente dos filhos. Muitos pais estão completamente perdidos sobre o que eles podem dizer a uma criança para ajudá-la a entender a separação. Como maneira de ajudá-los, o mediador pode colocar uma cadeira vazia na frente dos pais e pedir que eles imaginem que a criança está sentada lá e precisa de alguma explicação deles. Embora isso pareça um pouco artificial, os pais podem começar a conversar com o seu filho imaginário com muita emoção e intensidade, e isso vai ajudá-los a pensar nas reações da criança. O que importa não é tanto o que os pais querem dizer, mas o que as crianças precisam ouvir. Os pais podem ser convidados a imaginar o seu filho, digamos, daqui a cinco anos, e as perguntas que a criança poderá perguntar. Uma mãe que pensa que uma criança com menos de três não vai perder seu pai pode ser solicitada a imaginar a criança em doze ou quinze, perguntando por que o seu pai não a amava o suficiente para ter mantido o contato.

6. MEDIAÇÃO QUE INCLUI CRIANÇAS

Alguns mediadores acreditam que a presença das crianças na mediação minaria as "decisões, enfraquecendo os pais, em vez de fortalecê-los". Contudo, experiências com este tipo de mediação no Reino Unido e na Austrália sugerem que desde que haja um planejamento cuidadoso com os pais, pode haver benefícios significativos na inclusão das crianças na mediação. Tanto os pais quanto os mediadores devem estabelecer as precondições para envolver as crianças e os objetivos da inclusão destas (PARKINSON, 2006). Pré-requisitos incluem acordos dos pais, clareza sobre o papel do mediador familiar ou outros profissionais, princípios e limites da confidencialidade par os pais e para a(s) criança(s), além do consentimento da criança.

Existem alguns centros de mediação que estão muito bem preparados para receber as crianças. Um centro em Richmond, Surrey (sudoeste de Londres) conta com a ajuda de especialistas em criança. Neste centro, as crianças podem ser recebidas ao mesmo tempo em que ocorre uma sessão de mediação com os pais. O especialista explicará à criança que o que ela disser permanecerá confidencial (salvo regras e exceções à confidencialidade que se aplicam também aos adultos), que ela poderá decidir quais informações podem ser compartilhadas com seus pais na mediação e, por fim, o especialista perguntará se ela quer ou não participar da mediação (lembrando que a mediação é um processo voluntário).

Mesmo quando os mediadores estão prontos para incluir as crianças, de alguma forma, elas são raramente ouvidas. Um estudo anterior (GARWOOD, 1989) descobriu que as crianças estavam envolvidas em apenas 36 de 186 casos (ou seja, 19% dos casos). Entre as principais razões da não inclusão das crianças podemos citar: a idade baixa (em média de 35 anos) e a oposição dos pais (metade dos pais: 42 dos 84 casos), pois eles argumentaram que eram capazes de falar com os seus filhos em casa, a inclusão destas no processo foi considerada desnecessária. Outras razões citadas pelos pais foram: as questões discutidas na mediação não envolviam as crianças (14 casos) ou um dos pais não era a favor (9 casos). Cabe ressaltar que, ao discutir com os pais se as crianças podem ser incluídas na mediação, é essencial falar dos benefícios e das possíveis desvantagens, principalmente sob o ponto de vista da criança.

7. POSSÍVEIS DESVANTAGENS DA INCLUSÃO DAS CRIANÇAS NA MEDIAÇÃO

- Crianças não são responsáveis e não devem ser atraídas para as disputas dos pais.
- Envolver crianças aumenta a sua angústia e confusão.
- As crianças ficarão ainda mais chateadas quando elas obtiverem mais informações sobre o conflito parental.
- Crianças não devem ser envolvidas nas negociações de adultos
- Desequilíbrios de poder entre pais e filhos se encontram fora dos limites da mediação.

- capacitar crianças pode provocar a "incapacitação" de um ou ambos os pais.
- Autoridade de tomada de decisão dos pais
- É prejudicada se o mediador é visto como o perito.
- O papel do mediador pode ser confundido com o papel de conselheiro ou defensor da criança.
- Envolvendo crianças pode criar expectativas de que as coisas vão ser feitas pelo melhor interesse delas.
- Crianças podem se sentir sob pressão para expressar suas opiniões e sentimentos.
- Crianças podem ter medo de ser convidadas a fazer uma escolha
- As crianças não podem ser juízes confiáveis de seus próprios interesses a longo prazo.
- O mediador pode ficar triangulado entre os pais e a criança.
- O mediador guarda os segredos ou confidências que a criança não quer compartilhar com os pais: esta seria uma situação insustentável para o mediador.
- Conflitos de lealdade da criança podem ser aumentados.
- Pais podem não ser capazes de gerir a sua angústia na frente dos filhos.
- Os pais podem pressionar e informar a criança sobre o que dizer para o mediador.
- O retorno da conversa do mediador com a criança aos pais pode resultar em conflito com a criança.
- Crianças que vêm os pais conversando de forma amigável podem pensar que seus pais vão voltar a ficar juntos novamente – alimentando esperanças de reconciliação.

8. POTENCIAIS BENEFÍCIOS DA INCLUSÃO DAS CRIANÇAS NO PROCESSO DE MEDIAÇÃO

- A maioria das crianças que estiveram envolvidas dizem que isso as ajudou muito.
- Explicações e garantias podem ser dadas às crianças.

- crianças se ajustam mais facilmente se entendem as decisões de seus pais de forma mais clara.
- envolver as crianças, mostrando que os seus desejos, pontos de vista e sentimentos são importantes e que elas são tratados com respeito.
- ouvir as crianças é uma forma de mostrar cuidado.
- uma forma de ajudar os pais a ouviram os seus filhos.
- os pais podem escolher explicar suas decisões e acordos para os seus filhos em uma reunião de família (alguns pais precisam de apoio do mediador para fazer isso).
- Dissipar mal-entendidos: por exemplo, quando uma criança diz que não quer ver um dos pais, mas na verdade ela quer vê-lo.
- Permitir que as crianças façam perguntas, comentários e contribuam com suas ideias.
- Permitir que as crianças expressem uma preocupação ou preocupações, como, com quem os animais de estimação da família vão ficar.
- Facilitar a comunicação e reduzir as tensões nas relações entre pais e filhos.
- Dar às crianças a oportunidade de ver o mediador sozinho e falar sobre seus sentimentos e preocupações, sem se preocuparem se os pais vão ouvi-las.
- Ajudar as crianças a trabalhar as mensagens que elas podem querer dar a seus pais (ou outras pessoas envolvidas) e sentir-se capaz de dar essas mensagens.
- Permitir a uma criança de receber uma mensagem de um pai que não pode dá-lo diretamente, por alguma razão.
- Com acordo da criança, dar o retorno aos pais da conversa com o mediador para ajudá-los a compreender suas preocupações e sentimentos, para que estes possam ser levados em conta nas decisões dos pais.

A inclusão de crianças na mediação deve ser analisada de modo a considerar os benefícios, os riscos e as desvantagens potenciais. Quando ambos os pais concordam que a criança deve ser incluída, diferentes opções e considerações devem ser trabalhadas. O quadro branco é uma ferramenta bastante útil para que cada opção seja considerada. Alguns pais pedem ao mediador que ele participe de uma reunião de família, na qual as crianças foram incluídas, para ajudá-los a explicar a situação para as crianças. Alternativamente, dependendo da idade da criança e das circunstâncias particulares, os pais podem perguntar se um conselheiro infantil ou o mediador poderia ver a criança sozinha. Os adolescentes, em particular, podem estar dispostos a falar a sós com uma terceira pessoa que conhece ambos os pais, mas que não está emocionalmente envolvida na situação. Alguns adolescentes precisam de espaço para falar sobre os seus sentimentos e decisões, especialmente quando eles têm idade suficiente para tomar decisões. Ocasionalmente, há pedidos diretos de crianças que pedem para conhecer o mediador, porque eles sabem que o mediador já conhece sua situação familiar, ao passo que um conselheiro da escola pode não ter esse conhecimento e não estar em contato com ambos os pais. Muitas crianças têm medo de serem rotuladas como "crianças com problemas", que precisam de aconselhamento. Até mesmo as crianças são capazes de entender que a mediação não é o mesmo que aconselhamento ou terapia e que o mediador não é um assistente social ou terapeuta. Se ambos os pais querem que um conselheiro ou mediador se encontre sozinho com as crianças, os encontros serão feitos em conjunto com os irmãos ou separadamente? Será que o retorno do mediador sobre o encontro deve ser dado aos pais? Há tantas questões a se considerar que é importante ter uma lista com as questões a serem tratadas, embora, obviamente, não exista nenhuma forma rígida ou burocrática.

9. PRÉ-REQUISITOS PARA INCLUSÃO DE CRIANÇAS

- Quartos adequados e instalações para reuniões com crianças e jovens.
- Antes de se encontrar com as crianças, mediadores familiares na Inglaterra e País de Gales devem ser qualificados para realizar consulta de criança / mediação, incluindo crianças que deve ter um consultor de Prática Profissional com esta formação adicional.
- O mediador deve ter sido verificado pelo Serviço de Divulgação e Restrição.

- O comediador ou colega deve estar disponível para fins de proteção às crianças.
- Avaliação de risco – ambos os pais confirmam que não há acusações ou preocupações sobre as questões de proteção à criança (mediadores devem ter uma política e procedimentos sobre a proteção das crianças).
- O mediador deve perguntar se qualquer profissional está ou esteve envolvido em questões relacionadas à criança (em caso afirmativo, a mediação não pode ser apropriada).
- Bom conhecimento sobre a situação da família, sua cultura e principais problemas.
- Descrição da criança, de seus pais – personalidade, estágio de desenvolvimento, atividades, relacionamentos, etc.
- Os mediadores precisam saber o que cada um dos pais disse às crianças até o momento.
- Os mediadores precisam saber se a criança tem idade e maturidade suficientes para ser consultada diretamente, ou se ela poderá ser envolvida de alguma forma.
- No caso da mediação incluindo crianças, os mediadores devem comunicar os pais dos benefícios potenciais e os inconvenientes ou riscos potenciais.
- O local, objetivos e papel da criança precisam ser esclarecidos pelo mediador ou conselheiro e acordado por ambos os pais
- Extensão da confidencialidade na consulta de criança, a) para os pais; b) para a criança.
- A disposição dos pais para receber o retorno do encontro, incluindo uma mensagem negativa a partir de uma criança, e a capacidade de aceitar que uma criança pode não querer que qualquer *feedback* seja dado.
- Os mediadores devem obter o aval dos pais, permitindo a participação da criança na mediação incluindo crianças – o tempo de sua participação deve ser limitado.
- Aceitação por escrito dos pais de quaisquer taxas ou confirmação de financiamento público.
- Acordo sobre a estrutura da reunião – por exemplo, crianças e pais virão inicialmente para as apresentações, em seguida, as

crianças virão sozinhas? Irmãos em conjunto ou separadamente? As crianças podem escolher?

- Data para uma reunião de mediação subsequente, retorno (*feedback*) do mediador aos pais quando concordou pode ser dada.
- Acordo parental se um outro adulto estiver presente – se assim for, quem é esta pessoa e qual o papel que ela teria.
- Acordo se um ou ambos os pais vão explicar para a criança o que está sendo proposto.
- Acordo se o mediador pode também escrever para a criança convidando-a.
- Acordo para saber se pode ser oferecida a criança uma reunião de acompanhamento, se ela voltar a mediação?
- Os pais devem assinar o consentimento para a participação da criança na mediação incluindo crianças.
- A criança deve aceitar o convite e está disposta a se reunir com o mediador.
- Os pais darão permissão para que o mediador ofereça à criança uma bebida (água / suco?), biscoitos / frutas?

10. ACORDOS ENTRE PAIS E MEDIADORES ANTES DE INCLUIR AS CRIANÇAS

É importante que os mediadores e os pais decidam sobre os limites das discussões do mediador com uma criança ou jovem. A confidencialidade não pode ser absoluta. Procedimentos de proteção devem ser seguidos quando uma criança disser, ou acreditar que ela tem risco de danos graves. Os deveres do mediador nestas circunstâncias devem ser claros para todos os envolvidos, inclusive o filho. Os pais devem dar o seu consentimento por escrito e ele também precisa ser claro se, a pedido do filho, o retorno (*feedback*) da reunião pode ser dado aos pais, após uma reunião com uma criança. Como uma criança pode não querer que o *feedback* seja dado, os pais precisam aceitar que eles podem não receber qualquer *feedback*. Isso não quer dizer que o encontro com a criança foi desperdício de esforços. Muitas crianças se sentem confiantes o suficiente, depois de falar com o mediador para conversar com cada um dos pais, sem a necessidade de usar o mediador como intermediário. No entanto, crianças mais jovens podem precisar de mais ajuda.

Na prática, assegurar as crianças que o que eles dizem para o mediador ou conselheiro criança será guardado em confiança, a menos que alguém esteja correndo riscos, não parece ter deixado conselheiros infantis ou mediadores sobrecarregados com confidências das crianças que elas pediram segredo. Muitas vezes, as crianças decidem sobre uma mensagem que elas querem dar a um ou ambos os pais, em casa ou com a ajuda do mediador. Grande parte das mensagens são positivas e dizem respeito a forma como a criança tentou ajudar os pais, ou sobre o tipo de ajuda que a criança gostaria de receber de um ou de ambos os pais. Se uma criança pergunta ao conselheiro ou mediador para explicar alguma coisa aos pais em nome dela, a mensagem da criança colocada por ser escrito e confirmada com a criança. Se a mensagem é negativa e dolorosa para um dos pais, a criança poderá pensar numa forma menos dolorosa de expressar sua mensagem.

11. A ABORDAGEM À CRIANÇA E O CONSENTIMENTO DA CRIANÇA

Os pais precisam explicar às crianças por que eles gostariam que elas participassem da mediação, para aliviar suas ansiedades e estimular uma resposta positiva. Geralmente, é importante para o mediador escrever uma carta pessoal de convite também para a criança. As crianças precisam entender o que está sendo oferecido e saber que elas podem recusar o convite. Elas precisam saber que elas não vão responder a perguntas difíceis. Se quiserem falar, serão ouvidas, mas elas serão solicitados para fazer escolhas, ou assumir a responsabilidade por suas decisões. Os pais precisam concordar que eles não irão, antes do encontro, dizer à criança o que elas podem ou não falar; nem questioná-la depois sobre qualquer coisa que ela pode ou não pode ter dito. As crianças precisam de garantias de que elas podem falar livremente, sem medo de que elas vão entrar em apuros ou ferir seus pais de alguma forma. Os pais precisam aceitar que o propósito de envolver a criança é ajudá-la, e não usá-la como juiz ou árbitro. Grandes cuidados devem ser tomados em todas as fases – antes, durante e depois – para evitar que mais sofrimentos sejam causados às crianças.

As crianças ficam, geralmente, preocupadas em ter que falar com uma pessoa de fora e podem ter medo de dizer algo que vai prejudicar um ou ambos os pais. Elas tentam, na maioria da vezes, proteger ambos os pais, ou tomar o partido do mais vulnerável ou "injustiçado". Elas também se preocupam em não dar mais preocupações aos pais. As crianças podem, contudo, se preocupar com coisas que seus pais podem lidar, uma vez que os pais entendem quais são essas coisas. Os mediadores podem ajudar as crianças a explicar as suas preocupações para seus pais, libertando as crianças de algumas de suas ansiedades. Cabe ressaltar que os mediadores precisam estar cientes de que as crianças podem não ser capazes de colocar os seus medos em palavras – e ter a humildade de reconhecer que eles não podem aliviar a dor de uma criança. Há situações familiares em que uma grande quantidade de perda já ocorreu e a criança se sente profundamente distante de um dos pais. Há também situações em que uma criança precisa que um dos seus pais peça desculpas por algo que ele disse ou fez que a feriu. Se o pai em questão é capaz de dizer ao filho que ele está genuinamente arrependido (às vezes, devido a um mal-entendido entre eles), a laço afetivo entre eles pode ser restabelecido.

Envolver crianças na mediação pode ajudá-las a se sentir mais confiantes. Muitas crianças podem precisar de ajudar para dizer o que e como estão se sentindo, elas precisam falar e ser ouvidas. No entanto, a inclusão da criança precisa ser planejada primeiro com a criança e, em seguida com os pais. Em alguns casos, os pais acabam usando os filhos para se comunicar com o outro conjuge, o que pode ser bastante angustiante para as crianças. Cabe a eles perceber que precisam de ajuda. Às vezes, o simples fato de os pais resolverem uma única questão pendente, pode melhorar a comunicação entre todos os membros da família.

Nas conversas com as crianças, o mediador deve ter em mente que ele não deve usar a mediação como uma forma de buscar as opiniões e sentimentos delas. É igualmente importante dar explicações às crianças que sejam adequadas à sua faixa etária procurando transmitir mensagens tranquilizadoras, especialmente quando a comunicação entre uma criança e um dos pais foi quebrada. Os sentimentos e as opiniões que as crianças podem expressar – ou são incapazes de expressar – dependem de suas percepções. Estas percepções podem mudar à medida que as crianças passam a entender melhor as posições e os sentimentos de seus pais. Na maioria das vezes que uma criança rejeitou um dos pais, ela o fez porque se sentiu rejeitada por ele anteriormente. O principal benefício em envolver as crianças diretamente na mediação é reabrir os canais de comunicação entre elas e ambos os pais, para que todos eles possam falar uns com os outros com mais empatia e compreensão.

12. EXPERIÊNCIA INFANTIL – A CRIANÇA INCLUÍDA NO PROCESSO DE MEDIAÇÃO

Um estudo feito por mediadores que utilizaram especialistas em crianças para incluí-las na mediação (Centro de Mediação Familiar Devon) encontraram os seguintes benefícios:

(1) Oferecer este tipo de serviço incentivou os pais a considerar se ele poderia ajudar seus filhos.
(2) O foco na posição e os sentimentos da criança.
(3) As crianças agradeceram a oportunidade e saíram das reuniões de mediação mais felizes e mais aliviadas.
(4) O mediador atua como facilitador e ajuda todos os participantes a se sentir confortáveis antes e depois da reunião.

Um estudo realizado na Escócia relatou os benefícios vivenciados pelas crianças (GARWOOD, 1989):

- Sensação de "alivio", "muito mais fácil", menos ansioso sobre estar entre os dois pais.
- Melhor comunicação entre pais e filhos.
- Melhores acordos, crianças mais feliz com as visitas do pai não residente.
- Maior compreensão da sua situação ("nós gostamos muito mais hoje de ir para casa do nosso pai porque agora nós entendemos mais a situação", disse uma menina de oito anos de idade, falando dela e de sua irmã).
- Ter a oportunidade de expressar seus próprios sentimentos. Uma adolescente disse que ela não tinha falado com ninguém antes sobre o que ela estava sentindo, e ela tinha a impressão que agora que ela e seus pais se entendiam melhor.

- Perceber que eles não eram os únicos a ter esses sentimentos.
- Pedir a ajuda do mediador para transmitir uma mensagem aos seus pais ou para fazer pedidos, como fazer chamadas telefônicas a um pai ausente.
- Eempréstimo de livros para ajudá-los a entender o que estava acontecendo.
- Ser capaz de se manter fora dos problemas entre os pais que não lhe diziam respeito.

Quase todas as crianças entrevistadas (24 de 28) responderam que a mediação foi benéfica para elas. Os outros quatro disseram que não fez muita diferença, pois tudo já estava bem para elas de qualquer maneira. Os resultados sugerem que:

- pode haver benefícios consideráveis para as crianças em participar da mediação;
- pais e filhos concordam sobre os benefícios;
- crianças viriam mais facilmente se eles entendessem o propósito da mediação;
- a confidencialidade deve ser clara: deve haver um código de boas práticas sobre o envolvimento de crianças em mediação;
- os pais devem estar dispostos a aceitar o *feedback* (retorno, opinião) do mediador, se a criança assim o desejar;
- os mediadores devem ter treinamento adicional antes de envolver as crianças na mediação, para prepará-los com a compreensão e as habilidades necessárias;
- experiência e habilidades no trabalho com crianças devem ser compartilhadas;
- mais crianças poderiam ser ajudadas desta forma, se os mediadores fossem mais claros sobre os benefícios para crianças e mais confiantes em discutir esses benefícios com os pais.

McIntosh (2000) relatou um projeto-piloto na Austrália, em que foi oferecids aos pais a oportunidade de seus filhos terem um encontro único com um conselheiro infantil treinado. Se todos os envolvidos aceitassem o convite e a criança consentisse o *feedback* (retorno), o conselheiro se reuniria com os pais numa sessão de mediação subsequente e discutiria o *feedback* com eles e o mediador.

O uso de um conselheiro infantil ao lado do processo de mediação foi considerado bastante benéfico para as crianças e seus pais. Um estudo posterior comparou a mediação focada na criança, em que as crianças não participavam diretamente da mediação, com a mediação incluindo crianças, em que as crianças se reuniam com um conselheiro infantil (MCINTOSH. *et al,* 2008). Em ambos os grupos, um ano após a mediação, os pesquisadores descobriram reduções duradouras nos níveis de conflito e uma melhora significante na gestão dos conflitos, conforme relatado pelos pais e crianças. O grupo de crianças que foram incluídas no processo apresentaram melhorias mais significativas nos relacionamentos entre os pais, e, especialmente, entre pais e filhos, com benefícios ainda mais visíveis na recuperação do desenvolvimento das crianças que vivenciaram os conflitos intensos da separação. Neste tipo de mediação, foi "oferecida às crianças a oportunidade para que suas opiniões e sentimentos fossem levados em consideração, provocando um impacto significativo sobre a maneira com que seus pais resolviam suas disputas parentais" (MCINTOSH *et al*,2008, p. 22).

Pesquisas e à experiências práticas da Grã-Bretanha e da Austrália (SMART; NEALE, 2000, MCINTOSH, 2000; PARKINSON, 2012) mostraram que as crianças são mais competentes para participar da tomada de decisões da família do que os adultos imaginam. É importante ter tempo para ouvir o que as crianças têm a nos dizer e entender como elas se sentem. Os desafios da consultoria com crianças e jovens sobre as mudanças na sua vida familiar estão disponíveis para todos os interessados. Adultos necessitam de sensibilidade e consciência, as atitudes não criticas e um bom senso de humor. Com essas qualidades e boa formação profissional, os mediadores são capazes de ter excelentes conversas com as crianças, melhorando suas vidas, apesar da tristeza e raiva que elas estão sentindo devido à perda de segurança de viver com ambos os pais. As crianças entendem muito mais do que os adultos podem imaginar. Ideias e sugestões práticas de crianças muitas vezes podem ajudar os pais a resolver problemas de maneira a tornar a vida da família mais fácil como um todo. Em um caso, dois irmãos, comentaram com relação a seus pais: "Sabíamos que eles não poderiam fazer isso sem a nossa ajuda."

13. APTIDÃO, CONHECIMENTO E COMPETÊNCIAS PARA A MEDIAÇÃO QUE INCLUI CRIANÇAS

No entanto, por mais experientes que os mediadores familiares possam ser em outros campos profissionais, eles precisam de aptidão pessoal, conhecimentos e habilidades para que possam considerar com os pais formas possíveis de se incluir os filhos na mediação, devendo tal inclusão ser planejada adequadamente. Mediadores familiares na Inglaterra e País de Gales devem ter formação adicional para a mediação incluindo crianças e seus consultores de prática profissional (supervisores) também deve ter essa qualificação adicional.

Conhecimento teórico precisa incluir as seguintes matérias:
- Direito da Família Privado e Direito das Crianças.
- Crianças e desenvolvimento dos adolescentes.
- Reações das crianças à separação dos pais e divórcio, em diferentes idades e estágios.
- Teoria dos sistemas familiares: estrutura familiar e comunicação.
- Formas de ajudar as crianças em lidar com as mudanças provocadas pela separação ou divórcio dos pais.
- Famílias recompostas, especialmente sobre as fases de adaptação, e os novos papéis e mudanças na estrutura familiar e condições de vida.
- As diferenças culturais, a diversidade dos padrões de família e os valores familiares.
- Outros serviços de ajuda para crianças, se necessário.

Entendimento é necessário:

- Sobre o papel do mediador para facilitar a comunicação entre pais e filhos.
- Sobre as necessidades das crianças na separação e divórcio.
- Sobre as reações das crianças na separação dos pais, conflitos e perdas.

- Crianças podem ser incapazes de dizer o que querem ou como se sentem.
- Imaginação para reconhecer as fantasias infantis .
- Ajudar as crianças a entender que algumas coisas não podem ser mudadas, por mais que elas queiram mudar.
- Sobre as diferentes maneiras de incluir as crianças na mediação
- Auto-conhecimento pelo mediador e capacidade de ser pró-ativo, sem se tornar assertivo.

Habilidades de mediação para a mediação que inclui crianças:

- Envolver ambos os pais a considerar que seus filhos devem ser incluídos e, se eles concordarem, decidir quando e como.
- Aceitar uma abordagem direta à criança, considerando se o mediador deve enviar uma carta-convite para a criança.
- Envolvimento com as crianças, colocando-as à vontade.
- Explicar quem é você, qual é o seu papel e como você está tentando ajudá-las.
- Explicar as razões do encontro, a natureza e a extensão de confidencialidade.
- Ouvir as crianças, por meio da escuta do "terceiro ouvido".
- Comunicar claramente – importância do uso linguagem – não falar baixo com as crianças.
- Reconhecer e normalizar os sentimentos de uma criança.
- dar a mensagem de um pai para um filho (quando um pai é incapaz ou ainda não está pronto para se comunicar diretamente com a criança).
- Sintonizar-se com o que é importante pelo ponto de vista da criança.
- Ajudar as crianças a se sentirem mais seguras e confiantes para falar com seus pais.
- Dar o *feedback* aos pais quando concordado pelas crianças ajudando-os a discutir o que foi dito pelas crianças com o mediador.
- Usar o humor de forma adequada e com sensibilidade.

- O uso de imagens, anedotas, livros e outros materiais para crianças e pais.

14. MEDIAÇÃO ENTRE PAIS E CRIANÇAS

Mesmo em famílias estáveis, conflitos entre pais e filhos adolescentes, existem e, fazem parte do desenvolvimento dos adolescentes. Em muitas famílias, tais brigas são consideradas brigas normais e não ameaçam o núcleo da relação pai-filho. No entanto, em algumas famílias, discussões frequentes podem se transformar numa batalha dolorosa e exaustiva, na qual a raiva, a depressão e a autoconfiança corroem o amor e carinho que as crianças tanto precisam. Algumas crianças e adolescentes saem de casa após discussões amargas com os pais e/ou padrastos. A mediação pode ser necessária para explorar se uma criança que fugiu de casa está disposta a voltar diante de certas condições aceitáveis para ela e para os pais (ou outro cuidador). A mediação envolvendo questões de proteção à criança precisa de adaptações ao modelo padrão de mediação. As crianças precisam saber que os mediadores podem ajudá-los a fazer com que suas vontades e sentimentos sejam ouvidos, de modo que soluções possam ser trabalhadas com o acordo de todos os interessados. Escolas e faculdades precisam ser capazes de dar às crianças, aos jovens e aos pais informações sobre a mediação (usando *sites* de *internet*), e considerar ter um mediador disponível caso necessitem.

15. MEDIAÇÃO COM CRIANÇAS, PAIS E PROFESSORES

As disputas entre crianças e professores podem ser intensificadas se os pais se envolverem nas discussões. As crianças precisam de incentivos para discutir sobre modos de aprendizagem ou dificuldades escolares. Algumas vezes, acordos entre os pais e a escola são necessários resolver tais questões. Não podemos esquecer, que há, naturalmente, grandes desequilíbrios de poder entre crianças, pais e autoridades educativas. A mediação não será sempre adequada ou possível, mas deve ser considerada no estágio inicial do conflito, antes que problemas se acumule e posições endureçam. Mediadores familiares com conhecimentos e experiência em trabalhar com crianças.

16. GRUPO DE ESTUDOS COM AS CRIANÇAS DE PAIS SEPARADOS

Os grupos de discussão para filhos de pais separados, reunindo crianças de idades diferentes, são escassos. Na década de 1980, quando o serviço de bem-estar do tribunal de divórcio estava sob o controle do serviço de reinserção social, algumas equipes de assistentes sociais judiciais de divórcio costumavam organizar grupos de discussão com crianças, com base em modelos norte-americanos. Na França e no Canadá, em Quebec, temos os chamados "Groupes de Paroles" e na Itália os chamados "Gruppi di Parola". Tais grupos liderados por mediadores familiares, organizam quatro sessões com duração de duas horas cada uma, nas quais as crianças compartilham suas experiências e, o mais importante, percebem que elas não são as únicas a passarem por tais experiências. Elas são ajudadas a expressar seus sentimentos e desenvolver ideias e "estratégias de sobrevivência", por meio de conversas, fotos, cartas individuais ou em grupo, que elas escrevem para os seus pais, explicando o que elas gostariam que os pais entendessem. A maioria das cartas são muito comoventes, podendo provocar impactos bastante significativos nos pais. Um estudo em Milão analisou fitas de vídeo (feitas com o consentimento por escrito de pais e filhos) de vinte grupos, com 113 crianças com idades entre 6 e 12 anos, no qual crianças puderam "dar voz" as suas experiências com a separação e o divórcio dos seus pais, ajudando outras crianças e a si próprias a lidar melhor com a situação, como ajudar os seus pais (MARZOTTO, 2010).

17. CRIANÇAS TREINADAS COMO MEDIADORES DE PARES

Conflitos, geralmente, provocam um grande interesse, fascínio e curiosidade nas crianças. Crianças sao observadores natos, por isso representar cenas agressivas e violentas num exercício de mediação, por exemplo, pode ajudá-las a lidar melhor com situação que estão vivendo. Ao contrário do que os adultos imaginam, as crianças aprendem relativamente cedo sobre a natureza das relações humanas Crianças se interessam pelo conflito. Elas observam como os adultos reagem e podem obter a satisfação em representar cenas agressivas e violentas.

Crianças entendem mais sobre a natureza das relações muito mais cedo do que muitos adultos imaginam. Elas podem aprender a gerir a sua própria raiva e as formas não violentas de lidar com o conflito. As técnicas de mediação podem ajudar as crianças a perceber que a raiva, a violência e outros comportamentos agressivos não são a única opção em caso de conflito. A mediação ajuda as crianças a lidar positivamente com o conflito. Augusto Boal, diretor brasileiro de teatro, desenvolveu um método para ensinar as técnicas de gestão de conflitos para crianças a partir de exercícios teatrais com adultos. Em 2008, Augusto foi indicado ao Prêmio Nobel da Paz e, em 2009, pouco antes de falecer recebeu da Unesco o titulo de Embaixador Mundial do Teatro. Ele formava grupos de teatro para as crianças, nos quais crianças a partir dos sete anos podiam participar de dramatizações lideradas por um hábil instrutor e/ou mediador. A briga ou luta seria encenada. Em seguida, encenada uma segunda vez, mas desta vez qualquer criança do grupo poderia gritar 'stop' a qualquer momento e tomar um dos papéis, para mostra como o conflito pode ser gerido de forma diferente. Então, formas construtivas de gestão de conflitos discutidas e testadas. Professores relataram que as relações entre as crianças melhoraram consideravelmente (elas conseguiam resolver suas desavenças mais facilmente e sem o uso da violência) após terem participado da formação dada por Augusto. Houve nas últimas décadas um aumento de grupos de apoio de pares, grupos de amigos, as estratégias *anti-bullying* e mediação – com altas taxas de sucesso – ver www.peersupportworks.co.uk. Tais têm altas taxas de sucesso. Na Escócia, muitas escolas têm programa de mediação de pares. Serviços filiados às Redes de Mediação escocesas disponibilizam a formação em mediação nas escolas.

18. UMA ABORDAGEM HOLÍSTICA

A palavra holística vem da palavra grega holos, que significa todo ou inteiro. Holismo é definida como "uma teoria ou princípio de uma tendência na natureza para produzir um todo organizado, que é mais do que a mera soma de suas partes componentes" (New Shorter Oxford Dictionary Inglês). A medicina holística trata a pessoa como um todo, e não apenas o sintoma. Um médico que trata de uma dor no estômago precisa considerar se a tristeza e a desilusão estão causando dor no estômago. Os mediadores não tratam as pessoas como pacientes: a analogia é entre a medicina holística e preocupação dos mediadores para a família como um todo. Mediadores medeiam com os membros de uma família e membros de um grupo que estão em conflito e, muitas vezes, vulneráveis e tristes. Um sistema de família é mais do que reunir os indivíduos que fazem parte dela. As crianças precisam ser respeitadas como sujeitos de direitos, que precisam ser ouvidas, e não como receptores passivos de cuidado e proteção. Incluir e ouvir as crianças e os jovens ajuda a família como um todo, bem como seus membros de modo individual.

9
CAPÍTULO

MEDIAR SOBRE QUESTÕES QUE ENVOLVEM DINHEIRO

"Ganhando e gastando desperdiçamos nossos poderes."
(William Wordsworth)

SUMÁRIO: 1. Separação, divórcio e pobreza. 2. A importância do dinheiro e dos bens imobiliários. 3. Questões inter-relacionadas – crianças e questões financeiras. 4. Agrupar informações financeiras. 5. Receitas e despesas. 6. Exemplo de mediação sobre questões financeiras. 7. Usar o quadro branco. 8. Habilidades da mediação para lidar com questões financeiras. 9. O valor emocional e simbólico dos bens materiais. 10. Parceria civil e disputas.

1. SEPARAÇÃO, DIVÓRCIO E POBREZA

Preocupações financeiras contribuem para o fim de casamentos e outros relacionamentos íntimos. A recessão econômica tem um forte impacto sobre as famílias que enfrentam o desemprego, cortes nos benefícios sociais e outros gastos significativos. Muitos casais têm dívidas enormes. Longe de resolver os seus problemas financeiros, a separação e o divórcio acabam piorando a situação, pois manter duas famílias custa mais caro, e a própria separação envolve custos adicionais.

Casais com renda dupla com um bom padrão de vida podem ter algumas economias, mas não ganhar o suficiente para suportar duas famílias. Um pai que deixa a casa da família pode ser incapaz de alugar um pequeno apartamento, enquanto que o pai que permanece na casa da família pode ser incapaz de pagar os custos de manutenção sozinho. Chefes de família que não podem pagar uma hipoteca podem ser confrontados com a reintegração de posse de sua propriedade. Alguns pais que enfrentam a dura realidade de ser obrigados a voltar a viver com os seus próprios pais, renovando uma dependência indesejada e, sobretudo, perdendo a privacidade e autonomia. Um pai que deixa a casa precisa de alojamento para poder receber as crianças: isso pode não ser acessível. Crianças de famílias separadas tendem a crescer com rendimentos mais baixos, habitações mais pobres e com maior dificuldade financeira que crianças de famílias intactas, especialmente no caso das famílias chefiadas por mães solteiras (RODGERS; PRYOR, 1998). A pobreza infantil também está associada com menor grau de escolaridade dos pais.

2. A IMPORTÂNCIA DO DINHEIRO E DOS BENS IMOBILIÁRIOS

Dinheiro significa segurança e, para muitas pessoas isso significa possuiem sua própria casa e serem capazes de comprar as coisas que precisam ou querem. Ter acesso a dinheiro é uma fonte de poder e um meio de controle. Quando um casal decide viver juntos e comprar um imóvel, o seu investimento é muito mais do que puramente financeiro, ele significa investimento no seu relacionamento, na felicidade futura do casal, na construção de um ninho para criar os filhos e no trabalho duro e divertido de mobiliar e decorar a casa para a satisfação mútua. Se, mais tarde, ocorrer a ruptura do relacionamento, a venda da casa da família será um tema altamente emotivo para ambos. Pedir uma avaliação do imóvel na mediação pode causar uma grande angústia, se esta sugerir que a casa será inevitavelmente vendida. A ideia de se tornar "sem-teto" pode incutir um medo paralisante. Ter uma casa significa ter segurança – ter um teto sobre sua cabeça – privacidade, refúgio para se retirar do tumulto da vida, onde somos livres para viver como quisermos, sem intrusos indesejados. Viver em sua própria casa também significa ter *status* social e fazer parte de uma comunidade, com os vizinhos, amigos e parentes próximos. Em termos emocionais, a casa contém as memórias do passado, os desafios da vida diária e os sonhos para o futuro. Memórias incluem o trabalho duro de manter e melhorar a propriedade. Se há crianças, a casa não somente pertence a elas como as representa. Os pais guardam muitas lembranças de seus filhos nascendo e crescendo, bem como das alegrias e dificuldades de cada etapa, mas a casa pode ter associações infelizes. Pode ter havido rachaduras no relacionamento do casal muito antes do seu rompimento definitivo. Se a atmosfera em casa se tornou muito tensa, com os pais não se falando mais um com o outro ou discutindo constantemente, ou se houve a violência doméstica e/ou algum tipo de abuso psicológico, a casa deixa de ser um refúgio para ser uma prisão, onde a violência continua presente, mesmo quando ela não é ouvida. Na mediação, é muito importante compreender tanto a propriedade legal e o valor financeiro da propriedade como também o significado que ela representa para cada uma das partes, em termos emocionais e simbólicos.

3. QUESTÕES INTER-RELACIONADAS – QUESTÕES FINANCEIRAS OU CRIANÇAS E FINANÇAS

As discussões sobre as crianças muitas vezes precisam ser combinadas com as discussões sobre as questões financeiras, pois muitas vezes estão intimamente ligadas. Se os pais não possuem casa própria e não têm renda além dos benefícios sociais, o contato das crianças com o pai não residente pode ser o único problema que aflige o casal. No entanto, frequentemente, as questões sobre as crianças se misturam com outras questões financeiras e divisão de bens (a casa da família será ou não vendida?, onde o pai não residente vai morar?). Outras questões como: o pagamento da hipoteca da casa da família, os custos de alugar uma outra casa, os créditos, as dívidas e o pagamento da manutenção da casa são extremamente relevantes e devem ser levadas em conta no momento de decidir se a casa da família poderá ser mantida ou se ela deverá ser vendida. Alguns pais questionam por que eles devem dar dinheiro às crianças, se a mãe se recusa a deixá-los ter contato com as crianças. Algumas mães argumentam que se o pai não tem dinheiro para dar aos filhos ele não poderá vê-los. Discussões sobre dinheiro transbordam para as discussões sobre as crianças. Muitos pais consideram o pagamento da pensão alimentícia e manter um teto sobre as cabeças das crianças como componentes essenciais da responsabilidade parental, inseparáveis das responsabilidades do dia a dia com as crianças. No entanto, no Reino Unido, a lei trata de questões financeiras e de propriedade em processos separados do processo sobre as crianças. As conexões entre essas questões em termos emocionais e práticos não são abordadas no sistema legal. No entanto, para a grande maioria dos pais, pode ser impossível de se chegar a um acordo sobre as crianças se eles não sabem onde eles vão morar e como vão pagar suas contas. A mediação é um espaço que permite que estas questões inter-relacionadas possam ser abordadas com outras questões, em vez de serem artificialmente fragmentadas.

Em alguns países, os princípios padronizados tornam mais fácil a resolução de questões financeiras, pois uma fórmula legal determina o montante a ser pago à criança. Na Noruega, como regra geral, cada parceiro mantém o que ele ou ela trouxe para o casamento, dividindo igualmente o que foi adquirido durante o casamento (TJERSLAND, 1995). No Reino Unido, há uma fórmula que determina o montante exato a ser pago à criança pelo pai não-residente. Na mediação, os pais podem considerar a possibilidade de seguir esta fórmula ou ainda considerar um montante maior, dependendo das circunstâncias. Os mediadores podem fornecer informações e, possivelmente, oferecer algumas ideias, sem que com isso imponham suas soluções. Os pais são ajudados a se reunir, a compartilhar informações importantes, a considerar as opções possíveis e a tomar uma decisão baseada no que eles consideram realista e justo, de acordo com as circunstâncias.

4. AGRUPAR INFORMAÇÕES FINANCEIRAS

O fornecimento de informações financeiras completas, comprovadas por documentos, é necessário para se chegar a um acordo final em divórcio que possa ser homologado pelo tribunal (ratificando uma ordem de consentimento). Mediadores usam questionários financeiros semelhantes aos usados por advogados de família. É importante que os participantes entendam que, se suas informações financeiras não estão completas, o tribunal não poderá aprovar o acordo. O primeiro passo dos mediadores é ajudá-los a planejar como irão coletar as informações. As questões sobre as crianças precisam ser discutidas com base em informações compartilhadas sobre suas necessidades, dessa forma, os casais não poderão negociar questões financeiras até que tenham estabelecido os valores de seus ativos e extensão de suas responsabilidades. Algumas pessoas vêm a primeira reunião de mediação com todas as informações completas. Outros não sabem quais ativos devem ser levados em conta ou quanto ganha o seu parceiro. Nesses casos, os mediadores precisam usar todas a suas habilidades: gerenciamento de processos, interpessoal e habilidades de resolução de conflitos para ajudar os casais. Preencher um formulário é muito difícil para algumas pessoas. O mediador deve prestar atenção para sinais de ansiedade ou de resistência e certificar-se de que ambos os parceiros estão dispostos a preencher seus formulários. Pessoas ansiosas ou confusas precisam de tranquilidade e orientação "passo a passo" sobre como reunir todas as informações necessárias. O ritmo da mediação precisa ser ajustado para os parceiros que estão em diferentes estágios de adaptação à separação ou divórcio. Pode ocorrer que um deles esteja muito mais informado sobre as questões financeiras do que o outro, criando um desequilíbrio de poder que precisa ser gerenciado.

5. RECEITAS E DESPESAS

Quando há questões sobre a pensão alimentícia devida à criança, o mediador precisa discutir como cada participante irá fornecer detalhes das despesas mensais atualizadas, bem como um orçamento para despesas futuras. Eles precisarão registrar as despesas de suas contas correntes para servir de base para a elaboração das despesas futuras. As discussões podem se intensificar rapidamente se o mediador, agindo de modo passivo, permite que cada um dos pais ataque as despesas do outro. "Você realmente gasta muito em roupas todos os meses?" "Você está me dizendo que você pode se dar ao luxo de comer fora com esta frequência?" Sorte a sua! Os mediadores podem listar as despesas do casal no quadro branco. Com os dados no quadro branco, os pais serão convidados a pensar em formas de reduzir suas despesas e/ou aumentar os seus rendimentos. No entanto, se um dos pais possui uma renda baixa e cuida da educação das crianças, este poderá não ser capaz de cortar as despesas de um orçamento já apertado. Raiva e ressentimento compreensíveis poderão surgir se mais cortes são esperados. O uso de uma linguagem sensível pelo mediador é muito importante. Priorizar despesas essenciais é mais útil do que examinar o que cada um gasta em férias e lazer.

Muitas vezes, os pais estão tão preocupados com suas dívidas que eles não admitem o quanto, dinheiro eles devem, mas é imprescindível obter uma imagem completa da situação financeira de cada uma das partes. Se as dívidas estão se acumulando, os mediadores devem incentivá-los a procurar ajuda. Frequentemente, há omissões e erros que não são deliberados. Mediadores precisam olhar para além dos erros, pois cometer um erro é fácil, no entanto eles devem ficar atentos a quaisquer sinais de desonestidade e má-fé. Alguns indivíduos tentam esconder parte de suas economias. Mediadores precisam prestar atenção para qualquer sinal de que uma pessoa não está sendo franca, como por exemplo, pessoas que levam um estilo de vida que não corresponde com a renda declarada. Uma pergunta simples do mediador a uma das partes pode levar a questionamentos pela outra parte: "Mas, Andy, eu me lembro de você ter mencionado que tinham uma conta na Suíça". Quando um dos parceiros está melhor informado ou é mais esperto que o outro, os mediadores precisam usar técnicas de balanceamento de poder, além de outras habilidades da mediação para encontrar o equilíbrio. É importante, também, prever outras dificuldades que possam aparecer ao longo da mediação, permitindo aos participantes de evitá-las, com colocações como: "E se?" e perguntas do tipo: "David, você mencionou anteriormente que você terá que pagar seus impostos em breve. Será que não ajudaria se discutíssemos sobre ..... Ou: "Eu sei que isso soa um pouco pessimista, mas o que você faria se ....?"

6. EXEMPLO DE MEDIAÇÃO SOBRE QUESTÕES FINANCEIRAS

A mediação com Matt e Rachel utilizou elementos dos modelos de mediação estruturado, transformador e narrativo combinados dentro de uma estrutura ecossistêmica. O casal não teve filhos. Matt tinha sido casado anteriormente e tinha um filho do seu primeiro casamento. Matt e Rachel explicaram que eles vieram para a mediação, porque estavam se divorciando e precisavam chegar a um acordo sobre a divisão de bens e outros ativos. Eles se encontraram separadamente com o mediador na mediação de informação e avaliação (pré-mediação). No primeiro encontro de mediação, ambos se comportaram educadamente, sem sinais visíveis de raiva ou aumento no tom de voz. Os sentimentos de ambas as partes foram mantidos sob rígido controle. Utilizando uma tipologia de casais separados poderíamos encaixá-los no grupo de "conflitos suprimidos" ou "não comunicação". Tanto Matt quanto Rachel pareciam estar sofrendo e se sentido rejeitados pelo outro, mas eram incapazes de dizer isso um ao outro. Ambos precisavam de garantias de que a mediação não era uma terapia de casal e de que o mediador não iria perguntar sobre o motivo da ruptura do relacionamento. No entanto, alguns elementos do passado pareciam ter relação direta com o presente. O filho de Matt morava com a mãe e ele precisava de cuidados especiais. Parte dos fatos narrados sobre o passado ajudaram a esclarecer o presente e olhar para o futuro. Matt e Rachel precisaram de um processo de mediação estruturado para identificar as questões que precisavam resolver. O objetivo comum do casal era chegar a um acordo financeiro justo e equilibrado para ambos, o mais rápido possível, gastando o menos possível. Depois de reunir e compartilhar informações financeiras e documentos de apoio, eles foram convidados a explicar suas prioridades e necessidades considerando as opções possíveis e suas implicações. Esta estrutura ofereceu ao casal segurança emocional na análise de seus ativos financeiros (sem medo de ataque pelo outro ou culpa).

O casal estava negociando as parcelas dos ativos financeiros que cada um deles receberia quando sentimentos subjacentes foram reconhecidos de forma mútua, fazendo com que Matt e Rachel começassem a expressar seus sentimentos positivos para com o outro e a explicar tanto suas necessidades emocionais quanto financeiras. Cada um deles, em seguida, encontrou palavras para expressar o modo com que o outro havia contribuído para o relacionamento, reconhecendo que nem todos os aspectos positivos tinham sido perdidos.

Matt e Rachel disseram que se eles tivessem vindo para a mediação alguns anos antes talvez eles não tivessem se separado. Em seguida, disseram que sentiam que era tarde demais para voltar a ficar juntos, embora mediação tenha ajudado a preservar os laços de respeito e carinho, uma boa comunicação, além do senso de humor. Eles riram na mediação de uma forma que eles nunca teriam feito no tribunal.

Esta mediação combinou diferentes modelos teóricos e métodos. Por meio do modelo estruturado, o mediador utilizou o quadro branco para analisar as informações financeiras, além de suas habilidades técnicas para calcular os valores, explorar as possíveis soluções, etc. Mediadores familiares precisam ser eficientes processadores de informação e, sobretudo, reconhecer os sentimentos fortes e controlar as intensas emoções na sala de reunião. Matt e Rachel queriam um acordo concreto e conseguiram. O processo de mediação não era terapia, mas teve efeitos terapêuticos, pois facilitou a comunicação, transformando percepções e melhorando o relacionamento pós-divórcio.

7. O USO DO QUADRO BRANCO

O quadro branco fornece um método muito eficaz de reunir e exibir as informações recolhidas a partir de formulários preenchidos pelas partes e de documentos financeiros. Ele pode ser usado para destacar as questões-chave e explorar todas as opções possíveis de forma sistemática. O quadro branco pode ser atualizado conforme a mediação avança, com ajustes dos valores estimados conforme as avaliações forem sendo obtidas e acordadas. Existem, contudo, desvantagens potenciais na utilização do quadro branco, bem como vantagens.

Desvantagens

- O mediador que permanece em pé ao lado do quadro branco pode parecer um professor que "manda" nos participantes. A altura de muitos quadros é ajustável, assim, se ele for colocado na mesma altura da cadeira do mediador, este não precisará se levantar e se colocar numa posição diferente da dos participantes.
- Quando o mediador escreve no quadro branco, o contato visual e o diálogo com os participantes são facilmente perdidos, especialmente se o mediador ficar de costas para eles.

- Os participantes podem temer que o que está escrito é como a "tábua das leis"[1] e, portanto, não pode ser alterado. Eles podem ficar preocupados ao ver o valor da casa da família escrito, temendo que isso signifique que a sua casa vai ser vendida.
- Ativos listados por um dos participantes como se fossem de sua própria possessão pessoal – como uma conta poupança ou jóias – podem causar raiva e angústia intensas, pois ele terá a impressão de que precisará dividir o "seu tesouro" com o ex-parceiro. Mediadores precisam tranquilizar os participantes dizendo que o que está escrito para apreciação não implica qualquer suposição ou decisão.
- As páginas do quadro branco utilizadas na mediação precisam ser armazenados com segurança.
- Os participantes podem se ofender se fatos e números forem escritos de modo desorganizado. A apresentação profissional das informações no quadro branco é muito importante. O quadro branco deve conter números, linhas e letras precisos, claros e legíveis.

Vantagens

- As informações financeiras são recolhidas e consideradas de forma clara e sistemática.
- Uma visão geral permitirá aos participantes que considerem as informações conjuntamente.
- Os participantes e os mediadores podem olhar para as mesmas figuras, ao mesmo tempo.
- O mediador mantém os olhos nos participantes, verificando quaisquer mudanças na expressão facial, no entanto, quando os participantes mantêm a cabeça baixa torna-se mais difícil de ver suas reações.
- Os erros ou diferenças de valores podem ser vistos rapidamente.

---

[1] NT: Tábua das Leis, Os Dez Mandamentos (ou Decálogo) é o nome dado ao conjunto de leis (regras) escritas por Deus em duas tábuas de pedra que continham dez leis morais que Moisés havia recebido de Deus para o seu povo (Êxodo 19, Êxodo 20:1-17 e Êxodo 31:18).

- Em caso de divergências sobre valores estimados, estas podem ser corrigidas rapidamente, evitando argumentos inúteis. Por exemplo, um parceiro pode exclamar: "Este valor é ridículo. A casa vale muito mais do que isso". O mediador poderá, então, pedir que cada uma das partes avalie o imóvel: "Então quanto você acha que vale o seu imóvel entre x e y? Vamos usar x e y como um valor agora e, em seguida, voltaremos à forma de um valor real, ok?."
- Os mediadores podem usar símbolos (pontos de interrogação, asteriscos, setas) para indicar as questões que necessitam de mais atenção.
- Cores diferentes podem distinguir os ativos pertencentes a cada um dos parceiros individualmente dos bens pertencentes a ambos os parceiros.
- A imagem visual do quadro branco pode ser muito impactante, mostrando a realidade que os participantes precisam entender.
- Um quadro branco é preferível a um quadro negro, pois as informações (escritas em folha de papel) de uma reunião poderão ser guardadas e atualizadas na próxima reunião. Várias páginas do quadro branco podem ser exibidas lado a lado, de modo que os bens, os rendimentos e as despesas possam ser considerados em conjunto.
- Os valores escritos no quadro branco podem ser copiados para uma folha de cálculo ou resumidas em forma de relatório que serão impressos e entregues aos participantes para ajudá-los a considerar as opções possíveis ou para que eles mostrem para seus respectivos advogados.

As habilidades do quadro branco dificilmente figuram na literatura da mediação, mas elas são muito importantes. Como uma ajuda visual, o quadro branco pode ser usado de forma criativa, bem como de forma eficiente, para coletar e compartilhar informações e explorar as opções. Alguns mediadores usam uma planilha em seu computador durante a sessão, mas a tela do computador pode ser muito pequena para que os participantes possam ler os números. Ao estudar as informações exibidas no quadro branco, um dos parceiros pode propor que um determinado ativo deva permanecer, ou ser transferido para, o nome do outro parceiro. Propostas provisórias podem ser escritas no quadro branco com uma cor diferente.

8. HABILIDADES DA MEDIAÇÃO PARA LIDAR COM QUESTÕES FINANCEIRAS

- Reconhecer os sentimentos – raiva, medo, confusão – e as preocupações.
- Motivar os participantes a realizar tarefas gerenciáveis.
- Preocupações mútuas (por segurança) e precisa, tanto quanto possível.
- Dar informações claras que possam ser verificadas de forma equilibrada.
- Gerir as crises.
- Definir prioridades e plano.
- Gerenciar o conflito no agrupamento e partilha de informações financeiras.
- Reconhecer as lacunas e discrepâncias.
- Usar o quadro branco.
- Facilitar a comunicação, e verificar a importância da comunicação não verbal.
- Combinar cálculos financeiros rígidos com as capacidades da mediação *soft* (processo, pessoas e habilidades de resolução de problemas).
- Construir a confiança e buscar garantias.
- Gerenciar os desequilíbrios de poder – dinheiro como uma fonte de poder e os meios de controle.
- Gerenciar o tempo adequadamente.
- Compreender os valores emocionais dos ativos financeiros.
- Incentivar uma abordagem construtiva.
- Facilitar as negociações.
- Encorajar a cooperação em relacionar as necessidades das crianças com as questões financeiras.

- Utilizar estratégias de impasse.
- Manter anotações e registros.

Quando os níveis de conflito estão bastante elevados, para que ele sejam administráveis, um plano deve ser acordado para abordar e trabalhar as principais questões. Prioridades precisam ser identificadas. O calendário e o diário das reuniões devem ser revistos no início de cada sessão, pois as circunstâncias podem mudar entre uma reunião e outra. No final de cada sessão, uma data para a próxima reunião poderá ser acordada, de modo que os participantes possam fazer perguntas, dar conselhos e considerar as opções possíveis. O tempo de reflexão entre as sessões de mediação pode ser muito benéfico.

A mediação é uma opção, no qual explorar as opções possíveis é uma das principais características do processo de mediação. Depois de reunir e entender todas as informações, o próximo passo é identificar e explorar as opções possíveis, olhando para o que seria realizável e examinando as vantagens ou desvantagens do ponto de vista de cada um dos participantes, inclusive crianças. Grandes opções podem ser divididas em subopções. Se a preocupação principal é onde vão morar futuramente, esta é considerada a preocupação dominante e, o ponto de partida para a identificação das opções possíveis. As opções de alojamento podem ser listadas de modo global, enquanto que as opções escolhidas por cada uma das partes podem ser analisadas detalhadamente de acordo com as necessidades de capital, renda e prioridades das crianças – ex. ficar na mesma escola – e as prioridades para os pais – ex. a área (bairro, cidade) que eles preferem viver.

Explorar as necessidades de habitação fornece uma estrutura para considerar tanto as receitas quanto as despesas mensais de cada uma das partes. Depois de analisarem as rendas, as despesas e os orçamentos futuros, os planos de habitação podem ser reconsiderados. Algumas opções podem ser rejeitadas, mas é melhor não suprimi-las definitivamente da lista, pois uma opção anteriormente rejeitada pode precisar ser reexaminada. Os mediadores não devem descartar o que parece ser uma ideia irrealista, pois nada deve ser julgado à primeira vista. Se os participantes parecem ter ficado presos a uma ideia, sugerindo opções improváveis, os mediadores deverão incentivar os debates e ajudá-los a ampliar suas opções. Esta exploração pode ser feita graficamente com o uso do quadro branco. Acordos são alcançados com mais facilidade nas mediações do que nos tribunais.

Exemplo de mediação

Um casal por volta dos trinta anos de idade, Ricardo e Joanna, vieram à mediação para resolver problemas decorrentes de sua separação. Ricardo, um contador, deixou a casa da família há três meses. Ele estava alugando um apartamento de um único quarto. Joanna era professora e trabalhava duas manhãs por semana. Seus filhos, Teo e Lucy, com 7 e 5 anos respectivamente, viviam com ela na casa da família que possuía 3 quartos. O imóvel era de propriedade de ambos. Ricardo queria vender a casa da família e comprar uma outra casa para que as crianças pudessem morar com ele. Joanna se opôs fortemente à venda da casa da família, argumentando que isso iria perturbar ainda mais as crianças. Depois que os ativos e passivos foram listados e os valores estimados aceitos por ambas as partes, os rendimentos e as pensões foram observados e discutidos. O passo seguinte a ser explorado foram as opções de hospedagem disponíveis, bem como a viabilidade de cada opção. As opções foram listadas no quadro branco, mostrando as vantagens e desvantagens identificadas por Ricardo e Joanna.

	Opção 1 Vender a casa da família		Opção 2 Deixar Joanna e as crianças na casa	
	Pontos positivos	Pontos negativos	Pontos positivos	Pontos negativos
Ricardo	Poderia comprar a casa	Nenhum	Nenhum	Não poderia comprar uma outra casa para ele
Joanna	Nenhum – queria ficar na casa	Teria que se mudar com as crianças para uma casa menor, longe dos amigos	Muitos	Custos de manter a casa

	Opção 1 Vender a casa da família		Opção 2 Deixar Joanna e as crianças na casa	
Theo e Lucy	Poderiam passar a noite com o pai	Perderiam a casa deles. Mudar de escola? Ir para longe dos avós?	Muitos	Talvez seria difícil de passar a noite com o pai numa casa pequena

Outras questões incluíram

1) Se a casa da família deveria ser mantida, ou se a hipoteca poderia ser transferida exclusivamente para o nome da Joanna?
2) A Joanna poderia arcar com os pagamentos da hipoteca?
3) A renda mensal que Joanna precisaria ter para ficar com a casa da família, incluindo a pensão alimentícia paga por Ricardo às crianças.
4) Se Joanna poderia aumentar suas horas de trabalho?
5) Se a casa fosse vendida, a cotação da venda e os custos de venda
6) O valor de outras casas adequadas e como uma compra poderia ser financiada.
7) Como outros ativos, incluindo as pensões, seriam levados em consideração?
8) A responsabilidade por dívidas.
9) Se a casa da família permanecesse em copropriedade, quando e como terminaria esta copropriedade?

Para Ricardo, a solução óbvia era Joanna voltar a trabalhar em tempo integral para que ela pudesse pagar uma hipoteca maior. Joanna sentiu que as crianças tinham sofrido muito e, por isso, ela disse não estava disposta a trabalhar em tempo integral até que Lucy crescesse um pouco mais. No início da terceira reunião, o mediador recapitulou com as partes as áreas de acordo provisório. Joanna e Ricardo queriam tanto chegar a um acordo rapidamente que concordaram que as crianças deveriam continuar vivendo com Joanna e passar os fins de semana alternados e parte de suas férias com Ricardo. Ricardo disse que iria continuar a pagar a hipoteca, pelo menos nos próximos seis meses, além da pensão alimentícia às crianças. As opções foram discutidas em mais duas reuniões e ambos os pais levaram o rascunho do acordo provisório para ser verificado por seus respectivos advogados. A decisão final definiu o seguinte: Ricardo pagaria a hipoteca. Joanna passaria a trabalhar mais e como sua renda aumentada, ela pagaria a maioria das despesas na casa da família. Ricardo poderia, então, se dar ao luxo de alugar um apartamento maior, onde as crianças podiam ficar com ele. Joanna e Ricardo tinha chegado à mediação perdidos e em apuros. Eles, gradualmente, tornaram-se solucionadores de problemas, conjugando suas ideias e usando seus recursos e energias para o benefício da família como um todo. Ambos descobriram que poderiam chegar a suas próprias soluções gastando o mínimo possível com os custos legais.

9. VALOR EMOCIONAL E SIMBÓLICO DOS BENS EMOCIONAIS

Hoje, está na moda ridicularizar o consumismo e as preocupações com bens materiais, *"mas o paradoxo é que quanto mais nossas vidas são dominadas pelo mundo virtual de palavras e imagens, mais se intensifica nosso encanto por coisas materiais"* (BUNTING, 2011, p. 24). Posses podem ser fortemente marcadas por valores emocionais. Móveis, quadros e joias podem ter valores emocionais ou simbólicos sem que tenham qualquer relação com o seu valor monetário. Os participantes ficam muito chateados se suas poupanças e bens preciosos são valorizados na mediação apenas em termos monetários. Para um casal, um tapete que havia sido comprado na lua de mel pode ter um valor inestimável para ambos, porque este tapete simbolizava o casamento, suas esperanças e felicidade. Se os casais têm filhos, eles podem aceitar que um objeto considerado por eles como algo "precioso" seja dado em confiança para uma criança. Se houver mais do que uma criança, é importante dar a cada uma delas um objeto que se encaixa nesta categoria especial. Ligações emocionais com posses precisam ser entendidas e reconhecidas sempre que questões sobre os seus valores são levantadas. A questão colocada por hipótese, de uma forma sensível, é menos preocupante do que uma pergunta fechada, factual. Mediadores são essenciais para facilitar o reconhecimento e o empoderamento, que são elementos centrais na mediação transformadora e focada na família. Um mediador, utilizando uma abordagem em busca do acordo, pode acabar se concentrando apenas nos números, não dando atenção suficiente para os sentimentos que, por um ou ambos os participantes, podem ser muito mais importantes que os números.

10. PARCERIA CIVIL E DISPUTAS

Desde 1989, quando a Dinamarca se tornou o primeiro país a reconhecer a união civil, o reconhecimento legal das relações de pessoas do mesmo sexo tem sido aceita em muitos países. Metade dos Estados-Membros da União Europeia já introduziu legislação reconhecendo as relações de pessoas do mesmo sexo. A parceria civil é um casamento legal entre casais homossexuais, dando-lhes responsabilidades e direitos comparáveis aos dos casais heterossexuais. A Lei de Parceria Civil de 2004 entrou em vigor em 5 de dezembro de 2005, na Inglaterra e País de Gales. Parceiros civis têm os mesmos direitos de propriedade que os casais heterossexuais casados, podendo, inclusive, obter responsabilidade parental conjunta para os filhos de um dos parceiros. Se houver ruptura do relacionamento, todos podem vir à mediação. Um casal homossexual pode escolher a mediação para resolver questões de propriedade privada sem precisar recorrer ao tribunal. Foi constatado que a dinâmica "daquele que abandonou" e "daquele que foi abandonado", os sentimentos de raiva, tristeza e apego são características tanto dos relacionamentos heterossexuais quanto dos relacionamentos homossexuais, com pequenas variações. Como exemplo, podemos citar um casal homossexual que tinham dois cães que eram amados como se filhos fossem. Para os parceiros resolverem as questões da "guarda" dos seus cães era mais urgente e importante do que as questões financeiras.

A mediação é um espaço para negociar e resolver questões inter-relacionadas que um tribunal não consideraria, bem como resolver questões do modo mais rápido possível, evitando os longos processos judiciais e os custos elevados.

10
CAPÍTULO

DESEQUILÍBRIOS DE PODER NA MEDIAÇÃO

*"Entre os desiguais, que tipo de sociedade pode determinar
o que deve ser recíproco na proporção de dar e receber."*
(John Milton, Paraiso Perdido, Canto VIII – 1667)

SUMÁRIO: 1. A definição de poder em diversos contextos. 2. O poder e as diferenças de gênero. 3. Casais que compartilham o comando. 4. Desequilíbrios de poder na mediação familiar. 5. Capacitar os participantes na mediação. 6. Até que ponto os mediadores podem intervir? 7. Gerir os desequilíbrios de poder na mediação. 8. Concordar com as regras básicas da mediação. 9. Uso do poder pelo mediador. 10. Equilíbrio flexível na mediação.

1. A DEFINIÇÃO DE PODER EM DIVERSOS CONTEXTOS

A palavra "poder" tende a ter associações negativas associadas a "coerção" e "controle". Quando o poder é usado para dominar ou apreender bens ou territórios, dizemos que há um abuso de poder por uma pessoa ou grupo. No entanto, num contexto positivo, o poder pode ter valores positivos em termos de capacidade, competência e responsabilidade. O poder que é exercido de forma consensual e democrática pode servir para atender a necessidades coletivas ou mútuas. Com garantias adequadas, ele pode ser exercido beneficamente, ao passo que sem salvaguardas ou consenso, o poder pode ser usado para dominar, manipular ou abusar de outras pessoas. Desequilíbrios de poder são encontrados, frequentemente, em relacionamentos que funcionam bem: casais raramente têm o mesmo poder em todas as áreas do relacionamento. Diferentes capacidades e recursos podem ser utilizados de maneira complementar para o benefício de toda a família. Desigualdades não precisam causar ressentimento e competição, se os diferentes pontos fortes de cada umas das partes são valorizados. Quando um dos parceiros ou um dos pais tem mais recursos, pontos fortes ou responsabilidades em algumas áreas, estes podem ser usados para benefício mútuo do casal. Uma das principais funções do mediador é ajudar os participantes a identificar seus recursos, bem como suas necessidades, para que possam considerar como esses recursos podem ser utilizados de forma mais eficaz para o máximo benefício comum.

2. O PODER E AS DIFERENÇAS DE GÊNERO

As preocupações com os desequilíbrios de poder na mediação familiar são frequentemente associadas com as questões de gênero. Os homens tendem a ter uma posição mais forte financeiramente do que as mulheres, que ficam em casa ou trabalham em tempo parcial para cuidar das crianças. Homens tendem a ganhar mais do que as mulheres e têm aposentadorias maiores. Eles podem ter mais informações sobre as questões financeiras do casal, embora isso varie: às vezes, é a esposa quem administra as finanças da família. Mediadores precisam estar alertas para que possam identificar aqueles que vieram para a mediação com o objetivo de intimidar o parceiro desprevenido, fazendo com que este concorde com um acordo financeiro rápido, ou para aquele pai que dita as regras e as condições para que o outro pai possa ver as crianças.

É bastante comum, nos conflitos entre casais, questões relacionadas com a diferença das situações econômicas do homem e da mulher e com as expectativas dos papéis e das responsabilidades das mães e dos pais, antes e depois do divórcio. Estas questões fundamentais criam contracorrentes poderosas na mediação. Podemos verificar disparidades significativas de renda e de poder aquisitivo quando um dos progenitores ficou em casa para cuidar dos filhos enquanto o outro construía uma carreira de sucesso. Desequilíbrios de poder na mediação podem ser acentuados pelo desconhecimento da situação financeira por uma das partes. Se apenas um dos parceiros controla as finanças, o outro parceiro não será capaz de julgar se a solução proposta é razoável. As disparidades de renda tendem a aumentar o divórcio e muitas famílias monoparentais acabam caindo na pobreza.

As mulheres tendem a ter perspectivas de carreira menos favorecidas que os homens, mesmo se elas são igualmente qualificadas. Em algumas culturas, as mulheres são ensinadas a ser subservientes aos homens. Pode ser muito difícil para uma mulher se mostrar forte na mediação, se este princípio for contrário à sua educação, religião e cultura. Uma mulher asiática que cresceu numa cultura tradicional asiática consideraria errado se impor na mediação. Embora as mulheres sejam, muitas vezes, prejudicadas economicamente, a maioria dos requerentes do divórcio são mulheres. Os homens que enfrentam a perda do seu casamento, da casa da família e do contato diário com seus filhos tendem a se sentir como perdedores em todos os aspectos. Além das questões de gênero envolvidas, na maioria dos casos de violência doméstica, a suposição de que os homens são poderosos e mulheres impotentes não é corroborada na mediação. É mais importante pensar em termos de traços de personalidade do que estereótipos de gênero. Traços de gentileza e carinho que podem ser considerados como tipicamente femininos também são encontrados nos homens. Gilligan (1982) sugere que aqueles que funcionam no "modo feminino" – sejam biologicamente homem ou mulher – estão dispostos a negociar, pois eles tendem a valorizar a cooperação. Indivíduos com personalidades agressivas, mais fortes – sejam homens ou mulheres – valorizam menos a cooperação. Na mediação, eles podem tentar se aproveitar da boa vontade do parceiro para chegar num acordo que os beneficie.

Estudos realizados sobre as diferenças de gêneros na mediação não encontraram evidências que pudessem demonstrar que mulheres estão sistematicamente em desvantagem na mediação (veja o Capítulo 12). Mulheres, geralmente, relatam mais benefícios do que os homens. Não há uma dicotomia simples baseada apenas no gênero. Mesmo que um parceiro possa ser mais poderoso do que o outro, na mediação, cada um deles é dotado de poder ou influência significativa em áreas determinadas. É importante que os mediadores não tirem conclusões precipitadas sobre quem tem mais poder e com quem está o poder. As conclusões das pesquisas ressaltaram na importância da formação e da experiência dos mediadores para se tornar capazes de reconhecer e de gerir os diversos tipos desequilíbrios de poder, incluindo o uso da autoridade e poder pelo próprio mediador (KELLY, 1995).

O poder é uma entidade fluida e não sólida. Podemos observar durante a mediação o deslocamento e a flutuação do poder de uma parte a outra, e de uma sessão a outra. A flutuação do poder é vista na mediação, porque as relações de poder mudam durante a ruptura do casamento e divórcio. Embora os padrões dos casais tendem a permanecer iguais, a decisão de um dos parceiros de deixar o outro pode alterar o equilíbrio de poder que havia anteriormente, às vezes, de forma dramática, fazendo com que outros fatores também possam entrar em jogo pela primeira vez.

3. CASAIS QUE COMPARTILHAM O COMANDO

O segredo de uma boa parceria é que ela funcione bem. Em muitos relacionamentos que funcionam bem, é importante que ambos os parceiros assumam cada um a sua vez o comando da relação em ocasiões diferentes. Um deles pode cuidar das crianças em tempo integral, enquanto o outro trabalha, por exemplo. Outros casais optam em dividir igualmente o comando destas duas atividades – cuidar das crianças e ter uma carreira – mais ou menos da mesma forma, mudando o comando quando necessário. Cada um dos pais podem assumir o lugar do outro, se assim concordarem entre si. A relação continua funcionando, se ambos os parceiros são competentes e confiam uns nos outros. No entanto, quando os parceiros discordam sobre quem deve conduzir ou sobre qual direção devem tomar, ambos lutam para recuperar o comando da relação. Eles podem, então, se encontrar presos e incapazes de se mover para qualquer direção.

O diagrama a seguir ilustra diferentes tipos de capacidade, recursos ou poder que são comumente encontrados na mediação. O diagrama é, ele próprio, feito sob a forma de uma roda, sendo que cada segmento representa uma área na qual um parceiro pode ter mais energia ou força que o outro. Um parceiro pode ter mais poder, maior prestígio social e influência, um salário mais elevado e melhores perspectivas de carreira. No entanto, com relação às crianças, aquele que tem a posição mais forte é o pai que tem contato diário e vínculos emocionais e afetivos mais intensos com as crianças e, não o pai que está distante dos filhos, seja geografica ou emocionalmente.

Os recursos internos e externos dos parceiros geralmente diferem entre si. Os segmentos externos da roda representam recursos externos que podem não estar igualmente disponíveis para ambos os parceiros, como o apoio da família e dos amigos, as oportunidades de trabalho e o acesso ao aconselhamento jurídico. Os segmentos são claramente inter-relacionados e devem ser vistos como um todo. No entanto, quando há um conflito, a atenção direcionada para uma determinada área ou áreas se torna mais evidente. Desequilíbrios de poder nessas áreas são como raios salientes através do aro da roda, perturbando o equilíbrio e impedindo o seu movimento. O diagrama mostra que alguns dos "raios" impedem as negociações equilibradas e dificultam os movimentos em direção à resolução do conflito.

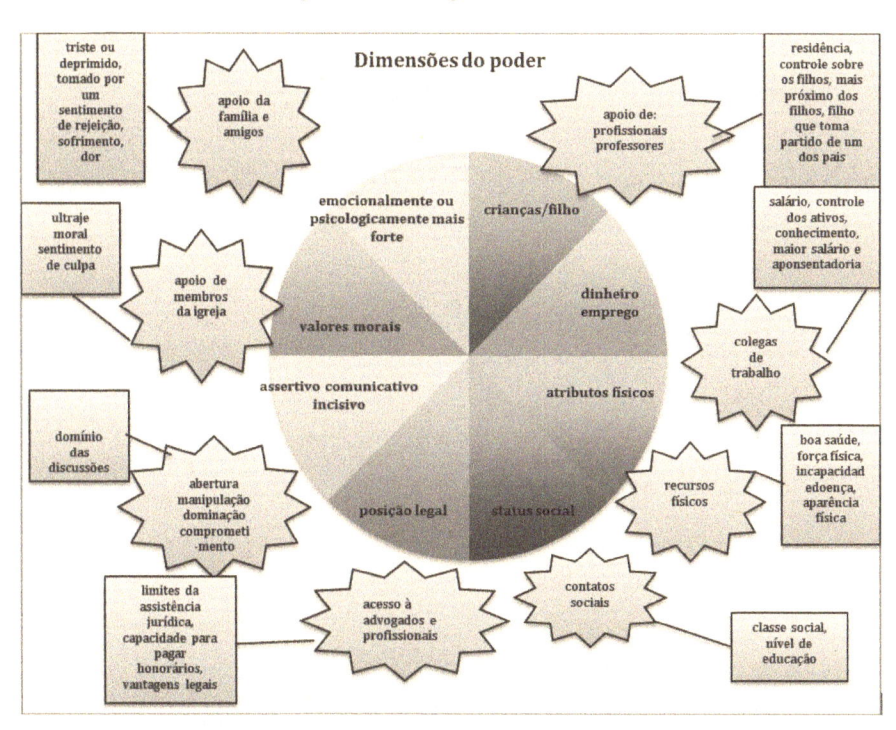

Dimensões do poder

- triste ou deprimido, tomado por um sentimento de rejeição, sofrimento, dor
- apoio da família e amigos
- apoio de: profissionais professores
- residência, controle sobre os filhos, mais próximo dos filhos, filho que toma partido de um dos pais
- ultraje moral sentimento de culpa
- apoio de membros da igreja
- emocionalmente ou psicologicamente mais forte
- crianças/filho
- salário, controle dos ativos, conhecimento, maior salário e aponsentadoria
- valores morais
- dinheiro emprego
- colegas de trabalho
- domínio das discussões
- assertivo comunicativo incisivo
- atributos físicos
- abertura manipulação dominação comprometimento
- posição legal
- status social
- recursos físicos
- boa saúde, força física, incapacidade de doença, aparência física
- limites da assistência jurídica, capacidade para pagar honorários, vantagens legais
- acesso à advogados e profissionais
- contatos sociais
- classe social, nível de educação

As diferenças podem ser acentuadas e se projetarem como raios irregulares numa roda quebrada. Um parceiro que se sente abandonado com o término do relacionamento, geralmente se sente impotente. Por outro lado, este pode receber o apoio da família e dos amigos, fazendo com que o pai que deixou o lar caia no ostracismo, podendo ser deixado de lado por sua própria família.

4. DESEQUILÍBRIOS DE PODER NA MEDIAÇÃO FAMILIAR

Há diferentes tipos de desequilíbrio de poder que afetam a dinâmica da mediação. Entre eles incluímos:

- poder para terminar o casamento ou relacionamento;
- poder de resistir ou bloquear mudanças;
- força emocional e resiliência;
- residência da criança, padrão infantil de cuidado da criança;
- lealdade emocional das crianças a um dos pais, a aliança com um dos pais;
- controle de ativos financeiros, renda, poder aquisitivo;
- personalidade, confiança e assertividade;
- físico, saúde e força, aparência física;
- habilidades verbais, o uso de linguagem;
- conhecimento;
- inteligência, educação ou do poder intelectual;
- sexo;
- potência sexual, capacidade de sedução;
- habilidade para manipular outras pessoas, especialmente crianças
- idade;
- poder moral – valores e religião, o apoio de líderes religiosos;
- *status* social, influência social;
- ter um novo(a) parceiro(a);
- apoio da família;
- o apoio de amigos e colegas de trabalho;
- acesso a serviços jurídicos, a elegibilidade para assistência jurídica
- abuso físico e emocional;

Alguns comentários sobre estes diferentes tipos de desequilíbrio de poder e seu impacto na mediação podem ser importantes, antes que se possa considerar as técnicas disponíveis para gerenciar os desequilíbrios e evitar que os mediadores assumam o controle da mediação ou tirem o poder dos participantes.

- Poder para terminar o casamento ou relacionamento

A decisão de acabar com o casamento ou relacionamento, na maioria dos casos, não é uma decisão mútua. A decisão unilateral de terminar o casamento sem o consentimento do outro parceiro está associada a raiva, mágoa e longas disputas. Mediadores recebem muitos casais, cuja decisão de separação ou divórcio não é consensual. O parceiro que inicia a ruptura realiza uma série de mudanças fazendo com que o outro parceiro não possa resistir. Embora os iniciadores também sofram com a separação, eles estão numa posição mais forte, pois começaram mais cedo o processo de ajustamento, muitas vezes, depois de um longo período de reflexão sobre suas decisões e futuras intenções. É difícil para os mediadores manterem o equilíbrio da mediação dando, suporte igual a ambos os parceiros que estão indo em direções opostas e reagindo de maneira completamente diferente. As dificuldades encontradas pelos mediadores foram referidas no Capítulo 3.

- Poder de resistir ou bloquear um acordo

É importante estar ciente de que um parceiro aparentemente impotente e passivo pode ser capaz de exercer seu poder por meio de bloqueio e resistência. Manobras dilatórias podem ser utilizadas para adiar decisões e assentamentos. É ingenuidade pensar que ambas as partes que aceitaram o encaminhamento para mediação estão, impreterivelmente, procurando uma solução. Seus motivos variam. A aparente aquiescência de uma das partes pode disfarçar uma vontade em resistir e não fazer acordo algum. Aceitar a mediação pode ser uma manobra dilatória em si. Mediadores precisam não somente estar atentos a manobras dilatórias, como ainda reconhecer as vantagens de tais manobras prolongar o *status quo* de uma das partes. Tanto a duração quanto o ritmo da mediação precisam ser muito bem administrados pelos mediadores.

O pai que tenta bloquear o contato do outro com os filhos ou que resiste a um determinado acordo financeiro, pode estar usando tais questões para punir o ex-parceiro que o abandonou. Se tal fato não é abordado, as disputas sobre as crianças e as finanças podem se prolongar. Um parceiro resistente pode concordar com a mediação para prolongar os envolvimentos emocionais com o outro parceiro, mantendo-o por perto. Mediadores precisam ter cuidado para não serem levados por manobras dilatórias de uma das partes, acreditando que a mediação está facilitando o acordo, quando na verdade está ajudando uma das partes a evitá-la. As desvantagens de um *status quo* prolongado precisam também ser consideradas quando uma das partes pede mais tempo para pensar no acordo, apesar de demonstrar pouco ou nenhum interesse em resolver o conflito.

Pressão emocional, manipulação

- Aproveitando-se dos sentimentos de culpa do outro

Às vezes, um dos parceiros tenta manipular o outro, colocando medo no parceiro ou fazendo-o se sentir culpado. Uma proposta excessivamente generosa motivada por sentimentos de culpa pode ser lamentada mais tarde, quando houver mais tempo para reflexão e maior visibilidade das consequências. Os mediadores devem levar em consideração as ofertas e concessões propostas, mas devem igualmente perguntar: "E se?", perguntas como esta colocam freios na mediação, reduzindo os riscos de acordos prematuros ou injustificados. É importante ressaltar que, ambas as partes precisam ter em mãos todas a informações relevantes, e tempo para considerar as suas posições cuidadosamente, antes de chegarem a um acordo.

- A dor como um mecanismo de bloqueio

A tristeza pode ser inteiramente genuína, mas também pode ser utilizada para manipular o outro parceiro. Pode ser impossível – e inadequado – continuar uma sessão de mediação quando um dos parceiros não para de chorar. O choro na mediação é comum e pode funcionar como um descompressor, aliviando a dor dos participantes. Às vezes, ambos os parceiros estão chateados e ambos choram. No entanto, o choro persistente de um parceiro pode tornar impossível a discussão de qualquer assunto. Pode ser necessário terminar ou suspender a mediação para que um parceiro, emocionalmente perturbado, possa procurar ajuda (aconselhamento ou terapia), mas isso pode bloquear o outro parceiro indefinidamente. Quando a tristeza for muito grande, vale a pena perguntar a ambos os parceiros o que é que poderia, eventualmente, ajudá-los em face da situação existente e, se resolver uma questão relativamente pequena poderia diminuir a dor que estão sentindo.

- Personalidade forte, confiança, dogmatismo

O comportamento dominante do parceiro e a submissão do outro pode ser um tipo padrão que foi estabelecido muito antes da mediação. Um parceiro também pode ter perdido sua autoestima, quando descobriu que o seu relacionamento de amor e confiança não existia. Mediadores precisam combinar calor pessoal e sensibilidade com firmeza, para assegurar que um parceiro incentive o outro a seguir em frente. Isso faz parte da arte da mediação. As desvantagens de baixa autoestima e sentimentos de inferioridade podem ser apenas temporárias. A mediação pode ajudar a restaurar a autoestima, dando atenção cuidadosa e equilibrada para ambos os parceiros. Mudanças na forma de se vestir e na postura são muitas vezes perceptíveis de uma sessão de mediação a outra. Tais mudanças podem representar uma recuperação gradual da autoestima. Quando apesar dos esforços do mediador, um dos participantes não mostrar nenhuma melhora na sua autoestima e nenhuma capacidade em expressar uma necessidade ou um ponto de vista, a mediação deve ser considerada inadequada, devendo ser encerrada (com cuidado). O apoio pessoal de um consultor jurídico pode ser necessário nestas situações, além da ajuda terapêutica.

- Ameaças de suicídio

Ameaças de suicídio são por vezes utilizadas como uma forma de chantagem emocional. Tais ameaças colocam uma enorme pressão naquele que deixou a família para que este volte para casa ou para que não saia de casa. Por outro lado, as conversas sobre suicídio podem ser legítimas e os mediadores não devem subestimar os seus riscos. A experiência de perder um parceiro por morte ou divórcio é conhecida por ser um fator de motivação de suicídio. Quando uma das partes fala em suicídio, os mediadores devem levar a sério e, se verificada necessidade ou urgência, encaminhá-la para atendimento médico ou outro serviço adequado. A necessidade de ajuda profissional pode ser discutida na mediação caso ambos os parceiros reconheçam a sua necessidade, deixando claro que o mediador deverá pedir autorização para fornecer mais informações para um ou ambos os participantes, após a sessão da mediação. Esta permissão é normalmente dada prontamente. O mediador deve evitar assumir um papel terapêutico. Os riscos de suicídio e homicídio podem ser bastante elevados durante a separação e o divórcio. Se um mediador tiver alguma dúvida a respeito, ele deverá discutir com um colega ou supervisor, o quanto antes. Regras normais de confidencialidade devem ser quebradas em situações de risco de morte e/ou risco de dano às crianças.

- O domínio da fala

Às vezes uma das partes tenta assumir o controle da mediação ao falar longamente, impedindo o outro de falar. Geralmente, o parceiro mais silencioso é aquele mais ansioso e que apresenta mais dificuldades para se comunicar e, muitas vezes, o menos capaz de colocar suas necessidades e sentimentos em palavras. Considerando que a arte de se expressar implica em algum domínio da língua, não podemos dizer que há correlação com inteligência e educação. Pessoas extremamente inteligentes podem ser incapazes de discutir questões emocionais: podem estar traumatizados e dominadas pelo estresse.

- O poder do silêncio

O silêncio é muito importante na mediação. Ele pode constituir um espaço no qual uma série de sentimentos está sendo transmitidas entre o casal, sem que nada precise ser dito. Os mediadores devem respeitar o silêncio e ter cuidado para não quebrá-lo de maneira precipitada. A recusa em dar uma resposta pode ser um sinal de superioridade assumida ou, ainda, intenção de frustrar ou intimidar o parceiro. Muitas vezes, é o nível de decibéis e o tom de voz que um parceiro usa que faz com que o outro permaneça em silêncio. Quanto mais alto for a fala, maior será o silêncio. O mediador precisa intervir neste tipo de silêncio irritado, fazendo uma pergunta ao parceiro silencioso com uma voz calma que não esteja emocionalmente carregada. O parceiro silencioso geralmente responde a uma pergunta séria e atenciosa do mediador.

- Fatores culturais

Quando os mediadores e os casais não possuem os mesmos antecedentes culturais e étnicos, algumas tradições religiosas ou sociais podem afetar a força relativa de suas posições. O interesse e as perguntas do mediador encorajam o casal a explicar os seus valores uns aos outros e também ao mediador. Isto pode ser extremamente importante, especialmente nos casos em que uma das partes ou os ambas falam o inglês como segunda língua. O mediador precisa verificar de modo constante se a sutilezas da língua foram compreendidas por ambas as partes. De fato, isto não é muito diferente da mediação entre casais, cuja primeira língua seja o inglês. Isto porque, às vezes, a incapacidade de um casal de se compreender é tão grande que até parece que estão falando dois idiomas diferentes. Quando a língua do país é usada como segunda língua, ou quando verificada alguma forma de desvantagem ou de incapacidade em termos de linguagem, talvez a mediação não seja apropriada. O mediador deve verificar se ambos os parceiros entendem o que está sendo dito. Ainda que o mediador possa servir como tradutor/intérprete para ambas as partes (ver Capítulo 4), talvez seja necessária a presença de um comediador com aptidões linguísticas especiais.

- Conhecimento é poder

O conhecimento é uma das principais fontes de poder. Falta de informação financeira ou falta de familiaridade com documentos financeiros e contas bancárias são grandes desvantagens nas negociações financeiras que podem ocorrer na mediação. Embora existam casamentos tradicionais em que a esposa fica em casa, deixando as questões financeiras para o seu marido, também existem muitos casamentos em que é a mulher quem administra as finanças da família. Dividir o conhecimento reduz sentimentos de impotência. Uma das principais tarefas do mediador é identificar e reunir as informações que precisam ser compartilhadas. Os participantes são ajudados a reunir e a compartilhar todas as informações que detêm. O mediador também ajuda a obter as informações que estão faltando. Às vezes, ambas as partes são encorajadas a procurar aconselhamento jurídico antes da próxima reunião de mediação, para que ambos possam ter a mesma base de informações.

Uma técnica bastante útil é envolver de maneira indireta advogado de uma das partes nas discussões financeiras: "Tenho certeza de que o advogado de Julie vai querer saber sobre este empréstimo. Existe um limite de quanto você pode pedir?" Mediadores precisam de conhecimento financeiro suficiente para fazer perguntas de sondagem e solicitar documentos que possam comprovar o que foi dito. Eles também precisam ter cuidado para não se envolver num diálogo com um dos participantes, fazendo com que o outro se sinta excluído ou confuso. As discussões precisam envolver ambos os participantes igualmente, sem questionar o que foi dito por qualquer um deles ou proteger o participante que parece menos informado. Um dos pais pode ter mais conhecimento sobre as finanças, enquanto o outro tem mais conhecimento sobre o estágio de desenvolvimento e as atividades das crianças. Mediadores incentivam os pais a dividirem entre si seus conhecimentos. Experiências do dia a dia de cuidado dos filhos precisam ser igualmente compartilhadas com o pai que vê as crianças apenas ocasionalmente.

- Crianças e o poder da proximidade física e/ou emocional dos pais

Muitos pais têm rendimentos mais altos, melhores aposentadorias e mais controle dos ativos financeiros. Enquanto muitas mães que são as prestadoras de cuidados primários de seus filhos são posicionadas a "saber" o que os filhos querem ou precisam. Pais que trabalham muito, ou cujo trabalho leva-os para longe de casa, inevitavelmente, têm menos contato e envolvimento com os filhos. Eles podem ter tido pouca oportunidade para construir um relacionamento próximo, especialmente com um bebê ou criança pequena. Muitos pais temem perder seus filhos. Na mediação, a mãe pode mostrar que ela encoraja a relação das crianças com o pai (muito mais do que ele próprio imagina). Se ambos os pais têm medo de perder os filhos, não há necessidade de confirmação. Quando garantia é dada diretamente e sinceramente por um dos pais ao outro, o alívio emocional é bastante significativo, podendo mudar as posições sobre outras questões. A separação pode proporcionar novas oportunidades para um pai não residente de construir laços afetivos com as crianças. Os pais podem controlar mais facilmente a dor causada pela ausência das crianças, num período curto de tempo, se existir confiança, compromisso e cooperação entre eles.

- Educação, inteligência, dificuldades de aprendizagem

Na mediação, ambas as partes precisam de inteligência e raciocínio. Ambas precisam ser capazes de fornecer informações e compreender a informações que recebem. Se uma das partes tem dificuldade de aprendizagem, problemas de fala ou surdez, a mediação pode ser considerada inadequada. No entanto, se houver algum tipo de assistência especializada garantindo o equilíbrio entre as partes, a mediação pode ser considerada possível. A participação de um terceiro especializado (como um intérprete para os surdos), deve ser concordada por ambos (ou todos) os participantes. Idealmente, este terceiro deverá ter uma reunião preliminar curta com o mediador para que este explique as regras do processo de mediação. O terceiro também deverá assinar o acordo de consentimento.

- A influência de parentes, amigos e do clã familiar

A pesquisadora norte-americana, Judith Wallerstein, comparou um determinado grupo de pessoas formado por: parentes, amigos e conselheiros que, geralmente, se alinham atrás do casal que está se divorciando como um coro das tragédias gregas (WALLERSTEIN; BLAKESLEE, 1989). O coro tem o papel de simpatizar com o sofrimento alheio e dar apoio necessário àqueles que sofrem. Atiçar as chamas do conflito pode suprir as necessidades emocionais de algumas pessoas. Se houver um clã familiar maior ou mais forte de um lado, um dos pais poderá ter mais apoio emocional e prático que o outro. Às vezes, o novo(a) parceiro(a) é lançado como assunto de discussão como se fosse uma granada lançada no campo de batalha, intensificando a guerra entre eles – "seu namorado(a) não está chegando perto dos meus filhos ....". Quando os pais lutam por seus filhos, frequentemente, a batalha é mais conjugal do que parental. As crianças são muitas vezes usadas como uma forma de retaliação ou vingança. Assim, em vez de manter os holofotes sobre a questão emotiva do(a) novo(a) parceiro(a) de um deles – que pode ser periférica, na medida em que as crianças são a causa da discórdia – os mediadores precisam fazer com que a atenção de ambos os pais seja focada em seus filhos. O que seria bom para as crianças neste momento?

- Vantagens legais

Mnookin e Kornhauser (1979) ao explicar a dinâmica de casais que estão se separando ou divorciando, utilizaram uma frase que ficou bastante conhecida: "Eles não negociam no vácuo, eles barganham na sombra da lei ..." "...considerar que o resultado que a lei imporia, deveria ser alcançado no acordo, dá a cada uma das partes uma moeda de troca". Estas moedas de troca são os princípios e precedentes legais que norteiam a decisão do tribunal, de acordo com o parecer do tribunal e das necessidades e circunstâncias de cada partido.

Se um parceiro não tem o mínimo conhecimento da sua situação jurídica, há riscos dela ser prejudicada especialmente se o mediador não conseguir identificar ou corrigir o desequilíbrio. A perícia e postura dos assessores jurídicos podem ajudar ou prejudicar à mediação. Muitos advogados servem de suporte a mediação, mas outros são como *rottweilers* legais, fazendo o possível para conduzir seus clientes tribunal.

5. CAPACITAR OS PARTICIPANTES NA MEDIAÇÃO

Na mediação, cada um dos participantes vê o outro como o mais poderoso, o mais forte. Perceber que isso ocorre pode ser muito importante para a mediação. Quanto mais temermos perder algo que queremos ou algo que para nós tem um certo valor, mais poder atribuímos ao outro, pois acabamos assumindo uma posição defensiva. Uma atitude agressiva ou ameaçadora pode disfarçar sentimentos de impotência e medo. O objetivo da mediação é capacitar os participantes para que eles tomem suas próprias decisões. O mediador procura ajudá-los a considerar as informações relevantes, as opções possíveis e as necessidades de todas as pessoas envolvidas.

Quando os participantes têm semelhantes recursos emocionais, financeiros e outros, eles podem negociar uns com os outros de modo a equilibrar as negociações. No entanto, no mundo real, os recursos de cada pessoa são raramente iguais. A mesa de negociações está muitas vezes a favor de um dos parceiros. Às vezes, uma das partes tem todas as cartas na manga, enquanto a outra não tem nenhuma. É bastante frequente que cada parceiro tenha as cartas que o outro quer. Um pai pode segurar os cartas financeiras, enquanto o outro progenitor tem cartas relativas aos filhos. Caso nenhum dos pais está preparado para compartilhar suas cartas e chegar a um acordo justo, um impasse será criado.

Os mediadores não têm poder para embaralhar as cartas e distribuí-las de forma mais justa. No entanto, a mediação pretende produzir resultados justos e equilibrados. Se os mediadores são imparciais e aceitam a responsabilidade de garantir a imparcialidade do resultado, como poderão proteger os interesses da parte mais vulnerável na mediação? Poderia um parceiro mais fraco ser levado a fazer um acordo, no interesse do outro parceiro? Ajudar os participantes a reconhecer que suas diferentes áreas de poder e controle podem ser negociadas de maneira mais "equilibrada" é uma habilidade importante do mediador.

6. ATÉ QUE PONTO OS MEDIADORES PODEM INTERVIR?

Há uma tensão inerente entre imparcialidade e autonomia, dois dos princípios fundamentais do código de ética dos mediadores. No entanto, a imparcialidade estrita em todos os momentos limitaria as intervenções do mediador, impedindo que ele ajudasse individualmente cada participante em momentos necessários. Mediadores pró-ativos costumam:

- reconhecer as emoções das partes e responder à dinâmica da sala;
- intervir com mais frequência para administrar os conflitos abertos;
- aplicar regras básicas para evitar que um parceiro tome o controle da mediação;
- levantar questões que não foram levantadas por nenhum dos participantes;
- Ajudar os participantes a reconhecer que uma certa maneira de falar ou agir poderia ser contraprodutivo ou prejudicial;
- considerar "*caucusing*";
- oferecer sugestões, e não propor soluções.

Mediadores pró-ativos são, de modo geral, considerados mais eficazes do que os passivos (ver Capítulo 12), desde que os participantes não percam a confiança neles. Agilidade e empatia são muito importantes na resposta às necessidades individuais, ajudando a manter o equilíbrio no processo como um todo.

7. GERIR OS DESEQUILÍBRIOS DE PODER NA MEDIAÇÃO

A formação dos mediadores deve desenvolver o conhecimento de desequilíbrios e aptidões especiais para gerir tais problemas:

1. Encontro inicial: avaliar se a mediação é adequada e aceita por ambas as partes.

2. Finalizar a mediação, se a situação se mostrar ser inadequada para o seu prosseguimento. Os mediadores devem verificar se há intimidação por uma das partes ou se há extrema submissão pela outra parte, finalizando a mediação o quanto antes se esta for a melhor solução possível.

3. Os mediadores devem mostrar eles próprios respeito e exigir respeito e civilidade entre os participantes. O mediador deve controlar a linguagem abusiva ou os comportamentos ameaçadores durante a mediação.

4. A mediação supõe igualdade de participação. Os mediadores devem intervir para controlar as interrupções e evitar intimidações entre as partes. O mediador não pode permitir que um dos participantes tente dominar e tomar controle do processo.

5. O mediador desempenha um papel ativo, criando um espaço favorável para que ambos os participantes possam falar e ser ouvidos. Nesse ambiente seguro, criado pelo mediador, talvez um parceiro que esteja se sentido oprimido ou deprimido consiga falar alto pela primeira vez.

6. O mediador deve controlar os documentos que são trazidos para a mediação, explicando que os únicos documentos que podem ser aceitos são aqueles considerados relevantes por ambas as partes e pelo mediador.

7. Partilha de informação. Obter informações e partilhar tais informações são elementos fundamentais da mediação, que podem reduzir substancialmente o desequilíbrio de poder (caso sejam visíveis).

8. Identificar e compreender as necessidades, tanto presentes quanto futuras. O processo de identificação e de aprofundamento das necessidades de cada uma das partes e dos filhos deve ser feito sistematicamente de modo exaustivo. Isso ajuda a equilibrar as posições nas negociações.

9. A informação fornecida pelo mediador pode afetar as expectativas e as posições das partes. Os mediadores não devem deixar de dar às partes informações imprescindíveis a elas. A informação tem de ser factual, dada de forma neutra e capaz de ser objeto de verificação cruzada.

10. Aconselhamento jurídico. De acordo com um dos princípios básicos da mediação, as partes devem procurar aconselhamento jurídico independente antes de assinar um acordo que, do ponto de vista jurídico, possa ter força executiva. Um aconselhamento independente para cada uma das partes fornece controle e equilíbrio.

11. Todas as opções disponíveis devem ser examinadas – para ambas partes. Os mediadores podem impedir que uma das partes force a outra a dar "a resposta que ela quer ouvir", fazendo com que outras opções possíveis sejam identificadas e consideradas.

12. Parte-se do princípio que os mediadores são imparciais e não partidários. Contudo, a imparcialidade não deve ser traduzida como imobilidade. Os pequenos avanços que os mediadores fazem no decurso de uma sessão de mediação devem ser feitos mantendo a comunicação e o equilíbrio com ambas as partes.

13. Prestar atenção naqueles que podem estar exercendo o poder fora das sessões de mediação. Os filhos, os novos parceiros, os avós, podem influenciar a decisão das partes. Os mediadores devem ajudar os pais a considerar com quem elas devem compartilhar o poder de tomar decisões. Os mediadores também devem mostrar que a colaboração é fundamental, se as decisões são tomadas para que sejam aplicadas na prática.

14. Resumos escritos da mediação. Resumos devem explicar as propostas de acordo escolhidas ao modo pelo qual outras propostas foram consideradas. Chamar a atenção para as questões que necessitam de aconselhamento jurídico.

15. Controle de qualidade da mediação. Normas nacionais para seleção e formação de mediadores, supervisão, acreditação e acompanhamento da prática da mediação ajudam a proteger tanto os clientes da mediação quanto os mediadores.

16. Estudo de casos práticos são importantes para reunir as experiências da mediação, melhorar a prática do mediador e desenvolver suas aptidões e habilidades.

8. ACEITAR AS REGRAS BÁSICAS DA MEDIAÇÃO

"Já temos um acordo, só queremos que você escreva este acordo para nós. Você pode fazer isso agora, para que possamos ambos assinar?". Algumas pessoas querem um acordo rápido, o mais rápido possível, sem que tenham que fornecer qualquer tipo de informação. Mediadores precisam explicar da maneira mais clara possível que algumas informações necessárias precisam ser fornecidas, sendo estas essenciais para se chegar a uma solução final. Os participantes podem decidir como e onde desejam fornecer tais informações, mas não podem escolher em não fornecê-las. Se o espaço por eles usado é o tribunal, o tribunal vai exigir as informações. Muitos participantes preferem fornecer informações na mediação, em vez do tribunal. A relutância em fornecer informações pode ser reconhecida como uma preocupação em manter a privacidade (reformulando a recusa de cooperar como a preocupação com a privacidade). No entanto, os mediadores devem tomar cuidado ao permitir que a mediação continue sem a obtenção de documentos comprobatórios. Um participante esperto pode dizer que vai fornecer documentos, mas evitar de fazê-lo. Em casos como este, o mediador deve estabelecer um prazo determinado e, se o prazo não for respeitado, a mediação devera ser encerrada. Se houver dificuldades e não falta de vontade, por exemplo, na obtenção de informações sobre as finanças de cada um, ambos os participantes podem decidir de estender a escala de tempo para a mediação. No entanto, o prazo não deve ser prorrogado indefinidamente se houver suspeita de que um dos parceiros está ganhando tempo para obter alguma vantagem ou manter seu *status quo*.

A maioria dos participantes aceita e respeita as regras básicas impostas (ver Capítulo 5), mas quando a temperatura emocional é elevada, regras básicas podem precisar de reforço para controlar interrupções e linguagem desrespeitosa. Os participantes devem ser convidados a falar por si mesmos e não pelo outro. A capacidade do mediador para manter a calma e a empatia, mesmo ao responder com firmeza, ajuda a tranquilizar as pessoas que temem a perda de controle da situação. Quando processos judiciais foram suspensos para dar lugar à mediação, o mediador deve elaborar regras básicas que deverão ser aplicadas pelas partes, também fora do processo de mediação.

9. USO DO PODER PELO MEDIADOR

Quanto mais institucionalizada se torna a mediação, mais poderes os mediadores adquirem e mais se espera deles. Mediadores carregam um certo prestígio, pois possuem conhecimento, experiência e familiaridade com os problemas de separação e divórcio. Eles, muitas vezes, têm qualificações profissionais e são capazes de impressionar os seus clientes graças à sua autoconfiança e boa capacidade de comunicação. Eles também podem ter personalidades fortes. Pessoas tímidas se sentem intimidadas por mediadores que possuem todas essas qualidades.

Os mediadores podem ser vistos confundidos com uma "autoridade" do tribunal se as mediações são realizadas nas instalações judiciais ou se são indicados pelo tribunal. O juiz pode esperar que o mediador resolva os litígios, mas os mediadores devem resistir a tal pressão, uma vez que seu poder reside unicamente na capacitação das partes envolvidas. Os quatro princípios fundamentais da mediação familiar são: participação voluntária, confidencialidade, imparcialidade e capacitar os participantes a alcançar as suas próprias decisões (ver Capítulo 1). Ao aderir a estes princípios, os mediadores resistem à pressão dos participantes, colegas de profissão e, em algumas ocasiões, a sua própria inclinação para intervir de forma direta. Os mediadores são, por vezes, vistos como "protetores das crianças", pois eles tendem priorizar o que eles acreditam ser o melhor interesse da criança em vez dos pontos de vista e as necessidades dos pais. Ouvir os pais e explorar as opções favoráveis ao bem-estar de uma criança é diferente de proteger o bem-estar de uma criança. Cabe ressaltar que, em caso de preocupações com a proteção da criança, os mediadores devem comunicar aos órgãos competentes de investigação. Na mediação, o bem-estar infantil e bem-estar de cada um dos pais estão intimamente ligados. As crianças citadas no Capítulo 8 têm suas próprias ideias sobre como elas e os seus pais devem chegar a acordos. O papel do mediador é apoiar este processo, ajudando os pais a reconhecer que os sentimentos e as opiniões das crianças nem sempre coincidem com as suas opiniões.

Abel (1982, p. 9) argumenta que instituições informais "reivindicam dar mais autonomia às partes quando na verdade elas são atraídas para um processo onde a manipulação existe, mas de modo sutil". No entanto, mostrar às partes os diferentes caminhos possíveis não é manipulação. Os mediadores não podem instruir os participantes sobre como eles devem agir. Eles ajudam as partes a ver as questões de um outro ângulo, aumentando o seu campo de visão e incentivando a reflexão. Alguns participantes pedem ao mediador que ele diga o que é certo ou errado, mas os mediadores devem resistir à pressão de fazer julgamentos ou expressar suas opiniões. Eles precisam estar conscientes de seus valores e condicionamento para que suas atitudes não sejam moldadas pela sua própria cultura, experiências e influências profissionais. Os mediadores, quando confrontados com a hesitação de seus clientes ou com clientes que retrucam insistentemente, podem se sentir levados a dizer para as partes o que elas devem fazer. Em contrapartida, quando participantes enxergam o mediador como um especialista, eles podem esperar que o mediador expresse sua opinião. Alguns mediadores tomam a liberdade de expressar opiniões, fazer julgamentos e exercer influência. Um mediador diretivo controla o processo verticalmente a partir de uma posição superior, ele exerce sua influência de modo explícito ou implícito a partir do ápice do triângulo da mediação aos participantes que se encontram na base do mesmo, como mostra a figura 1.

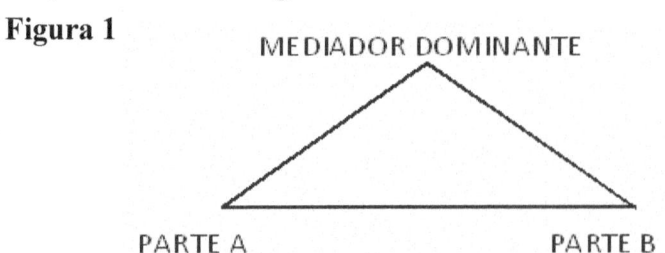

Figura 1

MEDIADOR DOMINANTE

PARTE A   PARTE B

Por outro lado, um mediador passivo pode não intervir suficientemente de modo a evitar que uma das parte domine tanto a outra parte quanto a própria mediação. Deste modo, o participante dominante exerce o controle a partir do vértice superior do triângulo, enquanto o mediador presta apoio ineficaz ao outro participante que se encontra ao seu lado na base do triângulo, conforme mostra a figura 2.

Figura 2

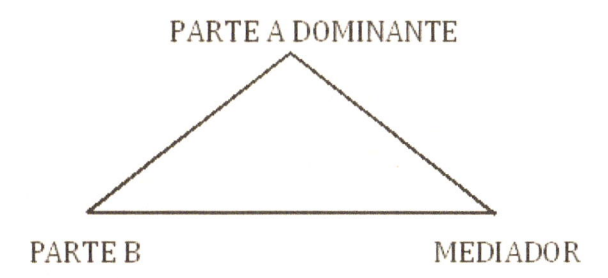

```
        PARTE A DOMINANTE
              /\
             /  \
            /    \
           /      \
          /_____\
    PARTE B        MEDIADOR
```

Há ainda a possibilidade de o mediador se encontrar alinhado a uma das partes, consciente ou inconscientemente. Uma parte pode ter feito uma proposta aparentemente razoável para a resolução do conflito e o mediador pode estar ansioso para conseguir um acordo. Em casos como este temos a representação do triângulo invertida, com o mediador e a parte mais forte alinhados lado ao lado no topo do triângulo, e a parte mais fraca deixada sozinha no vértice inferior do mesmo, conforme mostra a figura 3.

Figura 3

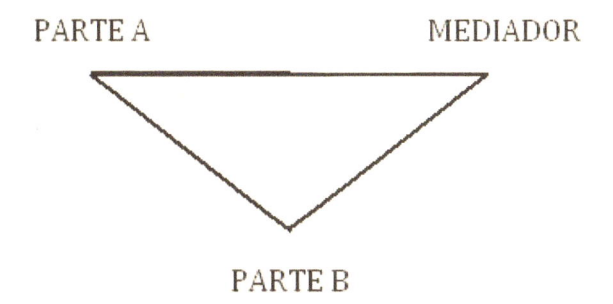

```
    PARTE A           MEDIADOR
      _____/
       \              /
        \            /
         \          /
          \        /
           \      /
            \    /
             \  /
              \/
            PARTE B
```

Shattuck (1992) empreendeu um estudo sobre a mediação obrigatória em casos relacionados com crianças nos Estados Unidos, examinando as diferenças entre os mediadores que intervêm demasiadamente, mediadores que intervêm muito pouco e aqueles que mantêm o equilíbrio mais ou menos correto. Este grupo de estudos incluía: pais recentemente separados que tinham problemas de comunicação uns com os outros, pais com problemas particularmente difíceis e pais com um longo histórico de conflitos e atitudes rígidas. Cada grupo continha pais que esperavam apoio pessoal, simpatia e opiniões favoráveis por parte do mediador. Estes pais queriam que o mediador exercesse autoridade e estavam relutantes em tomar qualquer responsabilidade na tomada de decisões.

Shattuck concluiu que quando os mediadores usavam os cinco elementos do papel do mediador (ver quadro abaixo), em proporções adequadas e equilibradas, muitos casais em estado critico de conflito conseguiam chegar a um acordo sobre os seus filhos. Os mediadores que usaram um ou mais elementos em excesso, exercendo demasiada autoridade e controle, acabaram direcionando os pais a escolherem a sua solução para o conflito, no entanto, tais acordos forçados se mostraram inadequados a longo prazo. Em contraste, quando os mediadores não exerceram influencia sobre as partes e falharam em manter um controle adequado do processo, os conflitos entre os pais continuaram com um tentando derrotar o outro.

O quadro abaixo, inspirado no quadro de Shattuck, é relevante tanto para a mediação generalizada como para a mediação focada na criança.

Cinco elementos da mediação familiar

	Elemento	Finalidade	Resultados de uso excessivo	Resultados de uso insuficiente
1.	Uso de regras e processos para atrair pessoas à mediação.	Encorajar a resolução de disputas.	Uso inapropriado da mediação. Partes postas sob pressão.	Mediação facilmente ultrapassada; as partes recorrem a advogados.

2.	Gestão de conflitos.	Definir questões, reduzir conflitos, estabelecer fronteiras.	Não foi concedido tempo suficiente para as partes explicarem suas preocupações.	As partes ficaram presas em argumentos repetitivos.
3.	Foco nos filhos.	Ajudar os pais a considerar as necessidades e a posição dos seus filhos.	Talvez os pais sintam que os seus próprios interesses e suas necessidades não foram ouvidos.	Pode acontecer que os pais tomem decisões que são favoráveis a eles, sem considerar a opinião dos seus filhos.
4.	Fornecer informação sobre os filhos.	Ajudar os pais a perceber como podem ajudar os filhos a se adaptarem.	Os pais podem ser advertidos, sentindo-se culpados e impotentes.	Os pais negam o impacto do seu divórcio sobre os filhos.
5.	Procurar um acordo.	Ajudar as partes a chegar a soluções mutuamente aceitáveis.	Mediador muito assertivo, acaba impondo suas próprias soluções.	As partes continuam as suas batalhas pelo poder.

10. EQUILÍBRIO FLEXÍVEL NA MEDIAÇÃO

Mediar é como estar no meio de uma gangorra. Se o mediador se coloca passivamente no meio da gangorra, é provável que ela se mantenha de uma forma ou outra na posição em que estava no início. Se, por outro lado, o mediador transfere peso para o participante que se encontra na extremidade inferior da gangorra, a gangorra pode se tornar mais equilibrada, porém, a imparcialidade do mediador pode ser perdida. Mediadores qualificados conseguem fazer pequenos movimentos em qualquer direção para gerir os desequilíbrios de poder na sala. Os mediadores, trabalhando individualmente ou em pares, podem fazer pequenas mudanças de posição. Mudanças temporárias para uma posição intermediária incluem fazer com que as partes compartilhem informações importantes, possibilitando que o participante menos articulado possa se exprimir e, incentivando aquele que parece oprimido. Como a mediação continua, a gangorra que se encontrava inicialmente numa dada posição, pode gradualmente se colocar numa posição mais equilibrada. O nivelamento depende de cada participante e das circunstâncias, bem como das competências do mediador ou comediadores. Mesmo quando a gangorra parece muito desequilibrada, mediadores eficazes podem ajudar os participantes a explorar para qual dos lados a gangorra poderia ou deveria ir para alcançar o equilíbrio. Diferentes posições podem ser consideradas e experimentadas, antes que qualquer posição seja confirmada. Em termos financeiros, diferentes cálculos pode ser executados com o uso do quadro branco, para analisar seus resultados para cada um dos parceiros, antes que o acordo seja estabelecido. Uma equipe de comediadores masculino-feminino é muito útil na gestão de questões de gênero e desequilíbrios de poder (Capítulo 4). Comediadores masculinos e femininos proporcionam um equilíbrio visível que tranquiliza os participantes, aumentando as oportunidades de trazer diferentes perspectivas e controlar os desequilíbrios de poder, estrategicamente. Muitos mediadores acreditam que a comediação é o modelo mais eficaz, porque há sempre algum tipo de desequilíbrio de poder. É altamente desejável para os mediadores, durante sua formação prática, que tenham experiências em comediação para que possam aprender com outros mediadores mais experientes e para que possam reconhecer quando a presença de um comediador é necessária.

A discussão neste capítulo tem sido principalmente sobre os desequilíbrios de poder, que são potencialmente gerenciáveis na mediação. No entanto, há formas e graus de desequilíbrio de poder que podem fazer com que a mediação seja inadequada. Circunstâncias impróprias para a mediação, como as que envolvem graus elevados de intimidação, violência ou abusos, incapacidade mental ou doença psicótica, normalmente, devem ter sido identificados na fase de avaliação inicial da mediação, mas alguns tipos de abuso ou doença psicótica só se tornam evidentes durante o processo de mediação. Problemas ou questões que impedem que o acordo seja feito podem vir à tona durante a mediação. Os mediadores precisam demonstrar uma combinação de empatia e de firmeza na gestão de desequilíbrios de poder e, caso tais questões tornem o processo insustentável, a mediação deve ser interrompida.

A preocupação com o equilíbrio pode parecer uma preocupação moderna. No entanto, um instrumento antigo conhecido como "o equilíbrio" foi usado em sociedades primitivas como ferramenta prática e também como uma metáfora importante. *Al-Mizan*, palavra árabe que significa equilíbrio, era utilizada tanto como instrumento (nível de bolha)[1] por topógrafos e construtores, como metaforicamente, no sentido de busca pela justiça e harmonia por meio dos esforços humanos. Posteriormente, o equilíbrio se tornou, no mundo islâmico medieval, um ramo da ciência chamado de sistema dos pesos e medidas. Dezenas de tratados sobre a teoria, a construção e utilização dos pesos e medidas foram estudados, não apenas com balanças de braços iguais, mas também com a balança romana, que continha dois braços de comprimentos diferentes e um contrapeso deslizante (exatamente como o mediador!). Um texto importante sobre a teoria de pesos, escrito no ano de 1121, mostrava o equilíbrio como pequena parte de uma estrutura moral maior: um dos primeiros exemplos do pensamento ecossistêmico da mediação.

---

[1] NT: O nível de bolha é um pequeno recipiente cilíndrico feito de acrílico, com dois traços de aferição em seus dois lados com uma certa quantidade de líquido verde meio viscoso em seu interior, formando uma bolha de ar, destinado a gerar um plano horizontal de referência para calcular os desníveis entre pontos. Usado por muitos técnicos e engenheiros na área da construção civil.

11
CAPÍTULO

LIDANDO COM IMPASSES

"Desencoraje os litígios, convença os seus vizinhos a se comprometerem sempre que puder. Mostre-os que o vencedor nominal é frequentemente o perdedor real ... em honorários, despesas e perda de tempo. Como um pacificador, o advogado tem a oportunidade superior de ser um homem bom. Ainda haverá bastante trabalho."
(Abraham Lincoln, 16º Presidente dos Estados Unidos 1809 – 1865)

SUMÁRIO: 1. Ciclos de conflito e armadilhas. 2. Técnicas de PNL e mediação. 3. Estrutura e ritmo. 3.1 Estrutura. 3.2 Tempo. 4. Técnicas e habilidades. 4.1 Chegar ao cerne do problema. 4.2 Dividir os problemas em partes menores. 4.3 Estratégias e habilidades para lidar com os impasses 5. Tipologia de impasses. 6. Onde está o bloqueio/obstáculo? 7. Diferentes tipos de bloqueios interpessoais. 8. Os conflitos na mediação. 9. Bloqueios dos indivíduos. 9.1 Dor intensa. 9. 2 Compreender os diferentes estágios de luto e os possíveis ajustes. 9.3 Reconhecer: trauma, angústia e tristeza 10. Bloqueios do mediador. 11. MAAN, PAAN, AMPAM. 12. Impasses que permanecem num impasse. 13. A teoria do nó e a mediação.

1. CICLOS DE CONFLITO E ARMADILHAS

O conceito da luta entre duas forças opostas, a força do amor, que atrai, e a força da discórdia, que separa, remonta à época de Aristóteles e até mesmo antes de Empédocles, no século 5 a.C. Empédocles foi um filósofo e cientista que postulou a ideia das forças gêmeas do amor e da discórdia, interagindo uma com a outra num ciclo de construção, destruição e reconstrução. A luta entre essas duas forças opostas é, muitas vezes, vista na mediação, a discórdia, geralmente, domina o amor, mas o amor às vezes se reafirma. Terminar um relacionamento é muito difícil e doloroso. Os conflitos são inevitáveis e fazem parte das transições emocionais e psicológicas da separação e do divórcio. Embora o sistema adversário seja muitas vezes acusado de provocar e prolongar o conflito, a origem dos conflitos no divórcio se situa entre os protagonistas, não podendo, assim, ser considerada apenas um produto do sistema adversário. Conflitos profundamente enraizados não podem ser resolvidos por meio da negação de sua existência ou da sua supressão, nem estigmatizando-o como algo patológico. Casais separados precisam encontrar formas de integrar a sua desilusão, as emoções negativas e a ira com os seus sentimentos positivos e memórias, já que cada parceiro atravessa o caminho difícil de "se quebrar" como um casal para alcançar uma nova identidade como um ser separado, inteiro e autônomo.

Embora mediadores não forneçam terapia, é importante que eles tenham alguma noção dos processos psicológicos que levam ou resistem às mudanças. Mediadores precisam aceitar que as emoções negativas, assim como as positivas, estão envolvidas na reconstrução de famílias, assim como na reconstrução de cada um dos indivíduos. Alguns casais separados acham que é muito difícil deixar a discórdia de lado e seguir em frente. É extremante difícil trabalhar com casais que relutam em seguir em frente, pois quando eles dão um pequeno passo para frente, um comentário negativo de um deles é suficiente para jogá-los de volta ao turbilhão de acusações e culpa. O vórtice espiral que leva uma pessoa para baixo representa um risco para o mediador, podendo também sugá-lo para baixo. Mediadores precisam resistir ao "puxão gravitacional descendente dos antagonismos" (CLOKE, 2009) e incentivar o movimento para cima e para frente.

A teoria dos sistemas nos ajuda a pensar em círculos familiares e processos de família, cuja função é manter os sistemas existentes e resistir às mudanças. O círculo – ou dança – que alguns casais exibem na mediação pode ser parte de um padrão de longa data.

Os mediadores que intervêm por um breve período de tempo podem não entender os padrões e dinâmica da família. Devemos tentar mudar um ciclo rotativo sem compreender a sua função? Mudanças que não tenham sido pensadas podem ser perigosas para o casal e também para o mediador. A mediação oferece oportunidades para as famílias colocarem um fim nos ciclos negativos da comunicação ou comportamento, sem obrigá-los a fazer o que não desejam. Ela pode abrir caminhos mais seguros de comunicação e novos padrões para que se desenvolvam.

Cabe ressaltar que nem todos os conflitos são negociáveis e alguns não devem ser negociados. Mnookin (2010) identifica dois conjuntos opostos de "armadilhas" que cercam as decisões para se negociar ou não. Ele sugere que "armadilhas" negativas, particularmente, a demonização dos adversários e a necessidade de controle têm o objetivo de alimentar a raiva e desencorajar as pessoas a negociar no momento em que elas deveriam negociar. Em contrapartida, "armadilhas" positivas envolvendo crenças religiosas, valores morais, abnegação e a necessidade de paz a qualquer custo podem incentivar as pessoas a negociar quando talvez elas não deveriam.

2. TÉCNICAS DE PNL E MEDIAÇÃO

Negociações bem-sucedidas, muitas vezes ocorrem sem a intervenção de terceiros. A mediação pode facilitar as negociações entre os participantes que estão dispostos a negociar, sendo imprescindível quando a negociação face a face é problemática. Muitos dos conceitos e técnicas utilizados na mediação vêm da programação neurolinguística (PNL). A PNL ensina padrões, técnicas e habilidades para uma comunicação eficaz, desenvolvimento pessoal e aprendizagem acelerada. Essas técnicas e habilidades foram desenvolvidas na década de 1970 por um professor americano de linguística, em colaboração com um estudante de doutorado de psicologia. Seu trabalho foi fortemente influenciado por Gregory Bateson (ver Capítulos 2 e 6). A parte "Neuro" da PNL reconhece a realidade fundamental de que todo comportamento humano decorre de processos neurológicos da visão, audição, olfato, paladar, tato e sensação. Nós experimentamos o mundo por meio de nossos sentidos. Nós "sentimos" todas as informações que recebemos e, então, reagimos. A PNL está preocupada com a forma como organizamos a nossa experiência subjetiva e como editamos e filtramos o mundo exterior por meio dos nossos sentidos.

Um mapeamento dos casos fornece uma analogia para as diferentes construções da realidade das pessoas. As pessoas constroem os mapas de suas realidades, como elas o percebem, a representação do mundo em que elas vivem, o que elas usam para guiar seu caminho e condicionar suas respostas. Inevitavelmente, tais mapas são seletivos. Elas mostram certas características e marcos, mas podem também apresentar lacunas significativas. Na mediação, o mapa de cada participante depende dos filtros seletivos que eles utilizam para interpretar o que vem, os marcos que escolhem para se guiar e os caminhos que querem seguir.

Os filtros que eles usam podem deixar de fora algumas informações cruciais e a conscientização de aspectos importantes que passaram "batidos", como um ponto cego. Mediadores ajudam os participantes a olhar para o seu "mapa", ao mesmo tempo em que comparam o que aparece em cada um deles. Os mediadores também identificam os recursos que aparecem em um, mas não em outro, ou aquilo que pode estar faltando de modo geral. Algo que aparece em um mapa pode estar faltando em outro mapa, como peças de informação financeira ou reações que estão sendo mostradas por uma criança. Ao colocar os dois mapas lado a lado, os mediadores podem destacar as principais características ou lacunas, ajudando os participantes a criar uma nova "imagem", oferecendo aos participantes outras maneiras de ver as coisas, sem a imposição de pontos de vista diferentes.

Uso sistemático de "Mediadores de perguntas" (correspondente ao modelo de Meta em PNL) ajuda a recolher informação adicional e, mais precisamente, a ganhar uma melhor compreensão do todo a ser compartilhado entre os participantes. O Meta Modelo é uma série de perguntas destinadas a preencher as lacunas na comunicação, para esclarecer as generalizações, desvendar confusões e explorar possibilidades. Usadas com sensibilidade, as questões seletivas podem elucidar significados e dar escolhas, sem ter de fazer perguntas indutoras de culpa como: "Por quê?". Mediadores precisam estar cientes de que eles usam os mapas também. Os mediadores precisam tomar muito cuidado ao fazer perguntas às partes, pois perguntas que parecem irrelevantes para os participantes e fora do "quadro da mediação", podem, sem mais nem menos, criar uma "barulheira só", como um concerto de *heavy metal*! (O'CONNOR; SEYMOUR, 1990, p. 108).

3. ESTRUTURA E RITMO

3.1 Estrutura

Antes de tentar qualquer forma de resolução de conflitos, é importante fornecer um espaço seguro e reservar um tempo apropriado. Quaisquer regras básicas necessárias precisam ser explicadas e acordadas (ver capítulos anteriores). O mediador deve se manter calmo e autoconfiante – o que nem sempre é fácil! A confiança é necessária numa abordagem praativa, na estruturação da dinâmica e na gestão das discussões entre pessoas com raiva. Caso contrário, os argumentos circulares improdutivos aumentarão a raiva e a frustração. O mediador deverá definir uma estrutura clara, propondo limites de tempo para cada questão ou problemas secundários. Se os participantes aceitarem tais limites de tempo, eles entenderão que, ao final de cada período de tempo, eles terão que sair de um problema e passar para o próximo, tendo feito progresso ou não. Eles devem perceber que não poderão passar toda a sessão discutindo sobre o mesmo ponto. Quanto maior o conflito, maior cuidado deverá ser dado para garantir que todas as questões e opções sejam listadas e examinadas de forma sistemática pelo mediador pela utilização do quadro branco. Os prós e os contras de cada opção podem ser marcados no quadro branco. Muitas vezes, isso mostra que informações adicionais são necessárias antes que uma determinada opção possa ser considerada adequada. Deste modo, participantes são encorajados a buscar tais informações e a trazer mais informações e ideias para a próxima sessão. O mediador encoraja-os a mudar da posição de confronto para a posição de resolução de problemas e de reconhecimento mútuo.

Os encorajamentos feitos pelo mediador, para que as partes considerem todas as opções possíveis, transmitem otimismo de que uma solução pode existir em algum lugar. Esta crença positiva ajuda a combater a depressão do casal, podendo mudar o sentido da espiral para que ela leve-os para cima, e não para baixo. Fornecer uma boa estrutura ajuda a conter e gerir emoções fortes. Isso não quer dizer que as emoções são ignoradas ou postas de lado. A estrutura deve ser flexível e adaptada à complexidade dos problemas e aos diferentes níveis de conflito. A gama de modelos e estruturas podem ser projetados para a mediação familiar, incluindo casos cíveis híbridos e casos de família (ver Capítulo 4 e s.13 abaixo).

3.2 Tempo

Alguns casais vêm para a mediação com esperanças irrealistas de que uma solução será proposta pelo mediador. No entanto, nem mesmo o mediador mais experiente tem varinha mágica para saber o que os participantes esperam dele. A vontade própria e motivação dos participantes para chegar a um acordo são fatores críticos. Inevitavelmente, há situações em que a mediação é considerada imprópria. Quando qualquer tipo de movimento parece possível, os mediadores precisam considerar o uso do tempo com mais cuidado – o uso do tempo na mediação e o uso do tempo entre as sessões. O controle do tempo também é usado para permitir que ideias brotem gradualmente, o mediador ajuda plantas delicadas a crescer. Soluções provisórias são, por vezes, como pequenas mudas de plantas que precisam permitir a entrada de um pouco de luz e ar para se desenvolver. O tempo é muito importante para dar a essas pequenas plantas uma chance de crescer. Na mediação, o mediador espera que algumas semanas se passem para verificar com os seus "cultivadores" se as mudas que plantaram em conjunto precisam ser aparadas ou se precisam de mais espaço para crescer. Muitas pessoas têm medo de se comprometer com novos acordos. Os mediadores precisam deixar claro que é possível elaborar medidas provisórias antes de tomar decisões finais sobre uma ou mais questões.

4. TÉCNICAS E HABILIDADES

4.1 Chegar ao cerne do problema

É natural tentar resolver as disputas chegando ao cerne do problema. No entanto, De Bono (1991) aponta que isso pode ser inútil.

Se o conflito é alimentado por uma "chama" de raiva, ambas as partes poderão se precipitar jogando mais lenha na fogueira. Incentivar os participantes a apagar o fogo fará com que as chamas queimem mais ferozmente, pois implicaria entrar no território alheio. Centrar-se no cerne da disputa pode aumentar o conflito. Pode ser mais útil trabalhar em áreas que não estão protegidas, por exemplo, que em áreas significativas, em que os participantes já estão de acordo total ou parcialmente. O mediador poderá também dar prioridade a preocupações mútuas – sobre as crianças, em particular –, pois, assim, o conflito em questão poderá perder a sua importância. Alternativamente, após o progresso em alguns assuntos, áreas de discórdia poderão ser discutidas numa atmosfera mais calma.

4.2 Dividir os problemas em partes menores

Quando a situação como um todo parece desordenada, como uma pilha de tijolos incompatíveis, tempo e energia são necessários para desmontar esta pilha de tijolos, separá-los, para então criar algum tipo de ordem. Com a ajuda do mediador, os participantes podem colocar alguns tijolos de lado, enquanto eles se concentram numa pequena pilha de tijolos. Espalhar todos tijolos é uma maneira fácil para ver quais podem se encaixar. Tal técnica também ajuda os participantes a identificar os pilares que poderão fornecer uma base sólida para a construção de um novo edifício, por meio de uma contínua e necessária cooperação entre eles para que possam suportar uma nova estrutura de parentalidade pós-divórcio. *Chunking* é um termo da tecnologia da informação que significa quebrar coisas em pedaços menores (arremessando algo contra a parede, por exemplo). Tal termo vai do geral para o específico, muda o foco de um problema grande para um aspecto menor que pode ser trabalhado. O quadro branco é uma ferramenta muito útil para dividir grandes problemas em partes menores, ajudando a enxergar como cada uma das partes se relaciona com o todo.

Evidentemente, há situações em que nada se encaixa, isto porque os participantes estão muito distantes. Quando isso ocorre, muitos mediadores tendem a dizer às partes o que elas devem fazer – ou simplesmente que elas devem desistir. Em vez de sucumbir ao estresse, que pode ser negativo para os participantes, os mediadores precisam procurar manter sua energia psíquica e sua capacidade de fazer perguntas importantes sobre os próximos passos imediatos. O mapa que foi elaborado anteriormente – verbalmente ou no quadro branco – pode precisar ser visto novamente para que a escolha da rota seja efetuada – de volta para os advogados, de volta para o tribunal, ou continuar na mediação? Todas as opções devem ser identificadas e reavaliadas. Se os participantes estão dispostos a continuar na mediação – mesmo que seja apenas para o restante da sessão – pode valer a pena identificar a "pilha de tijolos" que já foi acordada, perguntando o que aconteceria se esta pilha não existisse.

"Eu não concordo que o Luke fique com o pai no fim de semana, porque ele não quer ir."

"O que aconteceria se Luke dissesse um dia que ele gostaria de passar um fim de semana com seu pai?"

Ou:

"Se você puder imaginar que um dia ele possa mudar de ideia (mesmo que você ache que isso é muito improvável), você veria isso como uma coisa boa, ou ainda teria dúvidas sobre isso?"

A cooperação é uma via de mão dupla. Um impasse muitas vezes parece ser um beco sem saída, sem luz no fim do túnel. Isto pode ocorrer na primeira reunião de mediação ou em qualquer fase do processo. Às vezes, os participantes preferem continuar lutando do que concordar com o outro parceiro. Se este for o caso, novos parceiros e outros membros da família poderão ser chamados para ajudar a resolução do impasse.

4.3 Estratégias e habilidades para lidar com os impasses

- Reconhecer os sentimentos dos participantes – frustração, raiva, decepção – de forma equilibrada. Reconhecer as dificuldades e os esforços que eles já fizeram para vir a uma reunião de mediação.
- Resumir e reformular com frequência para que os participantes se sintam igualmente ouvidos e compreendidos. Isto também ajuda a esclarecer a natureza do problema.

- Colocar uma questão em banho-maria, sem se esquecer de voltar a ela.
- Se há crianças, suas necessidades e preocupações precisam ser diferenciadas das necessidades e preocupações dos pais, bem como dos motivos da ruptura do relacionamento conjugal. Reconhecer a grande dificuldade de desembaraçar suas posições e sentimentos como parceiros da suas posições e sentimentos como pais.
- *Brainstorming*. O mediador deve se abster em assumir a responsabilidade de resolver um impasse e encorajar os participantes a criarem a suas próprias soluções. "Podemos passar os próximos cinco minutos pensando em qualquer caminho que poderia ajudar?" Os mediadores podem adicionar sugestões e opções, desde que estas não sejam apresentadas como soluções. Escrever todas as ideias no quadro branco.
- Usar o humor – com sensibilidade, e quando apropriado.
- Qual a importância deste problema? Será que este ponto particular precisa ser tratado agora, será preciso mesmo ser tratado? Se o problema não for urgente, ou se for pequeno em comparação à situação geral, poderá ser possível, simplesmente, observar se algo ocorre e seguir em frente. Isto pode ser um alívio para os participantes.
- Inverter os papéis, convidando cada participante a se colocar no lugar do outro e apresentar propostas ou objeções pelo ponto de vista do outro.
- Pensar ocasionalmente em contar uma anedota curta. Uma anedota pode ser eficaz se for bem escolhida e sem julgamento.
- Se houver tempo, sugerimos uma pausa – "uma xícara de café?" Levantar e mudar de posição, às vezes, pode ajudar.
- Pergunte sobre medos subjacentes: "Qual é a pior coisa que poderia acontecer?" Se ambas as partes nomearem seus medos, pode ser que elas descubram que ambas possuem receios mútuos e que ambas podem dar garantias ao outro, uma vez que sabem qual é o seu maior medo.
- Se o mediador se sente irritado ou alienado por um dos participante, pode ser uma indicação de que ele tomou partido pelo

outro. O mediador deverá examinar essas reações e discuti-las com um supervisor ou consultor. Será que tais reações negativas estão relacionadas com a dificuldade do mediador com um certo tipo de personalidade?

- Considerar a comediação.
- Discutir se as crianças e/ou terceiros – novos parceiros, parentes – devem ser consultados ou envolvidos de alguma forma
- Não ver um impasse de maneira negativa. Ele pode ser melhor do que uma solução ruim.
- Discutir as opções da solução proposta e a opção de não fazer nada. O que seria melhor, pior, quais os resultados mais prováveis se nenhum acordo pode ser alcançado? (Ver s. 11).
- Fazer um resumo das opções que foram consideradas até o momento. Às vezes, as pessoas voltam mais tarde para uma opção que tinha descartado anteriormente .
- Perguntar quanto tempo eles acham que seus problemas são susceptíveis de ir em frente. Como eles acham que a situação entre eles será daqui dois (ou cinco) anos? Se eles acham que as coisas deveriam estar melhor do que hoje, então, o que deveria ter mudado? Tais mudanças poderiam começar mais cedo? E assim por diante ...
- Daqui cinco anos (ou 10 anos, ou em qualquer período de tempo) o que eles acham que os seus filhos diriam sobre a separação ou divórcio dos seus pais? O que eles gostariam que seus filhos dissessem? Eles poderiam dar aos filhos qualquer garantia no momento de que eles estão tentando fazer o melhor por eles?
- Não pensar que uma mediação que termina sem acordo "falhou" ou que o mediador fracassou. Alguns casais retornam à mediação após um período de tempo, dizendo que agora se sentem prontos para chegar a um acordo.
- Antecipar e prevenir. Um acordo rápido pode não funcionar, se obstáculos quase inevitáveis não foram previstos ou se nada foi feito para ou antecipá-los ou impedi-los.

5. TIPOLOGIA DE IMPASSES

Johnston e Campbell (1988) desenvolveram uma tipologia que distingue três níveis diferentes de impasses no divorcio: externos, interpessoais e intrapessoais. O diagrama ilustra tais níveis e mostra como eles estão interligados. A palavra "bloqueio"(obstáculo) é usado aqui, em vez de 'impasse', porque um impasse implica em algo que não tem saída, enquanto que um bloqueio pode ser deslocado, encontrando uma saída. A mediação é um processo pelo qual inúmeras possibilidades podem ser exploradas e experimentadas.

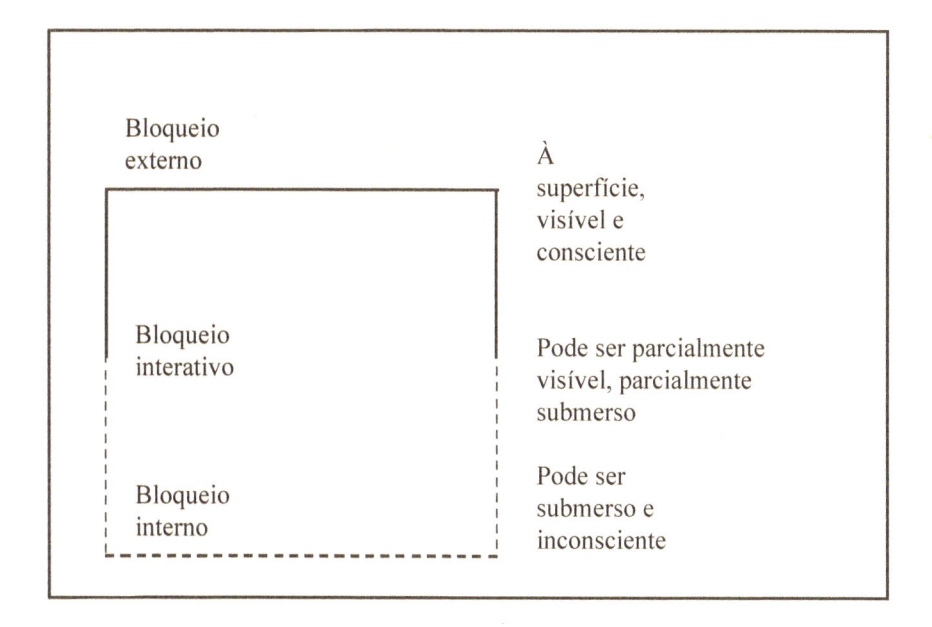

```
┌─────────────────────────────────────────────────────┐
│                                                     │
│   Bloqueio                                          │
│   externo              À                            │
│    ┌──────────────┐    superfície,                  │
│    │              │    visível e                    │
│    │              │    consciente                   │
│    │              │                                 │
│    │  Bloqueio    │    Pode ser parcialmente        │
│    │  interativo  │    visível, parcialmente        │
│    │              │    submerso                     │
│    │              │                                 │
│    │  Bloqueio    │    Pode ser                     │
│    │  interno     │    submerso e                   │
│    └──────────────┘    inconsciente                 │
│                                                     │
└─────────────────────────────────────────────────────┘
```

6. ONDE ESTÁ O BLOQUEIO/OBSTÁCULO?

Quando parece haver uma barreira em algum lugar, é útil tentar encontrar onde pode estar tal obstáculo. Embora o objetivo da mediação seja trabalhar da forma mais aberta possível, os mediadores podem não concordar com a opinião dos participantes. No planejamento de cada sessão, o mediador deve fazer algumas reflexões de antemão sobre a estrutura da sessão, as possíveis formas de avançar e se existem outras formas de ajuda. Se parecer haver um obstáculo interno profundo, uma das partes ou ambas podem precisar de aconselhamento, psicoterapia ou terapia familiar para tratar das raízes do conflito, em vez de trabalhar em vão em sua superfície. O modelo sistêmico pode ser necessário, em vez de tentar aplicar repetidamente soluções ineficazes. Às vezes, outros membros da família – filhos, novos parceiros, avós – estão intimamente envolvidos no conflito e podem estar alimentando as chamas por razões próprias. Outros membros da família podem ter um interesse pessoal em manter o conflito. Brigas de família podem impedir que um casal chegue à solução que realmente deseja alcançar. Às vezes, uma criança está tão envolvida no conflito que, sem ela, este não poderá ser resolvido. É importante pedir aos pais que envolvam as crianças para que possam decidir o acordo em conjunto. E quanto aos novos parceiros, ajudaria envolvê-los? Alguns novos parceiros atuam como mediadores entre os ex-parceiros. Em outras situações, o seu envolvimento direto pode ser contraprodutivo.

Nível 1 – Obstáculos/bloqueios externos

Obstáculos externos são dificuldades que fogem do controle dos participantes, tais como a impossibilidade de vender a casa da família por causa da situação do mercado imobiliário. O reconhecimento desses problemas não os resolve, mas pode contribuir para que os casais deixem de acusar um ao outro. Pode haver problemas relacionados ao desemprego ou dúvidas se o parceiro está ou não trabalhando. Um dos participantes pode, eventualmente precisar de provas de que o outro esta à procura de trabalho. Ainda que não seja possível mudar um obstáculo externo por meio da mediação, pode valer a pena gastar tempo pensando em como lidar com ele.

- *Brainstorming*/reflexão conjunta

Quando os obstáculos parecem intransponíveis, o mediador pode sugerir uma reflexão conjunta, para as ideias que podem aparecer. Todos sugerem ideias, inclusive o mediador. Todas as ideias (por mais diferentes que sejam) podem ser escritas no quadro branco. Uma sugestão um pouco irrealista pode fazer as pessoas darem risada e, acalmando a tensão na sala, elas podem acabar desbloqueando ideias fixas.

Um casal que não conseguia encontrar uma solução para os seus problemas habitacionais foi convidado para uma reflexão conjunta. Depois de alguns minutos, um deles teve uma ideia original que deixou o outro perplexo, pois tal ideia era engenhosa e prática ao mesmo tempo. Criar momentos de comunicação entre os participantes faz com que eles concentrem suas energias numa única tarefa podem produzir resultados inesperados e positivos.

Nível 2 – Obstáculos/bloqueios interpessoal e interacional

Há entre os participantes uma espécie de bloqueio interpessoal. Muitos desses bloqueios estão associados às dificuldades de comunicação entre eles. O foco principal deste livro é o papel que a mediação pode desempenhar, facilitando a comunicação e a resolução de conflitos interpessoais.

7. DIFERENTES TIPOS DE BLOQUEIOS INTERPESSOAIS

i. Falta de conhecimento

A falta de conhecimento é um problema muito comum na mediação. Um parceiro, muitas vezes, não tem conhecimento das finanças do outro. Mediadores ajudam os participantes a identificar o que eles precisam saber e a compartilhar as informações. Os mediadores também podem dar sugestões, sem dar soluções. Por exemplo, um casal que discorda da valorização de um ativo ou de uma contribuição, em termos financeiros e emocionais, pode precisar que o mediador sugira formas de obtenção de uma avaliação. O que poderá incentivar as partes de elas mesmas a sugerirem suas próprias ideias.

ii. Informações incorretas

Às vezes, informações incorretas ou mal-entendidos podem dar origem a expectativas irreais. Se os participantes se baseiam em informações ou conselhos incorretos, que parecem não fazer sentido, o mediador deverá questioná-los e incentivá-los a verificar a autenticidade das informações. No entanto, se tais informações vieram do consultor jurídico das partes, os mediadores precisam tomar bastante cuidado para não destruir a confiança que elas depositam em seus consultores jurídicos. Muitas vezes, clientes ansiosos podem não ter entendido um conselho dado por seu advogado ou ter ouvido apenas o que eles queriam ouvir. Para ajudar os participantes, os mediadores podem formular por escrito perguntas para que eles entreguem aos seu advogados. Eles podem, igualmente, pedir uma resposta por escrito a seus advogados evitando, assim, qualquer mal-entendido. Se um cliente parece ter recebido um conselho incorreto, talvez por um advogado que não atua muito com Direito de Família, o mediador poderá sugerir ao participante que considera-se uma segunda opinião. Mediadores precisam tomar cuidado para não aconselhar as partes a mudar de advogado ou a se consultar com um determinado advogado em particular. De modo geral, as partes não querem mudar de advogado. Os mediadores devem ter em mãos uma lista de advogados de área da Família, caso seja necessário.

iii. Diferentes noções de justiça

Os participantes, geralmente, têm diferentes noções do que significa ser justo. Pode-se definir a justiça como uma divisão 50/50, enquanto o outro afirma que 50/50 seria completamente injusto. É muito importante converter tais percentagens no valor monetário exato que elas representam. A diferença pode ser relativamente menor quando convertida em valores reais. É importante quantificar os valores, independentemente da sua dimensão.

Quando os pais discordam sobre um conceito ou princípio da equidade, por exemplo, como as crianças dividem o seu tempo igualmente entre ambos os pais, é importante focar na criança como um indivíduo, verificando o que pode funcionar de acordo com sua idade e suas necessidades particulares. Assim, ao se concentrar na experiência real da criança, em vez de justiça, os pais serão capazes de ver que a justiça não é o critério mais adequado quando as crianças são o cerne do problema. Alguns pais podem concordar em alguns pontos mesmo se estes parecem injustos para um deles, desde que ambos concordem que tal solução seria a melhor para a criança.

As partes, geralmente, perguntam aos mediadores "O que é justo"? Um breve comentário do mediador sobre os diferentes critérios de justiça poderá ajudar a resolução do conflito: "Trata-se de uma questão de princípio. Cada um de vocês tem uma ideia de justiça que faz sentido – mas que é baseada em padrões diferentes, então é normal que vocês não concordem. Existem diferentes maneiras de definir o que é justo. Há a justiça pessoal, baseada naquilo que cada um de vocês pensa que é correto. Há o ponto de vista do tribunal, no qual fatores relevantes são analisados para se chegar a um equilíbrio correto, mas mesmo que o tribunal procure ser "justo", ele pode dar uma sentença que nenhum de vocês considere justa. Eu posso explicar os fatores que o tribunal considera relevantes, se quiserem que eu o faça. Mas seria útil considerar primeiro os recursos que cada um de vocês possui e depois listar o que cada um de vocês precisa, considerando, obviamente, as diferenças entre o que está disponível e o que cada um de vocês necessita."

iv. Desconfiança

Quando uma relação íntima se quebra, normalmente a confiança também é quebrada. Haveria pouca mediação se ela só pudesse ser considerada eficaz quando existisse confiança entre as partes. Não é realista, nem sequer necessário, exigir inteira confiança no início da mediação. O que interessa é saber se existe confiança o suficiente para que a mediação seja possível. Por exemplo, ainda que o casal tenha perdido a confiança um no outro como marido e mulher, pode ainda existir uma certa confiança entre eles como pais. Se este é o caso, há uma boa razão para que recorram à mediação. Se, por outro lado, um pai desconfia do outro como pai, o mediador precisa investigar os temores e suspeitas. Num grau extremo, podemos nos deparar com abuso infantil ou, num outro extremo, apenas com uma preocupação exagerada de um dos pais dizendo que o outro pai deu ao filho uma bebida gasosa antes de viajar.

A resposta dada pelo mediador vai depender do tipo de desconfiança manifestada. Se é de natureza grave que impede que a mediação continue, o mediador deverá explicar as partes que a confidencialidade não pode ser absoluta, em todas as circunstâncias (ver Capítulo 3). Em muitos – mas não todos os casos – em que dúvidas são manifestadas sobre questões financeiras, tais dúvidas podem refletir a falta de informação, não significando necessariamente que a outra parte deu informações não confiáveis ou reteve informações deliberadamente. À medida que as partes explicam e seguem para cada uma das fases da mediação, os mediadores devem enfatizar a necessidade do maior número de informações possível, analisando as informações antes de pedir aos participantes que considerem as propostas para o acordo.

Mediadores precisam estar alertas para qualquer sinal de desconfiança manifestado por uma ou ambas as partes, caso contrário, a desconfiança vai crescer. É importante reconhecer as dificuldades de se confiar no outro, principalmente quando a relação se rompe ("normalização"). Se um dos participantes sugerir que o outro não é confiável ou acusá-lo de ser desonesto, o mediador poderá reconhecer a existência de desconfiança, sem que com isso perca a sua imparcialidade. A melhor maneira de se reconhecer a desconfiança é por meio da reformulação. Ao reformular, o mediador tenta obter mais informações e ao mesmo tempo tranquilizar as partes (ver o Capítulo 6 sobre reformulação). "Então, Wendy, para que fique claro [sobre o valor dessas ações] ... para que possamos ter certeza de que [o pagamento foi feito], você gostaria de ver um documento que comprove ... Jim, você acha que você poderia agradar Wendy, trazendo [este documento] para o nosso próximo encontro?" Às vezes, um dos parceiros que mostrou resistência à prestação de informações financeiras acaba surpreendendo o outro, ao trazer a informação que faltava. Exigir que o outro traga um documento ou enviar cartas formais de solicitação por meio de um advogado só aumentam a resistência. Assim, o mediador deve tentar acalmá-los fazendo o pedido de uma outra maneira: "Jim, a Wendy esta se sentindo extremamente insegura porque ela não conhece o suficiente sobre [...] Seria realmente importante se você pudesse trazer [...] para nossa próxima reunião. Você acha que isso seria possível?" Caso ainda exista resistência de uma das partes, o mediador poderá salientar que num processo judicial a prestação de informações financeiras não é uma escolha, mas uma exigência. Os participantes deverão escolher o lugar que tais informações serão prestadas – na mediação ou no tribunal.

v. A má-fé na mediação

Seria ingênuo acreditar que todos os que recorrem à mediação vão cooperar plenamente e honestamente só porque os mediadores pediram que o fizessem. Alguns enxergam a mediação como uma opção *light* e esperam enganar tanto o mediador quanto o seu parceiro. Os mediadores devem, estar atentos para eventuais sinais de má-fé, tais como:

- Falta de pontualidade ou não comparecimento à reunião.
- Recusa em assinar os termos da mediação.
- Linguagem corporal.
- Táticas de procrastinação ou, inversamente, pressão para conseguir um acordo o mais rápido possível.
- Atraso ou relutância em fornecer informação financeira e documentos de apoio.
- Respostas evasivas a perguntas exploratórias por parte do mediador ou do parceiro.
- Números que não batem uns com os outros: rendimentos não condizentes com as despesas.
- Sabotagem ou não cumprimento dos acordos.
- Apresentar desculpas plausíveis com o intuito de continuar as negociações.
- Assumir posturas rígidas e brincar com o tempo, sem mostrar qualquer tipo de motivação ou interesse.
- Comprovar segundas intenções de umas das partes, como por exemplo fazer uma oferta pela residência (dos filhos) ou tentar obter contato, com o intuito de reforçar sua posição sobre questões financeiras ou imobiliárias.
- Caso tenha de pagar a mediação privada, esquecer de trazer cheque ou dinheiro para pagar a sessão.

Os mediadores podem testar o comprometimento das partes na mediação:

- Assegurando-se de que as regras básicas estão claras e foram concordada por ambas as partes.
- Aplicar as regras básicas com firmeza, explicando que a mediação só pode continuar se tais regras forem respeitadas.

- Fazer perguntas, mas evitar interrogações.
- Serem firmes em relação a processos de mediação. Se aceitarem desculpas por falta de prestação de informação, deixar claro que existe uma data-limite.
- Perguntar se os participantes tinham confiança um no outro antes da ruptura.
- Ajudá-los a dar um ao outro informações necessárias a resolução do conflito.
- Estruturar as sessões de mediação, conseguindo acordo para organizar os calendários e as datas-limites.
- Discutir sanções particulares que poderiam ser utilizadas no caso de não cumprimento – como, por exemplo, quanto tempo um dos progenitores deverá esperar pelo outro, caso este se atrase mais do que x minutos.
- Explicar os documentos que serão exigidos pelo tribunal, as perguntas que os conselheiros jurídicos poderão fazer e os documentos que serão necessários a ambos.
- Resumir detalhadamente o que foi dito e redigir com clareza os acordos ou propostas provisórias.
- Considerar a hipótese de terminar a mediação se, tendo dado a uma das partes o benefício da dúvida, ele ou ela continuarem a dar sinais evidentes de abuso do processo de mediação.
- Avisar sobre a terminação provável, explicando se possível a razão, em vez de dizer como um mediador disse numa sessão de treinamento: "Pronto, está acabado. É óbvio que não podemos continuar", deixando ambos os parceiros boquiabertos.
- Elaborar resumos escritos cuidadosamente.

Confronto e desafio

Os mediadores possuem estratégias diferentes sobre como confrontar ou desafiar um participante que esta procrastinando, ocultando informações ou eventualmente prestando falsas informações. Enfrentá-lo diretamente é uma estratégia de alto risco. Há riscos, principalmente, se o mediador invocar autoridade, visto que uma das suas maiores forças é o não possuir autoridade. Um confronto muito direto também poderá colocar em perigo a imparcialidade do mediador.

Como estratégias alternativas ao desafio direto do mediador, incluímos as seguintes:

- Dúvidas

Se houver discrepância, o mediador pode utilizar um tom de voz confuso, em vez de inquisitorial: "Eu sinto muito, eu não entendo muito bem como o que você acabou de dizer se encaixa com os valores encontrados na página x do seu relatório financeiro. Você poderia me ajudar a entender como ....?" Pedir documentos é mais um meio de esclarecer e verificar as informações, sem questionar de forma agressiva. Pedir às partes que o ajudem: "Vocês poderiam trazer...? ...Seria útil ter"....

- Reconhecer as dificuldades

Se houver contradições entre palavras e ações, poderá ser necessário chamar a atenção para tal contradição, mas apenas se existir um relacionamento que permita tal comportamento. Outro caminho consiste em sugerir a pessoa em questão talvez seja muito difícil para ela tomar qualquer decisão sempre que estão num momento decisivo. Talvez o reconhecimento e a empatia contribuam para que uma pessoa admita uma dificuldade ou reconheça sentimentos ambivalentes.

- Inverter os papéis

Em certas ocasiões, é importante pedir às partes que se coloquem no lugar do outro, e inclusive, em termos práticos, pedir que mudem de cadeira. Por exemplo, o mediador pode pedir a uma das partes que se coloque no lugar da outra e diga quais são, na sua opinião, suas maiores preocupações e o ela estaria disposta a aceitar. Em seguida, o mediador repetiria o mesmo exercício com a outra parte. Olhar o problema com os olhos do outro pode mudar a maneira como eles o vem.

Estabelecer tarefas e limites de tempo

Quando existirem dúvidas sobre a obrigação e a motivação para encontrar qualquer solução, é muitas vezes útil dar aos participantes pequenas tarefas que sejam executadas antes da próxima sessão. Tal exercício pode ser um teste de motivação bastante significativo, pois decepcionar um ao outro é mais difícil quando eles sabem que o mediador vai verificar cuidadosamente se as tarefas foram realizadas. Poderá ser pedido a cada uma das partes que elas sugiram algo que possam fazer e que seja eventualmente útil. Podem ser ainda apresentadas questões para reflexão futura, ou acordos provisórios a curto prazo. É preciso enfatizar os limites de tempo. Quando uma das partes não para de olhar o relógio, ela está dando sinais de que está perdendo o seu de tempo. Desta forma, a última parte da sessão pode ser utilizada para recapitular, definir prioridades e discutir os próximos passos.

8. OS CONFLITOS NA MEDIAÇÃO

Alguns casais parecem estar decididos a juntar suas forças para derrotar o mediador. Estes casais pertencem à categoria de casais extremamente hostis e "entrelaçados", como descrito na tipologia demonstrada no Capítulo 3. Eles fazem uma espécie de conluio inconsciente para evitar que qualquer intervenção do mediador seja "bem sucedida". Isto porque, uma vez que o acordo for alcançado e os argumentos terminarem, o que aconteceria com eles? Quando há um impasse na mediação, muitas vezes é importante considerar não o que eles poderiam ganhar com o acordo, mas o que seria perdido se o acordo não fosse alcançado, e por quem? Para algumas pessoas, o vazio é muito mais assustador do que uma batalha permanente. Conflitos implicam em uma possível vitória e no triunfo de ter provocado uma derrota. Acordos firmados podem causar extrema solidão e depressão. Casais com necessidade emocional para brigar são viciados em disputas e hostilidades. Eles adoram a adrenalina provocada pelas disputas, eles sabem exatamente qual botão apertar para elevar a temperatura dos conflitos e recomeçar a batalha. Geralmente, tais casais utilizam a mediação como último recurso, após terem enfrentado longas batalhas no tribunal.

Acessos de fúria podem ter efeitos destruidores em alguns indivíduos que ficariam à beira do desespero, mas não esses casais, pois eles são capazes de aniquilarem um ao outro. A virulência dos seus ataques furiosos pode paralisar o mediador, que pode se sentir bastante intimidado. Casais viciados em disputas têm normalmente um modelo de argumentação bem ensaiado, eles sentem prazer em representar suas versões da disputa, eles gostam de ter público, e o mediador é um bom público, mesmo que os autores tenham que pagar para serem ouvidos. Deste modo, os casais podem juntar esforços para manter viva a chama do combate. As técnicas habituais do mediador para estabelecer regras, conseguir acordo sobre estruturas e explorar opções têm poucas probabilidades de surtirem efeito. Vale a pena tentar fazer com que eles esqueçam as suas versões, fazendo qualquer coisa inesperada. As técnicas que eventualmente podem ajudar são:

- Reflexão conjunta, pondo todas as ideias no quadro branco, usando cores e símbolos diferentes. Envolver ambas as partes na escolha e definição de prioridades a partir das ideias que estão escritas. Sugerir que copiem a lista de ideias escritas no quadro branco e que pensem nelas em casa. Utilizar o que foi escrito no quadro branco na reunião seguinte.
- Se estiver em comediação, debater as questões com o seu comediador na frente do casal. E, a seguir, pedir que eles comentem o que foi discutido. Essa técnica é especialmente útil quando os comediadores tomam posições diferentes e, se eles se envolvem num debate genuíno, como por exemplo: "Jim, parece que não estamos vendo a situação da mesma maneira. Eu não entendo porque o Roy (marido) precisa concordar com a casa que Bárbara (mulher) vai escolher para ela mesma. É ela quem deve decidir isso". Uma conversa prévia entre os mediadores pode ajudar a antecipar e ensaiar as discussões e, deste modo, alterar a dinâmica na sala de reuniões. Os mediadores também podem preparar uma discussão sem discórdia, recorrendo ao humor.
- Listar as coisas que cada parte precisa fazer ou pensar antes da reunião seguinte. Fazer perguntas práticas tais como "O que tornaria possível para que você…?". Ou apresentar questões como "Do que é que você tem mais medo? Qual seria a pior coisa que poderia acontecer agora?".
- Mudar de atitude drasticamente, se necessário. Quando os casais discutem sem fim sobre quem é certo ou errado, pode ser útil perguntar o que aconteceria numa emergência. Perguntas

relacionadas com emergências envolvendo doenças súbitas podem ter um efeito extremamente moderador. A necessidade de trazer à tona novas questões ajuda as pessoas a pensar o que é mais importante para elas.

- Se as discussões forem tão ruidosas que o mediador nem mesmo consiga ser ouvido, ele deve se levantar e dizer sente muito por não poder ajudá-los. Um movimento repentino como este tende a travar o casal no meio da discussão. Tirar partido das pausas momentâneas também é uma boa estratégia. O mediador pode readquirir o controle resumindo rapidamente o que foi dito. Se o casal se acalmar pode ser possível focar a atenção num determinado assunto por um período limitado de tempo.
- Surpreenda as pessoas! Em vez de responder da maneira pela qual o casal espera, faça o contrário! Alguns mediadores fazem perguntas que pegam as pessoas de surpresa. Estas perguntas devem ser utilizadas com bastante cuidado e empatia. Eis alguns exemplos: "Talvez seja mais seguro para ambos que vocês não cheguem a um acordo neste momento. Será que não seria melhor deixar as coisas como estão atualmente?" "Será que não seria melhor se vocês discutissem este assunto lá fora? Pelo menos vocês economizariam!" "Se os amigos da Júlia (filha) perguntarem a ela se vocês dois estão conseguindo solucionar os problemas, o que vocês pensam que ela vai responder?" ... "O que é que vocês gostariam que ela respondesse?"

Vale a pena pensar e cultivar o uso consciente do fator surpresa na mediação.

Antecipar o abandono da mediação por uma das partes

Quando uma das partes está na iminência de abandonar a mediação, sua linguagem corporal geralmente dá sinais antes que ela se levante para ir embora. Se o mediador perceber sinais de inquietação, olhares para fora da janela ou momentos repentinos de raiva ou angústia, o abandono pode ser impedido pelo mediador com frases como: "Karen, você parece bastante chateada (brava). As pessoas muitas vezes se sentem tão desesperadas que só veem uma solução: desistir e sair correndo. É assim que você está se sentindo neste momento? ... Você acha que poderia aguentar apenas mais cinco / dez minutos? Se você puder, talvez a gente possa se concentrar em medidas imediatas que possam tornar as coisas um pouco mais fáceis para vocês dois?"

Pode ser possível antecipar um abandono, oferecendo um curto cáucus (Capítulo 5), mas se uma pessoa sai da sala de mediação, o mediador tem que considerar a possibilidade de deixá-la ir – às vezes ela volta –, mas se a pessoa estiver profundamente angustiada, o mediador deverà tentar falar com ela antes que ela deixe o edifício. Os participantes têm o direito de ir embora se quiserem, mas se o mediador prestar atenção na linguagem corporal das partes, mantendo contato visual com elas, será mais fácil reconhecer quando alguém está muito angustiado ou frustrado, antes que decidam ir embora. Uma sala adicional deve estar sempre disponível para que uma das partes possa esperar e se recuperar em segurança, enquanto espera que a outra parte vá embora.

9. BLOQUEIOS INTERNOS

Os bloqueios exteriores ao casal ou entre o casal são normalmente evidentes e visíveis, ao passo que os bloqueios internos por não serem tão evidentes, podem não ser reconhecidos. Os bloqueios sobre a forma como pensamos ou nossas percepções podem ser inconscientes, especialmente se proveem de experiências da infância. No processo de mediação, é bastante improvável que tais questões profundas sejam abordadas diretamente. Contudo, como os diversos níveis do subconsciente estão interligados, mesmo pequenas modificações na superfície ("efeitos da tensão superficial" – Capítulo 1) são capazes de reduzir os receios ou de aliviar a resistência em um nível mais fundo.

9.1 Dor intensa

Mediadores devem conhecer as possíveis reações à dor e as diferentes fases de luto, para que possam avaliar se uma pessoa, que está extremamente magoada, está pronta para participar da mediação. Há muita doutrina da psicologia e psiquiatria sobre apego, luto e perda (ver também o Capítulo 2). As diferentes fases do processo de luto podem ser descritas da seguinte forma: a primeira fase, num primeiro momento é a fase de dormência e de choque, passando para anseio e busca pela pessoa perdida; a segunda fase, é a de desorganização e desespero, que leva, geralmente, à recuperação gradual e reorganização. As pessoas que vêm para a mediação na fase inicial de dormência e de choque não se encontram num estado emocional para chegar a decisões ou negociar questões financeiras.

Comparações foram feitas entre o luto após a morte e o luto após a separação e o divórcio. Um estudo com um grupo de viúvas e esposas divorciadas mostrou que ambos os grupos vivem sentimentos semelhantes de perda e luto e tiveram dificuldades semelhantes em se adaptar à perda, reconstruindo suas vidas e lidando com problemas econômicos. Apesar dessas semelhanças, o luto na separação e no divórcio difere significativamente do luto pela morte de um parceiro. Um parceiro que deixa o casamento exerceu uma escolha. A natureza voluntária da sua decisão de ir embora provoca uma mágoa mais profunda e maior rejeição e raiva do que a perda involuntária provocada pela morte. A morte envolve funerais e "ritos de passagem" que ajudam a estabelecer a realidade e aceitar a morte como um fim, ao passo que um parceiro que foi deixado pode se recusar a aceitar o seu abandono como um fim. Manter contato com os filhos pode prolongar e intensificar a dor, pois transmitem lembretes constantes de que o ex-parceiro continua existindo, mas se recusa a voltar.

9.2 Compreender os diferentes estágios de luto e os possíveis ajustes

Mediadores precisam ser capazes de reconhecer e compreender o estágio em que se encontra cada parceiro, especialmente porque no divórcio os parceiros costumam estar em estágios diferentes. O parceiro que pediu separação pode ter passado muito tempo pensando sobre o assunto e se preparando para isso. Enquanto o outro pode estar atordoado, sendo incapaz de aceitar a separação ou de entender o motivo da separação. Quanto maior a distância entre os diferentes estágios de cada um deles, mais difícil será mediar sobre as questões que precisam ser resolvidas. Reconhecer explicitamente essa lacuna pode ajudar um pouco. O abismo entre a separação ou o divórcio desejado por um dos parceiros e o desejo em continuar no relacionamento pelo outro, é um problema muito comum na mediação. A mediação pode ser usada para verificar se o parceiro que pediu a separação está disposto a dar um tempo, permitindo que o outro consiga alcançá-lo emocionalmente. O segundo parceiro pode tornar-se mais capaz de reconhecer a realidade da ruptura de seu relacionamento. Em outras palavras, a mediação pode ser capaz de preencher a lacuna que existe entre os parceiros.

A mediação pode ser interrompida enquanto o aconselhamento ocorre. A dificuldade em suspender a mediação é que muitas vezes, há questões urgentes em relação às crianças e assuntos financeiros imediatos. A discussão dessas questões é extremamente difícil e pode não ser apropriada, quando um dos parceiros está muito angustiado. Por outro lado, pode não ser possível colocar questões urgentes em espera, enquanto o aconselhamento ocorre (podendo se estender por meses). A mediação pode ocorrer, concomitantemente, com o aconselhamento, mas isso também tem suas desvantagens. Deve haver clareza suficiente sobre os diferentes focos do trabalho em cada processo. Caso contrário, os clientes podem ficar confusos sobre o que eles deveriam estar fazendo com quem. Pode haver a sobreposição e duplicação de esforços.

Há situações em que a dor e a perda são tão intensas que é inadequado ou impossível mediar. Mediadores precisam levar em consideração:

- como a separação ocorreu;
- se existem múltiplas perdas que ocorrem simultaneamente;
- a forma como as decisões estão sendo tomadas, se unilateral ou bilateralmente;
- o grau de sofrimento mostrado;
- a capacidade de iniciar a mediação.

Quando um dos parceiros não aceita o relacionamento, isso pode ser mostrado pelas seguintes formas:

- incapacidade de contemplar o futuro ou discutir formas de resolver problemas;
- incapacidade de expressar todas as necessidades para além da necessidade de retorno do parceiro;

- angústia, choro contínuo durante a mediação;
- afirmações repetidas de que o outro parceiro em breve "voltará a si" e voltará para casa;
- fortes julgamentos morais, especialmente se o outro parceiro tem um novo relacionamento;
- negação da ruptura com a recusa de reconhecer ter contribuído de alguma forma para a decisão do outro parceiro para sair;
- bloqueio e manobras dilatórias, a recusa de preencher formulários, etc;
- falta de cooperação sobre os filhos, possivelmente como forma de punir o outro progenitor ou pressioná-lo a voltar para casa;
- ameaças ou chantagens emocionais, tais como ameaças de suicídio;
- tentativas de manipular os outros, incluindo crianças e mediadores, em ver o parceiro abandonado como a vítima inocente.

9.3 Reconhecer: trauma, angústia e tristeza

A mediação não pode resolver a profunda perda e dor da separação e do divórcio. Para algumas pessoas, o processo de luto pode levar anos e nunca ser totalmente resolvido. Mediadores não são terapeutas, embora eles precisem estar cientes da dor sofrida por ambos os parceiros ou pelo parceiro que está mais ferido. Os mediadores devem mostra empatia ao sofrimento das partes, podendo tal empatia ser demonstrada pela linguagem não verbal, contato visual com os participantes e reconhecimentos verbais, sem tomar partido ou fazer julgamentos. Mediadores, muitas vezes, precisam fazer declarações como "Vocês estão muito tensos..." "É assustador quando não sabemos o que vai acontecer na próxima semana, e muito menos no próximo mês..." "Eu posso ver que vocês estão muito preocupados". A maioria das pessoas aprecia estes comentários. Deve haver contato visual com ambos os parceiros e as palavras precisam ser ditas com carinho e sinceridade. Quando um parceiro parece estar muito angustiado, o outro parceiro pode estar igualmente angustiado, embora demonstre menos. É importante não reconhecer a angústia de um parceiro de modo que sugira que o outro não está angustiado.

É mais seguro para incluir ambos os parceiros no reconhecimento de suas dores. O parceiro que acredita que ele ou ela está sofrendo muito mais do que o outro pode ficar chocado ao perceber que também está sofrendo. Momentos como este são muito poderosos e não devem ser apressados. Os mediadores podem reconhecer o sofrimento das partes ilustrando numa folha de papel ou no quadro branco as posições do "ciclo de perda", podendo mostrar as partes que a perda e o luto são sentimentos comuns na separação e no divórcio.

Pequenos detalhes práticos que possam parecer triviais são muito importantes, por exemplo, ter uma caixa de lenços é essencial para evitar sair para procurá-los. Quando as pessoas se desabam em lágrimas, o que é bastante comum, é importante perguntar (depois elas se acalmarem) se elas querem continuar a mediação ou se preferem parar. Geralmente elas querem continuar. Os mediadores devem dar um tempo para que elas se recuperem, devem tentar tranquilizá-las e, se possível, oferecer chá, agua ou café.

Abordagem a curto prazo

Quando o nível de angústia é muito elevado, uma abordagem a curto prazo, decidindo como gerir a semana ou o mês seguinte é mais útil do que procurar as soluções a longo prazo ou soluções definitivas. Dividir um futuro longínquo, que mais parece um deserto imenso, em segmentos de semanas ou meses pode ajudar as pessoas a enfrentarem um segmento de cada vez.

Permitir que uma pessoa em luto expresse a sua raiva

Aqueles que parecem sobrecarregados pela dor, muitas vezes têm dificuldade para expressar sua raiva. Os mediadores podem ajudar dizendo que sentir raiva, ou tristeza, é absolutamente normal. A raiva precisa ser manifestada, mas mantida sob controle. É uma força criadora de energia, que pode proteger contra a depressão e desespero. Referir-se à raiva de maneira normal pode ajudar tanto aquele que está demonstrando a raiva quanto aquele que está suprimindo a raiva. Aceitar a raiva como algo normal também pode reduzir a necessidade de as pessoas demonstra seu comportamento contra o outro. Cabe ressaltar que aceitar a raiva não significa aceitar a violência física ou verbal.

Fazer conexões entre a raiva e a tristeza

O parceiro que foi abandonado, geralmente, vive e mostra a dor de forma mais pontual, ao passo que o parceiro pediu a separação, embora também sofra, tenha mais dificuldade em demonstrá-la. É mais seguro para o iniciador da separação expressar raiva do que expressar dor, porque a dor pode ser interpretada como arrependimento e uma mudança de opinião. Se um dos parceiros expressa dor e o outro expressa raiva, eles podem permanecer presos em cada uma dessas emoções até que ambos possam compartilhar a dor e a raiva. Quando um ou ambos os parceiros estão bloqueados na raiva, sendo incapazes de expressar sua dor, o mediador poderá ajudá-lo a falar da tristeza que, muitas vezes, está por trás da raiva, dizendo o quão difícil pode ser demonstrar tristeza quando se está extremamente irritado. O tempo de tal observação é importante, bem como a sua sensibilidade. Quando a raiva se transforma em tristeza, a dor pode ser aguda, podendo ser atenuada quando se percebe que ela é compartilhada. Alguns divórcios são excepcionalmente amargos quando envolvem a morte de um filho. Se os pais não foram capazes de lamentar em conjunto a morte do seu filho, a dor não resolvida de cada um deles poderá se transformar em raiva amarga de um contra o outro. Essas situações são profundamente trágicas e indicam a necessidade de aconselhamento ou terapia.

Mesmo quando as partes procuram aconselhamento ou psicoterapia, muitas vezes, há questões práticas que ainda precisam ser resolvidas. Entender que a raiva e a dor possam estar associadas pode ajudar as partes a chegar a um acordo. A diferença entre um mediador e um terapeuta é que o mediador não explora a tristeza e a raiva em profundidade e não oferecem ajuda terapêutica. O mediador reconhece os sentimentos dos participantes e ajuda-os a fazer conexões. O objetivo é facilitar a comunicação, ao invés de trabalhar com indivíduos sobre os problemas emocionais.

Valorizar sonhos e aspirações

Quando há uma tendência a idealizar o outro parceiro e o casamento que foi perdido, pode ser possível reconhecer a profunda decepção reconhecendo que havia expectativas que não puderam ser cumpridas. As pessoas precisam valorizar seus sonhos e aspirações, mas também reconhecer que um sonho acabou. "Deve ser uma decepção, profunda para ambos que o casamento que vocês investiram tanto não funcionou da maneira que vocês esperavam. Muitas pessoas sentem que falharam, mas não foi necessariamente um fracasso. Pode ser apenas uma questão de diferentes necessidades e expectativas que deixaram de se ajustar, apesar dos esforços sinceros de cada um de vocês neste sentido."

Usar metáforas e analogias

O uso de metáforas e analogias na mediação foi mencionado no Capítulo 6. Há ocasiões em que é útil dizer: "Talvez você dois sintam como se vocês estivessem no meio de um túnel, mas não conseguem ver o fim do mesmo" (observar para ambos os participantes e verificar se há algum tipo de resposta não verbal ou verbal). "Esta é provavelmente a etapa mais difícil de todas, mas muitas pessoas na mesma situação que vocês, depois de um ano ou mais, voltaram aqui e disseram que a situação mudou de tal forma que não imaginavam. No momento, e impossível saber como as coisas vão mudar, ou talvez acreditar que elas possam mudar, mas com o tempo as coisas mudam e, podem ficar melhor." Comentários otimistas podem ser recebidos com incredulidade, mas podem trazer um sorriso. Como já salientado em capítulos anteriores, a empatia deve ser demonstrada igualmente para ambos os parceiros, mantendo contato visual com ambos. Metáforas devem ser escolhidas com cuidado, para entrar em sintonia com a linguagem e os sentimentos dos clientes.

Encaminhamento para aconselhamento ou psicoterapia

Aqueles cuja dor é particularmente aguda e prolongada, ou que mostram reações patológicas associadas com perdas anteriores não resolvidas, precisam de ajuda terapêutica. Muitas pessoas procuram a ajuda de seu médico para os sintomas associados com a angústia da separação. Embora alguns médicos apenas prescrevem uma receita para medicamentos, muitos reconhecem o valor de outros tipos de terapia e alguns recomendam a procura de um terapeuta. Os mediadores experientes podem ser capazes de gerir situações de grande conflito e dificuldade, mas por mais qualificado e experiente que seja o mediador, ele deve terminar uma mediação considerada inadequada ou impraticável com bastante cuidado, principalmente se sugere outras formas de ajuda. A recomendação para recorrer a outra via pode ser interpretada como um gesto de "Pôncio Pilatos", aumentando a sensação de rejeição sentida por uma pessoa que já foi abandonada pelo seu parceiro.

Decidir quando e como sugerir aconselhamento ou terapia, precisa ser feito com cuidado. A sugestão de que o aconselhamento pode ser útil deve ser feito a ambos os parceiros de forma igual, sem parecer que os mediadores sugerem que um precisa de aconselhamento, enquanto o outro não. O aconselhamento, para reparar o casamento é apenas uma forma de ajudar os parceiros a entender melhor a situação. O aconselhamento para lidar com a ruptura de uma relação, ou aconselhamento para o divórcio, pode ajudar tanto o iniciador quanto o não iniciador da separação a entender o que aconteceu entre eles, para que possam seguir em frente com menos dor ou autocensura. Normalmente, as pessoas querem saber que tipo de ajuda foi considerada útil para pessoas em situações semelhantes. Informações sobre os serviços locais podem incentivar as pessoas a procurar ajuda, sem se sentirem estigmatizadas. Uma lista de agências de aconselhamento e terapeutas particulares pode ser dada para aqueles que querem ou enviada para eles depois, se necessário. Há situações que não são adequadas à mediação por existirem problemas de psicopatologia individual, histórico de doenças mentais, alcoolismo, ou abuso de drogas. Não se pode ou não deve esperar que os mediadores atuem nesses casos.

Fazer face à obstrução e resistência

- Tomar conhecimento das preocupações.
- Ser positivo, paciente e encorajador.
- Utilizar perguntas orientadas ou fechadas (ver Capítulo 4).
- Eliminar respostas incoerentes ou irrelevantes. Trazer as pessoas de volta à pergunta que foi feita.
- Interromper amavelmente, mas com firmeza, para manter o controle da discussão.
- Não fazer sermões às partes sobre suas responsabilidades como pais. Isso não é a função do mediador. Isto pode afastar aquele que se sente criticado. O mediador deve tentar centrar a atenção dos pais nas necessidades dos filhos, nas vontades e nos seus medos.

- Quando, apesar de não ter comparecido a visitas anteriores, um progenitor insistir que ele ou ela está comprometido com os filhos e quer vê-los, o mediador deverá pedir a esse progenitor para provar ao outro que a solução tomada na mediação será respeitada. Se uma das partes falhar ao não fornecer um documento financeiro, o mediador deverá averiguar as razões desta falha e colocar tal compromisso de mediação à prova, dando outra oportunidade, com uma data-limite.
- Fazer perguntas do tipo "e se...?". Perguntar a ambas as partes se estão de acordo em se telefonarem dentro do período de tempo combinado, no caso de acontecer qualquer coisa que impeça qualquer um deles de respeitar um compromisso. Perguntar a uma mãe, que se queixa da falta de pontualidade do pai, quantos minutos além do horário combinado ela poderia esperar por um telefonema do pai para os filhos. Perguntar ao pai o que poderia, eventualmente, atrasá-lo. O que fariam eles se o acordo não funcionar? Se for o caso, estariam eles dispostos a participar de mais uma sessão de mediação?
- Como sugerido anteriormente, inverter os papéis. Pedir a cada uma das partes de se imaginar no lugar da outra e, em seguida, perguntar qual seria a principal necessidade ou prioridade do ponto de vista do outro.
- Mostrar que você ficará muito feliz em saber que os acordos estão funcionando. Mostrar que você está realmente preocupado e, sobretudo, monitorando sem cessar o resultado.
- Se houver mais uma reunião de mediação no mesmo dia, garantir que haja tempo suficiente para acordar a data e hora deste encontro.
- Deixar bem claro que a mediação terminará se você não tiver a impressão de que ela está surtindo resultados. Não esperar passivamente que aquele que foi decepcionado inúmeras vezes seja novamente decepcionado. Caso contrário, o mediador corre o risco de perder a confiança e a confidencialidade de ambas as partes.
- Quando se realiza um acordo provisório, este poderá ser escrito por ambos os pais. Cada um deles, se possível, devera ter uma cópia para levar consigo. Um acordo provisório –, por exemplo, sobre as modalidades visitação – não exige, necessariamente, de um aconselhamento jurídico.

10. BLOQUEIOS DO MEDIADOR

Os mediadores precisam ser capazes de reconhecer que os bloqueios acontecem não apenas aos participantes – isso pode também acontecer ao mediador. Um mediador pode não conseguir entender um ponto importante ou ter dificuldade em se relacionar com um dos participantes. Sentimentos de irritação ou frustração – ou simples antipatia – podem impedir a capacidade de o mediador manter o equilíbrio e pensar criativamente. Mediadores precisam entrar em sintonia com seus próprios sentimentos e examinar suas próprias reações subjetivas, a fim de entender o que está acontecendo na sala. O mediador pode ter ficado "triangulado" no conflito do casal. Pode acontecer que tenha sido dita qualquer coisa que, consciente ou inconscientemente, despertou no mediador a memória de uma história pessoal. Certas atitudes de um dos pais ou os valores do próprio casal podem ser tão diferentes dos valores do mediador provocando uma reação negativa que bloqueie a mediação. Sempre que há dificuldades como esta, o mediador deve procurar discutir com um supervisor ou consultor, antes de decidir que nenhum progresso pode ser feito. Discutir com um consultor ou supervisor pode ajudar o mediador a ver de maneira diferente e gerar novas ideias.

11. MAAN, PAAN, AMPAN

MAAN, PAAN, AMPAN (ver também o Capítulo 2, s. 2) são ferramentas úteis quando a mediação está a ponto de acabar ou quebrar, sem que nenhum acordo tenha sido alcançado. O mediador pode dizer às partes: "A situação de vocês é bastante difícil, talvez seja melhor que o tribunal decida por vocês. Antes de pedir que um juiz decida por vocês, há questões importantes a serem consideradas. Vocês acham que devemos fazer uma lista antes de vocês irem embora?

Exemplos de perguntas para os participantes apresentarem aos seus advogados:

1. Se o juiz tiver que decidir, qual é o melhor resultado que posso esperar? (= MAAN, a melhor alternativa para um acordo negociado)

2. O que você acha, realisticamente, que eu vou obter? (AMPAN = alternativa mais provável para um acordo negociado). Você pode garantir que vou conseguir isso? (Obviamente, não)
3. Se as coisas não estão a meu favor, qual é o pior resultado que eu poderia obter? (= PAAN, a pior alternativa para um acordo negociado)
4. Em termos de percentagens você pode me dizer quais são os "melhores" e "piores" resultados prováveis?
5. Quanto tempo seria necessário para obter sentença final do tribunal?
6. As decisões judiciais sempre funcionam na prática?
7. Se as questões são fortemente contestadas pelo "outro lado", qual seria o custo total do litígio?
8. Você juízes variam no modo de exibição que tomam e as decisões que tomam?
9. Quanta incerteza pode existir no resultado final proferido pelo tribunal?
10. Poderia haver outras consequências de ir ao tribunal?

O mediador ajuda os participantes a identificar essas e outras perguntas relevantes, podendo fornecer uma lista escrita ou encorajar os participantes a escrevê-las. Se seguir o conselho legal, as respostas de seus advogados são susceptíveis de fornecer uma gama de possíveis resultados. Os participantes podem informar sobre este intervalo em uma reunião de mediação subsequente e consideram uma base para a liquidação dentro dela, sem a pressão do mediador. Mesmo quando há um acordo, os participantes devem ser encorajados a colocar MAAN, PAAN e perguntas AMPAN a seus advogados, para verificar se a sua proposta de acordo esteja dentro do intervalo de resultados que o tribunal iria endossar. Os clientes também devem ser advertidos de que seus advogados em "comentário em um acordo mediado poderia ser: "Oh, você faria melhor se você fosse ao tribunal". Se isso é dito, os clientes devem ser incentivados a fazer mais perguntas para testar o conselho do seu advogado. Poucos advogados vão garantir que o cliente irá obter um melhor negócio no tribunal, especialmente após os custos tidos em conta. Os clientes devem pedir aos seus advogados para colocar os seus conselhos por escrito. Incentivar os clientes a formular perguntas a seus advogados não implica que eles dão conselhos pobres. Pelo contrário, os clientes são incentivados a procurar aconselhamento e usá-lo como base para decisões bem informadas e bem considerados. Há riscos de acordos prematuros, sendo alcançados na mediação. Os participantes podem estar ansiosos para chegar a um acordo sem perceber os riscos de acordos prematuros ou mal informados. Uma parte pode tentar pressionar a outra em um acordo desequilibrado. Há riscos para todos os envolvidos se os participantes não entenderem as consequências de suas decisões e se os mediadores ,sem conhecimento jurídico adequado, não reconheceram as armadilhas. Sugerindo que as perguntas de volta para os seus advogados não é um sinal de fracasso por parte do mediador, mas, sim, uma forma de ajudar o advogado a "investir" no processo de liquidação. Se forem utilizadas perguntas MAAN e PAAN, os participantes podem retornar à mediação com renovada vontade de resolver. De acordo com a confidencialidade da mediação e da abertura dentro do processo, as questões para os advogados devem ser definidas e respondidas a em uma base "sem prejuízo", na expectativa de que as respostas serão compartilhadas na mediação.

12. IMPASSES QUE PERMANECEM NUM IMPASSE

Algumas disputas permanecem intratáveis, apesar de todos os esforços dos mediadores. Num dos casos de mediação judici[aria, os pais não casados estavam em litígio para definir regime de visitação da filha deles Maya, 5 anos de idade. Progressos foram realizados já na primeira reunião comediada, onde foram definidos acordos para as próximas seis semanas, incluindo Natal. Tais acordos foram escritos no memorando da mediação. No entanto, o pai insistiu em visitar a filha à noite, mas a mãe se recusou terminantemente. Os pais nunca viveram juntos e o pai viu muito pouco sua filha quando ela era um bebê. O pai havia reconhecido legalmente Maya e ele tinha obtido uma ordem judicial para visitação regular todos os sábados. A mãe afirmou que o pai violou a ordem de visitas, mantendo Maya durante três dias, sem o seu consentimento. Outras dificuldades contribuíram para o impasse:

1. Os pais viviam a 60 km de distância um do outro.

2. O pai não dirigia e dependia de membros de sua família para que o levassem até a casa da sua filha.
3. A mãe dele e outros membros da família o apoiavam contra a sua esposa.
4. Ele trabalhava numa loja de varejo em horários diferentes. Ele, geralmente, trabalhava nos fins de semana e tinha dois dias de folga durante a semana, mas, apesar de ser solicitado a informar sua agenda com a maior antecedência possível, ele geralmente recebia seus horários com apenas uma semana de antecedência. A mãe argumentava que não poderia mudar os seus planos em tão pouco tempo e também que Maya ficava muito cansada, no final do seu dia após a escola, para sair com seu pai por algumas horas.

A mãe cancelou a segunda reunião de mediação na última hora e pediu para que foi remarcada. O pai havia pedido licença do trabalho para poder comparecer à reunião e ficou furioso com o cancelamento. No final da segunda reunião rearranjada, o impasse entre os pais não mostrou nenhum sinal de mudança. O que poderia ser aprendido desta "mediação"? Embora Maya tinha apenas cinco anos de idade, ambos os pais a descreveram como brilhante e articulada para sua idade. Um conselheiro infantil experiente se reuniu com Maya, com a anuência de todos os interessados e, por meio de brinquedos terapêuticos, conseguiu mostrar aos pais as mensagens que Maya queria que seus pais ouvissem. Pinturas e desenhos de crianças podem ter um efeito muito poderoso na disputa dos pais, ajudando-os a chegar a acordos que não são de responsabilidade das crianças, mas que são alcançados pela compreensão mútua das necessidades e sentimentos delas.

13. A TEORIA DO NÓ E A MEDIAÇÃO

A teoria do nó é um ramo da ciência que estuda superfícies e interconexões. Sem tentar entender a matemática incompreensível que está por trás desta teoria, os mediadores podem encontrar paralelos entre ficar preso na mediação e a invariabilidade dos nós – ou seja, aqueles nós que não podem ser desatados. Tal teoria estuda ainda ligações e interligações. De forma semelhante, os mediadores desembaraçam a comunicação entre os membros de uma família, cujas relações mudaram ou estão em processo de mudança.

A mediação ajuda as pessoas a obter informações, melhorar a compreensão, refletir e ver novas perspectivas. Ainda que os problemas pareçam insolúveis, a medida que os benefícios mútuos do acordo se tornam mais claros é possível perceber que o emaranhado de fios entrelaçados começam a se afrouxar

Lidar com mudanças bem como lidar com crises (Capítulo 3, parte 3) requer coragem, pois envolve perigo e oportunidades. Vinte e cinco séculos atrás, Empédocles procurou conciliar o fenômeno das mudanças com o conceito da existência subjacente imutável. Aqueles que resistem as profundas mudanças, por vezes fatais da ruptura de um relacionamento, precisam não somente descobrir como dar continuidade a sua própria identidade como também descobrir novas formas para reorganizar as relações familiares.

CAPÍTULO 12

PESQUISA SOBRE MEDIAÇÃO FAMILIAR

*"Você consegue ver o que está acontecendo e ficar calmo enquanto
os outros descobrem por si mesmos?...
Você pode fazer isso e permanecer imparcial,
claro e com os pés no chão."*
(Lao Tzu, Tao Te Ching)

*"Não devemos parar de explorar,
E o fim de toda nossa exploração
Será chegar ao ponto de partida
E ver o lugar pela primeira vez."*
(T.S. Eliot, Little Gidding)

SUMÁRIO: 1. Pertinência da mediação. 2. Pesquisa sobre a mediação familiar – projeto piloto 1996 – 2000. 3. As questões de gênero e a comediação. 4. Mediação x negociações com advogados – ponto de vista dos "clientes". 5. Custos da mediação e custos legais. 6. Será que os mediadores resolvem apenas o casos "fáceis"? 7. A taxa de sucesso e os resultados a longo prazo. 8. O processo de mediação. 9. O que torna um mediador mais eficaz do que o outro?. 10. Os resultados positivos da mediação. 11. Que conclusões podemos tirar?.

1. PERTINÊNCIA DA MEDIAÇÃO

A mediação é amplamente conhecida como um meio de resolução de conflitos que ajuda os participantes e os seus filhos a reduzir o estresse e chegar a acordos favoráveis. Litigantes são incentivados a tomar uma boa dose de mediação antes de seguirem a sinalização que indica "Para o Tribunal". Quando Alice caiu na toca do coelho (Lewis Carroll, "Alice no País das Maravilhas"), ela viu uma mesa com uma pequena garrafa, que em volta do seu gargalo havia uma etiqueta de papel com as palavras "BEBA-ME", lindamente impressas em letras grandes. Tudo bem dizer "BEBA-ME", mas a sábia Alice não ia fazer isso apressadamente. "Não, eu vou olhar primeiro", disse ela, "e ver se está escrito 'veneno' ou não..." No entanto, na garrafa não estava escrito "veneno", por isso, Alice se aventurou a prová-la" (p. 7).

A informação pública sobre a mediação não lista todos os ingredientes do processo de mediação. Assim como Alice, uma vez que as pessoas acreditam que a mediação não é tóxica, elas aceitam "engolir alguns bocados" (ou "tomar umas goladas", no caso da Alice). A mediação familiar não é uma panaceia, embora as afirmações sobre os seus benefícios precisem ser fundamentadas. Pesquisadores precisam deixar a teoria um pouco de lado e examinar a prática e os resultados, o que não é uma tarefa simples devido à credibilidade de seus resultados. Os investigadores nem sempre obtêm as respostas que procuravam, assim como um professor que pergunta a um aluno: Quantas ovelhas você pode ver no campo? e o aluno responde: "todos elas".

Ao longo das últimas três décadas, em muitos países, a literatura sobre pesquisa em mediação familiar tem crescido de modo notável tanto em volume quanto em complexidade. No entanto, seus resultados devem ser interpretados cautelosamente. A comparação entre diferentes estudos é quase inexistente, isto porque grande parte das pesquisas foram realizadas com diferentes grupos de clientes usando diferentes tipos de mediação com períodos de tempo variáveis. Irving e Benjamin (1995, p. 408) analisaram cinquenta estudos de investigação sobre a mediação familiar e constataram que "embora dois centros de mediação possam parecer iguais, eles podem fornecer serviços muito diferentes, voltados para diferentes grupos de clientes, usando diferentes modelos e mediadores treinados de forma diferente ....".

Interpretar os resultados se torna ainda mais complicado quando as diferentes experiências e os resultados da conciliação feita nos tribunais e da "mediação fora do tribunais" são generalizados. Cabe lembrar que, nas duas configurações, há variações no tempo das intervenções, nos tipos e níveis de disputa e nas abordagens utilizadas pelos conciliadores e pelos mediadores. Críticos costumam dizer que alguns estudos não foram suficientemente objetivos, pois foram realizados pelos próprios mediadores. A metodologia e os resultados foram, portanto, passíveis de ser enviesados pelo desejo de provar os benefícios da mediação. Um dos muitos problemas da avaliação da mediação é decidir os critérios a serem utilizados e aplicar indicadores robustos. Pesquisadores enfrentam dificuldades metodológicas na obtenção de uma amostra representativa que crie um grupo de controle com os quais comparações válidas podem ser feitas.

Estudos com amostras de tamanhos variados, com ou sem grupos de controle, têm sido realizados em diferentes aspectos, incluindo:

- análise da aceitação da mediação e taxas de sucesso;
- estudos de acompanhamento de experiência e satisfação dos participantes;
- acompanhamento para verificar se os acordos foram cumpridos
- análise de métodos e técnicas dos mediadores;
- comparação dos custos da mediação com os custos legais;
- comparações entre mediadores e advogados;
- consideração sobre o que torna um mediador mais eficaz do que o outro.

Na década de 1980, pesquisadores avaliaram a mediação, principalmente, quanto a quantidade de acordos firmados e a satisfação dos participantes. Atualmente, a ênfase é dada aos resultados de longo prazo e aos diferentes aspectos do papel do mediador – tanto no início quanto no fim da mediação. Alguns pesquisadores sugeriram que a mediação deveria "considerar um horizonte a longo prazo para os adultos, em vez de se concentrar na resolução de conflitos a curto prazo" (WALKER; HORNICK, 1996, p. 65). Mediadores enfrentam muitos desafios, principalmente porque melhorar as relações entre pais separados e entre pais e filhos, a longo prazo, tornou-se tão importante quanto se chegar a um acordo.

2. PESQUISA SOBRE A MEDIAÇÃO FAMILIAR: PROJETO PILOTO 1996-2000

A Comissão Legal Services (LSC, atualmente: Agência de Ajuda Legal), órgão responsável pela administração da assistência judiciária na Inglaterra e País de Gales, financiou um estudo de pesquisa por quatro anos (de 1996 a 2000) sobre projetos-piloto em mediação familiar (DAVIS *et al*, 2000). Pesquisadores analisaram 4.593 casos concluídos em 33 centros de mediação diferentes. Todos os centros de mediação do estudo realizaram dois tipos de mediação: mediação de ordem geral (102 casos) e mediação focada na criança (298 casos). 70% dos encaminhamentos para mediação vieram de advogados, 18% das próprias partes em conflito e 12% foram encaminhados pelo tribunal. 148 sessões de mediação foram gravadas com autorização dos clientes, sendo que o acompanhamento das entrevistas foi realizado com 47 clientes. Dos pais que participaram da mediação para tratar de questões relacionadas às crianças, 82% consideraram que o mediador foi imparcial, 70% acharam a mediação muito ou bastante útil e 78% acharam que o mediador havia entendido o problema deles relativamente bem (51%) ou muito bem (27%). 71% disseram que recomendariam a mediação para outras pessoas que estivessem numa situação similar. A experiência na mediação sobre questões financeiras também foi positiva. A maioria dos participantes considerou a mediação bastante útil e recomendaria para outras pessoas com problemas semelhantes. Pesquisadores concluíram que a mediação deveria ser considerada como um sistema paralelo ao sistema judicial, apoiando este último.

A parte III, da Lei da Família de 1996, introduziu um novo requisito para que a mediação (com um mediador familiar qualificado pelo LSC) pudesse ser considerada antes da assistência jurídica em processos judiciais. A assistência jurídica da mediação tornou-se disponível para pessoas com baixa renda, aumentando sua aceitação consideravelmente. Em 2002/2003, 13.841 mediações foram iniciadas graças a tal assistência para uma ou ambas as partes, um aumento de 12%

em relação ao ano anterior. Em 2002/2003, 21.146 participantes receberam assistência jurídica para mediação, um aumento de 14% em relação ao ano anterior. Um ano depois, em 2004/2005, 14.355 mediações familiares foram realizadas gratuitamente para um ou ambos os participantes, o que equivale a aproximadamente 10% dos casais que se divorciam, embora a mediação também seja utilizada por casais não casados legalmente, bem como por casais que se separam sem se divorciar.

3. AS QUESTÕES DE GÊNERO E A COMEDIAÇÃO

Pesquisadores têm-se preocupado com a questão da diferença de gêneros na mediação: será que os resultados obtidos são igualmente justos e equilibrados para homens e mulheres? Tentativas têm sido feitas para comparar as experiências de homens e mulheres no tribunal ou na mediação. Um estudo descobriu que a mediação parecia produzir maiores benefícios para os homens do que para as mulheres (EMERY; WYER, 1987), no entanto tal constatação foi explicada com base na insatisfação dos homens no tribunal, e não na insatisfação das mulheres com a mediação (Emery e Jackson 1989). Apesar das preocupações que as mulheres seriam inevitavelmente prejudicadas na mediação por desigualdades de gênero e falta de poder de barganha, Davis e colegas (2000) constataram que "as respostas das mulheres eram, de modo geral, ligeiramente mais positivas do que as dos homens" (par. 17.2). Irving e Benjamin (1995) analisaram objeções feministas contra a mediação e concluíram, a partir de resultados de pesquisas realizadas em vários países, que a mediação não seria sistematicamente desvantajosa para mulheres. A maioria das mulheres descreveu a mediação como um processo equilibrado e útil. No entanto, quando questões financeiras foram trazidas para a mediação, acompanhadas de um alto nível de conflito e angústia, foi constatado que, um único mediador, inexperiente, era incapaz de gerir o processo de forma adequada.

Pesquisadores do Reino Unido e dos Estados Unidos descobriram que mulheres vítimas de abuso não se sentiam devidamente protegidas nos tribunais (CORCORAN; MELAMED, 1990, ERICKSON; MCKNIGHT, 1990; HUNT, 2009). Mediadores devem examinar cuidadosamente (na primeira reunião de avaliação) os casos em que há suspeita de abuso, violência doméstica e dano à criança (Capítulo 3). Um estudo australiano (KEYS YOUNG, 1996) apontou que mulheres que sofreram algum tipo de violência doméstica e/ou abuso não demonstraram menos ansiedade na sessão de pré-mediação, quanto tiveram experiências mais positivas no processo de mediação e maior nível de satisfação com os acordos. Tais experiências foram identificadas nos casos em que a mulher:

- tinha sido objeto de abuso emocional, ameaças físicas frequentes, ou apenas de ameaças;
- tinha se separado do seu ex-parceiro por um tempo considerável;
- tinha recebido aconselhamento pessoal (em oposição ao aconselhamento conjugal);
- já não se sentia intimidada por seu ex-parceiro; e
- sentiu-se confiante após sua assessoria jurídica e, sabia o que ela poderia esperar da mediação

e em que os mediadores:

- fizeram perguntas específicas sobre a violência e o abuso sofrido, incluindo abuso não físico;
- ofereceram orientação específica ao considerar o possível impacto da violência e do abuso no processo de mediação;
- ofereceram às mulheres um tempo extra, individualmente, durante e depois das sessões;
- trabalharam como uma equipe, de modo a realizar uma comediação equilibrada em termos de gênero;
- demonstraram que eles entenderam os medos e as preocupações das mulheres tanto dentro como fora da sessão de mediação, por meio da implementação de estratégias específicas para lidar com tais questões;
- demonstraram que podiam controlar o comportamento abusivo dentro da sessão; e
- ajudaram um indivíduo vulnerável a lidar com qualquer tipo de assédio e intimidação que tenha ocorrido fora da própria sessão de mediação (BAGSHAW, 2001).

A mediação pode ser considerada totalmente inadequada se houver questões de proteção à criança, histórias de abuso e/ou riscos de abuso e intimidação doméstica (Capítulo 3, 14 s.). Em algumas circunstâncias, no entanto, em que a mediação face a face na mesma sala não é possível, os mediadores podem oferecer a chamada mediação *shuttle* (mediação transporte) / ou a comediação homem/mulher de modo a equilibrar a questão de gênero masculino/feminino (Capítulo 4. S. 10).

Mediadoras feministas como Girdner (1990) e Neumann (1990) defendem modelos "feministas" de mediação que atendam às necessidades daquelas que estão vivendo ou temem viver violência e abuso. Mais pesquisas são necessárias nesta área difícil. Enquanto isso, os mediadores devem demonstrar muito cuidado para usar modelos adequados tanto para homens quanto para mulheres. Poucos são os críticos da mediação que têm questionado se os homens podem ter mais desvantagens do que as mulheres. No entanto, muitos pais protestam que o sistema de justiça da família favorece as mães que cuidam das crianças na casa da família. Quando um pai, por exemplo, deixa sua parceira e filhos para viver com uma nova parceira, sentimentos de culpa e responsabilidades fracassadas podem resultar em um acordo financeiro muito mais elevado do que o que seria obtido no tribunal. Os pais também podem fazer concessões injustificadas quando se sentem exaustos demais ou deprimidos para negociar um acordo melhor. Cabe ressaltar que os participantes precisam de informação jurídica suficiente antes que confirmem um acordo financeiro (divisão de bens, pensão alimentícia). Os estudos realizados, até o momento, não mostraram evidências suficientemente fortes de que mulheres ou homens seriam prejudicados na mediação.

Um estudo realizado por Hunt (2009) com relação ao gênero dos mediadores em comediação, revelou que a maioria dos pais, ou seja, 91%, acreditavam que o gênero do(s) mediador(es) seria indiferente para o resultado da mediação. Um estudo anterior relatou resultados mais mistos. 65% das pessoas que havia se encontrado com um único mediador pensou que equilíbrio de gênero não era importante, enquanto entre aqueles que tinham experimentado masculino / feminino na comediação, metade deles acreditava que este modelo seria o modelo ideal: "Eu acho que deveria haver uma pessoa de cada sexo em todas as reuniões para que os pontos de vista de ambas as partes possam ser encarados de maneira diferente, dando a impressão de que ambos são igualmente representados" (HUNT, 2009, p. 82). Irving e Benjamin (1995) encontraram vantagens significativas no uso de comediadores homens e mulheres, com o fundamento de que uma equipe equilibrada em termos de gênero pode dar igual atenção às perspectivas masculina e feminina, além de proporcionar oportunidades para modelar boas maneiras de se comunicar e negociar. Irving e Benjamin também se mostraram favoráveis à comediação interdisciplinar composta por um mediador do Direito de Família e outro mediador da área psicossocial. Para eles, tal modelo é um "entrelaçamento de fontes divergentes de experiência" que aumenta a criatividade (1995, p. 448).

4. MEDIAÇÃO X NEGOCIAÇÕES COM ADVOGADOS – SOB O PONTO DE VISTA DOS "CLIENTES"

O estudo realizado por Irving e Benjamin (1995) sobre a mediação em diferentes jurisdições constataram que 60-80% dos participantes de mediação relataram altos níveis de satisfação, tanto com o processo de mediação quanto com o seu resultado. Na Inglaterra e País de Gales, McCarthy e Walker (1996) constataram que "aqueles que participaram do processo de mediação sentiram que a mediação os ajudou a se separar de forma amigável, reduzir os conflitos, manter boas relações com o ex-cônjuge e sentir menos ressentimento após o divórcio". A qualidade do serviço oferecida pelos mediadores é bastante questionada. A mediação é um processo difícil e exigente, tanto para os clientes como para os mediadores. Um estudo realizado pela Universidade de Exeter e Kent (BARLOW, *et al.*, 2013) revelou que as negociações lideradas por advogados foram classificados como mais úteis do que a mediação. Isso não é surpreendente, uma vez que os advogados apoiam seus próprios clientes, mesmo quando trabalham de forma colaborativa, enquanto na mediação os participantes se reúnem com um mediador imparcial que não oferece apoio a nenhum deles individualmente. Comparar as taxas de satisfação de clientes que utilizaram as negociações com advogados com índices de satisfação de participantes que utilizaram a mediação seria, de forma simplista, como comparar maçãs com limões. Um limão não é mordido como uma maçã: ambos são frutos, mas eles são consumidos de forma diferente. Muitos participantes de mediação têm baixa renda. Eles não podem se dar ao luxo de usar advogados que negociem por eles. Alguns processos de solução de conflitos visam resolver disputas a curto prazo, enquanto outros buscam melhorar a comunicação e as relações a longo prazo. Estes processos atendem diferentes necessidades de forma diferente. Assim, pesquisas sobre a comparação desses diferentes processos seriam inconsistentes.

Cabe ressaltar que o foco da mediação é ajudar pais e familiares a se comunicar uns com os outros diretamente, em vez de usar profissionais que se comuniquem em seu lugar. Uma boa comunicação entre pais separados, e entre pais e filhos, são muito importantes para o bem-estar de crianças que vivem a separação dos pais (FORTIN *et al.*, 2013). Avaliações sobre a mediação precisam levar em consideração inúmeras variáveis, tais como: relações preexistentes dos pais e níveis de conflito, fatores socioeconômicos e as qualificações e experiência dos mediadores distinguindo os acordos de curto prazo dos acordos de longo prazo. Estas avaliações são complexas. Barlow e outros. (2013) encontraram evidências da insatisfação de clientes com a prática da mediação de má qualidade. A formação dos mediadores, o nível de experiência e o estilo pessoal de cada um são fatores que influenciam diretamente os resultados da mediação e satisfação dos clientes. Formação profissional contínua e consultorias regulares são muito importantes.

5. CUSTOS DA MEDIAÇÃO X CUSTOS LEGAIS

Um dos principais pontos positivos da mediação é redução dos custos legais. Kelly (1990) comparou os custos de divórcios mediados na Califórnia com os custos de divórcios realizados por advogados. Ela descobriu que as questões tratadas na mediação custam, consideravelmente, menos do que o uso de dois advogados para negociar ou litigar uma solução definitiva. Ela comparou dois grupos de pessoas que estavam se divorciando – mediados e não mediados – quanto: a complexidade de seus problemas, os níveis de renda, os graus de conflito relatados, os níveis iniciais de hostilidade ou de cooperação e o grau esperado de dificuldade em se chegar a um acordo. Kelly advertiu, porém, que seus resultados deveriam ser vistos com cautela, uma vez que os entrevistados representavam apenas uma pequena categoria de pessoas selecionadas e não todos aqueles que se divorciam. Outro estudo americano realizado por Pearson (1991) comparou casos mediados com não mediados. Os custos legais para os casos que utilizaram advogados mostraram-se maiores – 28 a 48% – do que aqueles que utilizaram mediação. Provar que a mediação reduz as despesas com processos judiciais não é uma tarefa fácil, uma vez que as estimativas mostram que as economias feitas ao não ir para os tribunais não estão relacionadas diretamente com a escolha da mediação.

Variáveis em circunstâncias dos clientes e os pontos fortes de negociação, no modelo de mediação usado e na experiência, o conhecimento e competências dos mediadores tornam muito difícil tirar conclusões definitivas. A mediação pode aumentar os custos nos casos em que nenhum acordo for alcançado e processos judiciais precisarem tomar o lugar deste, embora a mediação tenha sido útil para obtenção de informações financeiras e estreitando os conflitos.

No ano de 2004/2005, o governo britânico passou para £ 14.200.000 de gastos em mediação familiar com financiamento público, o que representa 4,2% da despesa pública em Direito de Família privado (Legal Services Commission, 2005). O Departamento Nacional de Auditoria, posteriormente, analisou a relação custo-eficácia das despesas públicas relativas à mediação familiar concluindo que "a mediação é geralmente mais barata, mais rápida e menos traumática que os processos judiciais, além de garantir melhores resultados, especialmente para as crianças .... Em média, um caso mediado leva 100 dias e custa 752 libras esterlinas, em comparação com 435 dias e 1.682 libras esterlinas dos casos em que a mediação não é utilizada" (Review, março de 2007). Em 4 de fevereiro, o ministro da Justiça britânico informou que o custo médio da mediação familiar é de 400 libras esterlinas para ambas as partes, em comparação com os custos médios do tribunal de £ 4.000 libras esterlinas. "O governo está se empenhado para garantir que a mediação seja utilizada, sempre que possível" (Simon Hughes, MP, 4 de fevereiro de 2014).

A pesquisa do Departamento Nacional de Auditoria[1] constatou que 42% dos casos que não foram encaminhados para a mediação

---

[1] NT: em inglês, National Audit Office.

disseram que teriam aceitado tal procedimento, se o conhecessem. "O confronto no tribunal nem sempre pode ser evitado, embora a mediação possa ser uma alternativa a ser utilizada para o benefício dos indivíduos (contribuintes), sempre que possível" (National Audit Office, março de 2007). Embora, o princípio da participação voluntária na mediação tenha sido mantido, o governo britânico se opõe ao dinheiro público que está sendo usado para financiar litígios jurídicos sobre questões envolvendo crianças, a menos que haja problemas de segurança. "Muitas vezes pessoas que estão se separando usam o tribunal como uma primeira resposta, quando não deveria ser o caso. Questões sobre visitação das crianças ou relacionamentos pessoais e íntimos dos pais não deveriam estar acontecendo nos tribunais" (DJANOGLY, 2010, Lei Fam 1235). Em 2009, os gastos com a assistência jurídica (cerca de 45.000 casos) totalizaram 143 milhões de libras esterlinas. Em abril de 2013, após a diminuição da assistência judiciária para os casos de Direito de Família e, o consequente encaminhamento para a mediação, percebemos um aumento da consciência pública sobre a importância da compreensão do seu procedimento e divulgação. "Serviços de informação e avaliação de mediação familiar, com qualidade assegurada, são oferecidos em 979 estabelecimentos em toda a Inglaterra e País de Gales, aumentando consideravelmente o número de clientes", 2011, Fam Lei 102).[2]

6. SERÁ QUE OS MEDIADORES RESOLVEM APENAS OS CASOS "FÁCEIS"?

Seria razoável supor que os casais que aceitam a mediação num estágio inicial são mais cooperativos do que aqueles que preferem o tribunal. Será que os mediadores resolvem apenas os casos que já estariam fadados ao acordo? Davis e Roberts (1988, 63) apontaram que "pode-se pensar que a decisão dos pais de procurar a mediação é por si só um indicativo de boa vontade para negociar. Mas isso nem sempre é o caso". Para saber se relações parentais e as relações entre pais e filhos são melhoradas com a mediação, é necessário comparar os níveis de conflito e cooperação pré-mediação com os níveis

---

[2] O governo britânico lançou um novo *site* sobre a mediação familiar: que pode ser verificado pelo endereço: https://www.gov.uk/familymediation.

pós-mediação. Pearson e Thoennes (1988) realizaram um estudo em grande escala sobre mediações judiciárias em casos de custódia de crianças, cujos resultados foram contestados. Tal estudo pretendia testar a hipótese de que os pais que chegarem a um acordo por meio da mediação são intrinsecamente mais cooperativos do que aqueles que buscam uma decisão judicial.

Desta maneira, os pais foram divididos aleatoriamente em dois grupos. O primeiro grupo foi encaminhado para a mediação, enquanto o segundo grupo não. Um terceiro grupo foi formado por casais que procuraram o tribunal, mas recusaram a oferta da mediação. A escala de conflito foi usada para controlar as características preexistentes, incluindo o nível e a duração das disputas. Nos três grupos, alguns casais que descreveram sua capacidade de cooperar uns com os outros como "quase impossível". Os resultados foram, então, estudados em todas as três categorias. Mesmo no topo da escala de conflito, aqueles que tentaram a mediação foram levados a se comportar de forma mais cooperativa, em comparação com aqueles que não tentaram a mediação. Na terceira entrevista de acompanhamento, mais de 60% das pessoas que chegaram a um acordo, relataram algum tipo de cooperação com o seu ex-parceiro, o dobro da taxa de cooperação (30%) entre os que não tinham tentado mediação. Kelly e outros (1996) compararam as experiências de casais divorciados que usaram mediação com aqueles que preferiram o tribunal. No grupo de mediação, a cooperação aumentou significativamente, embora a alta taxa de abandono tenha se mostrado bastante elevada, principalmente pelos custos da mediação e, em alguns casos, pelo fato de se sentirem sobrecarregados. A retirada da mediação não significa, necessariamente, que os participantes estavam descontentes com o processo. Metade das pessoas que se retiraram revelaram estar satisfeitas ou indiferentes ao processo de mediação. Muitos tinham chegado a alguma base para o acordo, enquanto alguns se retiraram por razões que pouco ou nada tinham a ver com a mediação. Assim, citar o abandono da mediação como evidência do "fracasso da mediação" seria, portanto, uma generalização muito simples.

Mediadores experientes são mais capazes de gerir casos que envolvem conflitos de alta tensão. Modelos de mediação precisam ser projetados com cuidado (ver Capítulo 4). A mediação *caucusing* pode ser necessária para gerir conflitos e permitir que os participantes se sintam plenamente ouvidos e compreendidos. Comediadores com conhecimentos especiais, por exemplo, sobre questões interculturais ou financeiras, podem ampliar o alcance e a eficácia da mediação.

7. TAXA DE SUCESSO E RESULTADOS A LONGO PRAZO

Estudos norte-americanos, sobre o uso de grupos de controle, constataram que os acordos alcançados por meio da mediação não diferiam significativamente dos acordos negociados por advogados ou daqueles negociados nos tribunais. Casais que usaram a mediação, acreditavam que haviam chegado a um resultado justo para ambos (KELLY, 1989; PEARSON, 1991). Na Inglaterra e País de Gales, "a taxa de sucesso total e parcial das mediações com financiamento público é de 70% (sendo que a resolução total dos casos representam 66% de sucesso)" (Livro Verde sobre a Reforma Legal Aid de 2010, par. 4,71).

Os mediadores podem superestimar seu nível de sucesso, mas muitos relatam altas taxas de sucesso. (MCINTOSH *et al*, 2010, TRINDER, 2010). Alguns estudos dividem os pais separados em três categorias: Tipo A – basicamente cooperativos, para quem a referência à mediação proporciona uma forma cooperativa de trabalho que é imediatamente atraente; Tipo B – inicialmente antagônicos, mas capazes de ver os benefícios de um acordo sobre as necessidades das crianças ou objetivos financeiros compartilhados, mostrando maior inclinação para uma relação mais amigável; Tipo C – presos em hostilidades, mas capazes de entender os benefícios pragmáticos da mediação para alcançar soluções de baixo custo e capazes de alcançar objetivos limitados por meio da mediação. Relatos indicam que casais fazem acordos para resolver as questões dos seus filhos e outras questões financeiras conexas, geralmente, continuam cooperando por um ano ou mais após o término da mediação, sem precisar confirmar seus acordos em divórcio.

Em um dos casos analisados, um casal admitiu ter sentimentos ambivalentes sobre o fim do seu casamento, mas os parceiros não queriam voltar a ficar juntos. Eles continuaram a cooperar enquanto viviam separadamente. Em contrapartida, há casais altamente antagônicos, que fazem um acordo, homologam tal acordo judicialmente e, mesmo assim, mantêm o nível de hostilidade mútua extremamente elevado. "Processos judiciais podem ser eficazes em restaurar o contato e aumentar a extensão do contato [mas] não parecem ... melhorar nem o relacionamento entre os pais, nem a capacidade de gestão dos conflitos pós-separação parental" (HUNT, 2009, p. 122). Os benefícios de um processo de mediação, que consiste numa série de sessões espaçadas por um período longo de tempo, devem ser avaliados a longo prazo. Os acordos alcançados numa única reunião de conciliação no tribunal não poderão obter benefícios similares.

Um estudo de 12 anos realizado por Robert Emery e seus colegas nos Estados Unidos (EMERY et al., 2001) utilizou um grupo de controle para medir os resultados da mediação a longo prazo. Pais em disputa pela guarda dos filhos, que tinham sido designados aleatoriamente para mediação ou processos judiciais, foram acompanhados ao longo de um período de doze anos. Os pesquisadores descobriram que, em 12 anos, o nível de paternidade compartilhada era muito mais elevado entre os pais que passaram pela mediação do que entre aqueles que tinham contestado a custódia de seus filhos no tribunal. 30% dos pais não residentes que passaram pela mediação estavam vendo seus filhos uma vez por semana ou mais, em comparação com 9% dos casais que foram ao tribunal. 52% dos pais não residentes do grupo de mediação disseram que conversavam com os filhos uma vez por semana ou mais, em comparação com os 14% dos pais que foram ao tribunal. Foi constatado que pais não residentes do grupo de mediação estavam muito mais envolvidos em diferentes áreas da vida de seus filhos, sendo que tal envolvimento não foi associado com o aumento do conflito. Um estudo realizado para o Ministério da Justiça, na Inglaterra e País de Gales (QUATERMAIN, 2011), descobriu que os clientes que usaram a mediação estavam menos propensos a voltar a buscar assistência legal, posteriormente, do que aqueles que usaram advogados para representá-los em juízo. Os resultados deste estudo sugerem que os acordos mediados funcionam melhor e por um período maior de tempo do que os feitos pelo tribunal.

8. O PROCESSO DE MEDIAÇÃO

Estudos mais antigos sobre a mediação familiar procuravam se focar nas taxas de aceitação e sucesso. Estudos recentes preferem se focar no processo de mediação que nos seus resultados (DONAHUE *et al* 1988; GREATBATCH; DINGWALL, 1989;. SLAIKEU *et al*, 1989). Estes estudos analisaram as técnicas dos mediadores, suas intervenções, o uso da autoridade e os fatores que contribuíram para um mediador ser mais eficaz do que o outro. Um dos principais objetivos da mediação é "dar poder" aos participantes para que eles alcancem seus próprios acordos. No entanto, alguns estudos demonstraram que é ingenuidade acreditar que "o mediador controla o processo, mas não o resultado". Gulliver (1979) apontou que os mediadores têm, inevitavelmente, seus próprios pontos de vista, valores e interesses, enquanto Abel (1982) advertiu que os processos informais de resolução de conflitos são susceptíveis de oprimir, bem como capacitar.

Greatbatch e Dingwall (1989) descobriram, ao analisar sessões de mediação gravadas em áudio, que alguns mediadores influenciavam o processo de mediação e seus resultados, incentivando algumas propostas e desencorajando outras. Tal análise foi bastante criticada por não mostrar a "perspectiva dos participantes ou não dar uma visão geral do processo de mediação", no entanto, seus resultados causaram uma certa preocupação. Será que podemos dizer que mediadores são como lobos em pele de cordeiro, dirigindo os participantes assustados para a resolução dos conflitos? Piper (1993) realizou um estudo empírico com base na observação e gravações de sessões de mediação com 24 casais no serviço de mediação do tribunal divórcio, chefiado por assistentes sociais, cujo *ethos* profissional e *status* podem ter influenciado a forma como as mediações sobre as questões relacionadas com as crianças foram realizadas. Piper constatou (1993, p.190) que os casais foram levados a se comprometer, mas isso não implica que a mediação familiar envolva, inevitavelmente, pressão por parte dos mediadores, isto porque mediadores qualificados, com altos padrões de prática e habilidade, não exercem influência sobre nenhum dos participantes.

9. O QUE TORNA UM MEDIADOR MAIS EFICAZ DO QUE O OUTRO?

Estudos que têm explorado esta questão concordam que o nível de experiência do mediador é o fator mais importante. Pearson e

Thoennes (1988) encontraram grandes melhorias entre mediadores que haviam mediado seis ou mais casos. Aqueles que completaram entre seis e dez mediações tiveram uma taxa de sucesso de 64%, em comparação com 30% dos mediadores inexperientes.

i. A abordagem dinâmica, pró-ativa

Mediadores pró-ativos alcançam uma maior taxa de acordos do que facilitadores passivos. É importante reconhecer que ser pró-ativo não é sinônimo de ser diretivo. Pearson (1982) e Pearson e Thoennes (1988), ao analisarem fitas de áudio de sessões de mediação, constataram que mediadores eficazes intervieram ativamente, estruturando muito bem o processo e explorando as opções possíveis, sem pressa. Nos casos em que pouco progresso foi feito, percebemos que os mediadores se concentravam mais na coleta de fatos/dados e nos feitos e, menos progresso, especialmente quando os participantes tinham dificuldades para se comunicar. Fitas de áudio de sessões de mediação, transcritas e analisadas por Donohue, Allen e Burrell (1988), também mostraram que mediadores que intervieram ativamente durante as sessões de mediação obtinham resultados melhores do que aqueles que apenas facilitavam os intercâmbios entre os participantes. Resultados positivos foram associados a três intervenções específicas por mediadores:

- estabelecimento e aplicação de normas processuais;
- estruturação do processo para obter informações relevantes;
- reformulação das declarações dos participantes para identificar problemas e propostas importantes.

A análise das sessões, que terminaram em impasse, identificou uma tendência bastante usual entre os mediadores mais passivos: "permitir que os casais conduzissem a mediação para ver como eles interagiam". Os pesquisadores descobriram que uma abordagem não intervencionista por mediadores "poderia criar um trem de carga descontrolado, no qual os mediadores seriam incapazes de freá-los mesmo com o uso de ferramentas projetadas para desacelerá-los"(DONAHUE et al., 1988, p. 27).

ii. Estrutura organizada e o foco em perguntas específicas

Kressel e outros (1989) verificaram que as técnicas de mediadores utilizadas para reunir informações eram um componente responsável por garantir a eficácia da mediação. A forma pela qual as questões são perguntadas e o uso da estrutura adequada para coletar informações são bastante importantes (ver Capítulo 5). por meio da análise de Kressel e outros (1994) das fitas de áudio e vídeos das sessões de mediação, foi verificado que os mediadores têm a tendência a ser fazedores de acordos ou solucionadores de problemas. Solucionadores de problemas costumam ser mais flexíveis na forma como eles se movem entre os participantes para manter um equilíbrio entre eles. Eles encorajaram ativamente trocas produtivas, desencorajando as destrutivas. A abordagem da resolução de problemas foi associada a acordos duradouros e com maior satisfação por parte dos participantes, em comparação com uma abordagem em busca da solução mais inflexível.

A "American Bar Association[3]" (ABA 2008) identificou alguns fatores capazes de definir as boas práticas de uma mediação de qualidade no contexto da mediação civil/comercial, com base em entrevistas com advogados, participantes da mediação e mediadores. A ABA identificou "boa qualidade" em quatro categorias:

a. boa preparação pelo mediador, representantes e participantes;
b. adaptação ao processo de mediação para satisfazer as necessidades de cada caso/partes individuais;
c. técnicas «analíticas" utilizadas pelo mediador;
d. "persistência" do mediador.

A criatividade e a flexibilidade são, certamente, duas características encontradas num bom mediador. Elas indicam uma grande capacidade de se adaptar ao processo de mediação e ainda uma grande capacidade para gerenciar diferentes níveis de conflito e de desequilíbrio de poder, sem perder a integridade do processo.

10. OS RESULTADOS POSITIVOS DA MEDIAÇÃO

Não há indicadores bastante confiáveis sobre os resultados positivos da mediação. Estudos têm demonstrado que os elevados níveis iniciais de raiva e conflitos não são barreiras inevitáveis para se chegar a um acordo por meio da mediação (DEPNER *et al*, 1994; KELLY;

---

[3] NT: OAB americana.

DURYEE, 1992). Na Austrália, McIntosh e outros. (2010) identificaram três categorias diferentes de pais separados de acordo com seus padrões de cooperação ou conflito. Pais que brigam o tempo todo, têm altos índices de conflitos e litígios, tanto pré quanto pós-mediação.

Alguns pesquisadores (EMERY; WYER, 1987) focada exclusivamente em atributos cliente ao considerar que é mais provável de ser ajudado por mediação. Waldron e outros (1984) concluíram que dois fatores principais determinam se os casais são suscetíveis aos benefícios da mediação. O primeiro fator determinante é um nível de desenvolvimento da personalidade que permite ao sujeito ver o mundo não como preto e branco, mas como uma gama de cinzas ... "A capacidade de empatia, a capacidade de ver os dois lados de uma mesma questão e da capacidade de separar o relacionamento entre pais e filhos do relacionamento conjugal são essenciais" (p. 18). O segundo fator determinante e importante é que ambos os parceiros aceitem o fim do relacionamento conjugal para que possam ser capazes de discutir os problemas e tomar decisões. É preciso haver uma capacidade para seguir em frente, para ouvir e querer resolver problemas.

Alguns estudos sugerem que os resultados positivos são garantidos quando há um bom "encaixe" entre as características do casal, a interação e os atributos e habilidades do mediador. Pearson e Thoennes (1985) descobriram entre os fatores inter-relacionados imprescindíveis a garantir resultados positivos: as características do cliente, a natureza dos conflitos do casal e os atributos do mediador. Donahue e outros (1988) também constataram que os acordos alcançados por meio da mediação estavam relacionados com a interação entre os atributos dos participantes e habilidades de comunicação do mediador. A interação dos fatores no processo de mediação ilustra a relevância da teoria do caos e as formas, com pequenas variações, que podem ajudar a transformar a discórdia em harmonia. O ajuste do modelo de mediação e o uso de intervenções – perguntas, agradecimentos, reenquadramentos – podem ser bastante significativos durante o processo e na obtenção do seu resultado.

11. QUE CONCLUSÕES PODEMOS TIRAR?

Embora não haja baixa comparabilidade entre os estudos, Irving e Benjamin (1995) constataram que a mediação, em geral, levou a melhores relações coparentais em 60 a 70% dos casos, medido em termos de diminuição de conflitos, melhoria da comunicação e menos problemas graves. Muitos estudos na Austrália, Canadá, Estados Unidos e do Reino Unido descobriram indícios de uma maior cooperação após a mediação dos pais (BORDOW; GIBSON, 1994; DAVIS *et al* 2000; EMERY, 2004; KELLY *et al*, 1996; PEARSON; THOENNES, 1988).

A mediação é um breve processo que visa melhorar a comunicação e ajudar os participantes a tomar decisões mutuamente favoráveis. No processo de mediação, circunstâncias, dinâmicas interpessoais e o próprio processo da mediação são tão variáveis que a mediação não pode produzir resultados padronizados ou generalizáveis. A mediação é útil para muitos casais e famílias, mas não funciona para todos. Dois dos pesquisadores mais experientes neste assunto nos Estados Unidos apontaram que "o espaço pelo qual os conflitos são resolvidos é, no final das contas, apenas uma peça do quebra-cabeça da complexa disputa conjugal". "Ao avaliar a utilidade da mediação é preciso considerar não somente o tipo de intervenção utilizado na mediação e o grau de exposição dos pais aos sistemas controversos, mas também o peso dos incalculáveis fatores relacionados aos casais e a história de sua separação conjugal." (THOENNES; PEARSON, 1992). Evidências de estudos de investigação em muitos países apoia a visão de que a mediação auxilia muitos, provavelmente a maioria, participantes para resolver disputas e chegar a acordos de cooperação, com benefícios significativos para os seus filhos e a si mesmos, tanto a curto como a longo prazos. O estudo de 12 anos de acompanhamento de casos realizados nos Estados Unidos (EMERY *et al.*, 2001) e outras pesquisas realizadas na Austrália e no Reino Unido descobriram que os pais que usaram mediação mostraram maior flexibilidade e cooperação que os pais que não fizeram mediação, além de maiores benefícios para os seus filhos.

13
CAPÍTULO

MEDIAÇÃO FAMILIAR INTERNACIONAL E PERSPECTIVAS FUTURAS

"A união dos seres humanos é o fio ético básico que nos mantém juntos."
(Muhammed Yunus – 2006)

SUMÁRIO: 1. Mediação familiar na Europa – uma visão geral. 2. O Fórum Europeu de Formação e Pesquisa de Mediação Familiar. 3. Harmonização dos sistemas jurídicos na Europa. 4. Conferência da Haia de Direito Internacional Privado. 5. Cooperação judiciária em casos internacionais transfronteiriços. 6. Mediação familiar internacional. 7. Diferentes modelos de mediação familiar internacional. 8. Referência à mediação transfronteiriça. 9. Formação em mediação familiar internacional. 10. Mediação *on line*. 11. A evolução contínua da mediação familiar.

1. MEDIAÇÃO FAMILIAR NA EUROPA – UMA VISÃO GERAL

A filosofia da mediação e da pacificação (restabelecimento da paz) tem viajado o mundo todo de leste a oeste e de norte a sul ao longo de muitos séculos, como as folhas de acanto[1] usadas na arquitetura. Na Europa, a mediação familiar se espalhou rapidamente no último trimestre do século XX e continua a se desenvolver entre outros. países A legislação sobre a mediação foi introduzida em muitos países, enquanto as trocas internacionais têm-se multiplicado por meio da literatura, conferências e da própria *internet*. No entanto, ainda há muito a ser feito para aumentar a consciência pública e a aceitação da mediação. A imagem da mediação familiar na Europa se assemelha a uma colcha de retalhos ou um mosaico. As peças que compõem o *patchwork*[2] têm desenhos e cores semelhantes, mas seus padrões variam e ainda faltam algumas peças. Um *patchwork* colorido que reconhece as diferenças culturais é preferível à uniformidade. Países do hemisfério norte podem precisar de um tipo de mediação familiar diferente dos países do hemisfério sul. Por outro lado, a expansão da União Europeia e mobilidade das pessoas e famílias pelas fronteiras aumentaram a necessidade da existência de princípios universalmente aceitos. A legislação sobre mediação está aumentando com um considerável grau de consenso sobre os seus objetivos e princípios como: o da participação voluntária, confidencialidade, imparcialidade, além do "empoderamento" dos mediandos para que eles próprios possam chegar a um acordo, em vez de irem ao tribunal. A seguir, faremos breve descrição do "mosaico da mediação" ilustrando diferentes estágios do crescimento e desenvolvimento desta prática em alguns países europeus.

Áustria

A Áustria é um dos pioneiros neste campo. Um projeto-piloto sobre a mediação familiar abriu o caminho para a lei federal sobre mediação em matéria civil, que entrou em vigor em 1º de maio de 2004. Tal lei estabeleceu o quadro jurídico para a mediação em todas as áreas de Direito Privado, incluindo o Direito da Família. Uma diretiva anterior sobre Mediação emitida em 1º de janeiro de

---

[1] Originário da Grécia e da Itália, o acanto é uma planta espinhosa, de flores brilhantes, cujas folhas compridas, verdes e recortadas, usadas na decoração. Foram muito utilizadas em construções de templos e monumentos sacros. Com o passar do tempo, a folha de acanto passou a ser associada à pureza e à honestidade.
[2] Patchwork, em portuges trabalho com retalhos, é uma técnica que une tecidos de tipos, formatos e cores diversas.

2000, já havia estabelecido os princípios e requisitos da mediação familiar. "A mediação apenas será realizada se a participação dos clientes for completamente voluntária" (artigo 5 (4). "Na medida do possível, a comediação será realizada com uma mulher e um homem comediadores" (artigo 8 (2)). Eles utilizam um modelo de comediação, que une um mediador qualificado do direito com um mediador qualificado de uma disciplina psicossocial, pois consideram que tal modelo incentivaria "a cooperação interdisciplinar [...] garantindo uma maior abrangência destas duas áreas importantes durante o divórcio e a separação" (preâmbulo, p. 2). Um modelo estruturado de mediação é utilizado, começando com uma fase de pré-mediação e prosseguindo através de cinco etapas de mediação, com acompanhamento se necessário.

Dinamarca

Na Dinamarca, os pais separados normalmente continuam mantendo a guarda conjunta de seus filhos e são incentivados a fazer seus próprios acordos. Se eles são incapazes de chegar a um acordo sobre residência e/ou acordos sobre as visitas, a Administração Estatal oferece a mediação e o aconselhamento do bem-estar infantil para ajudá-los neste processo. Só advogados e juízes podem ser nomeados como mediadores judiciais e, frequentemente, recebem uma formação geral em mediação, em vez de uma formação especializada em mediação familiar. Não há requisitos para triagem de abuso ou de proteção à criança e outras questões domésticas. A mediação privada pode se tratar de todas as questões legais, incluindo finanças e propriedade, sendo realizada por duas associações de mediadores advogados <www.familiemediatorer.dk> e <www.mediatoradvokater.dk>. *Mediatoradvokater*, conta com cerca de duzentos membros, incluindo mediadores de Direito de Família e está ligada à Associação de Escritórios de Advocacia dinamarqueses. A Administração Estatal (*Statsforvaltningen*) oferece mediação em casa para os seus empregados, gratuitamente, usando um único mediador ou comediadores.

Finlândia

Municípios da Finlândia são exigidos por lei (Lei do Casamento de 1987) a fornecer um serviço de mediação voluntária para os pais em disputa sobre seus filhos. No entanto, durante muitos anos, a mediação não havia formação específica para a mediação familiar.

Em consequência, assistentes sociais continuavam a usar o aconselhamento, a terapia e outras técnicas do trabalho social sob o rótulo genérico de "mediação". Atualmente, esta situação está mudando através do trabalho de um projeto de pesquisa e desenvolvimento multidisciplinar chamado FASPER. Lançado em 2009, o FASPER tem trabalhado com seis municípios finlandeses para criar uma abordagem unificada e colaborativa de mediação familiar de curto prazo, além de uma forma estruturada de intervenção para os pais em conflito e, em segundo lugar, para desenvolver um programa de formação especializada em mediação familiar, que poderá, eventualmente, ser utilizado nacionalmente. O objetivo é mudar a cultura de conflito familiar, para que os pais sejam incentivados a recorrer à mediação para resolver disputas e cooperar uns com os outros, no melhor interesse de seus filhos.

A Finlândia também está desenvolvendo um sistema de conciliação dentro dos tribunais para tratar de disputas de custódia de crianças. Os pais se encontram com um juiz e um especialista em criança – psicólogo, terapeuta ou assistente social com experiência em desenvolvimento infantil – que os ajudam a chegar a um acordo. A assistência jurídica oferecida cobre os custos do tribunal e os honorários dos advogados durante um certo limite de tempo, de modo que uma disputa de custódia possa ser resolvida dentro de seis semanas. Em 26% dos casos deste projeto-piloto, os pais solicitaram o uso da conciliação no seu requerimento ao tribunal. Em outros casos em que o processo de custódia já estavam em andamento, os pais foram encaminhados para conciliação a pedido do tribunal. Caso não haja acordo, o caso será remetido ao juiz de origem. A proposta da lei sobre a "conciliação judicial assistida por um especialista foi aprovada pelo Parlamento finlandês em 2014. Uma vez aprovado, o sistema será estendido por todo o país.

O termo em finlandês, *sovittelu*, cobre conciliação no tribunal e mediação fora do tribunal. Estes dois processos de solução de controvérsias compartilham a mesma filosofia e seus objetivos podem ser complementares, e não como o mesmo processo usado em diferentes fases. Como apontado no Capítulo 1 (s. 6), há riscos de confusão se o mesmo termo é usado para um processo no tribunal marcado pela presença de uma autoridade e fora do tribunal no qual os pais são incentivados a chegar, eles próprios, a acordos. Não podemos dizer que um processo é "melhor" do que o outro, eles são complementares, com características adaptadas a diferentes níveis de conflito e a diferentes tipos de funcionamento da família. Pais que lutam pela "posse" dos seus filhos precisam de um juiz e de um especialista em criança para torná-los mais conscientes e sensíveis às necessidades dos seus filhos. Outros pais precisam de apoio e tempo para restabelecer a comunicação com o parceiro e tomar decisões conjuntas. A confiança mútua e a boa comunicação são vitais para que os pais possam estabelecer acordos a longo prazo. Os pais que participam de conciliação no tribunal, geralmente, precisam de uma ou duas reuniões guiadas com duração de três a seis horas, para que possam chegar a um acordo que, será então, aprovado pelo juiz. Na mediação baseada na comunidade, os pais são incentivados a se focar nas necessidades de seus filhos e chegar a um acordo com a ajuda de mediadores qualificados, mas não autoritários. Na sociedade finlandesa, autoridade em geral pode ser exercida de uma forma humana e discreta e, portanto, tais distinções podem ter menos importância do que em países com regimes mais autoritários. Crianças e jovens, geralmente, não são envolvidos diretamente na resolução dos conflitos. Será interessante ver se mais atenção será dada no futuro, para ouvir as opiniões da criança na mediação, sem prejuízo das précondições e autorizações necessárias (ver Capítulo 8). O sistema de mediação finlandês ainda está em processo de evolução e a relação entre as diferentes formas de resolver conflitos familiares estão sendo exploradas para que sejam tomadas as medidas necessárias para o seu progresso.

França

Os primeiros passos para desenvolver a mediação familiar na França foram tomados no início da década de 1990 por assistentes sociais, psicólogos e advogados, que reconhecendo a necessidade da mediação, tomaram iniciativas voluntárias para desenvolver este novo campo de prática profissional. Um grupo de franceses viajou para Quebec para fazer uma formação em mediação familiar e um dos primeiros programas de treinamento franceses foi realizado por mediadores familiares experientes da América do Norte e da Inglaterra (BABU; BONNOURE-AUFIÈRE, 2003). Estas iniciativas voluntárias, como ocorreu na Inglaterra e em outros países, abriram o caminho para que fosse criada uma legislação sobre a mediação. De acordo com a Lei da Guarda Compartilhada de 4 de março de

2002 e a reforma da Lei do Divórcio implementada em 1º de janeiro de 2005, juízes dos tribunais de família foram capacitados para encaminhar as partes para a mediação.

O recurso à mediação familiar no ordenamento jurídico trouxe consigo a necessidade de normas de regulamentação da formação e da prática nacionais. Um decreto de 2 de dezembro de 2003 criou o "Diplôme d'Etat de Médiateur" (Diploma de Estado do Mediador). Desde 2004, é exigido o diploma para se tornar um mediador familiar reconhecido pelo Estado. Mais recentemente, um grupo de estudo criado para analisar e avaliar o diploma fez recomendações que resultaram em modificações do diploma pela aprovação da lei de 19 de março de 2012. O diploma passou a exigir 315 horas de treinamento no processo e prática da mediação, 161 horas teóricas de formação em Direito, Psicologia e Sociologia, seguidas por 105 horas de "estágio" (prática supervisionada num serviço de mediação) e supervisão de 14 horas na elaboração de uma dissertação, num total de 595 horas. Os créditos para determinados módulos teóricos podem ser concedidos com base em qualificações profissionais anteriores e o diploma pode ser estendido para além de 600 horas para obtenção de um diploma de mestrado. O nível acadêmico de formação de mediação familiar na França contrasta com, a curta formação exigida na Inglaterra e no País de Gales, orientada para a prática, que se concentra principalmente na aplicação de conhecimentos e habilidades, seguida por uma prática supervisionada. Relatórios devem ser apresentados para servir de base para avaliação dos possíveis mediadores em ambos os países. Na Inglaterra e no País de Gales, os possíveis mediadores devem fornecer relatórios contendo provas e comentários de casos reflexivos em três mediações concluídas (ver Capítulo 1, s. 11 na Avaliação da Competência Profissional em Mediação Familiar). A formação contínua e a supervisão da prática profissional (consultoria) são requisitos de ambos os países.

Graças ao aumento da utilização da mediação na França, em matéria de Direito de Família, novos setudos elaborados para avaliar e explorar a sua prática culminaram na aprovação do Decreto nº 2010/1395, de 12 de nov. de 2010, sobre a *"mediation et l'activite judiciaire en matiere familiale* e a Lei nº 1.862 de 13 de dezembro de 2011)[3]. Através desta legislação, ações experimentais estão sendo

---

[3] NT: Decreto sobre a mediação e a atividade judiciária em matéria de Direito da Família.

realizados e avaliadas em dois tribunais, Bordeaux e Arras, até o final de 2014. Um relatório será feito sobre a aplicação da lei. Nos termos do artigo 1 º do Decreto de 12 de novembro de 2010, as partes que iniciam um processo judicial recebem uma dupla convocação (*«double convocation»*). A primeira para "*information préalable à l'audience*", uma reunião com um mediador familiar para receber informações sobre a mediação. Esta reunião de informação é agendada algumas semanas antes do segundo encontro: uma audiência perante o juiz da vara da família "*juge aux affaires familiales*" – JAF. Na audiência o JAF, as partes informam se estabeleceram ou não um acordo na mediação, em caso positivo, os seus acordos podem ser "homologados" (ratificado) pelo JAF.

Nos termos do artigo 15 da lei de 13 de Dezembro de 2011, se uma das partes entra com um recurso no tribunal para uma modificação de uma ordem anterior, o JAF tem o poder de exigir que as partes tentem a mediação (tentativa de mediação obrigatória) com um mediador nomeado pelo juiz. Exceções a esta regra são possíveis se, por exemplo, ela atrasar muito o processo. Esquemas experimentais estão sendo testados em outros tribunais de família na França e há possibilidades do surgimento de uma nova legislação. A Diretiva Europeia de Mediação, de 21 de maio de 2008, foi implementada na França sob Portaria nº 1540 de 16 de novembro de 2011 e pelo Decreto nº 66 Décreto de 20 de janeiro de 2012.

Alemanha

Em 1992, após treinamento fornecido por mediadores dos Estados Unidos, Canadá e Israel, foi fundada na Alemanha a Associação Nacional de Mediadores Familiares – BAFM (*Bundes-Arbeitsgemeinschaft für Familien-Mediation*) cujo objetivo era estabelecer e manter normas voluntárias para a formação de mediadores familiares. Membros do BAFM devem ter experiência prática de dois anos em sua profissão de origem, a formação em mediação exige pelo menos 200 horas de treinamento e prática sob supervisão, com um relatório final contendo quatro mediações concluídas. 50% dos membros da BAFM vêm de profissões psicossociais e 50% são compostos por advogados. A formação em mediação deve ser interdisciplinar, tanto na estrutura do grupo (50% profissionais psicossociais, 50% advogados) quanto na composição da equipe de formação. A mediação familiar é oferecida em todas as questões de separação e divórcio (crianças e questões financeiras) assumindo, principalmente, a forma de comediação interdisciplinar.

Segundo a lei alemã sobre a mediação (a lei sobre a promoção da mediação e outras formas de resolução de litígios fora do tribunal entraram em vigor em 26 de julho de 2012), a mediação deve ser considerada pelas partes e seus advogados antes do pedido ser feito pelo tribunal civil. As partes nos processos judiciais são obrigadas a informar o tribunal se eles querem tentar a mediação; caso recusem a mediação, deverão apresentar as razões pelas quais a mediação não deve ocorrer. Se uma das partes não participou da sessão de pré-mediação sem fornecer uma razão satisfatória, ela será penalizada com sanções pecuniárias. Juízes dos tribunais de Família têm o poder de ordenar a participação das partes em uma reunião de pré-mediação, suspendendo o processo para que mediação ocorra. Se as partes aceitarem a mediação, o processo será suspenso bem como os prazos de prescrição. Reuniões de informação sobre a mediação são gratuitas, embora não haja financiamento público em si para a mediação, seja ela nacional ou regional. Mediadores geralmente cobram honorários e devem possuir um certificado de qualificação fornecido pelo Estado.

Irlanda

Na Irlanda, os processos de Direito de Família são complexos, com pouca utilização da mediação, apesar das evidências de que as mediações fora dos tribunais são menos dispendiosas. O Projeto Geral de Mediação 2012 propõe uma lei para promover uma maior sensibilização e a utilização da mediação. Há uma série de projetos-piloto a caminho, tanto no Tribunal de Círculo quanto no Tribunal Distrital.[4] Uma iniciativa dirigida conjuntamente pelo Serviço de Tribunais, o *Legal Aid Board* e pelo Serviço de Mediação Familiar tem baseada na *Dolphin House*, em Dublin. O objetivo é tornar a mediação disponível em todos os casos relativos às crianças, ou seja, tutela, guarda e visitação (aproximadamente 40% de todos os casos nos últimos 10 anos). Aos candidatos é oferecida uma sessão de informação à mediação e, com o seu consentimento, a outra parte será contatada. Se ambas as partes estiverem dispostas, elas poderão assistir a uma sessão de

---

[4] NT: Dois dos tribunais da Irlanda, em inglês – *Circuit and District Courts*

pré-mediação conjunta e, então, se o desejarem, poderão proceder à mediação. Não há custo algum. Os dados preliminares do primeiro ano do projeto mostram que houve 1.623 casos no Tribunal Distrital com questões relacionadas às crianças. Entre março de 2011 e março de 2012, mais de 400 casais participaram de sessões de pré-mediação, sendo que cerca de 50% dos casos decidiram iniciar a mediação. Até março de 2012, 293 casos chegaram a um acordo e outros ainda estavam em andamento. Considerando que mais de 90% desses candidatos teriam sido elegíveis para a assistência jurídica, estima-se que o Estado economizou mais de 102.000 euros (*Irish Times*, junho 2012). O projeto continua em andamento e mais relatórios de progresso estão sendo planejados, com a possibilidade de expansão para outras áreas do Tribunal Distrital (WALSH, 2012). 98% dos casos de Direito de Família são feitos no Tribunal de Círculo, no qual uma série de regras do tribunal foi introduzida. Ordem19A (inserida em 2009) permitiu que um juiz ou escrivão pudesse convidar as partes a "usar um processo de ADR" e suspender processos para facilitar a resolução de litígios. De acordo com o projeto de lei, assim como os tribunais se tornaram competentes para encaminhar os casos em litígio para a mediação, advogados teriam a obrigação legal de informar a seus clientes da possibilidade de utilizar a mediação, bem como estimar, na medida do possível, os custos prováveis e a duração do processo no tribunal. Tais informações poderiam ajudar potenciais litigantes a reconhecer o tempo, os custos e os benefícios da mediação e incentivá-los a tentar resolver suas disputas em estágio inicial por meio da mediação. Deixando claro que a mediação não seria obrigatória e que o conteúdo das discussões da mediação seria confidencial e não comunicável ao tribunal. A versão final do Projeto de Lei foi publicado em fevereiro de 2014.

Itália

Há um número crescente de associações e agências italianas empenhadas em desenvolver a mediação familiar e a construção de uma rede para promover a mediação. A Università Cattolica S. Cuore de Milão oferece um programa de mestrado em Mediação da família e da Comunidade e organiza conferências internacionais sobre famílias em transição e mediação. O Centro Studi e Richerche sulla Famiglia desta universidade tem feito importantes contribuições para a compreensão das relações familiares (por exemplo *Rigenerare i Legami: la Mediazione nelle relazione familiare e comunitarie Vita e Pensiero*, Milano, 2003). Em Florença, uma equipe altamente especializada chamada *Mediamente* organiza cursos de formação, seminários e conferências. Uma nova lei que entrou em vigor na Itália, em 10 de fevereiro de 2013, passou a exigir que as organizações de mediação adotassem um código único que estabelecesse normas comuns para a formação e prática da mediação, além de exigir a publicação de registros de mediadores que tivessem obtido o *certificazione di qualità*. As associações nacionais de mediação devem trabalhar em conjunto para desenvolver normas e padrões unificados. Os desafios desta nova lei foram apresentados na conferência nacional da Società di Mediazione Familiare (Simef), realizada em Florença, em outubro de 2013.

Holanda

Desde 1º de Abril de 2005, os tribunais de família da Holanda têm sido capazes, durante o processo judicial, de encaminhar as partes em litigio para a mediação. O quadro legal para a mediação do divórcio está contido na "Lei da Parentalidade Pós-divórcio", em vigor desde 1º de me estes apresentem ao tribunal um plano de parentalidade. Os pais só poderão se divorciar depois de terem apresentado um plano de parentalidade explicando como eles pretendem realizar as suas responsabilidades parentais após o divórcio. A mediação do divórcio, na Holanda, está preocupada, principalmente, com as consequências do divórcio para crianças e em como manter os laços familiares entre pais e filhos, mas também como tratar de assuntos financeiros e imobiliários. Juízes na Holanda não estão autorizados a ser eles mesmos mediadores, mas todos os juízes recebem treinamento em avaliação para o encaminhamento dos casos para a mediação. Os processos judiciais são suspensos durante a mediação, podendo ser retomados se os pais não chegarem a um acordo. Metade dos casos de mediação são concluídos dentro de um mês e um terço no prazo de 14 dias. Se for alcançado um acordo, o processo judicial será encerrado. Verificações judiciais sobre os acordos acontecem apenas a pedido das partes. Estudos de acompanhamento mostraram que a grande maioria dos participantes da mediação ficaram satisfeitos com o processo de mediação e com o mediador. Mais de 80% dos participantes (mesmo aqueles que não obtiveram um acordo) e seus advogados disseram que, em uma situação semelhante, escolheriam novamente a mediação e recomendariam tal processo para outras pessoas. O procedimento encaminhamento à mediação foi implementado em todos os tribunais e tribunais de apelação do Tribunal Distrital e, desde 1° de abril de 2005, houve cerca de 10.000 casos. "Atualmente, a taxa de sucesso é de 61%" (PEL *et al.* (2009).

Sob as novas regras estatutárias introduzidas em 1° de jJaneiro de 2009, os planos de parentalidade devem mostrar de que forma os pais envolveram os seus filhos na elaboração do plano. Dependendo da idade da criança e de outras circunstâncias, o mediador pode conversar com as crianças. A mediação que inclui crianças é usada em muitos casos, e é provável que se torne cada vez mais comum. Os mediadores que se comprometem a ver as crianças sem os pais devem explicar a eles que aquilo que foi dito pela criança ao mediador poderá permanecer confidencial (exceto quando se tratam de questões de proteção à criança). Na Grã-Bretanha, no caso das mediações que incluem crianças (ver Capítulo 8), o mediador deve perguntar à criança, ao final de cada encontro, o que exatamente ela quer que ele diga aos pais. O mediador também deverá considerar se alguma coisa que a criança tenha dito poderá colocá-la em apuros diante dos pais. A mediação do divórcio na Holanda, ocorre antes e durante o processo judicial. Levando em consideração a obrigatoriedade de se apresentar um plano de parentalidade antes da concessão do mesmo, torna-se evidente que a mediação deve preceder ao processo de divórcio. Além da mediação do divórcio, existe na Holanda outras formas de mediação para resolver questões familiares como o contato das crianças com os avós, empresas familiares e disputas sobre herança.

Noruega

As leis, tanto na Noruega quanto na Suécia, mostram que os acordos feitos pelos próprios pais são, geralmente, preferíveis às decisões do tribunal. Assim, os tribunais devem sempre incentivar os pais a tentar chegar a soluções acordadas conjuntamente. Na Noruega, ao contrário de outros países europeus, a mediação é obrigatória e reservada para tratar de questões relativas a crianças. Um alteração na Lei do Casamento, em vigor desde 1993, estabeleceu que casais com filhos menores de 16 anos deveriam comparecer a uma reunião de mediação antes que pudessem obter a separação ou divórcio. A mediação também é obrigatória nos casos de disputas conjugais sobre questões relacionadas aos filhos, antes que o processo seja iniciado no tribunal. A mediação na Noruega apresenta os seguintes valores fundamentais:

1. A continuidade da família, apesar de separação e divórcio.
2. As crianças precisam manter relações com ambos os pais, na grande maioria dos casos.
3. Decisões aprovadas pelos próprios pais têm mais chances de funcionar na prática.
4. Soluções mutuamente aceitáveis podem ser alcançadas mais rapidamente por meio da mediação e podem ser adaptadas às necessidades de cada família.
5. As reivindicações e interesses individuais de cada um dos pais precisam ser compreendidos e abordados no contexto das necessidades contínuas e do bem-estar da família como um todo (TJERSLAND, 1995).

O governador (*county*) de cada região é responsável pela prestação da mediação familiar por assistentes sociais qualificados contratados pela autoridade local. A mediação é gratuita e, normalmente, limitada a quatro sessões de uma hora cada. A primeira sessão é usada para esclarecer algumas questões, trocar informações e planejar mais sessões, se necessário. A segunda sessão deve se focar nas questões sobre as crianças e a terceira em questões financeiras (regulada de forma mais simples na Noruega do que em muitos outros países). A quarta sessão pode se concentrar em resolver questões sobre as relações com a família e amigos e uma quinta sessão pode ser usada para elaborar acordos escritos e emitir um certificado para os pais, comprovando que eles participaram da mediação. Os acordos alcançados na mediação são juridicamente vinculativos. Mediadores noruegueses procuram mostrar aos pais (durante a separação ou divórcio) a importância das necessidades das crianças, conscientizando-os das consequências de seus comportamentos e decisões para os seus filhos.

O mediador também tem a obrigação de informar os pais que, segundo o Estatuto Norueguês das Crianças, crianças com mais de 12 anos de idade devem ser ouvidas (mas não pedidas para tomarem decisões), antes que decisões importantes sejam tomadas a respeito delas. As crianças, geralmente, não são envolvidas diretamente, mas podem se encontrar com o mediador, caso seja necessário. Mais recentemente, a Noruega desenvolveu um procedimento chamado "Conflito e Conciliação". No caso de processos judiciais sobre custódia das crianças e/ou regime de visitas, os pais serão convidados a se reunir com o juiz e com um mediador para que trabalhem conjuntamente tais questões. Na primeira reunião do tribunal, serão definidas as questões que serão discutidas entre os pais e o mediador por um período de tempo de até três meses. A segunda reunião no tribunal ocorrerá três meses depois da primeira. Durante esses três meses, o mediador e os pais (e, também os filhos) se reunirão regularmente para tentar resolver as questões definidas. Se chegarem a um acordo de longo prazo, antes dos três meses, este será enviado ao tribunal. O tribunal, então, ratificará o acordo tornando-o executável e, em seguida, encerrará o caso. No entanto, se no final do terceiro mês os acordos, ainda não tiverem sido alcançados, será oferecido aos pais um novo período de três meses para que tentem chegar a uma solução, prazo este não prorrogável. Caso nenhuma solução tenha sido encontrada, o caso será tratado da forma tradicional, isto é, o tribunal pronunciará sua decisão. O procedimento de "Conflito e Conciliação" não é oferecido aos pais em casos que envolvam violência, abuso de drogas, doença mental, etc.

Polônia

Apesar da mediação vítima-infrator ter sido introduzida na legislação polaca em 1997, a mediação familiar se iniciou apenas em 2005, quando uma emenda ao Código de Processo Civil tornou possível que os tribunais encaminhassem os casos em litígio para a mediação. O tribunal mantém uma lista de mediadores, qualificados, recomendados por organizações sociais e profissionais que poderão ser consultados. A mediação na Polônia é voluntária e, apesar das partes não serem obrigadas a aceitá-la, muitos o fazem. As partes podem solicitar ao tribunal que interrompam o processo para que elas possam iniciar o processo de mediação. A mediação familiar também encontra-se disponível antes dos processos judiciais. Os mediadores familiares que fazem parte da lista dos tribunais são membros de associações ou agências em diferentes partes da Polônia. Existem normas profissionais para treinamento e, prática dos mediadores e a maioria das associações de mediação representada em um conselho nacional assessorado pelo Ministério da Justiça em *adequate dispute* – ADR. O Conselho das ADR, em conjunto com o Ministério da Justiça, lançaram recentemente uma campanha de conscientização pública para promover a mediação (incluindo e publicidade na TV e rádio).

Progressos recentes nos tribunais distritais incluem encontros com coordenadores (juízes) com responsabilidade para incentivar o encaminhamento dos casos em litígio para mediação. Em 2009, uma alteração legislativa importante aumentou o número de casos da mediação familiar. O Código da Família introduziu a obrigatoriedade da apresentação de "planos de parentalidade" nos casos em que os pais discutem questões sobre a guarda compartilhada das crianças após o divórcio. No entanto, as necessidades das crianças no divórcio e outros conflitos familiares ainda não são amplamente reconhecida spela sociedade. Muitos pais, especialmente as mães cujas chances de conseguir a custódia única são altas (mais de 80%), podem não estar interessados na mediação, principalmente se esperam ter uma decisão mais favorável no tribunal. Outro grande entrave é o custo, pois os custos da mediação devem ser pagos integralmente pelas próprias partes: a assistência jurídica não está disponível para a mediação.

Portugal

No final da década de 1990, foi oficialmente criado em Portugal o primeiro serviço de mediação familiar por meio da iniciativa conjunta do Ministério da Justiça e da Ordem dos Advogados. Este serviço de mediação indicado pelo tribunal era restrito a questões relativas à responsabilidade parental e, apenas para os pais residentes em determinados distritos de Lisboa. Após o estabelecimento da "Direccção General da Administração Extrajudicial", no ano 2000, a mediação familiar tornou-se amplamente disponível em Portugal. Mediadores agora podem aceitar diretamente os pedidos de pais separados e, não somente, os encaminhados pelos tribunais. Conhecido como o "Sistema de Mediação Familiar", a mediação familiar em Portugal continua a ser apoiada e regulamentada pelo Ministério da Justiça, oferecendo mediação independente de processos judiciais, bem como encaminhamentos judiciais. Durante a última década, a mediação familiar fez inúmeros progressos para cumprir com as normas e diretivas europeias de mediação familiar internacional (transfronteiriça) em casos de rapto parental.

Escócia

A Escócia tem um sistema jurídico separado da Inglaterra e do País de Gales. A mediação familiar, na Escócia, é fornecido pelo CALM (Comprehensive Accredited Lawyer Mediators reconhecidos pela Law Society of Scotland) e pela Relationships Scotland, que fornecem suporte aos serviços locais em toda a Escócia. A confidencialidade da mediação (não divulgação ao tribunal), princípio garantido por estas duas organizações, tem a aprovação formal dos juízes. Um estudo do tribunais civis, conhecido como o Gill Review (setembro de 2009) recomendou um serviço de mediação gratuito para reclamações de menor valor em processos civis, incentivando, assim, acordos fora dos tribunais.

No entanto, a Escocia ainda nao possui medidas destinadas a promover uma maior utilização da mediação familiar. Os Tribunais e seu programa de governo 2013-2014 apresentaram uma grande reestruturação e modernização do sistema de justiça civil, com o aumento da utilização da mediação, inicialmente para tratar de pequenas causas e questões de acidentes pessoais e, posteriormente abrangerá todos os casos familiares. A Mediação escocesa está explorando formas de integrar a utilização da mediação no sistema de justiça civil.

Espanha

O principal objetivo da primeira lei da Espanha sobre mediação (Lei 5/2012 de Mediação Civil e Comercial, aprovada em 6 de julho de 2012) foi incorporar a diretiva europeia de 2008/52/CE. Esta lei regula a mediação em matéria civil e comercial e não tem aplicação específica para a mediação familiar. A maioria das regiões autônomas da Espanha já haviam promulgado leis sobre a mediação familiar na década 2001-2011. Tais leis regionais não tinham uma definição comum sobre a mediação, embora suas necessidades de formação e qualificação dos mediadores fossem mais elevadas do que as exigidas pela lei estadual. Sob a lei do Estado, ao contrário do que preconizavam as leis regionais sobre mediação familiar, a prática da mediação não deveria restringir-se a determinadas profissões. Mediadores profissionais de todo o mundo devem possuir um diploma universitário ou equivalente em qualquer área, devem completar pelo menos 100 horas de treinamento em mediação, devem ser registrados e ter formação contínua. A legislação estadual estabelece uma definição genérica de mediação e defende seus princípios-chave, além da participação voluntária das partes, da neutralidade e imparcialidade do mediador e da confidencialidade do processo. O conteúdo e os resultados da mediação não são reportáveis ao tribunal, a menos que as partes concordem em renunciar à confidencialidade ou, em casos excepcionais, que o juiz assim o exija. As autoridades públicas são obrigadas a informar o público em geral sobre a disponibilidade da mediação como alternativa ao litígio. A mediação com financiamento público pode ser disponibilizada àqueles que demonstrem dificuldades financeiras e, em algumas regiões, a mediação será ser gratuita, independentemente da renda. Pouco mais de 50% das prestações de serviços com financiamento público e privado de mediação familiar realizam um acompanhamento com duração de seis meses após o término da mediação. Cerca de 75% dos casos chegaram a um acordo (GARCÍA; BOLAÑOS, 2007).

Suécia

Na Suécia, como na Noruega, assistentes sociais qualificados que trabalham no serviço de Direito de Família do tribunal ajudam pais que estão se separando a chegar a um acordo sobre questões relacionadas às crianças. Os pais podem, a qualquer momento, durante ou após a separação se dirigirem para o que é conhecido na Suécia como "conversas assistidas". As sessões são geralmente comediadas, de preferência por comediadores homens e mulheres, com duração média de três a cinco sessões. Municípios da Suécia fornecem esta ajuda gratuitamente aos pais que a solicitam. Cada um dos pai é visto, pela primeira vez, separadamente, para que seja verificada a existência de violência, questões domésticas de proteção à criança ou circunstâncias que fariam reuniões conjuntas inadequadas. Os tribunais podem encaminhar os casos em litígio sobre a custódia das crianças ou o regime de visitas ao serviço de Direito de Família, sendo a participação dos pais voluntária. Em 1997, um relatório do governo sobre a guarda dos filhos e o regime de visitas foi publicado, afirmando que a mediação familiar é a forma mais rentável de trabalho social preventiva. Em 1998, o Parlamento sueco alterou a lei, fazendo com que os acordos dos pais sobre guarda e visita das crianças alcançados por meio das "conversas assistidas" tivessem o mesmo estatuto jurídico de uma decisão judicial, desde que o acordo fosse aprovado pela assistente social, confirmando que tal acordo foi tomado levando em conta o melhor interesse da criança. O objetivo precedente da lei sueca era mostrar aos pais que tais acordos em conjunto seriam muito benéficos para as crianças. Atualmente, graças ao aumento da consciência sobre o impacto e das consequências da violência doméstica contra mulheres e crianças, os mediadores suecos e noruegueses procuram se concentrar em garantir a segurança e o bem-estar das crianças. Ao longo dos últimos dez anos, a mediação, incluindo crianças tornou-se mais comum. Novos parceiros e outros membros da família podem também ser incluídos.

Atualmente, as regras do procedimento de Conflito e Conciliação norueguês estão sendo usadas em vários tribunais suecos, apresentando bons resultados em ambos os países. O uso da conciliação e da mediação reduziu consideravelmente o papel dos advogados em questões de Direito de Família. A assistência jurídica é muito limitada na Suécia, mas os honorários dos advogados podem ser reduzidos ou subsidiados pelo pagamento de um plano de seguro habitacional.

Suíça

Na Suíça, a conciliação como um método de resolução de conflitos tem uma longa história, sendo o seu papel reconhecido tanto nos procedimentos civis quanto criminais. No entanto, a mediação só se tornou parte do sistema legal suíço recentemente. O primeiro Código Federal unificado de Processo Civil, introduzido em 1º de janeiro de 2011, aboliu os 26 diferentes códigos de processo civil cantonais, dando lugar importante à mediação (art. 213-218 e 297 – ver: http://www.admin.ch/ ch/e/rs/272/index. Html) O Código Federal não somente apoia os meios ADR, como torna a conciliação obrigatória na maioria dos assuntos civis, ao passo que a mediação familiar é voluntária, exceto nos casos internacionais. A autoridade de proteção judicial ou de proteção à criança tem agora a possibilidade de recomendar aos pais a mediação (art. 297 CP e art 314 do Código Civil (CC – veja:. Http://www.admin.ch/ch/f/rs / 210/a314.html)).

Os custos da mediação para as questões relacionadas às crianças podem, em algumas circunstâncias, ser financiados por fundos públicos, especialmente se a mediação foi proposta pelo tribunal. O Código reconheceu os benefícios da mediação familiar, tanto na redução de litígios quanto na qualidade dos resultados. A regulamentação da formação e da prática de mediação permanece nas mãos de associações privadas de mediação familiar, sem o envolvimento ativo do governo.

Nos termos da Lei Federal suíça sobre o Rapto Internacional de Crianças de 1º de julho de 2009 (http://www.admin.ch/ch/e/rs/211_222_32/index.html), a mediação é obrigatória quando usada para solicitar o retorno de uma criança sequestrada na Suíça e levada para um dos Estados-Membros da Convenção da Haia (arts. 4 e 8). A rede de Serviço Social Internacional (ISS) tem respondido de forma bastante adequada às recomendações da Convenção da Haia para que os Estados-Membros da UE criem um serviço central para tratar de conflitos familiares internacionais em cada um destes países. A rede do ISS da Alemanha e da Suíça criaram, conjuntamente, um serviço para particulares e órgãos do governo para fornecer um centro coletivo de comunicação especializado em conflitos familiares transfronteiriços. "Os pais muitas vezes se sentem abandonados, achando que suas preocupações não são completamente compreendidas ou que eles não estão sendo aconselhados adequadamente. Os profissionais também enfrentam desafios adicionais em situações de conflito familiar transfronteiriços: problemas de linguagem, diferentes valores culturais, diferentes procedimentos para a resolução de conflitos e aplicação do direito internacional ou estrangeiro. A distância geográfica também pode impedir a implementação de soluções previamente acordadas". Para mais informações consulte-www.family conflicts.ch (*website* suíço em inglês) e www.zank.de (*site* alemão).

O governo suíço propôs que as disposições suíças sobre a mediação familiar internacional sejam incorporadas por meio de emendas à Convenção da Haia e, aprovadas de modo multilateral, servindo de modelo para outros Estados que desejem melhorar a sua prática em casos de rapto de crianças pelos pais. No entanto, até o momento presente a Suíça não conseguiu convencer a maioria dos Estados-Membros da Convenção da Haia, a seguir o seu exemplo. A utilização da mediação é incentivada pela Constituição de Genebra, que entrou em vigor em 1º de junho de 2013. Três artigos sobre mediação foram inseridos na Constituição (arts. 36, 115 e 120), referindo-se à promoção da mediação em geral, mediação no local de trabalho e a mediação entre a administração pública e indivíduos. A mediação está se tornando, progressivamente, parte do sistema legal suíço.

2. O FÓRUM EUROPEU DE FORMAÇÃO E PESQUISA DE MEDIAÇÃO FAMILIAR

Na década de 1990, em Caen, na França, foi realizada a primeira conferência europeia, possibilitando mediadores familiares europeus de compartilhar suas ideias e experiências como mediadores (em francês!). Na sequência desta conferência, a Associação de Promoção à Mediação Familiar (APMF) de Paris convidou um grupo de formadores europeus em mediação para trabalhar em conjunto para definir padrões de treinamento para mediação familiar baseada em princípios e objetivos comuns. Tal grupo, composto por treinadores que vieram inicialmente da Bélgica, França, Alemanha, Itália, Suíça e Reino Unido, uma associação voluntária chamada Fórum Europeu de Formação e Pesquisa em Mediação Familiar. Reuniões multilinguais foram realizadas em Paris, Genebra, Bruxelas e Hamburgo levando à publicação (em francês e inglês) da Carta Europeia sobre Normas de Treinamento de Mediação Familiar (APMF 1992). Estas normas (atualizadas em 2001) definiram os principais elementos da formação curricular dos mediadores (conhecimentos e habilidades), as qualificações dos formadores e formandos, o tempo de formação e exame de qualificação. As normas deram ênfase a "uma abordagem interdisciplinar e cooperação entre os formadores de mediação familiar vindo de diferentes ramos profissionais" para o treinamento em mediação. É importante fazer uma distinção clara entre o treinamento de conscientização à mediação e o curso completo de formação com duração mínima de 180 horas, no qual os participantes obtêm um diploma reconhecido para a prática como um mediador familiar. Em contrapartida, o treinamento de conscientização à mediação fornece apenas uma introdução à mediação, mas não faz dos participantes mediadores. "Países que possuem a sua própria legislação e normas nacionais para a formação e prática em mediação familiar têm menos necessidade do Fórum, mas seus padrões fornecem orientações para países onde a mediação familiar ainda está em fase inicial. No campo da mediação civil e comercial, o Código de Conduta Europeu de Mediadores, de julho de 2004, foi desenvolvido por um grupo de pessoas de diferentes países que trabalharam em conjunto com o apoio da Comissão Europeia.

3. HARMONIZAÇÃO DOS SISTEMAS JURÍDICOS NA EUROPA

A harmonização dos sistemas jurídicos na Europa é muito importante, pois disputas transfronteiriças podem ser complexas, devido ao envolvimento simultâneo de duas ou mais jurisdições que possuem diferentes conjuntos de princípios legais e presunções. Para reduzir a confusão ou concorrência entre as diferentes jurisdições, movimentos significativos foram feitos para harmonizar o Direito Civil e o Direito de Família na Europa. O regulamento conhecido como Bruxelas I (1968) regulamentou a competência e a execução das decisões em matéria civil e comercial. O presente regulamento pode ser usado para impor ordens ou julgamentos em questões envolvendo obrigações alimentares, mas não questões envolvendo divisão patrimonial.

A Convenção Europeia sobre o Exercício dos Direitos da Criança, que entrou em vigor em 1º de julho de 2000, tem o objetivo de proteger o melhor interesse das crianças. O regulamento conhecido como "Bruxelas II" (o regulamento relativo à competência em matéria matrimonial e em matéria de responsabilidade parental), que entrou em vigor em 1º de março de 2001, introduziu regras de competência uniformes em toda a União Europeia (com exceção da Dinamarca). Bruxelas II prevê o reconhecimento automático de quase todos os julgamentos matrimoniais concedidos pelos tribunais dos Estados-Membros. A partir de 1º de março de 2005, o regulamento Bruxelas II foi atualizado (hoje também conhecido como Bruxelas II bis ou revisado) estendendo o seu reconhecimento para cobrir os processos judiciais que tratam de questões sobre os filhos, diferenciando-o do processo do divórcio. O regulamento Bruxelas II Revisado visa assegurar um espaço comum na União Europeia para considerar os interesses da criança. Ele prevê o reconhecimento uniforme das decisões dos tribunais de Família dos Estados-Membros da UE em matéria de responsabilidade parental para os filhos de pais casados ou não casados, incluindo enteados. O Tribunal, no Estado de origem, tem o direito de pronunciar a decisão final. O presente regulamento é igualmente relevante para o reconhecimento e execução de acordos de mediação.

Temos, ainda, os seguintes instrumentos que também contribuem para a harmonização internacional dos sistemas jurídicos: a Convenção da Haia, de 23 de novembro de 2007, sobre a Cobrança Internacional de Apoio à Criança e outros membros da família e o Protocolo de 23 de novembro de 2007, sobre a lei aplicável às obrigações alimentares. A diretiva europeia sobre certos aspectos da mediação em matéria civil e comercial emitidas pelo Parlamento Europeu e pelo Conselho da União Europeia em 21 de maio de 2008 (ver Capítulo 1, s.4 e s.11) tem contribuído significativamente para a harmonização dos sistemas legais de mediação.

4. CONFERÊNCIA DA HAIA DE DIREITO INTERNACIONAL PRIVADO

A Convenção Europeia dos Direitos da Criança e legislação da UE fornecem um quadro global que abrange a legislação europeia. Uma lei global é muito importante, especialmente quanto à proteção e o bem-estar da criança. Ambos estão regulamentados na Convenção de 1989 das Nações Unidas sobre os Direitos da Criança, na Convenção da Haia de 1980, na Convenção de Proteção à Criança 1996 e na Convenção interpaíses sobre adoção de 2002. Até o momento, 193 países ratificaram a Convenção das Nações Unidas sobre os Direitos da Criança, incluindo todos os membros das Nações Unidas, com exceção dos Estados Unidos, agora que a Somália anunciou a sua intenção de ratificar a Convenção. 91 países, incluindo Rússia e Japão, ratificaram a Convenção da Haia de 1980 sobre o rapto internacional de crianças. A Convenção de 1996 de Proteção à Criança conta com 39 países e está em vigor em todos os Estados-Membros da UE com exceção da Itália. A Convenção de 1996 determina que as ordens de visita proferidas sejam automaticamente executáveis internacionalmente, embora o processo de ratificação tenha se revelado mais complexo do que o previsto. As recentes convenções da Haia incentivam a utilização da mediação e outros meios de resolução de conflito como meio de alcançar acordos em litígios transfronteiriços.

"O processo de Malta"

Uma forma particularmente importante de cooperação internacional sobre as crianças é conhecido como "Processo de Malta", introduzido na 1ª Conferência de Malta de 2004. Três conferências de Malta lançaram bases incentivando o diálogo e o engajamento entre jurisdições ocidentais e islâmicas sobre questões de rapto de crianças e visita às crianças. O objetivo é buscar soluções para disputas complexas em situações em que o quadro jurídico internacional relevante não é aplicável. Deste modo, o processo de Malta encoraja a cooperação entre juízes, altos funcionários do governo e especialistas de países signatários da Convenção da Haia de 1980 sobre o rapto internacional de crianças e da Convenção de Haia de 1996 sobre a Proteção de Menores, buscando ainda a cooperação de países que não signatários cujos sistemas jurídicos são baseados ou influenciados pela Sharia[5]. O foco do processo de Malta é a proteção das crianças e, em particular, o direito da criança em manter contato com ambos os pais, mesmo se estes vivem em países diferentes, além de combater o rapto internacional de crianças. Especialistas de 12 países-membros foram convidados a participar do grupo de estudo do "Processo de Malta. Seis são Estados Contratantes às Convenções de 1980 e 1996, ou seja, Austrália, Canadá, França, Alemanha, Reino Unido e os Estados Unidos. Os outros seis são Estados não contratantes – Egito, Índia, Jordânia, Malásia, Marrocos e Paquistão, apesar de o Marrocos ter ratificado a Convenção de 1980. Recentemente, a África do Sul se juntou ao grupo de estudo e a Jordânia criou um centro de mediação familiar internacional.

5. COOPERAÇÃO JUDICIÁRIA EM CASOS INTERNACIONAIS TRANSFRONTEIRIÇOS

A Recomendação do Conselho da Europa sobre Mediação Familiar (1998) constatou recentemente o aumento do número de disputas transfronteiriças envolvendo crianças. 65% das crianças nascidas em Londres no ano de 2010 possuem pelo menos um dos pais de nacionalidade estrangeira. Disputas pela custódia da criança e

---

[5] NT: Sharia é o nome que se dá ao Direito islâmico, em várias sociedades islâmicas ao contrário das sociedades ocidentais, não há separação entre a religião e o direito. As leis religiosas são baseadas em escrituras sagradas ou nas opiniões dos líderes religiosos. Sharia é a estrutura legal dentro do qual os aspectos públicos e privados da vida do adepto do islamismo são regulados, para aqueles que vivem sob um sistema legal baseado na *fiqh* (os princípios islâmicos da jurisprudência) e para os muçulmanos que vivam fora do seu domínio. A charia lida com diversos aspectos da vida cotidiana, bem como a política, economia, negócios, famílias, sexualidades, questões sociais, etc.

direito de visita são muito difíceis de resolver quando um dos pais leva a criança para um outro país sem o consentimento do outro, especialmente se há mais de uma autoridade jurídica competente. Leis religiosas e fatores culturais podem gerar complicações adicionais para os casos de relocação de crianças. Nas comunidades judaicas, conflitos familiares têm sido historicamente submetidos aos tribunais rabínicos, apesar da existência de tribunais seculares com jurisdição paralela. Nos casos que envolvem conflitos transfronteiriços, se uma ou ambas as jurisdições remetem o caso para o tribunal religioso local, problemas de jurisdição e de execução podem se tornar ainda mais complexos. Com exceção da África do Sul e do Marrocos, a maior parte dos países africanos não são signatários das Convenções da Haia. No Oriente Médio, apenas Israel faz parte destas convenções. A Nigéria tem três sistemas jurídicos diferentes operando simultaneamente: o Direito Consuetudinário, a Sharia e as leis tradicionais. O caso do direito consuetudinário é ainda mais complicado na Nigéria pelo fato deste país possuir 350 grupos étnicos diferentes, cada um com suas próprias regras e versões ligeiramente diferentes do direito consuetudinário. Esta multiplicidade de sistemas jurídicos faz com que a adesão às Convenções da Haia seja ainda mais difícil. Nos dias de hoje, existe uma grande necessidade de se criar um Tribunal de Família Internacional que forneça competência em nível mundial, incentivando a cooperação internacional entre os advogados e juízes que lidam com casos transfronteiriços.

Em agosto de 2009, juízes de 23 jurisdições (signatárias ou não) da Haia participaram da segunda Conferência Internacional de Justiça da Família sobre as jurisdições da Common Law e da Commonwealth. Lord Justice Thorpe, Chefe de Justiça Internacional da Família da Inglaterra e do País de Gales, abriu a conferência descrevendo o trabalho do escritório de Direito de Família Internacional de Londres, bem como o forte aumento da demanda por seus serviços desde a sua criação em 2005. Em 2007, o escritório também informou um aumento de 333% do número de casos tratados. A maioria desses casos envolve países europeus, mas o escritório também facilita a cooperação judiciária em casos internacionais transfronteiriços que envolvem países fora da Europa. O Protocolo do Paquistão, assinado em janeiro de 2003 entre o Paquistão e o Reino Unido, foi negociado no mais alto nível judicial, fazendo com que os juízes destes dois países trabalhassem juntos, cooperando internacionalmente para melhorar os sistemas de Justiça da Família. O Tribunal da Família de Trinidad e Tobago introduziu reformas processuais extraídas da Nova Zelândia para incentivar o encaminhamento dos casos em litigio para a mediação ou para outros serviços de aconselhamento. As conclusões e recomendações desta Conferência de 2009 incluem o reconhecimento e o apoio da mediação transfronteiriça para os casos de rapto de crianças, com mediadores especializados. Um registo de mediadores treinados e competentes deve ser compilado e estar, prontamente, disponível nos tribunais de cada país participante (BAKER, 2009).

6. MEDIAÇÃO FAMILIAR INTERNACIONAL

Em abril de 2006, o escritório permanente da Conferência da Haia de Direito Internacional Privado foi solicitado por seus membros para "elaborar um estudo de viabilidade da mediação transfronteiriça sobre questões envolvendo disputas familiares, incluindo o desenvolvimento de um instrumento adequado para tratar esta questão".

O estudo de viabilidade, publicado em 2007, definiu a mediação familiar transfronteiriça como a "mediação de conflitos familiares (questões patrimoniais, bens ou matéria de responsabilidade parental) em que as partes possuem suas residências principais em países diferentes (ou estão prestes a se mudar para países diferentes). Esta definição inclui a mediação transfronteiriça realizada entre países diferentes (por exemplo, a mediação binacional envolvendo as partes e mediadores localizados em dois países), bem como a mediação que ocorre em um país, mas envolve as partes e/ou mediadores de dois outros países diferentes. A definição abrange também a situação em que duas pessoas residentes num mesmo país iniciam a mediação, a fim de resolver os problemas em torno da mudança (deslocalização) pretendida por uma delas com os filhos para outro país "(VIGERS, 2007, 5.1). Agindo sobre as recomendações deste estudo, o Escritório Permanente formou um grupo de estudo internacional para ajudar na preparação de um Guia de Boas Práticas de Mediação no contexto da Convenção Internacional do rapto de crianças de 1980. Este guia foi publicado em julho de 2012.

Desenvolvimentos paralelos incluem a conferência organizada pela Academia de Direito Europeu de Trier, na Alemanha, em abril de 2007, para considerar a prática e experiência da mediação em litígios internacionais transfronteiriços. O grupo concluiu que a mediação familiar internacional necessita de uma formação especializada para que possa ser desenvolvida, além de um registo central com uma lista de mediadores familiares qualificados para mediar litígios transfronteiriços internacionais sobre crianças. Em 2009, foi realizada em Estrasburgo a 7ª Conferência do Conselho da Europa sobre Direito de Família, focada na mediação familiar em todo o mundo. Oradores relataram suas experiências em mediação familiar na Europa e também no Caribe, América Latina e nas comunidades muçulmanas ismaelitas.[6] O juiz Winter, da Áustria (Conclusões da Conferência 2009), acolheu mediadores do mundo todo. Cabe ressaltar que, o bem-estar da criança também é fundamental em países que seguem a Sharia. Com 1.400 anos de tradição islâmica, o 49° Imam, Sua Alteza Real, Aga Khan IV, instituiu o Conselho Nacional e Internacional de Conciliação e Arbitragem para incentivar a resolução amigável de conflitos por meio da conciliação imparcial, mediação e arbitragem. Cerca de 800 mediadores ismaelitas de mais de 15 países da Ásia, África, Europa, América do Norte e no Oriente Médio foram treinados utilizando técnicas modernas de mediação, tanto nos campos da família quanto comerciais. Em Portugal, treinadores ismaelitas forneceram treinamento em mediação para os profissionais da área da Justiça de Família do Ministério da Justiça. Na Síria, em 2006, sete juízes do Tribunal Superior, que não fazem parte da comunidade ismaelita participaram de um programa de treinamento de mediação realizado em Salamieh. Na Índia, no mesmo ano, três juízes do Tribunal Superior participaram do programa de treinamento (KESHAVJEE, 2009). Um estudo feito sobre tais programas de treinamento concluiu que seria importante harmonizar os sistemas de mediação familiar internacionais, especificando as qualificações

---

[6] NT: os ismaelitas são membros de uma seita de mulçumanos xiitas. Eles acreditam que a lei islâmica (a Sharia) deva ser revogada. Eles rejeitam o Alcorão e todas as formas de orações de tradição islâmica sunita. Os ismaelitas interpretam os ensinamentos islâmicos espiritualmente, o que os libera de aderir as leis da Sharia e as obrigações como a oração, jejum, e Hajj (peregrinação a Meca).

e equivalências e criando um registro central para ajudar as pessoas e autoridades a identificar e contatar os mediadores familiares qualificados (com formação especializada para a cooperação em mediação internacional transfronteiriça).

No entanto, a mediação ainda não é considerada uma opção para as partes em conflito, por uma série de razões:

i. falta de consciência da mediação;
ii. falta de um registo central para facilitar o acesso aos mediadores devidamente qualificados em diferentes países;
iii. custos de mediação – taxas, viagens, intérpretes, se necessário;
iv. disparidades nas legislações que regulamentam a prática da mediação, como limites de confidencialidade;
v. medo de que a mediação possa provocar um atraso (apesar, da principal agência britânica neste campo, ter apontado que a mediação não costuma atrasar a audiência final nos termos da Convenção de Haia (Reunite Pilot Project Report, outubro de 2006);
vi. a escassez de modelos de mediação adaptáveis a disputas familiares europeias e disputas familiares não-europeias.

Na França, casos da Convenção da Haia podem ser diretamente encaminhados para mediação. Geralmente, eles são encaminhados a MAMIF, uma comissão francesa de mediação familiar internacional (Mission d'Aide à la médiation internationale pour les familles). A MAMIF foi criada em 2001 no âmbito do Ministério da Justiça para poder intervir em disputas internacionais sobre o rapto de crianças e o direito de visita (quer por força da Convenção da Haia ou fora de seu escopo). A MAMIF cuida de casos envolvendo mediações com um único país e casos envolvendo questões presentes nas convenções da Haia mediadores da MAMIF trabalham juntos e também em casos que envolvam mediações binacionais com um mediador da MAMIF e um mediador de um outro país. Em 1998, os Ministros da Justiça da França e da Alemanha criaram uma Comissão Parlamentar de Mediação franco-alemã, resultando num esquema profissional binacional franco-alemã de mediação, que decorreu de fevereiro de 2003, até 1º de março de 2006. Neste projeto-piloto, um mediador francês trabalhou em comediação com um mediador alemão em litígios transfronteiriços sobre as crianças (CARL *et al.*, 2004). Existem hoje várias organizações não governamentais, nacionais e binacionais que fornecem mediação transfronteiriça. Tais agências incluem a *Reunite* no Reino Unido, e a *Mikk* em Berlim (MIKK – *Mediation bei internationalen Kindschaftskonflikten*), além de agências francesas, italianas e suíças. Paul e Walker (2008) relataram que o conflito em casos transfronteiriços é bastante elevado, sendo que muitos pais se sentem impotentes e desesperados. Os pais deixados para trás temem perder o contato com seus filhos, mesmo que uma ordem de visita tenha sido proferida, enquanto que os pais que sequestraram seus filhos temem não receber um tratamento justo no país do rapto, pois muitas vezes eles não são cidadãos desse país. As crianças tendem a esquecer a língua do pai que foi deixado para trás, ou nem sequer ter aprendido (se o rapto aconteceu quando a criança era muito pequena). Assim, a comunicação e o contato tornam-se difíceis ou, em alguns casos, impossível (sobretudo, a longo prazo). A *Reunite* realizou uma pesquisa ao longo de um ano, utilizando uma amostra de 34 casos (*Reunite* 2006). Tal pesquisa descobriu que, quando um tribunal concorda com a deslocalização (mudança) de uma criança, a relação da criança com o pai não residente torna-se, praticamente, impossível, de ser mantida a longo prazo devido os custos proibitivos das viagens e outras dificuldades. O estudo também constatou que, apesar de casos de deslocalização discutirem as questões de visita, o impacto nas crianças que foram removidas para um país diferente envolve, inevitavelmente, a perda de contato e relacionamento com o pai deixado para trás. Averiguou-se que outras relações familiares também poderiam ser perdidas. Muitas crianças viveram mudanças profundas em todos os níveis da sua vida.

Cabe ressaltar que a mediação transfronteiriça internacional precisa estar prontamente disponível, ser rapidamente acessível e usada de maneira ampla para ajudar um número cada vez maior de separações entre casais binacionais. Se ambos os pais estão dispostos e são capazes de se reunir uma ou várias vezes, podemos dizer que a mediação é o modo de resolução de conflitos ideal para eles, pois ela oferece um processo rápido organizado e centrado na criança, enquanto que processos legais podem levar meses ou anos, intensificando o conflito, correndo o risco de prolongar o sofrimento e danos para a criança.

Nos casos em que o pai sequestrador é incapaz de devolver a criança e o pai que foi deixado para trás é incapaz de cuidar da criança, a criança que retornou, por ordem judicial, para o seu país de residência habitual, pode ser removida de ambos os pais e colocada em lares adotivos, até que seja dada uma decisão final do tribunal (BUCHER, 2008). O dano psicológico de uma criança pequena, ou de crianças mais velhas, que foram separadas dos seus pais por meses e até anos, é tão grave que o termo "o abuso de crianças institucionalizadas" pode não ser o mais adequado. Ao considerar os direitos dos pais de decidir sobre questões envolvendo a guarda dos filhos, a residência destes ou o regime de visitas, deve-se considerar igualmente os direitos e as necessidades imediatas da criança, prioritariamente.

O primeiro desafio é incentivar os pais em disputas com implicações internacionais envolvendo crianças a recorrer à mediação o mais cedo possível. O segundo desafio é o reconhecimento e a execução de um acordo mediado nos países interessados, e não apenas no país em que foi reconhecido o acordo mediado. Em 2012, foi requisitada à Conferência de Haia a criação de um grupo de peritos para resolver problemas de reconhecimento e execução de acordos da mediação. O acordo deve ser elaborado pelos advogados das partes numa ordem de consentimento, que é passível de execução em ambos ou todos os países interessados. "Exigibilidade é uma das principais preocupações em relação a quaisquer decisões tomadas no âmbito da Convenção de Haia. O principal problema envolve ordens que foram dadas por um país, mas não puderam ser aplicadas no outro país. Para que a mediação tenha um efeito positivo no que diz respeito as aplicações da Convenção de Haia, é fundamental que os acordos alcançados sejam capazes de serem aplicados em ambos os Estados"(VIGERS, 2007, Anexo 1, 3.5).

7. DIFERENTES MODELOS DE MEDIAÇÃO FAMILIAR INTERNACIONAL

Vários modelos foram desenvolvidos para a mediação familiar internacional, incluindo a mediação binacional, a comediação interdisciplinar, e a mediação direta e indireta. Os modelos devem ser adaptados a diferentes culturas e circunstâncias, e podem consistir em:

- um único mediador que faz a mediação com ambos os pais pessoalmente (mediação face a face direta);
- comediadores (interdisciplinar, com equilíbrio de gênero, binacional), que medeiam com ambos os pais no mesmo local, ou que utilizam as instalações de vídeo/teleconferência para reuniões simultâneas com os pais de dois países diferentes (mediação direta / à distância);
- mediação indireta em que os mediadores se reúnem com cada progenitor separadamente, não havendo contato entre eles. Isso pode ocorrer no caso de disputas envolvendo dois países diferentes, com um mediador e um progenitor, em cada um dos países, ou no mesmo país, com a mediação ocorrendo em momentos diferentes ou ao mesmo tempo, em salas diferentes (mediação indireta/*shuttle*). A mediação também pode ocorrer *on-line*, usando o *Skype* ou videoconferência;
- comediação, incluindo membros da família e líderes religiosos / ou da comunidade.

Projetos binacionais de mediação transfronteiriça da *Mikk* (agencia alemã) são baseados no seguinte modelo (*Breslauer Erklärung zur bi-nationalen Kindschaftsmediation* (2008):

1. Uma equipe de comediadores equilibrada em termos de gênero, de modo que ambos os pais se sintam ouvidos.
2. Intercultural, de modo que cada um dos pais se sintam capazes de se relacionar e ser entendidos por um mediador da mesma nacionalidade ou cultura.
3. Mediadores bilíngues, de modo que cada um dos pais possa falar livremente sua língua materna.
4. Interdisciplinares, um mediador treinado e experiente vindo de uma área psicossocial, enquanto o outro mediador é advogado, ambos com conhecimentos específicos de direito internacional da família e convenções internacionais.
5. Advogados dos pais precisam estar disponíveis e envolvidos, embora não participem diretamente, para aconselhar seus clientes e permitir que os acordos homologados pelo tribunal gerem efeito vinculativo.

8. REFERÊNCIA À MEDIAÇÃO TRANSFRONTEIRIÇA

Para aumentar a utilização da mediação em casos transfronteiriços, o encaminhamento deve ser encorajado o mais cedo possível, bem como ser considerado em fases posteriores.

Fase 1: antes que um pai remova uma criança para outro país, para ajudar os pais a chegar a acordos evitando o rapto parental e os processos judiciais.

Fase 2: quando ordem foi dada para deixar a criança numa dada jurisdição, ou na pendência de uma audiência no tribunal, quando um foi feito um pedido de regresso de uma criança raptada.

Fase 3: onde uma defesa é levantada contra uma ordem para devolver uma criança, com o fundamento de que o retorno seria prejudicial à criança, a mediação pode facilitar a comunicação sobre os melhores interesses da criança, explorando opções e procurando chegar num acordo.

Fase 4: após o retorno de uma criança sequestrada (através de uma ordem judicial), com o intuito de facilitar os acordos sobre a residência da criança e as visitas e, também, após o regresso da criança foi ordenado, para ajudar a tomar as providências para o retorno da criança e as modalidades de visita após o retorno.

9. FORMAÇÃO EM MEDIAÇÃO FAMILIAR INTERNACIONAL

Regras e procedimentos não são suficientes por si sós. A formação em mediação transfronteiriça precisa equipar mediadores com as combinações necessárias de *savoir* (conhecimento), *savoir-faire* (know-how/ conhecimentos especificos – habilidades em comunicação, mediação e cooperação internacional) e *savoir-être* (auto-consciência, ética, valores, respeito à diversidade cultural, a capacidade de se relacionar com os outros). Um Código de Conduta é necessário para regulamentar a mediação familiar internacional, cobrindo questões sobre a confidencialidade do procedimento, os assuntos que poderão ser mediados e o cumprimento legal dos acordos mediados. O treinamento precisa ser interativo e prático, com exercícios que exigem conhecimentos jurídicos, psicológicos e outros de áreas relevantes que podem ser aplicados em situações específicas da mediação. Para que o mediador transfronteiriço seja reconhecido, um registo internacional será exigido, contendo um determinado nível de experiência e um diploma emitido por uma instituição acreditada e reconhecida. Também deve haver requisitos para o desenvolvimento profissional contínuo, com análise de casos ou supervisão.

A American Bar Association[7] realizou a sua primeira formação em mediação familiar internacional em novembro de 2013. Na Europa, a *MIKK* em Berlim organiza projetos de mediação binacional (atualmente Alemanha/França, Alemanha/Inglaterra, Alemanha/Polônia, Alemanha/Estados Unidos e Alemanha/Espanha). Um programa de treinamento Francês/Italiano organizado em 2011-2012, forneceu um certificado em mediação (*Certificat d'Accréditation Européen en Médiation Familiale Internationale* – CAEMFI) por meio de um programa de 180 horas realizado em diferentes cidades da França, Itália e Suíça (incluindo ensino à distância). Em paralelo, o *Child Focus*, uma ONG belga que lida com o rapto internacional de crianças, liderou um projeto europeu financiado pela União Europeia sobre a Formação em Mediação Internacional (TIM) em parceria com a *Katholieke Universiteit Leuven, Mikk* em Berlim e a *International Child Abduction Centre* (Centrum IKO), na Holanda. Seu objetivo era desenvolver a formação em mediação familiar internacional (com formadores de Estados-Membros da UE) e a criação de uma rede de mediadores familiares internacionais na Europa. Um programa-piloto de treinamento para treinadores de 27 Estados, incluindo a Turquia, foi realizado em Bruxelas em 2012.

Embora o principal objetivo do projeto era criar uma rede europeia, muitos casos de rapto de crianças envolvem crianças que estão sendo tiradas de um país da UE para um país fora da UE. A equipe de treinamento incluiu um treinador muçulmano ligado a uma rede de mediadores muçulmanos da Índia, Paquistão e países do Oriente Médio, e um treinador espanhol ligado a redes na Península Ibérica e na América do Sul. As estruturas e as histórias de famílias envolvidas em disputas internacionais, transnacionais e interculturais envolvendo crianças são extremamente complexas. O ecograma abaixo foi projetado pelo Serviço Social Internacional (ISS) de Berlim para seu programa de treinamento de três dias e oferecido a advogados do ISS e psicólogos de países da Europa Oriental pela "abordagem orientada para a mediação" em casos transfronteiriços. Pais, advogados e tribunais procuram, frequentemente, a ajuda de agências do ISS e seus

---

[7] NT: American Bar Association = OAB americana.

contatos em diferentes países para assistência na resolução de conflitos em matéria familiar.

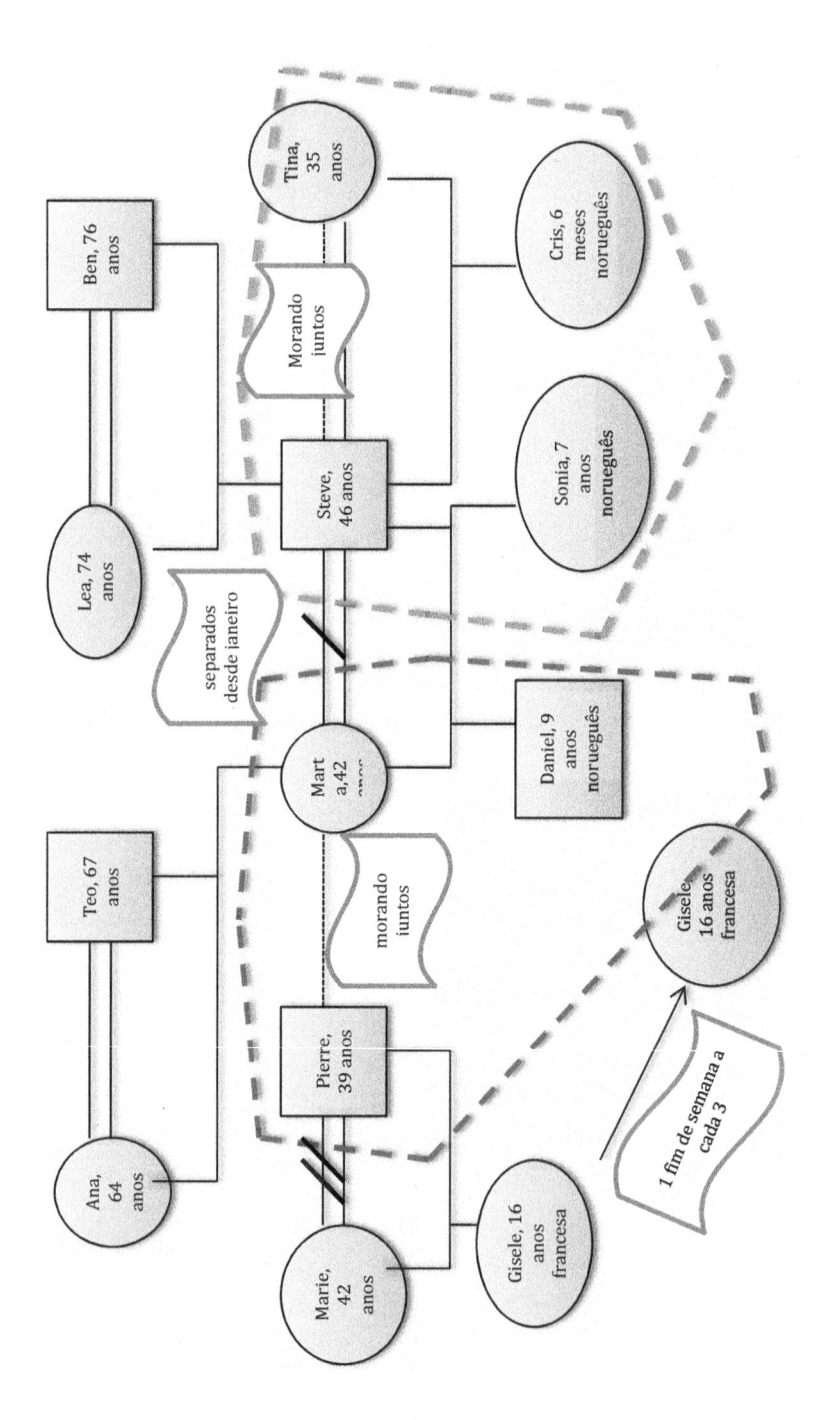

Sabemos que para obter uma carta de motorista, o conhecimento da lei e das regras de trânsito não são suficientes. Os aspirantes a motoristas precisam fazer também um teste de condução com um instrutor qualificado para demonstrar suas habilidades em dirigir um carro, controlando-o no trânsito e freando quando necessário! Da mesma forma, uma qualificação acadêmica em mediação, que emite um diploma, não pode garantir a competência daquele que recebeu o diploma. Mediadores familiares internacionais precisam conhecer as regras de trânsito, como um motorista. Aprender a andar de moto é, provavelmente, uma analogia melhor do que dirigir um carro, pois um motociclista precisa de flexibilidade e bom equilíbrio, em vez de uma postura rigidamente ereta. Para fazer uma curva acentuada, um motociclista precisa inclinar-se na curva. Mediadores precisam de flexibilidade semelhante ao motociclista, eles devem se inclinar em diferentes direções sem perder seu equilíbrio ou imparcialidade. Assim como os motociclistas devem fazer um teste para receber uma licença, os mediadores devem ser obrigados a ter qualificação profissional, formação reconhecida e provas de competência para sua admissão num registo de mediadores familiares internacionais.

10. MEDIAÇÃO ON-LINE

Tradicionalmente, a mediação envolve encontros cara a cara. No entanto, a distância geográfica e os custos de viagens podem impedir a realização da mediação cara a cara em casos internacionais transfronteiriços. Comunicações *on-line* pode ser aumentadas pelo uso de VOIP (*Voice over Internet Protocol*) e de serviços como o *Skype* que permitem conversas telefônicas pela internet, sem custo adicional, independentemente da distância. Eventos de vida importantes e negociações entre os membros da família que vivem longe (ou mesmo nas proximidades) podem ser "reforçados e melhorados por meio da comunicação eletrônica" (MELAMED, 2009). Mediadores que possuem instalações para videoconferência, Skype e webcam podem oferecer uma "telemediação" – mediação a longa distância, permitindo ao pais que vivem longe comunicarem um com o outro. Os pais podem se ver na tela, ouvir a voz do outro e explorar as opções conjuntamente e diretamente. Esta facilidade é muito importante em casos transfronteiriços, permitindo que pais e mediadores que vivem/que estão em países diferentes possam mediar pela internet (no caso das reuniões face a face da reunião serem impraticáveis). Relações importantes podem ser sustentadas por meio de comunicações eletrônicas, como *e-mails, Facebook, Twitter* e assim por diante. Para a maioria dos jovens e muitos pais separados, as mensagens de textos se tornaram o principal meio de comunicação, mas mensagens de texto pode trazer uma nova gama de problemas. As mensagens de texto e as publicações do *Facebook* podem causar mal-entendidos e mais discussões. Hoje, devemos considerar a evolução das famílias modernas e, portanto, "precisamos encontrar as pessoas onde elas estão, e se elas estão *on-line*" (MELAMED, 2009).

Os membros de uma família têm acesso a uma gama de opções de comunicação que os mediadores precisam conhecer e utilizar. "Há uma fascinante, e em constante evolução, relação entre a comunicação *on-line* e a comunicação face a face. Se bem utilizadas, elas podem melhorar uma e outra ... O mundo on-line é uma extensão do mundo físico e oferece novas possibilidades que não existiam anteriormente" (MELAMED, 2009). Melamed ainda diz (sobre a comunicação pessoal) que a mediação familiar está evoluindo para se tornar uma "coreografia da comunicação", em que os mediadores e outros profissionais podem ajudar os participantes a identificar as informações *on-line,* que são valiosas, bem como fazer progressos em direção a um acordo no momento em que eles estiverem prontos. "Os participantes são capazes de assumir papéis mais ativos, determinando aquilo que vai funcionar para eles e suas famílias, frequentemente em modo "assíncrono" de transmissão de pensamentos e ideias com comentários editados, ao invés de utilizar modos impulsivos de comunicação, com declarações em tempo real que podem ser destrutivas. Um mediador pode atuar como um amortecedor ou um diplomata no apoio destas comunicações. Mediadores do futuro vão aprender a se concentrar na utilização de modalidades de comunicação estratégicas e a moldar o seu uso de acordo com as necessidades e preferências de cada um dos participantes."

11. A EVOLUÇÃO CONTÍNUA DA MEDIAÇÃO FAMILIAR

Em sistemas nacionais e internacionais de Direito da Família, mediadores atuam entre o mundo privado das famílias e o mundo público das instituições. Decisões privadas e acordos mediados precisam ser congruentes com a lei. Para obter efeito jurídico, os acordos precisam ser elaborados nos termos da lei, por meio da homolgação destes por um juiz vinculado ao processo. Mediadores buscam capacitar as pessoas para que elas próprias alcancem as suas próprias decisões. Os mediadores devem ter cuidado para não se tornarem agentes de políticas públicas destinados a reduzir as despesas do sistema de Justiça Familiar desviando os casos dos tribunais para mediação. A assistência jurídica à mediação familiar está disponível na Inglaterra e no País de Gales, como em nenhum outro país, embora o financiamento público restrinja o tempo e o número de sessões de mediação. Costumamos dizer que os mediadores andam numa corda bamba estendida entre as necessidades individuais e os interesses públicos, e, que sua independência é comprometida se o Estado usa a mediação para restringir o acesso aos tribunais. A principal responsabilidade do mediador diz respeito aos indivíduos e famílias que vêm à mediação. Os mediadores não devem ser usados como agentes de controle moral ou político, principalmente porque os valores pessoais e culturais dos participantes da mediação podem ser diferentes daqueles do grupo social dominante.

Todo o processo de mediação é um ato de equilíbrio. Mediadores precisam ser bons equilibristas para controlar a gestão dos desequilíbrios de poder e as tensões que ameaçam a mediação tanto interna quanto externamente. Medidores devem adotar uma postura "leve" que os ajude a resistir aos incessantes conflitos que os arrastam para baixo. Para manter uma boa dinâmica, o mediador precisa de um bom suporte tanto de outros mediadores (comediação) quanto das outras pessoas envolvidas. Energia, equilíbrio e "leveza" são qualidades preciosas. Se elas forem combinadas, os delicados fios que sustentam os diálogo podem receber uma carga maior de sentimentos sem se quebrar. Mediadores precisam trabalhar dentro de uma estrutura de apoio que estimula o movimento flexível, a cooperação e a confiança entre as partes. Precisamos de um bom senso prático repleto de imaginação, mantendo um equilíbrio entre a arte da mediação e a sua criatividade. Precisamos encontrar formas de trabalhar em conjunto por meio das fronteiras – localmente, profissionalmente e globalmente – incentivando formas pacíficas de resolução de conflitos. A tarefa da próxima geração (RAMSBOTHAM, *et al,* 2005, p. 331) é "difundir o chamado "círculo de reconhecimento", que nada mais é que a tomada de consciência das fragmentações provocadas pelos conflitos – tanto em famílias, quanto em grupos etnicos, em questões envolvendo: gênero, cultura, religião, e diferentes nações e, até mesmo, em questões entre o Ocidente e o Oriente. Assim, esperamos que todas essas questões possam ser superadas pelas necessidades comuns e valores da humanidade como um todo.

A mediação de conflitos deve ser inserida gradativamente no curriculo escolar de crianças e adolescentes. A introdução da mediação de conflitos nas escolas deveria ser apresentada como uma proposta de pacificação por meio de métodos práticos de resolução de conflitos, oferecendo as partes envolvidas no conflito a possibilidade de solucioná-lo ou amenizá-lo de maneira positiva. Ao ensinar as crianças que existem formas pacíficas de resolver os conflitos, elas aprenderão que podem discordar e ouvir umas as outras sem que precisem usar hostilidade ou violência. Talvez ao ensinar as crianças de hoje estaremos ensinando também os adultos de amanhã.

BIBLIOGRAPHY

Abel, R. *The Politics of Informal Justice* Academic Press (1982) vol 1.

Ahrons C. *The Good Divorce* Bloomsbury (1994).

Ainsworth M. *Attachment: Retrospect and Prospect* Chapter 1 in Murray Parkes and Stevenson-Hinde (eds.) *The Place of Attachment in Human Behaviour* Tavistock (1982).

American Bar Association *Final Report – Task Force on Improving Mediation Quality* (2008).

Bagshaw, D *Disclosure of Domestic Violence in Family Law Disputes: Issues for Family and Child Mediators* Conflict Management Research Group, University of South Australia (2001).

Baker, H . *The International Family Law Judicial Conference for Common Law and Commonwealth Jurisdictions* International Family Law (2009) 250-254.

Barenboim, D *Everything is Connected – The Power of Music* Weidenfeld and Nicolson (2008).

Barlow, A, Hunter, R, Smithson, J and Ewing, J. *Mapping Paths to Family Justice – A National Picture of Findings on Out of Court Family Dispute Resolution* (March 2013) Fam Law.

Barsky, AE *Conflict Resolution for the Helping Professions* Wadsworth (2000).

Bateson G. *Steps to an Ecology of Mind* Chandler, San Francisco (1972).

Benjamin R. *The Constructive Use of Deception: Skills, Strategies and Techniques of the Folkloric Trickster Figure and their Application by Mediators* Mediation Quarterly (1995) Vol. 13 No. 1.

Bérubé, L. *Workshop at International Family Mediation Trainers Conference* Edinburgh, April 2002.

Boal, A *Games for Actors and Non-Actors* Routledge (1992).

Bodtker A. and Jameson J. *Mediation as mutual influence : re-examining the use of framing and reframing* Mediation Quarterly Vol. 14, 3 (1997).

Bohannan, P. *Divorce and After* Doubleday, New York (1970).

Bordow, S and Gibson, J *Evaluation of the family court mediation service* Family Court of Australia Research and Evaluation Unit (1994).

Borkowski, M, Murch, M, Walker, V *Marital Violence* (Tavistock 1983).

Bowlby J. *Loss : Sadness and Depression,* Vol. 3 in *Attachment and Loss* Hogarth Press, London (1980).

Brown G. *Early Loss and Depression* Chapter 12 in Murray Parkes and Stevenson-Hinde (eds.) *The Place of Attachment in Human Behaviour* Tavistock, London (1982).

Brown, H and Marriott, A *ADR Principles and Practice* Sweet & Maxwell (3rd ed. 2011).

Bryant D. *An Australian perspective on the Family Justice Review* – paper delivered by the Chief Justice of the Family Court of Australia at the International Family Law Lecture, London 2012.

Bucher, A. *The New Swiss Federal Act on International Child Abduction* Journal of Private International Law (2008) 139-165.

Bunting, M *Our history told in just 100 objects* Guardian Weekly 07.01.11.

Burrell N., Donahue W., Allen M. *The impact of disputants' expectations on mediation* Human Communication Research vol.17, (1990) pp. 104-139.

Bush R.A.B. and Folger J.P. *The Promise of Mediation* Jossey-Bass (1994).

Camara, K and Resnick, G. *Marital and parental sub-systems in mother-custody, father-custody and two-parent households: effects on children's social development* in J Vincent (ed) *Advances in family assessment, intervention and research* Greenwich (1987) vol 4 165-196).

Camus A. *Resistance, Rebellion and Death* (1960).

Caratsch *Resolving Family Conflicts – a Guide to International Family Mediation* (International Social Service, Geneva, 2014).

Carroll, L *Alice's Adventures in Wonderland* (1865) and *Through The Looking-Glass* (1872).

Carter, J. *Keeping Faith: Memoirs of a President* Bantam Books (1982)

Casals M. Martin *Divorce Mediation* European Academy of Law Conference, Trier, March 2005.

Cigoli V and Gennari M eds. *Close Relationships and community psychology: an international perspective* FrancoAngeli 2010.

Cloke K. *Politics and values in mediation : the Chinese experience* Mediation Quarterly (1987) Vol. 17 No. 3 pp. 69 – 82.

Cloke, K. *Mediation and Meditation – the Deeper Middle Way* mediate.com weekly 266 (March 2009).

Cobb S. and Rifkin J. *Neutrality as a discursive practice* in Sarat and Silbey (eds.) Studies in law, politics and society (1991) JAI Press, USA.

Cobb S. *A Narrative Perspective on Mediation* in Folger J. and Jones T. (eds.) *New Directions in Mediation – Communication Research and Perspectives* Sage Publications (1994).

Cockett M.and Tripp J. *The Exeter Family Study : Family Breakdown and its impact on children* University of Exeter Press (1994).

Coogler, J *Structured Mediation in Divorce Settlement* Lexington Books (1978).

Corcoran, K and Melamed, J. *From coercion to empowerment: spousal abuse and mediation* Mediation Quarterly (1990) 7 (4) 303-16.

Council of Europe *Recommendation No. R (98) 1*, 21 January 1998.

Crum, T. *The Magic of Conflict* Touchstone (1987).

Davis G. et al. *Monitoring Publicly Funded Family Mediation – Report to the Legal Services Commission* Legal Services Commission 2000 .

Davis G. and Roberts M *Access to Agreement* Open University Press (1988)

De Bono E. *Conflicts – A Better Way to Resolve Them* Penguin (1991).

Depner, C, Cannata, K, Ricci, I. *Client evaluations of mediation services* Family and Conciliation Courts Review (1994) 32 (3), 306-325.

Deutsch, M. *The Resolution of Conflict* Yale University Press (1973) .

Djanogly J. (2010) Fam Law 1235.

Donahue, W, Allen, M, Burrell, N *Mediator communicative competence* Communication Monographs (1988) Vol. 55 104 – 119.

Dunn, J and Deater-Deckard, K *Children's Views of their Changing Families* Joseph Rowntree Research Findings (2001) 931.

Emery F. *Systems Thinking : Selected Readings* Volume 1 Penguin Education (1969).

Emery R. *The Truth about Children and Divorce* (Viking 2004).

Emery, R et al. *Child Custody Mediation and Litigation: Custody, Contact and Co-parenting 12 years After Initial Dispute Resolution* (2001) Journal of Consulting and Clinical Psychology 69, 2, 323-332.

Emery, R, Margola, D, Gennari, M, Cigoli, V Emotionally Informed Mediation: processing grief and setting boundaries in divorce in Cigoli and Gennari (eds.) *Close relationships and community psychology: an international perspective* (Franco-Angeli 2010).

Emery R, and Jackson, J. *The Charlottesville Mediation Project: mediated and litigated child custody disputes* (1989) Mediation Quarterly 24, 3-18.

Emery, R and Wyer, M *Child Custody Mediation* Journal of Consulting and Clinical Psychology (1987) 55, 179 – 186.

Erickson, S and McKnight, M. *Mediating spousal abuse divorces* (1990) Mediation Quarterly 7 (4) 377-88.

European Forum on Family Mediation Training and Research, Training Standards (1992, revised 2003) www.europeanforum-familymediation.com.

European Parliament Directive on Mediation 2008/52/EC 21 May 2008

Family Justice Review *Final Report* Ministry of Justice, London November 2011.

Family Mediation Council, England and Wales *Code of Practice* (2010).

Felstiner W., Abel R., Sarat A. *The Emergence and Transformation of Disputes* Law and Society Review 1980- 81 vol. 15 no. 3.

Fiadjoe, A. Family mediation in the Caribbean *Paper given at the Council of Europe's 7th European Conference on Family Law – International Family Mediation,* Strasbourg, March 2009.

Fisher R. and Ury, W. *Getting to Yes – Negotiating Agreement Without Giving In* Penguin Books (1983).

Folberg J. and Taylor A. *Mediation* Jossey-Bass (1984).

Folger J. and Bush B. *Transformative Mediation and Third-Party Intervention* Mediation Quarterly Vol. 13 No 4 (1996).

Follett, MP *Dynamic Administration: The Collected Papers of Mary Parker Follett* ed. H. Metcalf and L. Urwick (Harper 1942).

Fortin J., Scanlan L. and Hunt J., *Taking a longer view of contact: the perspectives of young adults who experienced parental separation in their youth'* [2013] Fam Law 104.

García, LV Paper given at ESFR Conference Milan (October 2010).

Garwood F., *Children in Conciliation* Scottish Association of Family Conciliation Services (1989).

Gerhardt S. *Why love matters – how affection shapes a baby's brain* Routledge 2004.

Gilligan C. *In a Different Voice: psychological theory and women's development* Harvard University Press (1982).

Girdner, L. *Mediation triage: screening for spouse abuse in divorce mediation* (1990) Mediation Quarterly 7 (4) 365-86.

Gleick, J. *Chaos* Heinemann (1988).

Greatbatch D. and Dingwall R. *The Interactive Construction of Interventions by Divorce Mediators.*

in Folger J and Jones T (eds.) *New Directions in Mediation – Communication Research and Perspectives* (Sage 1994).

Gulliver, PH *Disputes and Negotiations* Academic Press (1979).

Hague Conference *Guide to Good Practice on Mediation in the context of the 1980 Child Abduction Convention* (July 2012).

Hancock E. *The dimensions of meaning and belonging in the process of divorce* American Journal of Orthopsychiatry (1980) vol.50 (1) pp.18 -27.

Harte, E and Howard, H *Encouraging positive parental relationships* [2004] Fam Law 456.

Hawthorne, J, Jessop, J, Pryor, J. Richards, M *Supporting children through family change* Joseph Rowntree Foundation Findings (2003) 323.

Haynes J. *Divorce Mediation – A Practical Guide* Springer Publishing (1981).

Haynes J. *Alternative Dispute Resolution – the Fundamentals of Divorce Mediation* Old Bailey Press (1993).

Herrnstein, BH *Women and mediation : a chance to speak and to be heard* Mediation Quarterly (1996) Vol. 13, 3, 229 – 41.

Hester, M and Radford, L *Domestic Violence and Child Contact in England and Denmark* Polity Press (1996).

Hetherington, EM, Clingempel, WG, et al. Coping with Marital Transitions – A Family Systems Perspective (1992) *Society for Research in Child Development* No. 227, 57.

Holmes, T and Rahe, H The social readjustment rating scale *Journal of Psychosomatic Research* (1967) Vol. 11.

Humphreys, Judge C. *Zen Buddhism* Unwin Paperbacks (1984).

Hunt J. *Parental Perspectives on the Family Justice System in England and Wales: a review of research* Family Justice Council, London (2009).

International Social Service *Resolving Family Conflicts – a Guide to International Family Mediation* (Geneva, 2014).

Irving H. and Benjamin R. *Family Mediation – Contemporary Issues* Sage Publications (1995).

Johnston J. and Campbell L. *Impasses of Divorce – the Dynamics and Resolution of Family Conflict* Free Press (1988).

Johnston J. and Campbell L. *A clinical typology of interparental violence in disputed custody divorces* American Journal of Orthopsychiatry (1993) 63 (2) 190-199.

Johnston, J and Roseby, V *In the Name of the Child: a developmental approach to understanding and helping children of conflicted and violent divorce* Free Press (1997).

Kaspiew R. et al. *Evaluation of the 2006 family law reforms* (Australian Institute of Family Studies (2009).

Kelly, J *Mediated and Adversarial Divorce: Respondents' Perceptions of their Processes and Outcomes* (1989) Mediation Quarterly no. 24, 71-88.

Kelly, J. *Is mediation less expensive? Comparison of mediated and adversarial divorce costs* (1990) Mediation Quarterly 8 (1) 15-26.

Kelly J. *Power Imbalance in Divorce and Interpersonal Mediation: assessment and intervention* Mediation Quarterly (1995) Vol.13 no. 2 pp. 85 – 98.

Kelly, J. *A Decade of Divorce Mediation Research* (1996) Family and Conciliation Courts Review, vol 34 373-385.

Kelly, J. and Duryee, M. *Women's and men's views of mediation in voluntary and mandatory settings* (1992) Family and Conciliation Courts Review 30 (1) 43-49.

Keshavjee M. *Islam, Sharia and Alternative Dispute Resolution* I.B. Tauris (2013).

Keys Young Social Research Consultants *Research Evaluation of Family Mediation Practice and the Issue of Violence* Legal Aid and Family Services, Commonwealth of Australia (1996).

Khazova, O. *Perspectives on international family mediation in the Russian Federation* Paper given at the Council of Europe's 7th European Conference on Family Law – International Family Mediation, Strasbourg, March 2009.

Krementz, J. *How It Feels When Parents Divorce* Gollancz (1985).

Kressel, K, Jaffee, N, Tuchman, B, Watson C, Deutsch, M A Typology of Divorcing Couples *Family Process* (1980) Vol 19 no.2 101-116.

Kressel K., Butler-De Freitas F., Forlenza S., Wilcox C. *Research in Contested Custody Mediations* Mediation Quarterly (1989) no. 24 pp. 55 – 70.

Kressel, K., Frontera, E., Forlenza, S., Butler F., Fish, L. *The settlement-oriented versus the problem-solving style in custody mediation* Journal of Social Issues (1994) 50 (1) 67-83.

Kübler-Ross, E *On Death and Dying* Macmillan (1969).

Law Society of England and Wales *Family Mediation Code of Practice* (1999).

Legal Services Commission *Quality Mark Standard for Mediation* (December 2002).

Lewis C., Papacosta and Warin 'Cohabitation, separation and fatherhood (2002) *Joseph Rowntree Foundation Findings 552.*

Lodge, D. *Therapy* Penguin Books (1996).

Lorenz K. *On Aggression* University Paperbacks (1968).

Lund, M *Research on divorce and children* Family Law (1984) vol. 14 198-201.

Maida P. *Mediating disputes involving people with disabilities* Chapter 12 in Kruk, E. (ed.) *Mediation and Conflict Resolution in Social Work and the Human Services* Nelson-Hall, Chicago (1997).

Markman, H, Stanley, S, Blumbers, S. *Fighting For Your Marriage* Prentice Hall (1996).

McEldowney J. *Family Mediation in a Time of Change* Family Mediation Council 2012.

Marzotto, C (ed) *Gruppi di parola per figli di genitori separati* (Vita e Pensiero 2010).

McIntosh J. et al. *Child-Focused and Child-Inclusive Divorce Mediation* Family Courts Review, Association of Family and Conciliation Courts Vol 46 No.1 (2008).

McIntosh, J. Smyth, B, Kelaher, M, Wells, Y, Long C *Post-separation parenting arrangements and developmental outcomes for infants and children* Family Court of Australia, Attorney-General's Department (2010).

Mehrabian, A and Ferris, S Inference of Attitudes from Nonverbal Communication in Two Channels (1967) *Journal of Counselling Psychology* vol. 31, 248-52.

Melamed, J. *The Internet and Mediation* mediate.com Weekly (2009) 298.

Mills, O. *Effects of Domestic Violence on Children* Fam Law (2008) 165-171.

Ministry of Justice *Family Justice Review Terms of Reference* London (2010).

Mitchell, A. *Children in the Middle* Tavistock (1985).

Mnookin R. and Kornhauser L. *Bargaining in the shadow of the law: the case of divorce* Yale Law Journal 1979 Vol. 88 pp. 950 -997.

Mnookin, R *Bargaining with the Devil – When to Negotiate, When to Fight* Simon & Schuster (2010).

Moore C. *The Mediation Process- Practical Strategies for Resolving Conflicts* Jossey–Bass (1987).

Morrow, V. *Children's Perspectives on Families* Rowntree Research Findings 798 (July 1998).

Murray Parkes C. *Bereavement* Tavistock Publications (1972).

National Alternative Dispute Resolution Advisory Council *Report on Standards* Australia (2001).

National Audit Office *Review of Legal Aid and Mediation for people involved in family breakdown* (March 2007).

National Family Mediation *Policy on Domestic Violence* London (1996).

Neale, B and Wade, A *Parent Problems – children's views on life when parents split up* Young Voice (2000).

Neumann, B. *How mediation can effectively address the male and female power imbalance in divorce* (1992) Mediation Quarterly 9 227-239.

O'Connor J. and Seymour J. *Introducing NLP – Neuro-Linguistic Programming* Thorsons (1995).

O'Quigley, A. *Listening to children's views: the findings and recommendations of recent research* Joseph Rowntree Foundation (2000).

Paolucci B. et al. *Family Decision-Making – an Ecosystem Approach* John Wiley, New York (1977).

Parkinson L. *Bristol Family Conciliation Service*, unpublished paper (1978).

Parkinson L. and Westcott J. *Bristol Family Conciliation Service* Law Society's Gazette (21 May 1980).

Parkinson L. *Conciliation –a new approach to family conflict resolution* British Journal of Social Work (1983) vol. 13, 19-38.

Parkinson L. *Co-mediation with a lawyer mediator* Family Law (1989) Vol. 48

Parkinson L. *Family Mediation* Sweet and Maxwell, London (1997).

Parkinson L. *A family systems approach to mediation with families in transition* Context, the magazine for family therapy and systemic practice (October 2002).

Parkinson L. *Child-Inclusive Family Mediation* Family Law (2006) 483-488

Parkinson L. *Mediação Familiar* (2008) GRAL, Ministry of Justice, Lisbon, Portugal.

Parkinson L. *Developing International Cross-border Family Mediation and Harmonising Standards,* paper given at the Council of Europe's 7th European Conference on Family Law.

Strasbourg, March 2009.

Parkinson L. *Family Mediation – Appropriate Dispute Resolution in a new family justice system* 3rd ed. Family Law (2014).

Parkinson L. *Adults should talk to kids more* Family Law (2012) 346-351.

Parkinson L. *Separazione, divorzio e mediazione familiare* Edizioni Erickson, 2nd ed. (2013).

Parkinson, P. and Cashmore, J. *Judicial Conversations with children in parenting disputes: the views of Australian judges* International Journal of Law, Policy and the Family (2007) 21, 160.

Paul, C and Walker, J. *Family Mediation in International Child Custody Conflicts* American Journal of Family Law (2008)22 (1) 42-45.

Pearson, J. *An evaluation of alternatives to court adjudication* Justice System Journal (1982) Vol. 7, 420-444.

Pearson, J. *The equity of mediated divorce settlements* (1991) Mediation Quarterly 9, 179-197.

Pearson J. and Thoennes N. *Divorce Mediation Research Results* in Folberg and Milne (eds.) *Divorce Mediation – Theory and Practice* Guilford Press (1988) 429 – 452.

Pel, M. et al. *Family Mediation in the Netherlands* International Family Law (2009) 4, 255-259.

Piper C. *The Responsible Parent – A Study in Divorce Mediation* Harvester Wheatsheaf (1991).

Pruitt D. and Carnevale P. *Negotiation in Social Conflict* Open University Press (1993).

Quartermain S, *Sustainability of mediation and legal representation in private family law cases: analysis of legal aid administrative datasets*, Ministry of Justice Series 8/11 (TSO, 2011).

Ramsbotham O., Woodhouse, T, Miall, H. *Contemporary Conflict Resolution* 2nd ed. Polity Press (2005).

Rapoport, A. *The Origins of Violence* Paragon House (1989).

Rapoport R. *Normal crises, family structure and mental health* Family Process 2, pp. 68- 80 (1965).

reunite Pilot Project *Mediation in International Parental Child Abduction* (October 2006).

Roberts M. *Mediation in Family Disputes* 2nd ed. Arena, Ashgate Publishing, Aldershot, Hants. (1997).

Robey J *Mediation and the Revised Private Law Programme* Fam Law 92009) 67-70

Robinson, N. *Developing Family Mediation* Fam Law (2008a) 926-928.

Developing Family Mediation: Innovative Approaches to ADR Fam Law (2008b) 1048-1053.

Developing Family Mediation Fam Law (2009) 734 – 744.

Rodgers, B and Prior, J *Divorce and separation: the outcomes for children* Joseph Rowntree Foundation (1998).

Rothman J. *Resolving Identity-based Conflict in Nations, Organisations and Communities* Jossey-Bass (1997).

Rutter M. *Resilience in the Face of Adversity* British Journal of Psychiatry (1985) Vol. 147, 598 – 611.

Saposnek D. *Mediating Child Custody Disputes* Jossey-Bass (1983).

Schaffer, H.R. *Making Decisions about Children – Psychological Questions and Answers* Blackwell (1990).

Shattuck M.T. *Mandatory Mediation* in *Divorce Mediation – Theory and Practice* (eds. Folberg J. and Milne A.) Guilford Press, New York (1988).

Slaikeu, K, Pearson, J, Thoennes, N. *Divorce Mediation Behaviors: A Descriptive System and Analysis* in Folberg and Milne (eds) *Divorce Mediation – Theory and Practice* Guilford Press (1988) 475-495.

Smart, C. *Equal shares:rights for fathers or recognition for children*? Critical Social Policy (2004) 484.

Smart, C and Neale, B *It's My Life Too- Children's Perspectives on Post-Divorce Parenting* Family Law (2000) 163-169.

Steinberg J.L. *Towards an Interdisciplinary Commitment* Journal of Marital and Family Therapy (July 1980) 259 – 267.

Steinman, S. *The Experience of Children in a Joint Custody Arrangement* American Journal of Orthopsychiatry (1981) Vol. 51, 403 – 414.

Tannen D. *That's Not What I Meant* Virago (1992).

Thoennes N and Pearson J. *Response to Bruch and McIsaac* Family and Conciliation Courts Review (1992) vol 30 (1) 142-143,

Tjersland O. *Mediation in Norway* Mediation Quarterly (Summer 1995) Vol. 12 no. 4 339 – 351,

Trinder L. et al. *Making contact: How parents and children negotiate and experience contact after divorce* Joseph Rowntree Foundation Research Findings 092 (October 2002),

Trinder, L. et al *Making contact happen or making contact work? The process and outcomes of in-court conciliation.* DCA Research Series 3/06 (2006).

Trinder, L *Conciliation, the Private Law Programme and Children's Wellbeing* Family Law (2008) 338-342.

Trinder, L *Shared Residence: A Review of Recent Research Evidence* Family Law (2010) 1192-1197.

U.K. College of Family Mediators *Code of Practice* and Standards for Mediators and Approved Bodies (1995, reissued 2000) and *Children, Young People and Family Mediation – Policy and Preliminary Practice Guide-lines* (2000) www.ukcfm.co.uk.

Vezzulla J.C. *Mediação Teoría e Prática* Ministério da Justiça 2001.

Vezzulla J.C. *Adolescentes, Família, Escola e Lei – A Mediação de Conflitos* Ministério da Justiça 2006.

Vigers S. *Note on the development of mediation, conciliation and similar means to facilitate agreed solutions* Permanent Bureau, Hague Conference on Private International Law (October 2006).

Vigers, S. *Feasibility Study on Cross-Border Mediation in Family Matters* Permanent Bureau, Hague Conference on Private International Law (March 2007).

Waldron, J, Roth, C, Fair, P, Mann, E, McDermott, J. *A Therapeutic Mediation Model for Child Custody Dispute Resolution* Mediation Quarterly (1984) 3, 5-20.

Walker J., McCarthy P.and Timms N. *Mediation: the Making and Remaking of Co-operative Relationships* Relate Centre for Family Studies, University of Newcastle (1994).

Walker, J and Hornick, J. *Communication in Marriage and Divorce* BT Forum (1996).

Walker J. and Robinson M. *Conciliation and Family Therapy,* chapter 9 in T. Fisher (ed.) *Family Conciliation within the U. K.* Family Law (1990).

Wallerstein J. and Kelly J. *Surviving the Break-up – how children and parents cope with divorce* Grant McIntyre (1980).

Wallerstein J. *Children of Divorce – the psychological tasks of the child* American Journal of Orthopsychiatry (1983) vol. 53 (2).

Wallerstein J. and Blakeslee S. *Second Chances – Men, Women and Children a Decade After Divorce* Bantam Press (1989).

Walsh S. *Mediation Pilot Projects in Ireland* www.kluwermediationblog.com September 2012.

Whitaker C. *Process Techniques of Family Therapy* (1977) vol 1.

BIBLIOGRAFIA BRASILEIRA

ALMEIDA, T. *Caixa de ferramentas em mediação-aportes práticos e teóricos.* Rio de Janeiro: Dash, 2014.

AMARAL, Márcia Terezinha Gomes. *O Direito de acesso à justiça e a mediação.* Rio de Janeiro: Lumen Juris, 2009.

ANDERSEN, T. *Processos reflexivos.* 2. ed., Rio de Janeiro: Instituto NOOS, Instituto de Pesquisas Sistêmicas e Desenvolvimento de Redes Sociais, 1991.

BACELLAR, R.P.. *Juiz servidor, gestor e mediador.* Brasília: Escola Nacional de Formação Aperfeiçoamento de Magistrados – Ministro Sálvio de Figueiredo Teixeira, 2013 (Coleção Selo).

BACELLAR, R. P. *Mediação e arbitragem.* São Paulo: Saraiva, 2012 (Coleção Saberes do Direito, v .53).

BACELLAR, R. P. *Juizados Especiais*: a nova mediação paraproceassual. São Paulo: Revista dos Tribunais, 2003.

BOHM, D. *Diálogo* (Comunicação e redes de convivência). São Paulo: Palas Athena, 2005.

BURIASCO, S. *Mediando conflitos no relacionamento a dois*. Barueri: Novo Século, 2012.

CAHALI, F. *Curso de Arbitragem*. Mediação, Conciliação e Resolução CNJ 125/2010. São Paulo: Revista dos Tribunais, 2011.

CERVENY, C.M.O. *Família e....Comunicação, Divórcio, Mudança, Resiliência, Deficiência, Lei, Bioética, Doença, Religião e Drogadição*. 2. ed. São Paulo: Casa do Psicólogo, 2005.

CEZAR-FERREIRA, Verônica A da Motta. *Família, separação e mediação – uma visão psicojurídica*. São Paulo: Método, 2004.

GERGEN, K. J.; GERGEN M. *Construcionismo social*: Um convite ao diálogo. Rio de Janeiro: Instituto Noos, Instituto de Pesquisas Sistêmicas e Desenvolvimento de Redes Sociais, 2010.

GRANDESSO, M. *Sobre a reconstrução do significado:* uma análise epistemológica e hermenêutica da prática clínica. 2. ed. São Paulo: Casa do Psicólogo, 2006.

GRANDESSO, M; BARRETO, M. *Trabalhando com perguntas*. Ceará, Vendas (85)-9987-3210, 2010.

GROSMAN, C. F.; MANDELBAUM, H. G. *Mediação no Judiciário*: teoria na prática, prática na teoria. São Paulo. Primavera Editorial, 2011.

HAYNES, John M.; MARODIN Marilene. *Fundamentos da mediação familiar*. Porto Alegre: Artes Médicas. 1996.

LAGRASTA LUCHIARI, V. F. *Mediação Judicial* – Análise da realidade brasileira – origem e evolução até a Resolução nº 125, do Conselho Nacional de Justiça. Rio de Janeiro: Gen/Forense, 2012.

_____. Capacitação de conciliadores e mediadores. In: PRADO DE TOLEDO, Armando Sérgio; TOSTA, Jorge; FERREIRA ALVES, José Carlos (Coords.) *Estudos avançados de mediação e arbitragem*. Rio de Janeiro: Elsevier, 2014.

MALDONADO, M. T. *O bom conflito* – Juntos buscaremos a solução. São Paulo: Integrare, 2008.

MALDONADO, M.T.; GARNER, A. *A Arte da conversa e do convívio*. São Paulo: Saraiva, 2000.

MOORE, C. W. *O processo de mediação*. Porto Alegre: Artes Médicas,1998.

MUNIZ, M.B. *Uma outra verdade na mediação*: um romance que retrata a força da comunicação na construção do nosso futuro. São Paulo: Dash, 2013.

NAZARETH, E. R. *Mediação – O conflito e a solução*. São Paulo: Arte Paubrasil, 2009.

NETO, A.B.; SALES, L.M.M. *Aspectos atuais sobre a mediação e outros métodos exta e judiciais de resolução de conflitos*. Rio de Janeiro: GZ, 2012.

PEREIRA, Rodrigo da Cunha. *Família, direitos humanos, psicanálise e inclusão social. In*: Direito de família e psicanálise. Rumo a uma nova epistemologia.

GROENINGA, Giselle Câmara; PEREIRA, Rodrigo da Cunha (Coord.). Rio de Janeiro: Imago. 2003.

PROJETO ACOLHIMENTO. *O pensar, o fazer, o viver* – Secretaria Municipal da Saúde de São Paulo, em parceria com a Unesco e Associação Palas Athena, 2002.

RIBEIRO, L. *Comunicação global*: a mágica da influência. 32. ed. Rio de Janeiro: Objetiva, 1993.

ROSENBERG, M. B. *Comunicação Não-Violenta* – Técnicas para aprimorar relacionamentos pessoais e profissionais. São Paulo: Agora, 2006.

SALES, Lília Maia de Morais. *Justiça e mediação de conflitos*. Belo Horizonte: Del Rey. 2004.

SCHNITMAN, D. F. *Novos Paradigmas, Cultura e Subjetividade*. Porto Alegre: Artes Médicas, 1996.

SCHNITMAN, D. F.; LITTLEJOHN, S. *Novos paradigmas em mediação*. Porto Alegre: Artes Médicas Sul Ltda,1999.

SILVA, Denise Maria Perissini da. *Mediação e Guarda Compartilhada*. Conquistas para a família. Curitiba: Juruá, 2011.

SIX, J.F. *Dynamique de la médiation.* (Tradução Brasileira: GROENINGA, G.; BARBOSA, A.A.; NAZARETH, E. R. Dinâmica da Mediação. Belo Horizonte: Del Rey, 2001).

SLUZKI, C. E. *A rede social na prática sistêmica* (alternativas terapêuticas). 2. ed. São Paulo: Casa do Psicólogo, 2003.

TARTUCE, Fernanda. *Mediação nos conflitos civis*. Rio de Janeiro: Forense. São Paulo: Método, 2008.

TOLEDO, A.S.P; TOSTA, J; ALVES, J.C.F(Coords.) *Estudos Avançados de Mediação e Arbitragem*. São Paulo: Elsevier, 2014.

VEZZULLA, J. C.. *Teoria e Prática da Mediação*. Curitiba: Instituto de Mediação, 1995.

WATZLAVICK, P.; BEAVIN,J; JACKSON. Pragmatics of Human Communication: a study of international patterns, pathologies, and paradoxes. (Tradução Brasileira: *Pragmática da Comunicação Humana. Estudo dos Padrões, Patologias e Paradoxos na Interação*. 9. ed. São Paulo: Cultrix, 1993).

Impresso em setembro de 2015